미국 문화의 기초

미국 문화의 기초

이현송 지음

한울
아카데미

머리말

미국의 특징은 다양성 그 자체이다. 세계에서 미국만큼 자연환경이 다양한 나라도 없으며, 미국인만큼 서로 이질적인 국민도 없다. 전 세계에서 미국에 이민자를 보내지 않은 나라는 거의 없다. 미국인 사이의 빈부의 차이는 그야말로 엄청나다. 세계적인 부자는 대부분 미국에 모여 있는 반면, 미국의 빈민가는 도저히 믿기지 않는 비참함을 연출하고 있다. 미국의 범죄, 마약, 미혼모 문제는 비교를 초월하며, 미국인 100명 중 한 명은 감옥에서 생활한다.

다른 나라라면 이 정도의 다양성을 한 나라의 테두리에 포용하기는 힘들 것이다. 대체로 다양성이 극에 달하면 분열하기 마련이다. 그런데 미국인은 다른 어느 나라 사람보다 자신의 나라에 대한 충성도가 높다. 미국인은 거의 모두 미국이 세계에서 가장 좋은 나라라고 생각하며 다시 태어나도 미국에서 살고 싶어 한다. 이 책은 "어떻게 이런 사회가 가능한가?" 하는 단순한 의문에서 출발한다.

미국의 생활과 문화는 세계인을 매혹시키는 요소로 가득 차 있다. 아름다운 자연, 넓은 공간과 물질적인 풍요, 개인주의적인 자유와 독립성, 도전과 창의를 높이 사는 태도, 형식과 전통을 배격하고 효율과 실리를 중시하는 태도, 과학과 기술에 대한 신뢰, 적극적인 추진력과 낙관적인 사고방식 등 우리가 삶에서 기대하는 좋은 것은 모두 미국에서 가장 두드러지게 나타난다. 반면 상업주의의 폐해, 물질주의의 저속함, 엄청난 경쟁과 스트레스, 피상적인 인간관계와 소외, 환경 파괴 등 우리가 혐오하는 현대인의 삶의 문제 역시 미국에서 가장 적나라하게 드러난다. 어떻게 세계에서 가장 개인주의적인 사람이 또 남을 가장 많이 돕는 사람일 수 있을까? 세계에서 가장 세속적인 사회에서 살면서 어떻게 그렇게 신앙심이 깊을 수 있을까? 근대적 민주정치 체제를 최초로 건설한 나라이면서 어떻게 그렇게 인종차별이 만연할 수 있을까? 미국은 그야말로 모순투성이이다.

일반적으로 미국에 대한 논의는 분과 학문에 따라 주제를 나누어 접근한다. 미국의 정치, 미국의 경제, 미국의 사회, 미국의 문화는 각각 정치학, 경제학, 사회학, 인류학, 문학, 철학 등에서 영역을 구분하여 논의한다. 역사학자는 주로 과거를 담당하며, 다른 학문 분야의 사람들은 주로 현재의 일에 집중한다. 국외자의 입장에서 미국을 종합적으로 이해하려고 한다면, 이렇게 전문적인 접근도 유용하겠지만, 그 못지않게 여러 학문 분야를 아우르는 학제 간의 연구가 필요하다. 이 책은 지역학적 관점에서 미국이라는 나라의 과거와 현재를 넘나들면서 미국의 사회와 문화를 종합적으로 파악하려고 한다.

미국에 대한 종합적인 논의는 대체로 미국에 대한 인상을 피상적으로 나열하는 수준에 머무르는 경우가 많다. '왜 그러한지'를 체계적으로 묻고 탐색하기보다는 '그렇게 보이더라'고 말하고는 그만이다. 이유를 탐색한다고 해도 단편적으로 나열할 뿐이다. 이 책에서는 가급적 피상적인 논의나 단편적인 나열은 지양하고, 미국 사회·문화의 기초를 형성하는 것을 체계적으로 파헤쳐 보려고 노력했다. 미국인은 어떤 사람들이며, 왜 그런 태도와 성향을 가지게 되었는지, 미국 사회는 어떻게 움직이는지, 미국 문화의 장점과 단점은 서로 어떻게 연결되어 있는지를 묻는 질문들은 겉으로 보기에 여럿인 것 같지만 사실은 뿌리가 하나에 닿아있다. 이 책에서는 바로 현대 미국 사회·문화를 구성하는 것의 뿌리를 캐어 '왜 그러한지'를 밝혀보려고 한다.

사실 이런 질문은 한 사람이 탐구하기에는 너무 엄청난 것이다. 어디에서부터 출발해야 할지 실마리를 찾기조차 어렵다. 그동안 미국 사회·문화와 관련하여 책도 많이 읽고, 많은 사람과 이야기하고, 강의도 많이 했지만 아직도 명쾌한 느낌이 와 닿지 않는다. 이 책이 그런 노력의 중간 결산이라고 할 수 있지만, 아직 갈 길이 멀다는 느낌이 든다. 이 책에 기술한 많은 아이디어는 책에서도 왔지만, 미국 사람과 이야기하면서 생각나는 것을 발전시킨 부분이 적지 않다. 아마도 그런 직접적인 경험과 느낌이 뒷받침되어 있기에 이 책의 가치가 조금이나마 살지 않을까 기대한다.

이 책을 완성하는 데에는 많은 사람이 도움을 주었다. 미국학 분야에 눈을 넓히는 데 도움을 준 육군사관학교의 정연선 교수와 한국외국어대학교의 성경준 교수에게 감사한다. 필자에게 진솔하게 이야기를 해준 많은 미국인들에게 가장 크게 감사하고 싶다. 가장 기억에 남는 사람은 텍사스 주립대학교의 기드온 쇼버그(Gideon Sjoberg) 교수이지만, 이외에도 저자가 미국 사회·문화에 관심이 많은 이방인이라는 것을 알고 참으로 많은 사람들이 자신의 생각을 솔직히 이야기해 주었다. 마지막으로 어려울 때마다 항시 삶의 용기와 힘을 불어넣어 준 가족에게 감사한다.

2006년 9월, 남산 자락에서

이현송

차례

제1장

미국의 신화와 예외주의

모든 사람들은 자신의 나라가 매우 특별하다고 생각한다. 이런 생각은 우리가 성장하는 과정은 물론, 사람들과 함께하는 모든 사회활동 속에서 주입되고 또 수시로 상기된다. 우리나라에서 초등학생들이 매주 조회시간에 태극기 앞에서 '국기에 대한 맹세'를 하듯이, 미국의 많은 주에서는 어린이들이 매일 아침 수업 시작하기 전에 국기를 향해 가슴에 손을 얹고 '충성 서약(The Pledge of Allegiance)'[1)]을 한다. 다양한 인종·민족으로 구성된 미국 사회의 경우 하나의 통일된 나라로 결속을 유지하기 위해, 국민에게 '자신의 나라는 특별하다'는 의식을 고취시키고 국가에 대한 충성심을 높이는 행위는 꼭 필요하다.

지구상에 존재하는 각각의 사회와 문화는 객관적으로 볼 때 서로 다른 점이 많다. 따라서 자신의 사회·문화가 다른 사회·문화와 다르다는 생각은 조금도 특이한 것이 아니다. 그러나 미국에서는 다른 나라들과 단순히 다른 정도가 아니라 '미국은 예외적인(exceptional) 나라'라는 생각이 보통 사람들에게 널리 퍼져 있음은 물론 학자들 사이에서도 지속적으로 제기되어 왔다. 미국이 예외적이라는 생각은 건국 초기 단계에서부터 오늘날까지 미국인의 심성 깊숙이 머물면서 역사적으로 다양하게 표출되었다.

미국이 예외적인 나라라는 주장은 두 가지 측면에서 생각해 볼 수 있다. 하나는 주로 미국학(American Studies)과 연계된 역사학자나 문학자들의 주장인데, 그들은 미국이 그 역사를 특징짓는 핵심에서 다른 나라와 다르다고 주장한다. 그들은 미국을 독특한 문명 또는 서구 유럽과 질적으로 구별되는 특징을 가진 것으로 본다.[2] 소위 '미국의 예외주의(American Exceptionalism)'에 관한 논의는 모두 기저에 이러한 생각을 깔고 있다. 근래에 들어와 이 개념은 학문적으로 많은 비판에 직면하여 용도폐기된 듯하다. 그러나 이러한 주장은 자신의 나라에 대한 미국 사람들 대부분의 생각을 체계적으로 표현한 것이다. 미국인의 국내 및 국외 활동에서 이런 예외주의의 영향은 흔히 발견된다. 미국은 유럽 문명에서 비롯되었지만 고유의 문명을 발전시켰다든가, 미국은 인류 역사에 특별한 사명을 가지고 태어났다든가, 미국이 세계에서 가장 살기 좋은 나라라든가, 다른 나라들이 미국 사회의 원칙과 기준을 본받아야 한다든가, 미국은 특별한 나라이므로 국제사회에서 그에 걸맞게 인정받아야 한다는 생각은 미국인들 사이에 일반적으로 퍼져있다. 미국인의 이러한 특별의식은 다른 나라 사람에 비해 정도가 훨씬 심하다.

미국이 예외적인 나라라는 주장은 흔히 이념적인 발상에서 제기되지만, 다른 한편으로는 경험적·과학적 근거에서 제기되기도 한다. 미국이 예외적이라는 주장까지는 아니지만, 여러 가지 면에서 미국이 다른 나라들과 상당히 다른 특징을 보이는 것은 사실이다. 미국은 선진 산업국의 평균적인 모습에서 얼마나 벗어나 있는가, 벗어나 있다면 어떤 점이며 왜 그런가, 그렇게 다른 것은 어떤 결과를 초래하는가 하고 묻는 것은 유익한 접근이다. 역사적으로 서구 산업국가와는 국가와 시민 사회의 시초부터 다르고, 이민자로 구성되어 있으며, 엄청난 자원과 인구와 영토를 갖고 있고, 인적·물적으로 두드러지게 개방적인 점 등 미국을 다른 나라와 구별 짓는 특징은 매우 많다. 우리는 이러한 특징이 현재 미국을 다른 나라들과 얼마나 다르게 만들고 있는가 하고 거꾸로 질문해 볼 수 있다. 또한 미국 사회의 강점과 약점에 대해 생각할 때 이러한 특징을 원용하여 설명할 수 있다. 물론 경험적 접근 방식을 취할 때, 다른 나라와 객관적으로 비교해 본 결과 겉으로 보이는 것과는 달리 실제는 미국이 다른 나라와 별반 다르지 않은 것으로 판명될 수도 있다. 다르게 보이는 것이 있을지라도 피상적인 것이거나 사회·문화의 핵심과는 거리가 먼 지엽적인 현상일 수 있다.

자신의 나라를 '예외적이다' 또는 '특별하다'고 생각하는 것은 부분적으로 객관적인 사실을 담고 있기는 하지만 '믿음'의 요소가 많다. 사실이야 어떻든 사람들이 믿고 싶어 하는 것이 있는데, 미국의 예외주의는 바로 이러한 믿음의 욕구를 반영한 것이다. 자신이 속한 공동체와 국가에 특별한 의미를 부여하고, 합리적으로 설명할 수 없는 신비감과 함께 일체감과 자긍심을 가져다주는 것이 신화라고 한다면, 미국인들 또한 이러한 것을 가지고 있다. 역사가 시작된 지 오래되지 않았고, 시작에서부터 지금까지 모든 것이 기록으로 낱낱이 밝혀져 있지만, 미국인들은 역사 속에서 그들의 나라를 특별하게 만드는 신비한 요소를 만들어냈다. 미국의 예외주의는 이러한 신화적 요소의 표현이다.

지구상 대부분의 나라들이 미국에 대해 거부감을 갖고 있으면서도 미국을 동경하고 미국을 닮아가고 있다. 미국이 어떤 면에서 다르며 왜 그러한가 하는 질문은 이러한 거부감과 동경을 설명하는 데 합리적인 출발점이 될 수 있다. 미국이 다르다는 것을 객관적인 사실로서도 이해해야 하지만, 동시에 그 나라 사람들의 심성 속에 자리 잡은 특별 의식에 대한 이해 또한 필요하다.[3] 다음에서는 바로 이러한 특별의식을 구성하는 미국의 신화와 이념에 대해 검토해 본다. 미국이 가지고 있는 신화와 이념은 무엇이며 이는 실제와 어떤 관계를 맺고 있는지 국외자의 입장에서 들여다본다.

1. 미국의 신화와 상징

1) 미국의 국새

미국의 국새(國璽, The Great Seal)는 국기와 함께 미국의 상징으로서 미국의 이념을 축약적으로 담고 있다. 이는 '건국의 아버지들(Founding Fathers)'이 미국이라는 나라를 만들면서 유럽의 전통에 따라 국가를 상징하는 문장(紋章)을 만들자는 필요를 제기함에 따라 오랜 기간의 숙고 끝에 만들어졌다. 국새에는 미국의 역사를 주도한 집단이 미국이라는 나라에 대해 가졌던 관념이 요약되어 있다. 미국의 학교에서는 국새의 상징적 의미를 학생들에게 반복하여 주입시키며, 미국인들은 일생 동안 국새와 국기를 보면서 살아간다. 1달러짜리 지폐의 뒷면에 국새가 있으며, 미국 연방 정부의 모든 문서에 국새가 인쇄되어 있고, 미국 정부와 관련된 모든 활동에서 이 국새를 볼 수 있다. 다음에서는 국새의 결정 과정과 국새에 담겨있는 상징을 통해 미국의 건국이념을 확인해 본다.

국새는 오랜 기간에 걸쳐 여러 사람들이 참여하여 제작·결정되었다. 국새에 대한 논의는 독립선언문을 채택한 대륙의회에서 1776년 7월 4일 미국을 상징하는 국새를 만들기 위한 위원회를 조직하면서부터 시작되었다. 이 위원회에는 벤저민 프랭클린, 존 애덤스, 토머스 제퍼슨 등 건국 과정에서 핵심 역할을 한 세 사람이 임명되었다. 이후 2·3차 위원회가 만들어지고 새로운 디자인이 계속 덧붙여지면서 6년의 기간이 소요된 끝에 1782년에야 의회는 상징적 의미를 설명하는 문서와 함께 국새의 문양을 최종적으로 확정했다. 이때 만들어진 국새는 오늘날까지 큰 변경 없이 통용되고 있다.

그림 1-1 미국의 국새(앞면)

그림 1-2 미국의 국새(뒷면)

자료: 미국 국회도서관

국새의 앞면[4]

국새의 앞면에는 미국을 상징하는 대머리 독수리(bald eagle)가 한가운데를 차지하고 있다. 대머리 독수리는 강한 힘을 상징하며, 북미 대륙에서만 서식하는 새이다. 독수리의 가슴에는 방패가 있는데, 방패에는 건국 과정에 참여한 13개의 주를 상징하는 백색과 적색의 세로선이 의회를 상징하는 청색의 가로대에 의해 모아져 있다. 방패는 다른 나라의 보호 없이 스스로의 힘으로 독립된 국가를 이루어 나가려는 결연한 의지를 담고 있다. 13개의 세로선이 서로 나란히 붙어있는 것은 주 사이에 긴밀한 단결을 의미하며, 의회가 이 주들을 묶어주는 구심점 역할을 한다. 세로선에 사용된 흰색은 순수와 청렴을, 빨간색은 강인함과 용맹을, 가로선에 사용된 파란색은 치밀함과 인내와 정의를 상징한다. 이 세 가지 색깔은 미국을 상징하는 것으로서 미국 국기(The Stars and Stripes)에서도 동일한 의미로 사용되고 있다.

독수리가 물고 있는 리본에는 라틴어로 "E Pluribus Unum"이라고 쓰여 있다. 이 라틴어 문구는 "여럿으로부터 하나(Out of Many, One)"를 의미한다. 이는 원래 13개 주가 하나로 단결해야 한다는 의지를 담고 있었으며, 근래에는 미국 사회를 구성하는 다양한 소수 집단의 통합을 강조하는 의미로 흔히 쓰인다. 독수리가 오른쪽 발에 쥐고 있는 올리브 가지는 자유와 평화를 상징하며, 왼쪽 발에 쥐고 있는 13개의 화살은 전쟁을 상징한다. 독수리의 발이 평화와 전쟁을 동시에 쥐고 있는 것은 미국의 의회가 이를 결정할 수 있는 권한을 가지고 있음을 상징한다. 평화와 전쟁의 힘은 한편으로 권위와 독재로부터 개인의 자유를 보장하지만, 다른 한편으로는 자신을 지키는 힘을 구축하고 전쟁도 불사하는 단호한 용기를 통해 획득될 수 있다. 독수리의 머리 위에는 구름을 뚫고 황금빛이 퍼져 나오며, 구름에 둘러싸인 안쪽으로 파란 하늘을 배경으로 13개의 별이 성좌를 이루고 있다. 구름을 뚫고 황금빛이 퍼져 나오는 것은 신의 영광과 섭리가 세상을 밝히는 것을 의미한다. 파란 하늘과 13개의 별은 건국과정에 참여한 13개 주가 하나로 통일된 숭고한 이상을 지향하면서 동시에 각각 독립된 주권을 지닌 정치체로서 미국이라는 국가의 중심임을 상징한다.

국새의 뒷면

국새의 뒷면 중앙에는 사막 위에 13개의 단으로 이루어진 미완성의 피라미드가 있다. 13개의 단은 13개 주를 상징하며, 사막은 피라미드가 건설되기 이전 인류의 역사 전체는 불모의 메마른 땅이었음을 의미한다. 피라미드는 힘과 끈기를 상징하며, 인류 역사에서 새롭고 특별한 나라인 미국이 인류 역사의 새 장을 건설하는 사업을 행하고 있음을 의미한다. 피라미드가 미완성인 것은 새로운 역사를 건설하는 작업이 계속 진행되는 과정임을 상징한다.

피라미드의 정점에는 금빛 광채로 둘러싸인 삼각형 안에 눈이 새겨져 있다. 삼각형 안에 있는 눈은 '섭리의 눈(Eye of Providence)'으로서 미국의 역사를 포함한 세상만사를 굽어보는 신의 눈을 의미한다. 피라미드 위의 신의 눈을 통해 신이 미국의 역사 건설을 이끌며 지켜주고 있음을 암시한다. 삼각형을 둘러싸고 있는 광채는 신이 전지전능한 능력을 가지고 있으며, 빛이 주위를 밝히듯이 신의 영광과 섭리를 이 땅에 펼치는 것이 미국의 이상임을 상징한다. 피라미드의 밑단에는 로마 숫자로 'MDCCLXXVI'가 새겨져 있는데, 이는 미국이 독립을 선언한 1776년을 뜻한다. 이는 피라미드의 첫 계단인 인류의 새 역사가 미국의 독립과 함께 시작되었음을 상징한다. 피라미드 아래로는 라틴어로 "Novus Ordo Seclorum"이라는 문구가 둘러쳐져 있다. 이는 "새로운 질서의 시대(A New Order of the Ages)"를 의미하며, 미국이 새로운 질서의 시대를 여는 주체임을 상징한다. 섭리의 눈 위에는 라틴어로 "Annuit Coeptis"라는 문구가 있다. 이는 앞의 문구와 함께 로마의 시인 바질(Vasil)의 시에서 따온 것으로 "신은 우리가 하는 일을 각별히 돌보아 주신다(God has favored our undertakings)"라는 뜻이다.

요약하면, 미국의 국새 앞면에서는 정치적인 통일, 독립, 자유, 평화에 대한 의지가 나타나며, 뒷면에서는 신의 가호 아래 미국이 인류의 새 역사를 건설하고 있음을 보여준다. 국새에서 강조한 독립된 13개 주의 통합에 대한 건국 당시의 염려는 결국 남북전쟁으로 귀결되었으며, 강력한 지방자치의 전통을 가진 정치 문화로서 현재까지 이어진다. 한편, 미국의 건국과 발전이 신의 가호 아래 인류의 새 역사를 건설하는 것이라는 생각은, 19세기 후반 '명백한 운명(Manifest Destiny)'이라는 용어에서 단적으로 표출되듯이 미국의 역사를 관통하는 미국인의 이상이다. 이는 이민자로 이루어진 미국인들이 과거의 질서와 단절하는 경험을 바탕으로 하여 만들어낸 그들의 이상이며 자신을 정당화하는 이념이다.

2) 청교도 시조

미국의 예외주의는 미국의 기원을 둘러싼 논의에서부터 시작한다. 미국 사회·문화의 주체 세력은 1620년에 미 대륙의 동북부 해안에 상륙한 앵글로색슨계 영국인이다. 영국인이 미 대륙의 동해안에 상륙하기 이전에도 다른 유럽인들이 북미 대륙 곳곳에 먼저 진출하여 땅을 점령하거나 그곳에 거주하고 있었다. 그러나 앵글로색슨계 영국인이 2만~4만 년 전에 아시아에서 북미 대륙으로 이동한 것으로 추정되는 인디언은 물론이고, 이미 진출해 있던 네덜란드인, 북유럽인, 독일인, 프랑스인, 스페인인 세력을 차례로 정복하면서 그들을 기원으로 한 현재 미국의 지배 세력이 자리를 잡게 되었다.

일반적으로 미국의 기원은 메이플라워 호를 타고 온 영국의 청교도(Pilgrim Fathers)에서 출발하는 것으로 알려져 있다. 칼뱅주의 신교의 일파로 영국 국교에 대해 극단적인 개혁을 주장한 청교도(Puritans) 지도자들은 영국 지배자들의 종교적 박해를 피해서, 미 대륙을 새로운 기회의 땅으로 삼아 가족들을 모두 거느리고 멀고 먼 대서양을 건너왔다. 지금의 매사추세츠 주 플리머스(Plymouth)에 상륙하기 직전 선상에서 그들은 시민정부를 세우는 기초가 된 계약을 맺었다. 이로부터 10년 후인 1930년에 1,000명에 달하는 이주자들이 17척의 배에 나누어 타고 뉴잉글랜드로 향했다. 이들의 지도자였던 윈스럽(John Winthrop) 목사는 상륙 후 '지상에 하나님의 나라(City Upon a Hill)'를 만들자는 말과 함께 상륙자들이 앞으로 지켜야 할 계율을 제시했다. 그들은 상륙해서 목사의 지도하에 종교와 정치가 결합된 매우 엄격하고 폐쇄적인 공동체를 형성했다.

초기 정착자들에 관한 이야기는 미국 탄생 신화의 제1장을 장식한다. 신화에 따르면 미국은 비인간적이고 불합리한 구질서가 지배하는 유럽 사회의 박해를 피해 자신의 종교적 신념을 펼치려는 사람들이 험한 고난을 무릅쓰고 미지의 곳으로 건너와, 독실한 신앙과 근면을 신조로 엄격하고 절제된 생활을 통해 하나님의 심부름꾼(Errand in the Wilderness)으로서 황야에 새로운 세계를 개척한 데서 출발한다. 이러한 이야기는 매우 종교적이고 도덕적인 의미를 함축하고 있다. 청교도들은 신앙심이 깊었을 뿐 아니라 도덕적으로도 매우 엄격하여, 검소하고 부지런하며 정직함을 소중히 했다.

너대니얼 호손(Nathaniel Hawthorne)의 소설 『주홍 글씨(Scarlet Letter)』에 잘 표현되어 있듯이 이러한 사회의 이면에는 조금이라도 다른 의견은 배제하고 억압하는 숨 막히는 불관용과 규제와 감시가 지배하고 있었다. 이견을 받아들이지 않는 청교도 사회의 편협함은 다른 생각을 가진 사람들이 계속해서 분파를 만들어 떨어져 나가도록 했다. 또한 마녀재판(Witch Hunt)처럼 변화에 대한 비이성적인 거부반응과 극단적인 사회적 히스테리와 억압이 지배했다.

미국의 주체 세력을 플리머스에 상륙한 청교도에서 찾는 것은 다분히 선택적인 이야기 구성이다. 미국 동해안에 최초로 상륙하여 정착한 영국인은 청교도가 아니라 그들보다 좀 더 일찍 1607년에 버지니아의 제임스타운(Jamestown)에 정착한 일단의 사람들이다. 이들은 일확천금을 거머쥐려는 동기에서 출발한 모험적 투기꾼들과 일자리에 대한 희망에서 동승한 실업자들로서 청교도들보다 13년이나 앞서 북미 대륙에 건너와 정착했다. 그들이 이후의 미국 사회·문화에 미친 영향은 뒤늦게 온 청교도보다 덜할지 모르나, 그들이 상당한 규모로 미 대륙에 이주해 온 최초의 영국 정착민이란 점에서 그들을 오늘날 앵글로색슨계 영국인에 기원을 둔 미국 사회의 출발점으로 삼을 수도 있다. 사실 메이플라워호를 타고 존 윈스럽의 지도하에 플리머스에 상륙한 집단의 경우에도 청교도는 1/3밖에 되지 않았다. 나머지 2/3는 청교도들이 아니라 단지 경제적인 목적에서 새로운 기회를 찾아서 온 사람들이었다.

오늘날의 미국의 출발점을 어디로 설정하는가 하는 문제는 다분히 의도적인 '선택'의 행위이다. 영국인이 도래하기 이전에 미 대륙에 오랫동안 살아온 인디언이나, 영국인보다 먼저 온 유럽의 다른 민족들이나, 남부 지역에서 큰돈을 벌려고 온 영국인이나, 경제적인 동기에서 청교도와 함께 메이플라워 호를 타고 북부에 상륙한 대다수의 사람들을 미국인의 상징적인 조상으로 삼지 않는 것은 선택적인 결정이다. 일부 역사학자들은 만일 남북전쟁에서 남군이 승리했다면 미국의 출발점을 플리머스 해안에 상륙한 청교도에서 찾지 않았을 수도 있다고 한다. 현재 미국인들이 청교도를 그들의 사회·문화의 출발점으로 하는 것은 사실보다는 믿음의 영역이며 이념적인 선택이다.

청교도를 시조로 삼는 이야기가 이념적으로 함축하는 바를 간단히 짚어보자. 종교적인 신앙심, 도덕적인 엄격함이 하나의 구성요소라면, 다른 하나는 구질서에 대한 저항과 새로운 곳에서 자신의 뜻을 펼치는 도전 정신이다. 유럽의 기존 질서를 뒤로하고 미지의 모험에 나서서 새로운 땅에서 종교적 이상이 담긴 순수한 뜻을 실현한다는 메시지는 청교도 출생 신화가 담고 있는 중요한 이념이다. 이는 미국의 예외주의의 핵심을 구성한다.

이러한 신화로부터 미국에 대한 다양한 미국인의 생각이 유래한다. 미국인이라면 당연히 신을 믿고 있기를 기대하고, 권위에 대한 저항을 긍정적으로 바라보며, 항상 새로운 것을 추구하고, 미국은 인류사에서 성취해야 할 사명을 띠고 있다는 생각은 이러한 신화에 토대를 둔다. 미국은 유럽 문명으로부터 파생된 것인 동시에 유럽을 부정하는 요소를 담고 있으므로, 미국인은 한편으로는 유럽을 동경하면서 다른 한편으로는 유럽을 우습게 여기는 이중적인 태도를 보인다. 미국인의 외부 인식에서 유럽이 세계의 다른 어느 지역보다 특별한 위치를 차지하는 것은 이러한 신화의 영향이다.

3) 미국 혁명(American Revolution)

미국 출생 신화의 제2장은 독립전쟁을 거치면서 성립한 미국의 국가 형성에 관한 이야기가 차지한다. 미국의 국가 건설에 관한 이야기는 크게 두 부분으로 구성된다. 하나는 영국의 식민 지배에 저항하는 일부 집단이 세력을 규합하고 모국인 영국에 반역하여 전쟁에서 승리를 쟁취한 것이고, 다른 하나는 독립된 정치 체제로서 공화정(republic)이라는 독특한 국가 체계를 만들어낸 일이다.

첫 번째, 독립을 쟁취하는 과정을 간단히 살펴보자. 영국은 미국 식민지에 대해 상당한 자치권을 부여하여, 모국과 식민지인들 사이에는 매우 느슨한 지배·종속관계가 형성되어 있었다. 영국에서 총독이 파견되기는 하지만 식민지의 일은 대부분 식민지 사람들이 결정하고 처리했다. 식민지 사람들 또한 자신의 정체성을 모국에 두어 북미 대륙의 식민지를 영국의 한 지방으로 생각하고 자신을 영국인으로 생각했다. 식민지인들은 조상과 친지가 있는 모국에 경제적으로도 의존하고 있었던 반면, 그들 사이에서는 사회적·경제적으로 연대성이 없이 소규모의 지역 공동체를 중심으로 서로 고립되어 살고 있었다.

이러한 느슨한 지배관계 속에서 사회·경제적으로 점차 성장한 일부 식민지 토착 세력들이 모국과 이익 충돌이 잦아지고 모국의 지배를 더 이상 참지 않게 될 정도로 커진 것이 독립전쟁의 구조적 배경이다. 영국은 유럽 및 북미 대륙에서 프랑스와 벌인 전쟁 비용의 일부를 식민지인들에게 부담시키려고 했다. 사실 영국의 입장에서 볼 때 식민지인들이 프랑스나 인디언의 침입으로부터 군사적인 보호를 받는 비용을 그들이 부담하는 것은 당연한 것이었다. 그러나 매사추세츠를 중심으로 한 강경파 식민지인들은 "대표 없는 과세 없다"라고 주장하면서 세금을 늘리려는 요구를 거절했으며, 이에 대한 영국의 강경 입장에 주변의 세력을 규합하여 무력으로 대응했다. 1776년 식민지인들이 독립을 선포하면서 시작한 전쟁은 프랑스의 도움으로 어렵게 승리했다. 일단 물러간 영국인들이 1812년에 다시 전쟁을 걸어왔지만 양측이 상당히 큰 피해를 입고 식민지인들이 승리했다.

세계를 호령하는 제국이던 영국의 입장에서 볼 때 상비군도 없고 변변한 무기도 없는 일군의 반역 집단이던 식민지인들이 영국을 두 번이나 물리친 것은 대단한 사건이다. 독립전쟁을 승리로 이끈 조지 워싱턴 장군이 미국 신화에서 가장 높은 존재로 숭상되는 것은 당연한 이치이다. 그런데 엄청난 해군력과 경제력을 보유하고 전 세계를 장악하고 있었던 영국이 어떻게 군사력이나 경제나 모든 것에서 상대가 되지 않는 식민지인들에게 두 번이나 패했을까? 일부 역사가들은 영국이 식민지인과의 전쟁에서 패한 것이 아니라 전쟁을 포기한 것이라는 해석을 내린다. 영국의 입장에서 볼 때 식민지인은 자국인의 일부이므로 아무리 반역자라고 해도 그들이 인디언에게 했던 것처럼 진격하는 마을 전부를 불태우고 남녀노소를 막론하고 모두 죽여 없애는 초토화 전략을 적용하지 않았다. 엄청난 희생을 치르면서 자원도 많지 않은 머나먼 지역에서 전쟁을 계속하는 것보다 그들의 생존을 용인하는 것이 더 유리하다는 판단을 내렸을 수도 있다. 영국은 유럽 지역에서 프랑스와의 적대 관계에 좀 더 집중하기를 원했으며, 인도에 대한 점증하는 관심이 미국 식민지에 대한 관심을 상쇄했다. 반면 식민지인들은 프랑스로부터 물심양면으로 도움을 받았으며, 프랑스인은 미국인 민병대를 훈련시키고 지휘관으로 직접 전투에 참가하기까지 했다. 이렇게 본다면, 식민지인의 승리가 엄청난 것이기는 하지만, 독자적인 힘으로 성취해 낸 것은 아니다. 식민지인들은 자신을 도와준 모국의 약점을 잡고 뒤통수를 친 것이다.

건국 신화에 따르면 독립전쟁은 유럽의 봉건적인 구질서에 대한 식민지인의 민주 혁명으로 그려져 있다. 그러나 독립전쟁의 주체 세력을 자세히 들여다보면 이들이 영국에 반기를 든 동기는 정치적이기보다는 경제적인 성격이 강함을 알 수 있다. 매사추세츠 상공인이 주축이 된 반역 세력은 그들의 주요 축재 수단인 해상 무역과 제조업에서 영국의 상공인들과의 충돌이 점차 고조되는 것을 경험했다. 반면 남부의 대농장 주들은 그들의 주요 시장인 영국과 분리해야 할 아무런 이유가 없으므로 영국에 대한 반역 움직임에 소극적이었다. 매사추세츠 상공인이 주축이 된 반역 세력이 전쟁에서 승리하면서 반역 운동에 소극적이던 남부의 대지주들은 대부분 추방되었다.

국가 건설에 관한 이야기의 두 번째 부분은, 식민지 관계가 종식된 이후 하나의 독립된 정치 체제를 만들어내는 일이다. 1776년 미국이 독립을 선포할 당시 유럽은 왕과 귀족이 지배하는 봉건적인 정치 체제가 지배했다. 물론 영국의 경우 신흥 상공인 계급이 왕의 권한을 견제하고 약화시키는 조치를 점진적으로 단행하기는 했지만, 1789년 프랑스에서 혁명이 일어나기 전까지 그 당시 유럽에서 왕정(monarchy)은 유일한 현실적 모델이었다. 왕이 유고를 당할 경우 왕가의 먼 친척까지 동원해 새로운 왕을 옹립시켰으며, 심지어는 적대관계의 이웃나라에서 왕을 모셔오기까지 했다.

미국인들은 유럽의 그런 전통에서 결별하려 했다. 영국과 독립전쟁까지 벌인 판국에 새로이 왕을 유럽에서 모셔오는 것은 마땅한 대안이 되지 못했다. 그들은 당시 유럽에서 크게 유행했던 로크, 루소, 몽테스키외 등 계몽주의 정치 사상가들의 논의를 좇아서 새로운 정치 체제인 공화정을 만들기로 하고 그 작업에 착수했다. 물론, 국민이 자신을 통치하는 대표자를 선출하는 공화정은 과거 로마 시대에 잠시 있었으며 그리스의 민주정치제도 있었으므로 무에서 유를 창조했다고 할 수는 없다. 공화정 체제를 설치하는 과정에서 식민지인의 지도자들은 그들이 빈번히 접촉하고 결국 전멸시켜 버린 이로쿼이(Iroquois) 인디언 연맹의 평등주의적 정치 체제의 영향을 받기도 했다.

제임스 매디슨(James Madison)의 주도 아래 새로운 정치 체제의 설계도인 공화정 헌법을 만드는 작업이 이루어졌다. 그러나 식민지의 특수한 사정 때문에 하나의 통일된 정치 체제를 구축하는 일은 쉽지 않았다. 무엇보다도 영국 지배하의 식민지는 서로 교류가 드문 독립된 지역으로 산재해 있었으므로 단일한 집단 정체성을 가지고 있지 않았으며, 단일한 행정 체계로 통합되어 있지도 않았다. 제헌 헌법에 서명한 13개의 주는 단지 영국에 저항하는 식민지인이라는 공통점만을 갖고 있을 뿐 각각 독립된 나라였다. 특히 남부 지역과 북부 지역은 자연환경이나 인구 구성이나 산업 면에서 매우 상이했으므로 하나의 통일된 국가로 결합하는 것은 매우 힘든 일이었다. 1774년 대륙회의(Continental Congress)에서 시작하여 오랜 진통과 다양한 이해에 대한 타협 끝에 1788년 최초로 공화정 헌법이 제정되었다. 이 헌법에서 연방 정부는 군사·외교에 관한 사무만을 관장하며, 대부분의 정부 역할은 개별 주의 소관으로 하는 매우 제한된 형태의 중앙 정부를 만들었다. 견제와 균형을 원칙으로 한 삼권 분립 체제를 도입하여 개별 권력 기구가 과다한 권력을 행사하는 것이 근본적으로 차단되었다. 또 대통령의 권한을 매우 축소하여 대부분의 국가 사무가 의회의 결정과 승인을 받도록 했다. 제헌 헌법의 비준 과정에서 10개의 수정 조항을 추가하여 국가가 어떤 조건에서라도 개인의 권리를 침해하지 못하도록 명문화했다. 이렇게 국가의 권리를 엄격히 제한하고 국민이 뽑은 대표자에 의한 통치를 제도화했다는 점에서, 건국 과정에서 탄생한 미국의 정치 체제는 당시 유럽에서 보편적이었던 왕과 귀족에 의한 통치와는 형식상 큰 차이가 있다.

그러나 초기 미국의 공화정 헌법이 얼마나 새로운 것이었는지를 현실적으로 생각해 보면, 유럽 체제와의 연관성과 함께 여러 가지 한계를 발견한다. 우선 공화정의 핵심인 국민의 대표성 면에서 초기의 헌법은 과거 로마 시대의 공화정보다는 문호가 열려있지만 여전히 매우 제한된 범위의 참여만을 허용했다. 당시 남부 인구의 절반을 차지하던 흑인 노예들에게는 전혀 참정권을 주지 않으면서도, 남부 백인의 이익을 위해 흑인의 대표권은 3/5의 인간으로 계산되도록 한 이상한 타협이 이루어졌다. 백인의 경우에도 재산이 있는 남성에게만 참정권이 허용되었다. 헌법 제정을 주도한 제퍼슨은 무식하고 재산이 없는 대중에 의해 정치가 장악되는 것을 가장 크게 우려했던 사람이었다. 미국의 공화정 헌법은 유색인과 여성과 가난한 사람들을 배제한 힘 있는 소수를 위한 제도였다. 그랬기에 독립선언문에서 모두가 생명, 자유, 행복 추구의 권리를 가지고 있다고 선언했지만 행복 추구의 권리에 대해서는 선언을 넘어선 아무런 국가의 역할도 제시하지 않고 있다. 통치자의 권한을 제한하는 것이나, 인권 보장을 명문화하는 것은 영국에서 상공인 계급과 왕 사이에 밀고 당기는 과정에서 만들어진 제도를 빌려 왔다. 왕과 귀족 제도를 폐지했다는 점에서는 형식적으로 새롭지만, 실제 내용을 들여다보면, 처음에 출현한 미국의 공화정은 오늘날의 민주주의 제도보다는 당시 영국의 것에 조금 더 가깝다. 이후 점차적으로 참정권이 확대되는 과정을 거치면서 민주 제도가 자리 잡게 되었지만, 미국인이 그들의 제헌 헌법을 경외의 감정으로 숭배하고 자랑스러워하는 것에서 보이는 절대적인 의미는 다분히 사실보다는 믿음의 소치이다.[5)]

독립전쟁과 독립된 정치 체제를 만드는 작업에서 나타나는 일관된 기조는, 식민지 지역의 정치적 안정과 통일을 도모하면서 유럽의 기존 질서에서 벗어난 새로운 정치체를 만드는 것이었다. 이는 유럽 국가들 간의 갈등관계에 힘입어 탄생할 수 있었고, 유럽의 역사적 전통에서 빌려온 요소를 많이 포함하고 있었다. 그럼에도 미국인들의 건국 과정은 기존의 질서와는 단절된 새로운 것을 만들었음을 출생 신화에 포함시키는 데 충분하다. 청교도 정착자에 대한 신화적 이야기와 유사하게, 미국의 건국 과정에서도 역시 권위에 대한 저항과 새로운 것을 향한 도전을 최고로 하는 이념이 재확인된다.

4) 이민자의 천국

'미국은 특별하다'는 신화의 제3장은 미국이 이민자로 만들어진 나라라는 사실로 채워진다. 미국인은 흑인과 인디언을 제외한 모든 사람들이 이민자로부터 출발한다. 현재도 미국인 10명 중 1명은 외국에서 출생한 이민 1세대이며, 이민 1세대가 아닌 경우에도 미국 사람들 대부분은 이민자인 선조와 어렴풋이 감정적 연대를 맺고 있다. 이민자들은 익숙한 삶을 버리고 새로운 미지의 삶을 선택한 결단과 특별한 성격의 소유자이다. 이민자의 신화는 새로운 땅에서 이민자들은 모두 동등한 조건에서 출발하는 새로운 삶을 시작하며, 노력과 창의를 발휘하여 성공의 사다리를 올라가 미국인의 꿈(American Dream)을 성취한다는 것으로 완성된다.

'미국인은 누구나 이민자로부터 출발한다'는 자의식은 일면 타당성이 있어 보이지만 사실은 선택적인 이야기 구성이다. 동북부 해안에 정착한 영국인들을 '정착자(Settlers)'로 표현하는 것 또한 이념적인 선택이다. '정착자'라는 표현은 인간의 발이 닿지 않은 곳에 최초로 이주한 사람의 이미지를 떠오르게 한다. 엄격히 이야기하면 미국인은 '정복자(Conqueror)'로부터 출발한다고 표현하는 것이 올바르다. 유럽인이 도래하기 전에 북미 대륙 전 지역에는 인디언들이 거주하고 있었다. 200만~1,000만 명 정도의 인구에 농경에서 수렵까지 다양한 생활방식이 존재했으며 언어와 문화를 달리하는 부족의 숫자는 수백을 넘었던 것으로 추정된다. 특히 영국인들이 정착한 동북부 지역에 사는 인디언들은 농경 생활을 하는 정착민족으로서 오랜 세월 동안 한곳에 터를 잡고 살아온 사람들이다. 인디언들은 매우 유능한 농경인으로서 옥수수, 호박, 담배같이 유럽인들에게 생소한 식물들을 경작하는 방법을 가르쳐 주고 정착을 도와주었다. 그러나 영국인들은 이들을 몰아내고 이들이 경작하고 살아오던 바로 그 장소에 '정착촌'을 건설했다. 인디언으로부터 땅을 빼앗은 과정은 문명인으로서 합리적인 조정과 타협의 결과가 아닌, 일방적인 무력정복이었다. 19세기 초까지 동부·중서부 지역에서 인디언의 저항은 매우 격렬했다. 인디언의 거주 지역으로 새롭게 진출한 백인들에게 인디언의 위협은 매우 중대한 관심사였다.

영국인은 정착의 초기 단계에서부터 인디언을 배척했으며 공존하는 것을 거부했다. "착한 인디언은 오로지 죽은 인디언뿐이다"라는 필립 셰리든(Philip Sheridan) 장군의 말이 잘 나타내듯이, 백인들은 인디언을 북미 대륙에서 말살하려 했다. 많은 인디언들이 영국인과 타협을 도모했으며, 체로키 인디언의 경우 심지어 백인의 제도와 종교를 수용하고 백인의 지배권을 인정하면서 백인과 융화하여 살려는 시도를 했음에도 백인의 총칼에 몰려 자신의 고향을 등지고 서부로 쫓겨 가야만 했다. 인디언 부족들은 유럽인이 퍼뜨린 역병으로 인구의 90% 이상이 죽고, 나머지는 전쟁에서 살육당하거나 백인의 노예로 가혹하게 착취당하면서 사멸해 갔다. 북미 대륙에 진출한 영국인을 포함한 이민자들은 황야에 최초로 발을 내디딘 '정착자'가 아니라, 기존에 그곳에 뿌리를 내리고 살고 있던 사람들의 땅에 침입하여 이들을 제거하고 그들의 것을 자신의 것으로 만듦으로써 미국이란 나라를 건설한 '정복자'이다.[6)]

미국이 이민자의 나라라는 자의식의 또 다른 결함은 흑인 문제에서 발견된다. 흑인은 유럽인과 함께 정착의 초기 단계에서부터 미국 땅을 밟았다. 영국인이 동해안에 상륙한 지 얼마 안 되는 때인 1632년에 최초의 흑인이 미국 땅에 상륙했다. 이후 1807년에 흑인의 수입이 법으로 완전히 금지되기까지 약 200만 명 이상의 흑인 노예들이 아프리카에서 수입되었다. 흑인은 독립 당시 식민지 전체 인구의 약 20%를 차지했

표 1-1 독립 직후 지역별·인종별 인구 구성(1790년)

(단위: 1,000명)

	백인	흑인	합계
북부	1,901 (96.6%)	67 (3.4%)	1,968 (100.0%)
남부	1,271 (51.1%)	690 (48.9%)	1,961 (100.0%)
총계	3,172 (80.8%)	757 (19.2%)	3,929 (100.0%)

자료: US Bureau of the Census(1970: 22).

는데, 이들이 집중적으로 거주한 남부 지역에서는 흑인 인구가 백인의 거의 절반에 달했다. 미국 땅에 발을 들여놓은 흑인의 대부분은 자의로 건너온 이민자들이 아니라 구속된 신분으로 강압에 의해 들어온 사람들이다. 이들은 대부분 서부 아프리카에서 포획되어 서인도 제도에서 반항기가 제거되도록 길들여지는 기간을 거쳐서 최종적으로 미국으로 수입되었다. 그들은 미국으로 수입된 이후 백인과의 혼혈이 거듭되면서 현재 미국인들 상당수의 조상이 되었다. 인구조사에서 밝히는 흑인 인구의 비율은 전체 흑인 후손의 일부만을 차지한다. 심지어 건국의 아버지인 조지 워싱턴과 흑인 노예 사이에서 출생한 자녀들만도 여럿이라는 사실을 고려할 때, 흑인과 직간접적으로 연관을 맺은 미국인은 적지 않다.[7] 미국인들 상당수의 조상이 이민자가 아니라는 사실은 미국의 출생 신화에서 선택적으로 외면되고 있다.

영국인 이외의 유럽 이민자들에 초점을 맞추어 보자. 백인 이민자라고 해서 미국에 대해 모두 동등한 권리를 가지고 있지는 않다. 미국의 사회·문화에서 앵글로색슨 영국계의 영향력은 절대적이다. 여전히 정치와 경제의 상위 자리는 대부분 영국계가 차지하고 있다.[8] 건국 이후

200년 이상이 지난 현재까지도 미국의 대통령 중 영국계가 아닌 경우는 아일랜드계인 케네디 대통령이 유일하며, 미국 권력의 핵심을 차지하는 상원의원의 대다수를 영국계가 차지하고 있다. 영국계가 미국 전체 인구에서 차지하는 비율은 전체 인구의 1/4에도 못 미친다. 유럽 이민자들 중 가장 점유율이 높은 민족 집단은 영국계가 아니라 독일계이다. 그렇다면 어떻게 영국계가 미국 사회·문화에서 압도적인 지위를 차지한 반면 다른 유럽계의 영향은 미미하게 되었을까? 이는 네덜란드, 스웨덴, 독일, 프랑스, 스페인 등 먼저 진출해 있던 유럽의 정착자들을 정복하고 진입한 영국계 이민자들이, 다른 유럽계의 영향력을 억압하고 차단하는 과정을 통해 자신의 지배적 지위를 성공적으로 지켜왔기 때문이다.

영국계 이민자들은 초기부터 그들의 문화와 사회 제도가 미국 땅에 확고하게 뿌리내릴 때까지 다른 유럽계 이민자의 진입을 봉쇄했다. 1607년 영국계의 진출 이후 1700년까지 영국을 제외한 다른 유럽계 이민자의 숫자는 미미한데, 이는 비영국계 이민자의 진입을 의도적으로 봉쇄한 결과이다. 영국계 이민자는 이후에 대규모로 들어온 비영국계, 특히 독일계 이민자에게 자신이 심어 놓은 제도와 문화에 흡수되도록 강요했다. 영어를 쓰는 것이 강요되고, 비영국계 관습은 야만적인 것으로 배척되었다. 그 결과 영국계 이외의 민족이 미국 사회·문화에 끼친 영향은 피상적이며 미미하다.[9] 음식에서 이탈리아나 프랑스의 영향을 읽거나, 성 피터 축일(St. Patrick's Day)에서 아일랜드의 전통을 보거나, 지명에 남아있는 인디언의 자취를 보거나, 음악에서 흑인의 전통을 확인하거나, 중서부의 애미쉬(Amish) 종교 공동체에서 독일계의 영향을 볼 수 있는 정도이다. 미국에 진입하는 모든 이민자들은 영국계를 주축으로 한 미국의 사회·문화에 흡수되도록 만드는 계획적·비계획적 미국화(Americanization) 과정 속에서 살아간다. 미국 시민이 되기 위해서는 영어를 읽고 쓰는 것과 미국의 관습·제도를 존중하고 따를 것이 요구된다.

즉, 미국에서 이민자라고 해서 모두가 동일한 지위에서 출발하는 것은 아니다. 지금도 영국계는 이민 1세대에서부터 미국인의 주류로 행세할 수 있으나, 다른 유럽계 이민자나 유색인은 수세대가 지나도 주변적인 미국인으로 취급된다. 미국에 이민 온 사람들이 불과 두 세대가 지나기도 전에 모국어를 버리는 현상을 일컬어 "미국은 '언어의 무덤'"이라고 하는데, 이는 영국계를 주축으로 한 주류 세력이 새로운 이민자들에 대해 행사하는 엄청난 사회·문화적 동화 압력의 결과이다. 미국은 모두가 동등한 조건에서 출발하는 이민자의 나라가 아니라, 기존의 원주민과 이주민들을 정복한 영국계 이민자가 세웠고, 앵글로색슨 영국계의 정치·경제·사회·문화적 종주권이 행사되는 나라이다. 영국계와 비영국계의 차이가 유럽계 이민자들 사이에도 엄연히 존재하며, 백인과 유색인 이민자들 사이에는 훨씬 더 넓은 간극이 있다.

한편 19세기 초반 산업혁명으로 증기선이 보편화될 때까지 대서양을 건너는 것은 오랜 시간이 걸리며 생사를 걸어야 하는 모험이었다. 그 당시 유럽인이 볼 때 북미 대륙이란 인디언의 위협이 상존하고 도덕과 질서가 자리 잡지 않은, 인간의 손이 닿지 않은 황야이며, 문명의 혜택으로부터 단절된 위험하고 불확실한 땅이었다. 17세기 초 이민이 시작된 이후 18세기 중반 독립전쟁 때까지 유럽인의 이민은 많지 않았으며 주로 영국을 중심으로 매우 제한된 범위에서만 이루어졌다. 그러나 1800년대 중반에 이르자 유럽의 인구 압력이 매우 높아져 생활이 어렵게 되고, 해상 교통 수단이 편리해졌으며, 인디언의 위협이 제거되고, 미국도 살 만한 땅이라는 소문이 점차 현실로 다가오면서 이민자들이 급격히 늘어났다.

이 유럽 이민자들은 어떤 사람들인가? 이민 초기의 청교도를 포함해 종교적 박해를 피해서 온 사람들, 영국의 부유한 모험적 투자자들, 영국으로부터 호송되어 온 범죄자들을 제외하면 대부분이 별로 가진 것

없이 새로운 경제적 기회를 찾아 대서양을 건넌 사람들이다. 이들은 익숙한 기존의 삶의 방식을 버리고 새로운 미지의 삶을 찾아 북미 대륙으로 건너왔다. 그들은 대서양을 건너기로 결정을 하기 전에, 정신적·물질적으로 오랫동안 살았던 익숙한 환경을 벗어나기 위한 준비 작업을 해야 했다. 식민지 개척 초기의 위험은 가셨다고 하지만, 유럽 사람들에게 미국은 19세기에도 여전히 모험의 땅이었다. 대서양을 횡단하기로 결심한 사람들은 상대적으로 젊은 남성이 많았으며, 변화를 수용하는 능력이나 모험에 대한 도전 정신이 비교적 강한 사람들이었다.

그러나 이들이 뒤로한 생활이 편안했거나 안정적이었던 것은 아니다. 이들은 대부분 더 이상 유럽의 농촌 마을에서 삶을 이어가기 어려운 사람들이었다. 18세기 보건과학 지식의 발달, 산업혁명, 전 세계 식민지에서 곡물 수입 증가 등의 요인으로 농촌의 인구 압력이 높아지면서 많은 사람들이 전통적인 농촌 마을을 떠날 수밖에 없었다. 그들은 농촌에서 소작농 또는 소농이거나, 맏아들이 아니어서 가족의 땅을 분배받을 수 없었던 사람들이다. 이들은 일단 자신의 마을에서 가까운 도시로 이주를 결행하지만, 산업혁명기의 도시 생활이 매우 열악했던 까닭에 삶의 막바지로 내몰려 대서양을 건너기로 결정한 경우가 많았다. 대서양을 건너는 뱃삯을 마련할 수 없어, 북미 대륙에 도착한 후 일정 기간 일해주기로 계약을 맺고 뱃삯을 대신 내주는 조건으로 대서양을 건넌 경우도 많았다.

실제로 아무런 사전 정보나 연고 없이 혼자서 북미 대륙을 밟은 이주민은 많지 않았다. 초기에는 일시적으로 돈을 벌 목적으로 와서 머물다가 다시 되돌아간 경우가 많았는데, 이민자들은 되돌아온 사람들이나 연고자들을 통해 미 대륙 생활에 대한 어렴풋한 정보를 갖고 있었다. 이민 모집자의 광고를 통해서 또는 이미 미국에 이주한 친지나 동네 사람들의 편지에서 정보를 얻기도 했다. 물론 이런 이야기들은 미국 생활을 긍정적으로 과장하여 보여줌으로써 그들의 환상에 불을 지피는 역할을 했다. 대부분의 이민자들은 앞서 이주한 아는 사람들의 권유로 이민을 결심하며 이들의 도움으로 미국 생활 초기에 정착하는 과정을 밟았다. 미국에 이주한 사람들은 자신의 결단을 합리화하기 위해서든 외로움을 덜기 위해서든 연고자들에게 이주를 적극적으로 권유했다. 먼저 이주한 사람들은 그들의 권유로 연고자들이 도착했을 때, 한편으로 그들의 정착을 도와주기도 했지만 다른 한편으로는 그들의 노동을 착취하여 이익을 챙기기도 했다.

미국의 출생 신화 중 이민자에 관한 이야기에서 강조되는 점은, 이들이 과거의 생활을 버리고 홀로 새롭고 불확실한 모험을 감행했다는 사실이다. 그러나 그들은 대부분 기존의 편안한 생활이나 익숙한 환경을 버리고 떠난 것이 아니라 자신의 나라에서도 이미 1차로 이주를 결행했던 이들이다. 도시를 향해 농촌을 떠난 최초의 이주 과정 역시 그들에게 매우 새로운 경험이었다. 많은 경우 이주자들이 대서양을 건너기로 자발적인 결정을 했다고는 하지만, 사회·경제적 맥락에서 볼 때 미국행 이민이란 자신의 사회에서도 주변적인 위치로 전락해, 계속 살아남기에는 상대적으로 선택의 폭이 매우 좁았던 환경에서 탈출구를 찾는 행위였다. 또한 이민자들은 개인이 홀로 이민을 결행하고 새로운 환경에 정착한 것이 아니라 친지의 적극적인 권유와 도움이라는 집단적 행위의 일부를 수행했다. 요컨대, 미국으로의 이민은 개인의 자발적 선택의 결과이기보다는 사회·경제적 구조의 산물이며, 익숙한 것을 버리는 행위는 대서양을 건너기 훨씬 전부터 농촌에서 인근 도시로 이주할 때 이미 경험한 것이며, 개인적 행위이기보다는 집단적 행위이다. 대서양을 건너는 것은 새로운 것이 아니라 이미 시작된 고단한 인생행로의 연장선상의 한 부분일 뿐이다.

그럼에도 기존의 것을 버리고 새로운 모험을 찾아서 떠나는 것이 개인의 선택과 결단을 중심으로 전개된다는 이민자의 이야기는, 미국은 특별한 나라라는 믿음을 뒷받침하는 요소로서 충분하다. 여하간 그들은 새로운 환경으로 이주를 결행한 사람들이다. 이민자와 관련된 신화적인 믿음은 20세기의 이민자에게도 동일하게 적용된다. 출발국과 미국 사이에 생활수준의 격차가 크면 클수록 미국행 이민의 신화적 의미는 더욱 커진다. 소득 수준이 높은 나라의 사람들은 미국행 이민을 특별히 선호하지 않는다는 사실에서, '미국은 이민자의 나라'라는 데 덧붙여지는 신화적인 요소는 주로 가난한 나라 출신 사람들에게 호소력을 지님을 확인한다.

5) 영원한 프런티어

미국 출생 신화의 네 번째 구성요소는 아마도 프런티어(Frontier)에 대한 믿음일 것이다. 프런티어의 사전적 의미는 '지금까지 인간의 발이 닿지 않은 미개척지'이다. 유럽인들에게 북미 대륙은 미개척지로서 새로운 기회의 땅을 의미했다. 동부 해안에 정착한 뒤에도 서부로 확장해 나가는 것은 계속해서 미개척지를 향해 새로운 기회를 창출하는 과정이었다. 미국인들은 항시 저 멀리 어디엔가는 — 그것이 반드시 새로운 땅은 아니라고 해도 — 새로운 기회가 사람의 손이 닿기를 기다리고 있다는 믿음을 어릴 때부터 주입받는다. 마크 트웨인의 『허클베리 핀의 모험(The Adventures of Huckleberry Fin)』에서 강조하듯이 미국인들에게 불확실한 것을 향한 모험은 어렸을 때부터 영원한 동경의 대상이다. 이 동경에는 자신의 창의와 노력을 다해 새로운 기회를 성공으로 실현하는 것이 신이 부여한 인간의 권리이며 의무라는 종교적 의미가 함축되어 있다. 지난 수십 년간 미국의 대중문화에서 텔레비전 프로그램 <스타트랙(Star Trek)>이 꾸준히 높은 인기를 누릴 수 있었던 비결은, 바로 이런 미국인의 신화를 가장 충실히 반영했기 때문이다.

유럽인이 건너오기 전에 이미 북미 대륙에 인디언이 광범위하게 살고 있었음에도 미국인은 '신세계(The New World)'라는 표현을 즐겨 사용한다. 정착 및 이후의 확장 과정에서 계속 인디언과 충돌하고 그들을 잔인하게 정복함으로써만 자리를 차지할 수 있었음에도, 그들은 '백지상태'로 있던 신개척지를 향해 나아가는 이주민의 모습에서 미국인의 정체성을 찾으려 한다. 사실 북미 대륙은 처절한 투쟁과 기만과 피로 얼룩진 땅임에도, 미국인들은 스스로를 처녀지(Virgin Land)에 발을 디딘 순박한 개척자의 모습과, 끊임없이 침범해 오는 잔인한 외적이나 험한 자연의 힘에 굴하지 않고 굳게 버티는 용기를 지닌 사람으로 묘사한다.[10] 미국인들은 종종 이러한 신개척지에서 홀로 역경을 타개하는 영웅을 미국인의 전형으로 생각한다. 미국인의 신화에서 볼 때 새로운 땅에 이민을 결행한 미국인 자신은 모두 소(小)영웅이다.

미국의 역사학자 터너(Frederick Jackson Turner)는 1893년에 발표한 「미국 역사에서 프런티어의 중요성(The Significance of the Frontier in American History)」이라는 논문에서 미국의 정체성은 서부 개척 과정에서 형성되었다고 주장한다. 그의 주장에 따르면 미국의 특성은 영국을 포함한 유럽의 영향이 아니라 서부에 광활하게 펼쳐진 '주인 없는 땅(free land)'과 그 땅을 개척한 경험을 통해서 형성되었다. 미국인의 국민성에서 나타나는 모험과 개척 지향은 그가 '프런티어적 특성(fronteerness)'이라고 명명한 서부의 생활에서 형성된 특질이다. 이는 그 당시까지 미국 사회·문화는 유럽 전통의 연장선상에 위치하는 것으로 보고 미국의 동북부 지역에서 전통과 권위를 찾던 기존의 생각을 뒤엎은 혁명적 발상이다. 독립전쟁 시기까지 초기 이민자들이 정착한 지역인 동부 연안 지방을 넘어 애팔래치아 산맥 서쪽 지역이 미국인의 정체성을 형성하는 데 중요한 역할을 한 것은 사실이다. 이 지역은 광활하고 비옥한 땅을 제공했으며, 이

기반 위에서 자영농이 성장할 수 있었고, 이는 유럽 이주민을 유인하는 중요한 요소로 작용했다. 서부 진출은 동부 지역에 사람들이 늘어나면서 수반되는 사회적 갈등을 해결하는 동부 사회의 하수구 또는 탈출구 역할을 했다. 서부가 없었다면 새로운 이민자들이 계속해서 들어오지 않았을 것이며 새로운 기회가 만들어지지도 않았을 것이다. 아마도 좁은 지역에 밀집한 사람들과 제한된 자원을 가지고 밀고 당기는 과정에서 제3세계의 상황과 흡사한 사회적 갈등과 후진적 지배 구조가 자리 잡았을 것이다.

서부에서의 삶은 동부와는 사뭇 달랐다. 사람들이 그곳으로 흘러들어오기 전에 어떤 지위에서 무엇을 했는지 과거를 묻지 않고, 새로운 경제적 기회를 찾아서 수시로 이동하는 생활을 했기 때문에, 극도로 개인주의적이며 민주적인 생활 방식과 가치관이 서부를 지배했다. 그곳에서는 전통이 존경의 대상이 아니었으며, 누구의 지배와 간섭도 싫어하고, 기회만 닿는다면 언제라도 이동할 준비가 되어 있는 삶이었다. 서부의 자연환경은 동부보다 훨씬 광활하고 거칠어서 서부로 진출한 이주민들은 문명의 도움 없이 자연과 직접 부닥뜨려 살아남아야 하는 위험한 조건에 처했다. 그들은 자연과 훨씬 가까웠으며 상대적으로 공동체의 도움에 크게 의존하지 않고 모든 일을 혼자서 감당해야 하는 생활을 영위했다. 이웃과 거리가 멀었으므로 공동체 생활이 주는 사회적·심리적 안락함을 기대할 수 없으며, 대부분을 홀로 지내는 데서 오는 엄청난 인간적인 외로움을 견디는 데 익숙해져야 했다. 서부인들은 강인한 성격의 '홀로 지내는 사람(loner)'이었다.

이러한 서부의 신화는 물론 사실과 거리가 있다. 서부는 개척의 손길을 기다리고 있던 주인 없는 땅이 아니었다. 오래전부터 삶의 터를 잡고 있던 서부의 인디언은 잔인하게 제거되었으며, 서부에 진출한 중국 이민자들은 백인들의 심한 차별을 감내해야 했다. 서부는 누구에게나 열려있는 평등한 기회의 땅은 아니었던 것이다. 미국인들이 순수한 의도에서 처녀지에 진출한 것은 아니었다. 서부인 중에는 동부 생활에서 내몰려 서부로 간 경우가 많았다. 도덕적·사회적으로 바람직하지 못한 범죄자나 투기꾼 또는 사업에 실패한 이들이 서부로 간 경우도 많았다. 이러한 사람들이 몰려 있는 사회에서 개인의 권리를 자신이 지킨다는 것은, 약육강식의 원리와 힘과 기만이 지배하는 상태를 불러오기 마련이다. 1849년 서부의 금광 붐이 일었던 '골드러시(Gold Rush)' 때 서부에 몰려든 사람 중에 성공한 사람은 극소수였다. 대부분은 술, 도박, 매춘, 폭력, 좌절, 질병 속에서 불확실한 삶을 전전하다가 비참하게 생을 마감하거나, 마음을 고쳐먹고 자신의 고향으로 되돌아갔다.

자연과 부딪쳐 강인하게 극복한다는 이상적인 이야기의 이면에는 자연의 험난함에 압도당해 추위와 질병과 곤궁으로 비참한 생활을 이어간 사례가 많았다. 미국 사람들이 어렸을 때 즐겨 읽으며 TV 프로그램으로도 영상화된 소설 『초원의 집(Little House in the Big Woods)』에 나오는 서부 개척민의 생활은, 실제는 훨씬 위험한 삶 중에서 성공한 소수의 경우에 불과하다. 개척자의 이동로였던 '오리건 통로(Oregon Trails)'는 이동하는 도중에 사망한 사람의 무덤이 끝없이 이어진 길이었다. 서부의 생활이 개인이 홀로 개척하는 삶이라는 것도 사실과 맞지 않는다. 서부로 간 사람들은 집단을 이루어 이동했으며, 정착 생활도 이웃 및 지역 공동체와 밀접하게 연결된 생활이었다. 읍내의 교회를 다니고 사교생활을 했으며, 필요한 물건을 상점에서 구입하고, 이웃과 서로 품앗이를 했으며, 자녀를 학교에 보내고, 이웃 간에 지켜야 할 예절과 사회규범이 있으며, 보안관을 통해 질서를 확보했다. 서부영화에 나오듯이 모든 것을 홀로 해결하는 서부의 이주자나, 갱단과 보안관의 결투나, 카우보이의 이미지는 흥미를 위해 과장되게 극화된 것일 뿐이다.[11] 서부에서의 삶은 동부에서보다 자유로웠다. 신개척지로 이주한 사람들은 기존의 제도적 마련이 없는 환경에서 많은 일을 자력으로 해결해야 했다. 전통적인 구속에서 벗어난 사람들은 자신들이 스스로 방법을 찾고 개척하는 새로운 전통을 만들어냈다. 여성에 대한 참정권의 확대가 서부에서부터 이루어진 것은 당연한 일이다. 터너는 이런 서부의 이상과 사고방식이 미국 사회·문화 전체에 영향을 미쳐 미국인의 정체성의 핵심을 이루게 되었다고 주장한다. 이후의 비판자들은 이를 역사적 사실에 대한 해석이라기보다는 미국인의 이상을 서술한 것으로 평가한다.[12] 미국인들이 항시 신개척지로 진출해 간다는 이야기는, 이민자의 경험을 묘사하거나, 서부 진출을 묘사하거나, 우주 탐사를 묘사하거나, 새로운 발명을 묘사하거나 간에 수시로 미국인의 생각과 말 속에 나타나는 신화적 요소이다. 프런티어란 이상을 향한 사람들의 희망을 투영한 신화이다.

2. 미국의 이념

1) 미국의 신조

사회학자 시모어 마틴 립셋(Seymour Martin Lipset)은 『최초의 새로운 나라(The First New Nation)』라는 책에서 미국은 인류 역사상 이념(Ideology)[13]으로 뭉친 최초의 나라라고 주장한다. 역사상 대부분의 나라들은 혈연을 같이하는 조상이나, 같은 땅에서 오래 함께 살아왔거나, 이 두 가지 특성을 함께 지니는 자연 공동체에서 출발한다. 미국인들은 혈연을 공유하지 않으며 그렇다고 같은 땅에서 오래전부터 함께 살아온 사람들도 아니다. 그렇다면 미국인들이 하나의 사회 구성원으로 통일성을 갖도록 하는 것은 무엇일까? 립셋에 따르면 미국은 사회를 움직여 온 공통의 이념이 사람들에게 공유되는 한, 하나의 사회로서 존속하는 사회이다.

그림 1-3 노먼 로크웰(Norman Rockwell)의 자유의 이미지(Freedom Images)

주: 1943년 제2차 세계대전 중 루스벨트 대통령은 전쟁에 대한 국민의 헌신을 유도하기 위해 미국이 소중히 지켜야 할 네 가지 자유를 역설했다. '폭력으로부터의 자유(Freedom from Fear)', '표현의 자유(Freedom of Speech)', '결핍으로부터의 자유(Freedom from Want)', '신앙의 자유(Freedom of Worship)'가 그것이다. 국방성은 노먼 로크웰에게 의뢰하여 이 메시지를 이미지로 표현하도록 했다. 루스벨트 대통령의 자유의 메시지와 이미지는 미국의 이념을 잘 표현하고 있다.

자료: 미국 국회도서관.

그 공통의 이념은 흔히 미국의 신조(American Creed)라고 부르는 보편적 가치들로서, 자유, 평등, 법치·민주주의, 개인주의, 청교도적 노동 윤리, 불가침의 인권, 기독교 신앙, 미국인의 꿈(American Dream) 등을 요체로 한다. 실제 여론 조사에서도 미국 국민의 대다수가 자신을 다른 나라 사람과 구별되는 '미국인'으로 만드는 고유한 특성으로 자유, 평등, 개인의 행복 추구 등의 원칙을 지적한다. 미국인은 일상적인 의식 속에서 혈연적 연계, 지역적 연고, 종교적 연관 등, 과거 민족 국가를 구성하는 어느 속성에 의해서도 자신이 속하는 나라를 규정짓지 않는다.[14)]

이러한 립셋의 주장은 미국을 지나치게 이상적으로 그린 것으로 비판받았다. 그의 주장에서 치명적인 약점은 미국인의 동질성에 대해 무리한 가정을 하고 있는 점이다. 미국인 중에 이러한 이념에 동조하지 않거나 처음부터 배제된 사람들이 적지 않은데, 그렇다면 이들은 미국인이 아니냐는 질문에는 대답이 궁색해진다. 실제 미국의 역사에서 보면, 'WASP(White Anglo-Saxon Protestant)'라 불리는 앵글로색슨계 기독교도 백인 남성을 제외한 부류에 대해서는 소위 '비미국적(un-American)'이라는 명칭을 붙이면서 사회적인 배척과 차별이 수시로 성행했다. 미국은 비영국계 유럽인과 유대인에 대해, 흑인과 아시아인과 중남미인에 대해, 사회주의자에 대해, 비기독교인이나 무신론자에 대해, 민권주의자나 여권주의자에 대해, 빈민들에 대해 '비미국적'이라는 용어를 적용하며 억압했다. 요컨대, 립셋의 주장은 미국을 영국계 백인 중심의 나라로 생각하는 사고방식에서 나온 것이다. 립셋의 주장에 따르면 영국계 기독교도 백인 남성을 제외한 사람들은 정상적인 미국인이 아닌 것이다.

립셋의 주장에 대한 반론의 단적인 예로 영어에 대한 미국 주류 집단의 집착을 들 수 있다. 여론조사에 따르면 미국인 대다수는 영어의 원활한 구사가 미국인의 핵심적인 조건이라는 점에 동의한다. 현재 미국의 시민권을 획득하려면 영어 구사력을 입증해야 하는 것을 비롯해,

미국 역사상 비영어권 이민자에게 영어 사용을 강제하는 수많은 예를 발견할 수 있다. 1990년대 남서부 지역에서 중남미계 미국인의 증가에 대한 대응 조치로 영어만을 공용어로 하는 법률을 제정한 것은 그 대표적인 예이다. 민족성의 기원을 연구한 인류학자 베네딕트 앤더슨(Benedict Anderson)은 언어가 민족적 공동체를 만들어내는 가장 중요한 상징체계라고 지적한다. 아무리 미국의 독립선언문과 헌법에서 표명하는 보편적 가치를 옹호할지라도, 현실적으로 영어를 제대로 구사하지 못하면 미국인으로서 완전한 정체성을 인정받을 수 없다. 영어라는 것은 앵글로색슨 민족 및 그들의 문화와 직접적으로 연결된 것으로서, 이것만을 배타적으로 옹호하는 미국의 문화는 보편적 가치가 아닌 특정 집단의 이익과 관심이 지배하는 문화임을 웅변적으로 말해준다. 미국이 보편적인 가치를 추구하여 뭉친 사람들로 만들어진 국가라는 주장은 이상적인 이념을 표명한 것에 불과하다. 역사학자 새뮤얼 헌팅턴(Samuel Huntington)은 분명한 어조로 미국의 문화적 종주권이 앵글로색슨계에게 있음을 주장한다. 그는 민족주의적인 색채가 짙은 『우리는 누구인가?(Who are We?)』라는 제목의 책에서 20세기 후반 히스패닉의 증가로 영어의 지배력이 약화되는 것을 우려하면서, 이를 미국의 정체성에 대한 도전으로 받아들여, 앵글로색슨 개신교 문화를 중심으로 하는 전통적인 미국의 정체성을 지키는 사회·문화운동을 역설하고 있다.

사실 헌팅턴의 주장에는 타당한 측면이 있다. 미국의 사회·문화는 20세기 후반 민권운동, 여성운동, 다문화주의 논쟁 등이 벌어지기 전까지 앵글로색슨계 백인 남성이 절대적인 지배력을 행사하고 있었다. 앵글로색슨계가 정치·경제·사회·문화 전반에서 지배적 권력을 쥐고 있었으므로 그들의 사고방식이 미국인의 지배적인 사고방식으로 정의되는 것은 당연하다. 앵글로색슨계는 인구 수로만 보면 제1집단의 위치를 차지하고 있지는 않다. 그러나 북미 대륙에 앞서 왔던 다른 유럽계를 정복하고 일찍이 지배권을 확립한 영국계 이주민들은 미국 땅에 영국계 문화를 심는 데 열심을 기울였다. 영국을 본받아 법, 행정, 경제, 교육 등 주요 사회 제도를 만들었으며, 무엇보다 영어를 공용어로 하고 다른 언어가 발붙이는 것을 배타적으로 금했다. 앵글로색슨계에 의해 지배된 다른 민족들이 자신의 문화를 얼마나 지속해 왔는지는 논란거리이기는 하지만, 최소한 그들이 근래에 이르기까지 미국 주류 문화에서 인정받지 못했던 것은 사실이다.

근래에 관심이 고조된 다문화주의(Multi-culturalism)는 앵글로색슨계가 주도하던 문화적 주류를 전체 미국인의 단일한 정체성으로 동일시하던 지금까지의 관행을 거부한다. 대신 개별 소수 집단(minority)의 정체성이 전체의 정체성에 앞선다고 주장한다. 예컨대 미국인이기 전에 흑인으로서 자신의 일차적인 정체성을 설정하는 것이다. 다문화주의를 옹호하는 사람들은 다양한 문화 영역에서 지금까지 억압되어 드러나지 못했던 개별 소수 집단의 문화적 자취를 발굴하는 작업에 전념하면서, 소수 집단 문화에 관해 많은 새로운 '발견'을 했다. 그러나 여전히 대다수의 미국인들에게 공통적인 보편 가치로 인식되는 미국의 신조가 미국인의 국가 정체성의 핵심을 이루고 있으며, 이에 더해 영어나 '미국인의 생활 방식(American way of life)'이 정체성의 주요 구성요소로 자리 잡고 있음을 확인할 수 있다. 개별 소수 집단이 전체의 정체성에 앞서는 경우는 아직은 극히 소수에 한정된다.

지배 집단은 자신의 지배를 정당화하기 위해 신념 체계를 만들어내고 피지배 집단에게 이 신념을 설득하고 주입시킨다. 미국의 신조는 바로 이런 기능을 한다. 즉, 사회·경제적으로 낮은 지위를 차지하는 미국인들에게 현실을 참고 받아들일 만한 것으로 만든다. 자유, 평등, 법치, 민주주의 등 미국의 신조는 보편적인 가치를 표명하고 있으나 이는 인종·민족·계층 집단에 따라 달리 적용되는 현실과 큰 괴리를 보인다. 영국계 백인 남성에게는 자유, 평등, 법치, 민주주의 등이 모든 사람들에게 적용되어야 할 매우 공평하고 지극히 합리적인 가치로 보이며, 현실이 이에 못 미칠지라도 미국 사회가 이를 향해 조금씩 발전해 가는 것으로 생각하고 자신과 다른 사람들에게 이 이념의 당위성을 설득한다. 반면 정반대에 서있는 힘없는 흑인과 빈민들에게는 자유, 평등, 법치, 민주주의 등의 가치가 그들에게 실질적인 정의를 가져다주지 못하는 장벽으로 보일 것이다. 자신들은 초대받지 못한 세계에서, 자신을 억압할 뿐인 힘 있는 백인들이 만들어낸 허울 좋은 게임 논리로 비칠 수 있다.

미국이 혈연을 같이하거나 오랫동안 함께 살아온 사람들로 뭉친 것이 아니라 이념으로 뭉친 것이라는 주장은 상대적으로 해석해야 한다는 지적이 제기된다. 지구상에 다민족으로 구성된 나라는 매우 많다. 오히려 혈연을 같이하는 단일민족으로 구성된 나라는 매우 적다. 함께 오랫동안 같은 지역을 공유하면서 살아왔다는 것은 정도의 문제이다. 역사상 이주민들이 이합집산을 거듭하면서 하나의 사회를 구성한 예는 많다. 자연적인 변화 때문에 또는 전쟁으로 정복을 하거나 억압을 피해 다른 지역으로 이주해서 그 지역에 있던 사람들과 하나의 사회를 구성하는 것은 예외적인 경우가 아니다. 한 사회나 국가가 이념을 중심으로 결합해 있다는 사실은 미국만의 고유한 특징이라기보다 모든 민족 집단에 공통된 것으로 보아야 한다.

베네딕트 앤더슨은 『상상의 공동체(Imagined Community)』라는 책에서 민족이란 이념적 상징을 공유함으로써 하나의 집단에 속한다는 생각을 함께하는 사람들의 집합이라고 정의했다. 언어, 역사, 교육, 문학, 종교, 박물관, 국기, 기념일, 스포츠 등 사회·문화 전반의 사물, 제도, 상징, 행위 등을 통해 공통된 이념의 설득과 재생산이 이루어진다. 구성원들에게 이념의 설득과 재생산이 효과적으로 이루어지지 못해서 사람들이 공통의 이념에 동조하지 못할 때, 그 집단은 하나의 민족 집단으로서의 지위를 상실한다. 예컨대 언어가 다른 경우 하나의 집단으로 계속 유지하는 것이 얼마나 어려운가 하는 점은 캐나다의 퀘벡 갈등이나 벨기에의 민족 간 갈등을 지켜보면 쉽게 알 수 있다. 국민들 사이에 종교가 달라서 사회나 국가가 둘로 쪼개지는 경우는 흔히 발생한다. 인도와 파키스탄이 대표적인 예이다. 모든 국가는 공통의 이념을 국민에게 설득하고 상기시키는 작업을 부단히 수행하고 있다. 하나의 단일한 정치·사회·문화 체계를 유지한다는 것은 바로 이러한 이념화 작업이 성공하고 있다는 증거이다. 이념화 작업이 실패할 경우 유고슬라비아나 구소련의 경우에서 보듯이 분열로 종결된다. 미국이 다인종·민족으로 구성되어 있으면서 하나의 사회와 국가를 유지한다는 것은 국민들에게 공통된 이념의 설득이 효과적으로 이루어지고 있음을 뜻한다.

프랑스의 사회학자 피에르 브루디외(Pier Bourdieu)는 매우 포괄적인 의미를 지닌 '아비투스(habitus)'라는 개념을 통해 국가 정체성에 대한 문화적 해석을 제시한다. 아비투스란 특정 사회 집단 내에서 공유되는 공통된 아이디어, 개념, 인식 틀이며 사람들 사이에 상호 주관적으로 교환되고 조정되는 유사한 감정적 태도 및 행동 경향의 복합체이다. 이는 국가적인 사회화 과정을 통해 집단 구성원들에게 내재화된다. 국가 정체성은 교육, 매스컴, 기타 일상생활에서 일어나는 사건들에서 확산되는 담론을 통해 사람들의 마음속에 심어진다. 어떤 민족 국가의 아비투스는 그 구성원에게 자신의 나라에 관한 생각은 물론, 그 나라와 연관된 다른 나라의 문화와 역사 등에 대한 아이디어와 편견을 제공한다. 부르디외는 이러한 집단적인 감정적 태도가 한 국가의 내부 집단과 외부 집단을 향하여 표출되는 경향이 있다고 지적한다. 이는 자신이 속한 민족 국가와 연대 통합을 지향하면서, 동시에 특정한 다른 나라를 배제하도록 하는 감정과 행동 경향을 만든다. 예컨대 한국인이 일본인을 싫어하는 감정을 공유하는 것은 한국인의 정체성 또는 아비투스의 일부이다. 부르디외의 문화적 해석에서는 자신이 속한 국가를 다른 국가와 '구별'하는 것이 매우 중요하다. 이러한 구별은 인식과 감정의 양면에서 동시에 이루어진다. 자신과 타자를 '구별'하는 과정을 통해서 사람들의 생각과 행위와 감정 속에 집합적인 민족과 국가의 개념이 구성되며 재생산된다. 미국의 신조나 미국인의 생활방식이라는 것은 미국인의 아비투스이다.

앤더슨과 부르디외가 지적하듯이 미국인의 국가 정체성은 공유된 상징, 언어, 기억, 태도, 감정, 사건을 통해 형성되고 재생산되며, 교육과 매스컴과 일상생활을 통해 국민에게 설득된다. 미국인의 애국심은 다른 서구 유럽국보다 훨씬 높으며 외면적으로도 자주 표출된다. 초·중등교육 과정에서 미국사가 차지하는 높은 비중, 국가와 국기에 대한 일상적인 친근함과 존경의 표시, 매스컴이나 문화 활동에서 미국을 상징하는 인물·사물·기호에 대한 잦은 언급과 존경의 표시, 전국에 흩어져 있는 역사박물관, 학교 일과 시작 시간에 어린이들이 암송하는 충성 서약 등에서 미국은 매우 유별나게 국민에게 국가 정체성을 환기시킨다.

그러나 앵글로색슨계의 종주권을 바탕으로 하는 단일한 국가 정체성은 매우 불안정한 토대를 가지고 있었다. 초기의 영국계 정착자를 수적으로 훨씬 능가하는 다양한 성격의 이주민을 오랜 기간 지속적으로 받아들임으로써 미국인에게 내재된 다양성은, 20세기 중반 정치적으로는 민권운동으로, 문화적으로는 다문화주의로 분출되는 결과를 가져왔다. 미국인은 자신들의 국가 정체성의 불안정에 대한 반작용으로 단일 정체성을 확인하려는 데 더 많은 노력을 투입한다. 미국의 역사에서 미국인의 국가 정체성을 주장하는 데 가장 적극적이었던 사람들은 미국 사회 주류의 가장자리에 위치했던 사람들이다. 이민 온 지 오랜 시간이 지나지 않아 주변부의 위치를 확실히 벗어나지 못한 사람들은, 뒤에 이민 온 사람들에 대한 정체성 확인 작업이나 자신이 떠나온 모국과 구분된 정체성 설정 작업에 적극적으로 앞장섰다. 19세기 중반에 대규모로 이민 온 아일랜드인이 중심이 되어 19세기 말에 몰려온 남유럽·동유럽 사람을 배격했던 일이나, 20세기 두 차례의 전쟁에 바로 이전 시기에 이민 온 남유럽·동유럽계 사람들이 적극적으로 자원했던 사실이 이를 반영한다. 그들은 더 완전한 미국인으로 인정받기 위해 자발적·적극적으로 움직였는데, 이는 새로 유입되는 사람들에 대한 미국 사회 전반의 강력한 미국화 압력과 더불어 미국인의 정체성에 대한 관심을 높은 수준으로 지속시키는 역할을 했다.[15)]

사회학자 립셋이 미국인은 이념으로 결합되었다고 주장할 만큼, 미국 국민에게 이념의 설득이 매우 체계적으로 되어 왔고, 미국의 이념에 대한 국민의 동조 또한 매우 높다. 미국은 서구 사회 중에서 가장 불평등한데도 미국인들은 자신의 나라가 매우 평등한 나라라고 생각한다. 성공의 가능성이 매우 낮은 빈민의 경우에도 흔히 미국인의 꿈이라고 칭하는 사회이동에 대한 가치나 개인 책임의 원칙에 강하게 동조하고 있다. 갤럽 조사에 따르면 미국인 중 70% 이상이 '미국인인 것을 자랑스럽게 생각하는가?' 하는 질문이나 '다시 태어나도 미국인이 되고 싶은가?' 하는 질문에 대해 매우 긍정적으로 답하고 있다. 물론 백인의 긍정적인 응답 비율이 흑인의 비율보다 높기는 하다. 자신의 국가에 대한 미국인의 자긍심은 대부분의 유럽 국가들과 비교할 때 아주 이례적일만큼 높다. 미국의 많은 가정과 직장에서 미국의 상징물을 즐겨 수용하고 있다. 특별한 날이 아닌데도 많은 가정에서 국기를 게양하거나 벽에 걸어 놓으며, 미국을 상징하는 운동이라고 할 만한 미식축구나 야구에 대해 단순한 운동경기를 넘어선 애착을 느낀다. 미국인의 국가에 대한 충성심은 상업 광고에도 활용되어, 국기나 미국을 상징하는 것을 흔히 상품과 함께 보여줌으로써 소비자들에게 상품에 대한 호감과 헌신을 높이는 효과를 가져온다.

미국 사람에게 어떻게 그렇게 자국을 사랑하고 충성하는가 하고 물어보면, 많은 사람들은 한결같이 다음과 같이 대답한다. "미국은 너무나도 풍요롭고 아름다운 나라이기 때문에 감사하지 않을 수 없다." 백인 중류층으로부터 이러한 답변을 들으면 당연한 느낌이 드나, 그렇게 혜택을 많이 누리는 것같이 보이지 않는 가난한 흑인에게서도 비슷한 답변을 들으면 의아한 느낌이 든다. 미국이 물질적으로 엄청나게 풍부하기 때문에 감사해 하고 충성심을 갖는다는 답변은, 미국의 객관적 현실을 반영하는 생각으로 타당한 점이 없지는 않다. 미국은 세계에서 물질적으로 가장 풍요로운 나라이며 자연의 축복을 가장 많이 받은 나라이다. 그러나 풍요로운 나라에서 풍요롭게 살고 있지 않은 사람들조차도 자신의 나라에 대한 충성심을 높이 가지고 있다면 이를 단순히 객관적인 상황 때문으로만 돌릴 수는 없다. 객관적 조건에 관계없이 모든 나라의 사람들은 자신의 나라가 가장 아름답고 살기 좋다는 생각을 어려서부터 주입받는다. '우리나라는 아름다운 금수강산'이라는 말을 우리는 어릴 때부터 귀에 못이 박히도록 들어왔다. 그럼에도 한 일간신문의 조사에 따르면 한국 사람들의 절반 이상은 다시 태어난다면 한국을 선택하고 싶지 않다고 답한다. 자국에 대한 긍정적인 감정은 자국의 객관적인 상태의 영향도 있지만 감정적인 애착 경험과 이념적인 설득의 결과이다. 미국 사회는 매우 다양한 배경과 특성의 사람들이 모여 있음에도, 모두 자신들을 단일한 '상상의 공동체'와 동일시하는 강력한 설득에 깊이 빠져 있다.

2) 기독교 신앙과 공민 종교

미국인의 국가 정체성에는 보편적인 가치, 영어 구사능력과 함께 기독교 신앙이 중요한 부분을 차지한다. 종교적인 신앙에 국가 정체성의 뿌리를 두는 종교적 민족주의(religious nationalism)는 근대화 이전의 유럽 사회나 아랍 세계와 같이 종교와 세속적 권위가 명확히 분리되지 않은 전통 사회에서 나타나는 일반적인 현상이다. 종교와 세속적 권위가 하나로 결합된 경우 종교적 민족주의는 신정국가(theocracy)처럼 극단적인 형태로 나타난다. 그러나 정치와 종교가 분리되어 있는 경우에도 종교적인 믿음의 토대 위에 집합적인 일체성을 구축하고 있다면 종교적 민족주의 개념을 적용할 수 있다. 이 경우 생활의 모든 면은 종교적인 의미를 담게 되며, 종교적인 믿음과 상징체계는 문화적인 동질성을 유지하고 재생산하는 데에서 중심적인 역할을 한다.

서구 유럽 사회는 산업화와 함께 지속적인 세속화(secularization)의 과정을 밟아 왔다. 반면 미국은 서구 사회의 세속화 경향에서 특이하게 예외적인 사례로 취급된다. 여론조사에 따르면 미국인의 신에 대한 태도나 종교 활동 참여도는 지난 수십 년간 큰 변화가 없다.[16] 미국인의 높은 종교성에 주목하여 미국인의 국가 정체성을 종교적 민족주의로 규정하려는 시도가 있다. 종교사회학자 로버트 벨라(Robert Bellah)는 현대 미국에서 종교성과 국가 정체성이 결합된 상태를 설명하기 위해 '공민 종교(civil religion)'라는 개념을 적용했다.

공민 종교란 정치권력에 정당성을 제공하고 사회적인 결속을 만들어 내며 공동의 목적을 위해 사회 자원을 동원하는 신념, 상징, 의식, 제도의 체계를 의미한다.[17] 원래 이 개념은 계몽주의 사상가인 루소에 의해 처음 도입되었다. 루소는 『사회계약론』에서 정치는 국민의 일반의지와 사회계약의 조건에 대한 개인들의 자발적인 동의에 근거하여 수행되어야 한다고 주장했다. 그는 여기서 개인의 자발성이 가져올 수 있는 혼란의 위험성에 대해, 사회 질서는 궁극적으로 시민의 종교적인 믿음으로 유지될 수 있다고 주장한다. 종교적인 감정과 믿음의 체계는 사람들에게 신성한 것에 대한 강력한 믿음을 제공하는데, 이는 사회계약과 공동체의 미래에 대해 사람들이 신성한 감정과 믿음을 가지도록 하는 근원이다. 그는 이를 '공민 종교'라고 명명했다. 루소에 따르면 종교적인 믿음에 뿌리를 둔 사회에 대한 신성한 감정이 사회 통합의 궁극적인 핵심이다.

사회에 대한 사람들의 신성한 믿음이 사회통합의 핵심이라는 주장은 프랑스 사회학자 에밀 뒤르켕(Emile Durkheim)이 원시 사회의 종교 행위를 광범위하게 비교한 연구에서도 반복되었다. 뒤르켕은 한 걸음 더 나아가 모든 사회는 신성한 성격을 가지고 있으며 구성원들에게 존경과 경외의 감정을 유발한다고 주장한다. 그의 주장에 따르면 세속화된 산업사회에서도 이상적인 사회에 대한 상징적 표현 속에 종교적인 요소를 포함하고 있다. 종교적인 믿음 체계에 반영된 사회의 상징적 이미지는 사회 규범에 신성성을 부여하며 구성원들이 공통의 가치에 헌신하도록 유도함으로써 사회를 통합시킨다. 뒤르켕의 비교 연구에 따르면 모든 사회는 세속적인 형태와 종교적인 형태의 양쪽으로 믿음과 상징과 제도의 체계를 구축하고 있는데 이는 모든 사회의 존속을 위해 반드시 필요한 장치이다. 로버트 벨라와 같이 미국 사회에 공민 종교가 존재한다고 주장하는 학자들은 서구 산업사회에서 비록 제도적인 종교의 위치는 약화되었지만 종교적인 믿음에 뿌리를 둔 사회에 대한 경외심은 사회를 통합시키는 데에 여전히 핵심적인 기능을 수행한다고 지적한다. 그들은 사람들이 국가적인 상징에 대해 보이는 경외감 내지는 감정적인 충일감을 대표적인 예로 제시한다. 이러한 경외의 감정이 마치 종교적인 행사와 같이 주기적으로 반복되면서 사람들은 서로 상상의 공동체에 대한 충성과 일체감을 확인하고 재충전한다.

로버트 벨라에 따르면 종교적인 의미는 미국 사회의 모든 영역에 배어 있으며 대부분의 사회생활은 기본적으로 종교적인 경험에 의해 형성된다. 기독교 교리와 미국의 역사는 매우 흡사한 면이 있는데, 미국의 공민 종교는 기본적으로 기독교에 뿌리를 두고 있다. 유럽으로부터의 대규모 이민을 유대인의 출애굽 경험으로, 미국을 약속의 땅으로, 초기 청교도 정착자들의 지도자 존 윈스럽(John Winthrop)을 모세로, 남북전쟁을 피를 통한 속죄와 다시 태어남으로, 워싱턴이나 링컨 등 국민적 위인을 성인으로, 독립선언문과 헌법을 성경으로 대비하는 식이다. 이러한 공민 종교에서 미국인은 사명을 가지고 이 세계에 보내진 선택된 민족으로 그려진다. 공민 종교를 주장하는 사람들에 따르면 미국이란 나라는 국민들에게 교회의 역할을 한다. 국가는 역사 속에서 신의 의미심장한 행위를 대리하며, 개인적·집단적 정체성을 발견하는 주요 공동체이며, 신의 정의를 전파하는 공동체이다. 19세기 중반 서부 팽창주의와 관련하여 탄생한 '명백한 운명(Manifest Destiny)'이라는 용어는 19세기 말 미국의 제국주의적 성향을 지칭하는 것으로 확대되며, 이는 미국이라는 나라가 종교적 신성성에 토대를 두고 있음을 확인시켜준다. 미국의 공민 종교는 미국이라는 나라의 신성함에 뿌리를 두고 미국을 하나로 결합시키고 지켜주는 신념 체계이다. 미국의 독립선언문과 헌법에 제시된 자유, 평등, 법치, 국민 주권, 개인의 행복 추구 등의 보편적인 가치는 이런 신성한 믿음을 구성하는 주요 요소이다. 로버트 벨라는 『깨어진 맹약(Broken Covenant)』이라는 책에서 자본주의의 확대와 함께 미국 사회·문화의 바탕을 이루는 공민 종교가 흔들리고 있다고 지적한다.

미국의 공민 종교는 기독교 신앙에 연원을 두고 있지만 기독교의 제도와 직접적으로 연결되어 있지는 않다. 기독교의 신성성이 배경을 이루고 있지만 종교적 다원주의 사회인 미국에서 공민 종교의 신은 형식상 특정 종교에 의해 독점되지 않는다. 공민 종교의 신과 상징과 의식의 체계는 지극히 세속적이다. 공민 종교는 내세에 대한 아이디어나 신비적인 경험을 포함하지 않으며, 오로지 현세에 대한 실질적 관심으로 한정된다. 그러나 다양한 국가적 상징과 역사적 사건들은 종교적인 것과 유사한 경외와 헌신을 유발하며 사회적 통합에 중요한 역할을 담당하고 있다.

미국인의 공민 종교가 아랍권의 종교적 민족주의와는 여러 면에서 차이가 있지만, 종교적 신성성을 세속적인 영역에 확장하여 국가 정체성을 확보한다는 면에서는 흡사하다. 공민 종교에서 볼 때 민족주의란 자신을 하나의 통일된 집단의 구성원으로 느끼는 시민들이 공유하고 그들의 생활 속에서 재생산하는 국가적 상징과 과거에 대한 기억에 신성성 내지는 절대성이 부가되어 있음을 뜻한다. 미국인의 민족주의는 혈연이나 지연보다 언어나 보편적 가치에 기반을 두고 있으므로 국민들의 일체감과 헌신을 확보하기 위해서는 국가적 상징과 기억에 대한 종교적인 경외심이 더욱 필요할지도 모른다. 실제 미국에서 국가 정체성과 연관된 상징이나 행위의 대부분은 흔히 공민 종교에서 말하는 종교적인 경외와 유사한 감정을 불러일으킨다. 미국의 예외주의가 담고 있는, '신에 의해 특별히 선택된 사람들'이라는 종교적인 의미는 미국인들에게 광범위하게 공유되고 있다. 미국인들이 입버릇처럼 외는 "신이여 미국을 축복하소서(God bless America!)"라는 발언은 이러한 심층 의식의 발로이다. 미국인들이 미국인임에 대한 자긍심과 자신의 나라에 대한 경외심을 사회생활의 곳곳에서 빈번히 자발적으로 표명하는 것은, 민족주의로서 공민 종교의 개념이 타당함을 말해준다.

3) 왜 사회주의가 뿌리내릴 수 없는가?

미국이 서구 유럽과는 다르다는 주장을 할 때 흔히 제기되는 주제가 미국에는 사회주의가 뿌리를 내리지 못했다는 사실이다. 독일 경제학자 좀바르트(Werner Sombart)가 1906년에 『왜 미국에는 사회주의가 없는가?』라는 도발적인 제목의 책을 출간한 이래 여러 역사학자와 사회과학자들이 이 문제를 가지고 미국의 특징을 거론하곤 한다. 우리나라 사람들에게는 일제 식민지 시대와 이후 반공 이데올로기가 지배하는 시대를 거치면서 사회주의의 존재가 있어서는 안 되는 매우 예외적인 현상으로 치부되어 왔다. 그러나 유럽 사회에 보편적으로 존재하며 근래에도 여러 나라에서 집권 세력으로 자리를 잡아온 사회주의 사상과 정치 세력이 미국에는 유독 미미하다는 사실은 유럽인의 눈에 매우 특이한 현상으로 비칠 수밖에 없다.

칼 마르크스(Karl Marx)가 『자본론』을 쓰고 공산주의 조직운동을 하던 19세기 말 미국에서 사회주의가 전혀 없었던 것은 아니다. 노동자 세력의 조직화는 19세기 후반 산업화 과정에서 급속히 확산되었으며 많은 작업장에서 노동자들이 자본가·경영자들과 충돌을 벌이면서 사회 세력으로 크게 부상하였다. 미국에서 사회주의의 전성기이던 20세기 초반에는 사회당이 대통령 후보를 내기까지 했으며, 노동조합 가입률은 대공황 시절에 30%를 넘어서기도 했다. 그러나 제2차 세계대전 이후 세력이 급속히 약화되어 노동조합 가입률은 지속적으로 감소해 왔다. 현재 노동조합 가입률은 10%선에서 간신히 머물고 있으며, 앞으로도 계속 감소할 것이라는 예측이 지배적이다.

미국에서 사회주의의 세력이 미약한 이유는 크게 두 가지로 지적된다. 첫째는 미국의 출생 신화와 연관되는 설명이며, 둘째는 상대적으로 특수한 미국 사회의 상황에서 나온다. 다음에서는 지금까지 주요 요인으로 제기된 것을 간단히 검토한다.[18]

미국인은 태생적으로 모두 부르주아(bourgeois)이다

미국에 건너온 유럽의 이민자들은 비록 출발할 때의 계급 배경은 소작농, 소농, 노동자 등 무산자 출신이라고 할지라도 자영농이나 경영자를 꿈꾸면서 미국에 왔다. 초기 이민자들은 이러한 꿈을 좇아 서부로 진출하여 자신의 땅을 확보하고 정착하는 길을 걸었으며, 미국 정부도 자영농 육성 정책을 통해 이들이 자영농으로 정착할 수 있도록 도왔다.[19] 19세기 말에는 서부 정착이 상당히 진행되어 사람이 거주하지 않는 지역은 사라졌으며 헐값에 획득할 수 있는 땅이 바닥났다. 이 시기 이후의 이민자는 도시의 노동자로 정착할 수밖에 없었다. 그러나 이들의 경우에도 현실은 무산 노동자이지만 꾸준히 노력해서 돈을 모으면 언젠가 자신의 사업을 일구어 성공할 수 있다는 '미국인의 꿈(American Dream)'을 좇고 있었으므로 그들의 정신 상태는 노동자보다 부르주아에 가까웠다. 그들에게 노동자로서의 계급의식과, 자본가에 대항해 이익을 공유하는 노동자로서 본격적인 집단행동을 기대하는 것은 적절치 않다.

미국은 사회주의가 구현하려는 것을 이미 갖추고 있거나, 적어도 추구하려고 노력하는 사회이므로 원래부터 사회주의가 발을 붙일 기반이 미약했다. 미국에 이민 온 사람들은 그들이 두고 온 유럽과 비교할 때, 미국에서의 생활수준이 월등히 높았다. 역사학자의 연구에 따르면 18~19세기 유럽의 평균적 생활수준과 미국의 생활수준을 비교했을 때 미국이 현저하게 잘살고 있는 것으로 나타난다. 먹고살 것이 있는데 왜 사회주의를 하느냐는 것이 미국 사람의 일반적인 생각이다. 물론 미국 사회에는 과거는 물론 지금도 빈곤이 만연해 있으나, 성공에 대한 희망이 있고 이민 이전의 생활에 비해 조금이라도 향상된 미국에서의 생활은 이민자들에게 훨씬 긍정적으로 받아들여졌다. 미국 사회는 유럽과 비교할 때 계급적인 격차가 크지 않았다. 미국 사회에서는 유럽과 같은 왕이나 귀족 또는 이에서 연유한 사회적인 구별을 찾아보기 어려웠다. 재산을 많이 가진 사람과 그렇지 않은 사람 간의 격차는 적지 않았으나, 유럽과 같이 태생적인 신분 차이에 연유하는 계급 구별은 엄격하게 기피되었다. 상대가 나보다 잘살거나 높은 지위를 획득했다고 해도 출생 시에 결정되는 신분적 지위가 아니라 본인의 능력과 노력에 의해 성취한 것이라고 생각한다면, 그렇지 않은 경우보다 같은 불평등에 대해서 훨씬 더 평등하다는 느낌을 가진다. 대다수의 사람들은 과거에 유럽에서 무엇을 했는지는 서로 잘 알지 못하며, 서부에 진출한 사람들 또한 과거 동부에서 무엇을 했는지 서로 물어보지 않았다. 미국인은 지리적 이동이 잦으므로 과거의 지위를 인정받기 힘들며 새로 획득한 지위도 잠정적인 것으로 취급되었다. 따라서 유럽과 같이 오래된 사회 질서에 연유한 계급의식의 성장은 미미할 수밖에 없었다. 물론 이런 평등주의적 사회 분위기는 백인들 내에서의 문제이며 인종 간의 장벽을 넘어서는 통하지 않았다. 20세기 중반 민권운동이 전개될 때까지 미국이라는 하나의 사회에서 백인과 유색인의 세계는 엄격히 분리되어 있었다.

미국인의 평등주의적 사고방식은 초기의 이민자는 물론 20세기에 이민 온 사람의 경우에도 유사하게 적용된다. 자기 땅에 대한 기대는 없어졌지만, 자신이 떠나온 사회에 비해 높은 보수를 주는 일자리가 있고 노력만 하면 언젠가는 자신도 성공하여 자기 집을 가지고 사장이 될 수 있다는 미국인의 꿈을 가지고 있는 한, 이들은 무산자 계층에 속하지만 부르주아적인 사고와 행동 방식을 보인다. 여기서 부르주아적인 사고와 행동방식이란 대체로, 집단적이기보다는 개인적인 성취를 우선시하며, 합리적 계산과 노력, 계획성, 미래를 위해 현재의 만족을 포기하는 경향, 기업가적 모험을 선호하는 취향 등을 의미한다.

모두 함께 잘산다는 목표나, 집단이 처한 구조적인 제약과 모순을 집단적인 노력을 통해 극복한다는 사회주의의 아이디어는 개인주의적인 사고방식을 가진 사람에게는 부정적인 의미로 받아들여질 뿐이다.

인종 · 민족적 다양성

이민과 이에 따른 인종·민족적 다양성은 미국 사회에서 노동조합이 뿌리내리기 힘든 주요 원인 중 하나이다. 인종·민족적 다양성은 노동자들의 결집을 막는 가장 큰 장애물이었다. 20세기까지 미국의 노동조합에서 백인과 흑인은 한 조직에 소속되지 않았다. 백인들 내에서도 각각의 민족 집단들끼리 어울리고 행동을 같이했으므로, 노동자 전체의 공통된 의식이나 공통된 이익에 따라 일치된 행동을 끌어내기 힘들었다. 노동조합이 경영자와 대립할 때, 경영자는 노동자들 내의 인종·민족적 분파성을 이용하여 노동자들 간에 대립을 조장하고 파업을 무력화시켰다. 자본가와 노동자 간의 계급 갈등은 흔히 백인과 흑인 간의 인종 갈등으로 희석되었다. 정치·경제계의 백인 지도자들은 기회가 닿을 때마다 인종 갈등을 고의적으로 조장했다.[20] 미국의 노동조합은 20세기 초반까지 숙련 노동자를 대표하는 AFL(American Federation of Labor: 미국노동총동맹)과 미숙련 노동자들로 구성된 CIO(Congress of Industrial Organization: 산업별노동조합)로 구분되어 있었으며, 각각의 조직 내에서는 다시 인종·민족 집단별로 잘게 쪼개져 있었다.

이민은 인구의 다양성 이외에 다른 방식으로도 노동자들의 응집된 행동을 막는다. 미국의 이민 물결은 단번에 이루어진 것이 아니라 시차를 두고 계속 진행되었다. 먼저 이민 온 사람은 미국 사회·경제의 급속한 팽창 덕분에 이민 온 지 얼마 지나지 않아 상승 이동을 경험할 수 있었다. 이후에 새로 이민 온 사람들이 새로운 저임금 노동력으로 밑을 받쳐주기 때문에, 먼저 이민 온 사람은 나중에 이민 온 사람보다 사회·경제적으로 한 단계 위로 밀려 올라가게 된다. 이는 이민의 물결이 계속 밀려들어오는 상황에서 조금만 참고 노력하면 성공할 수 있다는 신화를 계속 실현시켜 주는 구조적 요인이다. 이민 시기에 따라 이민자들의 인종·민족적 구성이 확연히 구분되므로, 이민 시기의 차이에 따른 사회·경제적 지위의 차이는 인종·민족적 차이와 결합하여 노동자의 응집성을 현저히 약화시켰다. 사회·경제적으로 상위로 밀려 올라간 앞 시기의 이민자들이 사회·경제적으로 자신보다 뒤지고 문화적으로도 상이한 이후 이민자들과 한 배를 탄 공동 운명체로 동질감을 느끼고 함께 집단행동을 하기는 어렵다.

자본가의 영향

미국은 현재는 물론 과거에도 반공산주의적 사회 분위기가 강한 나라였다. 1917년 러시아의 공산주의 혁명은 미국 사회에 공산주의의 확산을 두려워하는 '사회적 히스테리(Red Scare)'를 몰고 왔다. 이 당시에 공산주의자는 물론 공산주의 사상이나 활동에 근접한 것으로 보이는 사람들을 무차별적으로 탄압하고 추방했다. 1920년대 사코와 반제티(Sacco and Vanzetti) 사건이나 1950년대 로젠버그(Rosenberg) 부부 사건과 같이 공산주의자로 의심되는 사람을 스파이로 몰아 충분한 증거 없이 사형시켰다. 1930년대 루스벨트 대통령이 대공황에 대한 타개책으로 뉴딜(New Deal)이라는 구호하에 정부가 민간 부문에 적극적으로 개입하는 정책을 추진했을 때 반대파 정치인들은 그를 공산주의자라고 비판했으며, 연방 대법원은 이러한 정책이 개인의 자유를 보장하는 헌법의 정신에 어긋난다는 위헌 판결을 내리기조차 했다.

20세기 초반 미국 사회에 만연했던 극도의 반공산주의 분위기는 제2차 세계대전 이후 소련과 대치하던 냉전 시절에 더욱 강화되어 공산주의는 물론 합법적인 노동운동조차도 사회적 지지를 받을 수 없는 험악한 분위기가 형성되었다. 1950년대 초 상원의원 조지프 매카시(Joseph McCarthy)가 국방성에 공산주의자가 있다는 폭탄선언을 하면서 시작된 반공산주의 운동은 눈덩이처럼 확대되어 전 사회에 퍼지면서 많은 무고한 사람들을 핍박했다. 이 당시 진보적인 지식인은 모두들 숨을 죽이고 직장과 지역사회에서 벌어지는 마녀사냥식의 사회적 히스테리를 공포의 눈으로 지켜보아야 했다. 1990년 소련이 붕괴되기 전까지 미국인이 가지고 있던 공산주의의 침략에 대한 위기감은 엄청났다. 1950년대에는 소련의 핵무기 침공에 대비해 각 가정의 뒷마당에 방공호를 파고

방독면과 비상식량을 구비해 놓도록 했으며 정기적으로 방공훈련을 실시했다. 냉전 시대에는 소련과 중국의 군사적 확장과 제3세계의 공산주의 정부 수립을 미국에 대한 포위 공격으로 받아들였다. 미국은 적극적으로 공산주의의 확산을 막으려고 했던 소위 '공산주의 확산 억제 정책(Containment Policy)'의 일환으로 프랑스 제국의 점령이 종식된 베트남에 깊숙이 개입하여 국력을 소진했다. 1980년에 집권한 로널드 레이건 대통령은 1950년대 연예계에서 반미국적 행위 조사위원회를 이끌었던 인물로 공산주의를 극도로 싫어한다는 발언을 곧잘 했으며, 대통령이 되어서는 군대를 동원해 항공관제사의 파업을 분쇄해 버리는 등 노조의 조직력을 약화시키는 데 적극적으로 앞장섰다. 요컨대 과거부터 현재에 이르기까지 미국인의 공산주의에 대한 혐오와 두려움은 합리적인 이해의 범위를 넘어선다.

미국인은 왜 이렇게 비합리적으로 공산주의를 싫어하고 두려워하게 되었을까? 우리나라의 경우는 한국전쟁을 거치면서 공산주의의 직접적인 피해를 보았기 때문이라고 하지만, 미국인은 공산주의를 직접적으로 경험한 것이 매우 드물다. 학자들은 한편으로는 미국인의 부르주아적 성향에서, 다른 한편으로는 자본가의 정치적 지배 현상에서 그 이유를 찾는다. 미국 사람들은 앞에서 설명한 대로 모두들 부르주아적 성향을 가지고 있다. 조그만 땅을 소유하고 있거나, 보수가 좋은 일자리를 가지고 있거나, 이도 저도 아니라면 노력하면 성공할 수 있다는 미국인의 꿈을 가지고 있다. 미국인의 눈에 공산주의는 이런 땅과 일자리와 성공의 꿈을 빼앗아버릴 위험성을 내포한 사상을 설교하는 것이었으며, 실제 소련 볼셰비키 혁명의 결과는 부르주아적 성향의 미국인들에게 두려움을 느끼게 하는 데 충분했다. 혁명 후의 러시아에서 자본가들은 타도되었고, 개인 소유는 몰수되었으며, 모든 것이 국가의 소유로 귀속되었다.

공산주의에 대한 소시민들의 막연한 두려움은 자본가와 이들의 사주를 받은 정치인의 선동에 의해 강화되었다. 미국은 밀즈(C. Wright Mills)의 『파워 엘리트(Power Elite)』와 돔호프(G. William Domhoff)의 『누가 미국을 지배하는가?(Who Rules America?)』에서 지적하듯이 자본가와 군부 및 정치인의 결합이 매우 긴밀한 사회이다. 미국에는 19세기 후반 거대한 독점자본가 세력이 형성되었는데, 이들은 러시아의 공산주의 혁명에 대해 현실적인 위기감을 느꼈다. 공산주의가 확산될 경우 대자본가들이 가장 큰 타격을 입을 것이 분명했다. 따라서 이들은 공산주의의 위험성을 과장되게 유포하는 데 발 벗고 나섰으며, 정치인을 설득하여 공산주의를 탄압하는 데 힘을 모았다. 당시 공산주의를 경계하는 포스터는 공산주의자나 소련 정권을 고릴라나 악마같이 잔인하며 비인간적인 존재로 묘사하고 있다. 냉전 시대에 소련과 군사적으로 충돌하고 각지에서 대치하면서 공산주의를 혐오하고 두려워하는 성향이 더욱 강화된 것은 당연하다. 미국에 대항할 만한 유일한 적은 소련밖에 없었는데, 소련은 미국의 자본주의와는 전혀 다른 공산주의 체제를 택하고 있었기 때문이다.

개인주의와 기독교 신앙

미국인의 뿌리 깊은 개인주의적 가치 지향은 사회주의 사상이 먹혀들기 어렵게 만드는 요인이다. 개인을 세계의 중심에 두고, 자신의 능력과 노력에 따른 성취를 강조하며, 구조적인 한계를 인정하기보다는 개인의 의지적 요소와 자발적 행위를 중시하는 미국인의 가치관은 사회주의 사상과는 정반대의 사고방식을 만들어낸다. 공산주의는 기본적으로 집단주의적 가치관을 선호하는 경제·사회 체제이다. 함께 일하고 함께 나누며 모두가 잘산다는 공산주의 사회의 구호나, 집단이 처한 구조적 제약과 모순을 집단적인 노력을 통해 극복한다는 아이디어는, 개인의 노력과 창의로 거둔 결과를 개인이 누려야 한다는 개인주의 가치관을 가진 미국인에게는 호소력이 없다. 오히려 미국인의 눈에 집합주의 가치관은 개인의 책임을 희석시키고 나태를 조장하며 창의적인 발전을 가로막는 장애물로 보인다. 개인의 자발성과 경쟁이 인류 사회의 발전을 가져온다는 미국인의 생각은 공산주의의 중앙집중식 계획경제에 대해 부정적인 감정을 가지게 한다. 개인의 권리를 절대시하는 미국식 민주주의는 개인보다 집단의 복리를 앞세우는 공산주의를 비민주적인 체제로 평가할 수밖에 없다. 식민지 정착의 초기에서부터 독립전쟁을 거쳐 건국에 이르기까지 독재적 권력의 전횡에 대항하는 전통을 가진 미국인들에게 공산주의 정권이 만든 강력한 국가 권력이란 혐오와 두려움의 대상이다.

공산주의에 대해 두려움을 느끼는 데 기여한 또 다른 요인은 공산주의자는 신을 믿지 않는다는 점이었다. 마르크스의 저술에서도 신의 존재를 부정했거니와 볼셰비키 혁명으로 집권한 소련은 종교 지도자를 탄압하고 교회를 폐쇄했다. 미국의 신조 중 하나가 신에 대한 믿음이라는 점을 감안할 때, 신을 믿지 않고 신을 믿는 사람을 탄압하는 정권이나 사상은 혐오와 두려움의 대상이다. 공산주의를 반대한 사람들은 공산주의자들이 신을 믿지 않는다는 점에 특별히 초점을 맞추어 공산주의에 대한 두려움을 확대하는 데 이용했다.

이러한 여러 요인들이 복합적으로 작용한 결과 미국은 유럽 사회와 달리 노동자의 세력화가 이루어지기 힘든 사회 분위기가 형성되었다. 미국 사회에서 노동자의 세력이 약한 것은 사회의 다양한 영역에 큰 영향을 미쳤다. 대표적인 예로, 미국 사회에 복지 제도가 취약하게 된 가장 큰 원인으로 노동자의 미약한 세력화를 든다. 미국은 노동자의 세력이 취약한 반면 자본가나 상층 집단의 일방적인 힘이 지배하는 사회이므로, 사회적 약자에게 혜택이 돌아가는 복지 제도의 도입은 자연히 부진할 수밖에 없다. 미국은 공공 의료보험제도가 없는 유일한 선진 산업국이며, 미국의 빈곤은 미국의 경제력에 비추어 볼 때 놀랄 만큼 높은 수준이다. 미국의 정치나 미디어에서 사회적 약자의 존재는 거의 무시되고 있다. 반면 사회적인 강자에게 유리하도록 경쟁을 찬양하고 모든 상황에서 경쟁을 조장하는 사회적 분위기가 널리 퍼져 있다. 미국은 사회주의만이 아니라 일반적으로 사회적인 공동 책임 원칙을 반영하는 제도가 미약하게 발달한 특수한 사회이다.

3. 미국은 얼마나 예외적인가?

원래의 질문으로 돌아가, "미국은 얼마나 예외적인가?" 하는 질문에 대해 생각해 보자. 미국의 역사는 유럽 사회와는 출발을 달리하고 있다. 초기 청교도의 정착 과정에서부터 영국의 지배를 벗어나 공화정을 만들고 이민자를 계속 받아들이면서 성장하기까지 미국의 역사는 유럽과 매우 다르다.

그러나 다르게 보이는 표면을 자세히 들여다보면 다른 사회와 유사한 점이 많이 발견된다. 영국인과 마찬가지로 아메리카 대륙에 광범위하게 세력을 펼친 스페인 사람들과 비교해 보자. 청교도들이 종교적 신념을 구현하기 위해 초기 정착을 주도했다지만, 그들은 이주자들의 극히 일부일 뿐 대다수는 경제적 동기에서 이주를 선택했다. 이는 남미에 진출한 스페인 정복자들이 기독교를 전파한다는 목적과 함께 경제적 이익을 찾아서 인디언을 정복하고 식민지를 세운 것과 질적으로 크게 다르지 않다. 스페인 정복자들은 가는 곳마다 '미션(Mission)'이라고 하여 요새의 역할을 하는 성당을 세우고, 총칼을 앞세워 인디언들을 가톨릭으로 개종시키면서 그들의 생존 기반을 빼앗고 하층 계급으로 복속시켰다. 영국의 청교도들도, 초기에는 인디언을 개종시키고 노예로 활용하려 했으나 여의치 않자 인디언을 말살하고 그들의 땅에서 몰아내는 정책을 취했다는 점에서 스페인 정복자와 약간의 차이가 있을 뿐이다.

영국인들은 노동력을 확보하기 위해 전 유럽 지역에서 새로운 이민자를 계속 불러들였으나, 스페인 사람들은 유럽의 다양한 지역에서 오는 이민을 장려하기보다는 기득권을 독점적으로 지키면서 인디언과 흑인을 착취하여 이익을 얻으려 했다. 스페인 정복자들은 영국인처럼 가족이 모두 이주해 직접 농사를 지으면서 정착하는 방식을 취하기보다는, 혼자서 건너와 이익을 취한 다음 축적한 이익을 본국에 송금하고 자신도 궁극적으로 본국으로 돌아가려는 태도를 취했다. 이와 마찬가지로 남부에 상륙한 영국 이주민들은 북동부의 이주민과는 달리 가족이 모두 참여하는 자영농 형태의 정착을 하기보다는 홀로 와서 대농장을 경영하여 큰 이익을 취해 본국으로 돌아가려는 의도를 가졌었다. 스페인 이주자나 미국 남부의 이주자들 모두 초기에는 이익을 취한 다음 돌아가려고 했으나 결국 대부분 미 대륙에 정착하는 편을 선택했다. 즉 영국인의 정착 방식과 스페인인의 정착 방식은 정도의 문제이지 실제에 있어 전혀 다른 방법으로 전개되었다고 하기는 어렵다.

미국이 혈연과 지연을 같이하지 않는 다양한 인종·민족으로 구성되었으며 미국의 신조를 중심으로 하나의 나라를 이루었다는 주장이나, 미국인의 서부 개척에서 만들어진 생활과 사고방식이 미국인의 정체성을 형성했다는 주장은, 사실에 근거하여 미국의 독특함을 설명하는 것이라기보다는 미국의 이상적인 이념을 서술하는 측면이 강하다. 미국은 다른 정복 국가들과 마찬가지로 정복의 주체인 앵글로색슨계의 종주권이 정치·경제·사회·문화의 모든 영역에서 확고한 지위를 차지하고 있으며, 앵글로색슨계가 아닌 다른 사람들은 상대적으로 낮은 지위에서 편견과 차별을 받으며 살아왔다. 종주권을 주장할 수 없는 비영국계 유럽인이나 유색인은 미국으로 진입할 때 그들의 문화적 정체성을 버리고 영국계가 만들어 놓은 용광로 속에서 용해되어야 했다. 미국이 다양한 이민자로 구성된 나라라는 말은 맞으나, 최근에 이르기까지 미국이 영국에 뿌리를 둔 서유럽 전통이 주도하는 사회·문화라는 점에 이의를 제기하는 사람은 없다.

질적으로 비교했을 때, 미국이 다른 사회와 근본적인 차이를 보이는 것 같지는 않다. 미국인의 신앙심이 일반적으로 높은 것은 사실이나, 미국에서도 사회·경제적 지위나 교육 수준이 높을수록 세속적인 경향이 강하다. 많은 미국인들은 사회적 압력이나 비종교적인 목적 때문에 대외적으로 기독교 신앙을 가지고 있다고 말하는 것이지, 실제 그들의 종교적인 믿음은 매우 약하다. 미국에 사회주의가 발붙이지 못했다는 것도 정도의 문제일 뿐, 과거에 사회당이 있었고 대통령 후보를 낼 만큼 그 세력이 컸던 시절도 있다. 미국에는 외국에서 출생한 이민자들이 많다고 하지만 근래에 들어 유럽의 여러 나라에서 외국 출신자의 비율이 급격히 높아지면서 이민자의 문제가 미국과 흡사한 모습을 보이고 있다.

객관적으로 미국이 다른 나라에 비해 차이가 두드러지는 것은 사실이다. 미국은 다른 선진 산업국과 비교해 엄청난 자연환경과 물질적 풍요, 인구의 다양성과 개방성, 개인주의적 가치관, 높은 신앙심, 높은 이민자 비율, 극도의 불평등과 빈곤, 심각한 인종차별 등에서 두드러진 차이를 보이는데, 좋은 방향으로도 두드러지지만 나쁜 쪽으로도 두드러진다.

미국이 역사적으로나 객관적으로 서유럽 국가들과 비교해 상이한 특징을 많이 지닌 것은 사실이다. 그러나 만일 영국, 미국, 일본을 비교해 보았을 때, 미국의 역사와 사회·문화적 특성이 영국 쪽에 가까운지 일본 쪽에 가까운지 하는 질문에 대한 대답은 자명하다. 이 세 나라를 비교한다면 일본이 오히려 더 예외적이라고 할 수 있다. 미국이 예외적이라는 주장을, 사실을 기술하는 것으로 해석해서는 안 된다. 역사학자 김봉중 교수가 『미국은 과연 특별한 나라인가?』라는 책에서 지적하듯이 미국의 예외주의는 자민족 중심주의(ethnocentrism)에서 나온, 자신의 특별함을 강조하는 자존감의 표현으로 보는 것이 타당하다. 미국이 미국인들에게

'특별한' 나라이듯이 우리나라도 우리나라 사람들에게는 '특별한' 나라이다. 다만 미국인은 여러 면에서 매우 다양한 성질의 사람들이 혼합되어 있음에도, 동질적인 구성을 보이는 다른 어느 나라 사람들보다 훨씬 더 자신의 나라에 대해 자긍심이 높다는 점에서 흥미롭다. 사실 미국이 세계적으로 가장 풍부하고 가장 강력한 나라이므로 그 나라 사람들이 자신의 나라를 '특별하게' 생각하는 것은 어찌 보면 당연한 일이다. 거꾸로 1970년대 후반에서 1980년대 초반 사이에 미국이 극심한 불황에 접어들었을 때 자신의 나라와 문화에 대해 비판과 위기의 목소리가 높았던 것은 이런 과도한 자존감의 훼손에 대한 과민반응으로 볼 수 있다.

주

1) 충성 서약의 내용은 다음과 같다. "나는 미국의 국기와 국기가 대표하는, 하나님 아래 한 나라로, 뷴리될 수 없으며, 모든 사람에게 자유와 정의를 부여하는 나라에 충성을 맹세합니다(I pledge allegiance to the flag of the United States of America and to the Republic for which it stands, one nation under God, indivisible, with liberty and justice for all)." 이 서약은 1892년 콜럼버스가 미국에 도래한 지 400년이 되는 해를 기념하여 *The Youth's Companion*이라는 잡지에 게재된 이래 전국의 많은 학교에서 학생들이 일과를 시작할 때 암송하도록 하고 있다. 1954년 통과된 법률은 이 서약을 하는 모든 사람들은 바로 서서, 모자를 벗고, 오른쪽 손을 가슴에 얹고 해야 한다고 규정한다(Ravitch, 1990: 182).

2) 1950~1960년대 전성기를 맞이했던 미국학의 '신화상징 학파(Myth-symbol school)'가 이러한 입장을 대표한다(Kuklick, 1972). 과거에는 미국의 역사학자 중에 이러한 입장을 취하는 사람을 많이 만날 수 있었다. 그러나 20세기 후반에 들어서는 미국 학계에서도 예외주의에 대한 비판의 목소리가 높다(Shafer, 1991). 저명한 사회학자인 시모어 마틴 립셋은 예외주의를 강력히 옹호하는 저서를 여러 권 출간하였다(Lipset, 1979; 1996).

3) 여기서 '신화'는 '신비한 감정으로 포장되어 있는 이념' 정도의 의미로 사용한다. 미국이란 나라는 분명히 기록된 역사의 시작을 가지고 있으므로 일반적으로 '신화'라는 용어를 적용하는 것은 부적절하다. 그러나 사실 여부에 관계없이 어떤 것이 신비한 감정을 불러일으킨다면 단순히 믿음이나 이념에 더해 신화적인 요소를 가지고 있다고 할 수 있다. 사람에 따라서는, 이념의 성격에 더욱 초점을 맞추어 '신화'라는 용어를 부정적으로 사용하기도 한다. 예컨대 『미국인이 신봉하는 신화(Myths American Live By)』라는 책에서 리처드 휴스(Richard T. Hughes)는 미국 사회에서 지배적 이념인 백인 중심 세계관의 허위와 모순을 고발한다(Hughes, 2004).

4) 국새의 상징에 대한 설명은 www.greatseal.com 및 Hughes(2004: Ch.4) 참조.

5) 미국의 제헌 헌법은 의회에 소장되어 전시되고 있는데, 엄숙하고 신비한 분위기 속에서 일반에게 공개된다. 미국인들에게 이 문서는 실제적인 의미를 넘어서 기독교의 성경과 같은 경외의 감정을 불러일으킨다. 미국인들은 헌법을 절대적인 숭배의 대상으로 여긴다. 제헌 헌법 관람은 미국 학생들의 수학여행에서 단골 코스이며, 성인들도 마치 미국이 태어난 성소를 돌아보는 순례자 의식을 가지고 제헌 헌법을 관람한다.

6) 영국인 정착자와 인디언의 초기 접촉에 관한 서술은 로웬(2001: 4장) 참조.

7) 남부 미국에서 흑인 노예의 가치는 매우 높았다. 흑인 노예는 토지나 가축과 마찬가지로 사유재산의 일부로 취급되었다. 1862년 노예제도가 공식 폐지되기까지 흑인 노예는 남부 백인 지주들의 재산 목록의 상위에 위치한 주요 항목으로 양도와 상속의 중심적인 대상이었다. 이렇게 흑인 노예의 가치가 높기 때문에 재산 가치의 보존을 위해 이들을 잘 관리하는 일은 백인 노예 소유주의 중요한 관심사였다. 백인 주인이 흑인 여성을 겁탈하는 관행이 일반화된 것은, 성적인 욕구 충족의 목적도 있지만 재산 증식을 위한 경제적인 동기도 큰 부분을 차지했다. 흑인 노예의 가격은 피부색이 밝을수록 더 높았으므로, 흑인 노예와 백인 주인의 혼혈은 재산을 불리는 좋은 수단이었다.

8) 영국계의 지배층은 흔히 'WASP' 또는 '개신교 귀족층(Protestant Establishment)'이라고 불린다. 이들은 자녀를 동부의 폐쇄적인 사립 기숙학교에 보내며 엘리트 사립대학에서 인맥을 쌓아 상류층으로서의 자의식과 사회적·문화적 자원을 축적하도록 훈련시키며, 서로 간 긴밀한 연줄망을 통해 정치·경제계에서 기득권을 지킨다(Cookson and Persell, 1985; Pyle, 1996; Domhoff, 2002).

9) 문화지리학자 윌버 젤린스키(Wilber Zelinsky)는 앵글로색슨계 영국인이 북미 대륙에서 영국계 문화를 중심으로 배타적인 문화적 종주권을 확립한 현상을 '첫 번째의 효과적인 정착의 원칙(Doctrine of First Effective Settlement)'이라고 지칭하면서, 이러한 영국계의 문화적 종주권은 오늘날까지도 그 효과가 줄어들지 않고 지속된다고 주장한다(Zelinsky, 1992: Ch.1).

10) 미국인은 피해 의식과 함께 적에 의해 포위된 느낌에 사로잡혀 있다는 지적도 있다. 대중문화에서 항시 누군가가 자신을 모함하고 거꾸러뜨리기 위해 일을 꾸미는 상황이나, 순진하나 용기 있는 개인이 이러한 환경을 홀로 타개해 간다는 줄거리가 자주 등장하는 것은 이러한 심성의 발로이다. 이는 아마도 순박한 개척자의 이미지로 자신을 정당화하는 이면에 잠재된 정복자로서의 죄의식과 불안감이 배어나온 결과로 추측된다(Gidley, 1993: Ch.1).

11) 서부에서의 삶의 모습에 대한 구체적인 서술은 필리프 자캥(2002) 참조.

12) 문화 엘리트는 사실을 기술하기도 하지만 한편으로는 신화를 만들어내고 계승하는 역할을 한다. 과거의 일에 의미를 부여하는 작업은 미래 설계를 제시하는 작업과 맞닿아 있다. 미국학자 워런 서스먼(Warren Susman)은 역사와 미국 지성인들의 작업이 맺는 관계를 분석하면서, 시대에 따라 역사가들이 사실의 분석과 기술에 치중한 시기와 신화적인 의미 부여 작업에 치중한 시기가 번갈아 이어져 왔다고 지적한다. 초기 청교도의 역사나, 프레더릭 잭슨 터너의 서부 개척에 관한 역사적

해석은 신화적인 의미 부여 작업에 치중한 대표적 예이다(Susman, 1964).

13) 신화와 이념은 엄격하게 구분되지는 않는다. 신비한 느낌과 경외의 감정을 불러일으킨다면 신화에 가깝고, 세속적인 아이디어와 신념을 담고 있다면 이념에 가깝다. 그러나 두 가지 모두 사실보다는 믿음의 영역에 속하며, 기존 질서를 정당화하고 공동체의 삶에 대한 의미와 동기를 부여한다는 면에서 유사하다. 예컨대 민주주의는 세속적인 이념이지만 초기 청교도 정착지에서 이루어진 '마을 회의(Townhall Meeting)'는 경외의 감정을 불러일으킨다는 점에서 신화적 요소를 담고 있다.

14) 미국의 신조에 대한 미국 국민의 동조 성향을 1950년대 이후부터 현재까지 시계열적으로 분석해 본 결과, 신조에 대한 헌신도나 신조의 어떤 항목에 좀 더 중요성을 부여하는가 하는 점에서 지난 50년간 큰 변화 없이 일관된 것으로 나타났다(Citrin, et al., 1994).

15) 주변적인 지위의 집단이 완전한 미국인으로 인정받기 위해 적극적으로 움직인다고 해서, 이들이 미국의 주류 집단보다 더 강한 국가 정체성을 가지고 있다고 보기는 어렵다. 이는 주류 집단의 차별과 배제에서 자신을 보호하기 위해 외면적으로만 적극적으로 움직이는 행위일 뿐, 마음속으로는 미국의 이념에 헌신하는 정도가 주류 집단보다 낮다. 예컨대 이라크 전쟁과 관련하여 애국심과 민족주의적 감정의 정도를 비교해 보면, 미국 사회의 소수 인종·민족들은 주류 백인보다 애국심은 물론 전쟁에 대한 지지도가 현저히 낮으며, 이를 자신과 가까운 일로 인식하지 않는 경향이 더 높은 것으로 나타났다(Lee, 2001).

16) 세속화 명제가 미국의 경우에 전혀 적용되지 않는 것은 아니다. 미국의 지식인들은 종교에 대한 믿음의 정도가 현저하게 낮으며, 교육 수준이 높을수록 신앙심이 떨어지는 것으로 나타난다(Christiano, et al., 2002: 112~116).

17) Abercrombie, et al.(1994: 54~55) 인용.

18) 미국의 사회주의 운동에 대한 설명은 Lipset(1996: Ch.3) 참조.

19) 미국 정부는 1862년 「자작농지법(Homestead Act)」을 만들어 1인당 7ha의 땅을 5년간 경작할 경우 소유권을 획득하는 조건으로 거의 무상에 가까운 가격에 이주자에게 땅을 양도했다. 이는 서부에 정착민을 육성하기 위한 정책의 일환으로 추진되었다.

20) 현재도 미국인들은 사회문제를 계급의 관점에서 접근하기보다는 인종 문제로 해석하는 경향이 있다. 이는 역사적으로 미국의 자본가층이 계급 문제를 인종 문제로 굴절시켜 희석시키려 했던 데에 기인한다. 사회문제를 인종 문제로 치부할 경우, 다른 인종 집단에게 문제의 책임을 덮어씌울 수 있으며, 문제에 대한 대응에서 각 인종 집단의 내적 결속을 강화할 수 있다.

제2장

미국을 구별 짓는 특징

흔히 미국의 특징은 '다양성' 그 자체라고 지적한다. 이 말은 한마디로 미국의 특징은 이렇다고 규정지으려는 것이 무모한 노력임을 의미한다. 제2차 세계대전 이후 미국이 세계 최강국으로 올라서면서 한때 미국의 특징을 찾는 연구가 성행했다. 유럽과는 구분되는 미국의 고유한 정체성을 찾으려는 노력은 미국학(American Studies)이라는 학문 분과를 탄생시키기도 했다. 이들은 미국의 문학 작품과 역사를 중심으로 연구하면서 총체적인 시각에서 미국인의 심성과 역사를 관통하는 고유한 어떤 것을 찾으려고 했다. 신화상징 학파(Myth-symbol school)라고 불린 이 학자들은 그들이 '미국 문명(American Civilization)'이라고 규정한 것의 정신적인 특징을 탐구했다. 한편 일부 인류학자나 사회학자들은 미국인의 국민성에 관해 좀 더 경험적인 연구에 몰두했다. 미국인은 타자 지향형 인간이라거나, 자아도취 상태에 있다거나, 지나치게 개인주의적이라거나 하는 논의가 그것이다. 그러나 이제 이러한 노력은 다문화주의의 도전에 직면해 수그러들었다. 미국인 모두에게 총체적으로 동질적인 무엇이 있다고 가정하고 미국의 정신이나 미국인의 국민성에 관심을 갖는 사람은 이제 거의 없다. 과거에 미국의 정신이나 미국인의 국민성이라고 지칭되었던 것이 사실은 영국계 백인 남성을 중심으로 한 차별적 사고의 소산으로 드러났고, 단일한 특성으로 규정짓기에는 미국이 너무나 복잡하고 다양하다는 인식이 일반화되었기 때문이다.

그럼에도 '미국은 매우 특이한 나라'라는 주장은 어느 정도 타당하다. 미국의 뿌리인 유럽과 비교해 보아도 그러하거니와, 유럽인들이 정착한 다른 지역, 예컨대 남미, 캐나다, 호주 등과 비교해 보아도 그렇다. 물론 일본이나 중국 같은 비유럽 사회와 비교해 보면 그 차이는 더욱 크다. 앞 장에서 논의한 미국의 예외주의가 미국의 역사적 전개에서 서구 유럽과의 차이에 초점을 맞추었다면, 본 장에서는 객관적 조건과 사회·문화적 상황에서 나타나는 미국의 특성을 검토해 본다.

1. 자연환경적 요소

1) 풍요로운 자연환경

미국에 대해 생각할 때 가장 먼저 떠오르는 이미지는 아마도 엄청난 물자와 자연환경일 것이다. 미국의 독특한 사회·문화적 특징은 사실 많은 부분 자연환경의 덕택이다. 미국의 자연은 그야말로 '축복받았다'는 미국 사람들의 말이 적절할 정도로 엄청난 풍요를 가져다주는 근원이다.

미국의 자연환경은 다양성이나 규모나 유용성 등 모든 면에서 지구상의 다른 나라와 비교가 되지 않는다. 미국의 본토만을 생각할 때 아열대에서 온대 지역까지 인간이 살기에 적합한 온화한 기후를 보이며, 평야에서 산악지형까지, 사막에서 초원까지, 해안에서 내륙까지, 지구상에서 생각할 수 있는 모든 자연환경을 자국의 영토 내에 포함하고 있다. 미국의 중심부를 관통하는 미시시피 강은 그 지류가 동쪽으로는 애팔래치아 산맥까지, 북쪽으로는 캐나다 지역까지, 서쪽으로는 로키 산맥까지 넓은 지역에 걸쳐 실핏줄처럼 뻗어 있어 인간 생활에 필수적인 물과 운송수단을 제공한다. 또한 캐나다와 북쪽 경계를 맞댄 담수호인 오대호는 산업화에 필수 조건인 물과 운송수단을 제공하고 있다.

미국은 중부 지역의 넓고 기름진 평야와 풍부한 물과 온화한 기후가 결합되어 그야말로 엄청난 농업 생산물을 거둘 수 있었으며, 물과 철광석과 석탄 매장 지역이 인접해 있거나 수로로 쉽게 연결되기 때문에 산업화의 출발은 뒤늦었지만 급속하게 유럽을 추월할 수 있었다. 미국의 천연자원 보유량 또한 엄청나다. 지질학적으로 볼 때 미국은 상대적으로 젊은 지형으로 우리나라나 일본과는 달리 상업적으로 유용한 광물자원을 많이 보유하고 있다. 미국 영토에 매장되어 있는 철광석, 석탄, 석유, 우라늄, 구리 등 산업에 필요한 주요 광물자원의 양은 세계 전체 부존량의 몇 분의 일을 차지하는가를 추산해야 할 정도이다. 미국은 전 세계 원유 생산량의 1/8, 천연가스 생산량의 1/4, 석탄 생산량의 1/4, 우라늄 생산량의 1/9을 점유하고 있다. 농산물 분야에서 미국의 점유율은 더욱 높아 전 세계 콩과 옥수수 생산의 1/2 이상, 면화 생산의 1/5이 미국에서 생산된다.

중부의 평야 지역을 자동차로 달리면 하루 종일 달려도 옥수수나 밀밭을 벗어날 수 없으며, 서남부의 방목 지역을 가보면 자동차로 소떼를 모는 광경을 볼 수 있다. 남부 해안가 곳곳에 흩어져 있는 원유 생산지와, 그야말로 지표면에서부터 파내기만 하면 되는 엄청난 규모로 서부에 산재한 노두광산은 모두 미국인들에게 주어진 자연의 풍요를 실감케 한다. 이러한 자연조건의 풍요는 자연히 엄청난 소비 행태를 초래했다. 미국인 한 사람은 전 세계 1인당 평균 소비량보다 7배나 많은 양을 소비하고 있다. 미국의 인구는 세계의 1/20에 불과한데 전체 세계 소비의 1/3을 차지하는 것은 무엇보다 그들의 풍요로운 자연조건에 기인한다.

국토가 평야로만 이루어졌거나 산으로만 이루어졌다면, 자연이 제공하는 풍요의 일면만을 누리는 것이다. 미국의 자연은 경제적인 풍요뿐만 아니라 지구상에서 펼쳐지는 거의 모든 자연의 다양성을 제공한다. 미국 전역에 퍼져 있는 국립공원은 자연의 아름다움과 웅장함에서 세계적인 수준이다. 미국의 땅은 사막, 바다, 강, 숲, 산, 계곡, 호수, 늪, 황무지, 광야, 초원, 심지어 빙하와 동굴에 이르기까지 자연의 아름다움을 느끼게 하는 모든 유형을 제공하고 있다. 우리가 크리스마스 카드에서나 보는 아름다운 자연과 마을의 풍경이 미국 사람들에게는 주변에서 흔히 접하는 모습이다. 미국인은 자신의 나라 안에서 자연의 다양함이 제공하는 풍요를 충분히 맛볼 수 있다. 특히 이 점은 소득이 높아지면서 많은 사람들이 자연으로부터 경제적인 효용 이외의 가치를 찾게 되는 단계에서 더욱 빛난다. 미국의 자연이 제공하는 관광자원은 재화의 생산에 못지않은 경제적 가치를 지니고 있다. 전 세계의 사람들이 이를 즐기기 위해 방문하는 것으로부터 창출되는 소득 또한 엄청나다. 미국은 세계의 가장 큰 산업국인 동시에 세계에서 가장 큰 관광 소득을 올리는 국가이기도 하다.

영토의 규모에서도 엄청나지만 규모보다 더 중요한 것은 미국 영토의 상당 부분이 인간이 살기 적합한 기후와 토양과 물을 제공한다는 점이다. 세계지도를 놓고 볼 때 인간이 살기 적합한 온대 기후 지역이면서 물이 잘 공급되고 평야나 경사가 완만한 지역은 그렇게 넓지 않다. 북미 대륙에서도 캐나다는 미국과 접하는 얇은 띠 모양의 남쪽 접경 지역을 제외하고는 대부분의 영토가 혹한의 기온으로 거주와 경작에 적합하지 않다. 북반구에서는 유럽과 중국의 일부 및 아프리카 북부 지중해 연안 지역이, 남반구에서는 아르헨티나 주변과 호주의 남해안 지역이 이러한 조건을 충족시킬 뿐이다. 그 외에는 세계 곳곳에 산재한 조그만 면적의 땅들만이 인간 거주에 적합한 환경을 제공한다. 세계적으

표 2-1 세계 주요 국가의 인구, 국토 면적, 국민 소득(2003년)

국가명	인구 수 (100만 명)	국토 면적 (1,000 Km^2)	경작가능 토지 비율 (%)	인구밀도 (1Km^2당 인구 수)	1인당 경작가능 면적 (ha)	1인당 실질 국민 소득 (실질구매력환산 US$)
미국	291	9,629	19.3	31	0.64	37,750
스위스	7	41	10.5	182	0.06	32,220
캐나다	32	9,971	4.9	3	1.51	30,040
일본	128	378	12.4	348	0.04	28,450
호주	20	7,741	6.2	2	2.69	28,780
독일	83	357	33.1	230	0.14	27,610
프랑스	60	552	33.4	107	0.31	27,640
스웨덴	9	450	6.7	22	0.31	26,710
영국	59	243	24.6	248	0.10	27,690
한국	48	99	17.2	479	0.04	18,000
러시아	143	17,075	7.4	9	0.86	8,950
중국	1,288	9,598	13.3	135	0.10	4,980
인도	1,064	3,287	54.4	342	0.17	2,880
방글라데시	138	144	68.3	1,007	0.06	1,870

자료: World Bank(2005: Table 1.1, 3.1).

로 국토 면적이 넓은 나라인 러시아, 캐나다, 호주의 경우 인구밀도는 낮지만 기후나 토양 조건에서 인간이 살기 어려운 지역을 광범위하게 포함하고 있다. 전체 육지 면적 중 경작가능 토지 면적의 비율이 미국은 19.3%에 달하는 반면, 호주, 캐나다, 러시아는 각각 6.2%, 4.9%, 7.4%를 차지할 뿐이다.

미국 사람의 자국에 대한 충성심과 애착이 세계 어느 나라보다 높은 이유는 바로 이렇게 풍요로운 자연환경에서부터 나온다. 물론 이렇게 풍요로운 자연조건을 가지고도 부패가 만연하고 산업 발달이 매우 낮아 국민들이 결핍 속에서 살아야 한다면 별개 문제이다. 그러나 미국의 자연환경은 산업화 이전에 농업 생산만으로도 충분히 풍요로운 생활수준을 제공했다. 산업화 이전 미국인의 생활수준은 그 당시 유럽인의 평균을 넘어섰다. 18세기 초반 영양 수준, 평균수명, 보건 수준 등 모든 삶의 지표에서 미국인은 유럽인보다 앞서 있었다. 온화한 기후와 비옥한 토양과 풍부한 물이 잘 조화된 자연환경이 농업 생산의 풍요를 가져온 것이다. 이러한 환경에서 미국인들이 자신의 나라를 축복받았다고 생각하며 자긍심을 느끼는 것은 무리가 아니다.

그러나 자연의 풍요로움은 상대적인 문제이다. 만일 미국의 인구밀도가 우리나라나 서유럽 국가들과 같이 매우 높다면, 미국의 자연이 풍요롭거나 엄청나다는 생각은 상대적으로 덜할 것이다. 인구밀도가 낮다고 해서 자동적으로 풍요를 가져오는 것은 아니다. 물질적 풍요는 자연자원과 기술을 포함한 인간의 노력이 성공적으로 결합될 경우에만 가능하다. 과거 유럽인이 도래하기 전 북미 대륙에 거주했던 인디언들은 넓은 지역에 퍼져 살았으며 인구밀도도 매우 낮았다. 그들의 경우 인구에 비해 땅이 넓었다고 하지만 운송수단이 제한되고 기술 수준이 낮은 단계에 머물렀다. 그들은 산업화 이전 유럽 대륙의 필수적인 운송수단이었던 말을 갖고 있지 않았으므로 대부분의 이동은 도보로 한정되었으며 금속 문명의 전 단계에 머물러 생산성이 매우 낮았다. 따라서 땅은 넓었으나 자연의 조건에 압도되어 매우 제한되고 물질적으로 궁핍한 삶을 살았다. 반면 북미 대륙에 건너온 유럽인은 유럽의 산업기술과 북미대륙의 풍요로운 자연 자원을 성공적으로 결합함으로써 엄청난 물질적 풍요를 이루어냈다. 유럽인이 도래했을 때 그들의 가장 큰 관심사는, 어떻게 하면 이 넓은 땅을 개간하여 이익을 창출할 수 있는 노동인구를 증가시킬까 하는 것이었다. 그들은 이민 모집인을 적극적으로 유럽에 보내고 새로 확장되는 서부의 땅으로 이주자를 유인하기 위해 그들이 정착해서 경작만 한다면 정부가 땅을 거의 무료로 제공하는 법률도 만들었다. 그러나 미국이 지나치게 붐빈다는 우려의 목소리는 18세기 초반부터 간헐적으로 나오기 시작해 1920년대에는 사실상 이민의 문호를 닫아버리는 조치를 취하기까지 했다.

미국은 개발도상국과 선진 산업국을 통틀어 인구밀도가 매우 낮은 나라에 속한다. 전체 영토의 규모와 비교할 때도 그렇지만, 사람이 거주하면서 경제활동을 할 수 있는 땅에 대한 인구밀도를 지칭하는 경작가능한 땅에 대한 인구 비율에서 미국은 다른 어느 나라보다도 현저히 낮은 수치를 보인다. 미국은 호주와 캐나다를 제외하면 선진 산업국 중 인구밀도나 1인당 경작가능 면적에서 두드러지게 낮은 수준을 보인다. 1Km^{2}당 31명인 미국의 인구밀도는 유럽 국가 대부분의 인구밀도 100~250명과 크게 대비된다. 중국이나 인도의 경우 국토의 면적은 넓지만 국토의 상당 부분이 인간이 살기에 부적합한 자연환경이다. 이들 나라는 무엇보다 인구밀도가 매우 높으므로 미국과 같은 조건에 있지 않다.

미국이 자연 자원에 비해 얼마나 적은 수의 사람들이 살고 있는지를 쉽게 이해하기 위해 우리나라와 미국을 비교해 보자. 한국은 인구밀도에서 모든 선진 산업국보다 훨씬 높은 수준을 보이며 이웃나라 일본보다도 높다. 세계에서 가장 인구밀도가 높은 방글라데시와 비교해 볼 때, 이 나라는 국토 전체로 본 인구밀도는 한국보다 높다. 그러나 방글라데시 국토의 절반 이상이 경작 가능한 땅임에 비해 한국은 국토의 17.2%만이 경작 가능한 땅이므로 1인당 경작가능 면적에서 한국은 방글라데시의 2/3 수준에 불과하다. 미국과 한국을 비교해 보면, 미국은 국토 면적이 넓을 뿐 아니라 경작가능 토지의 비율에서도 한국보다 훨씬 유리한 조건이다. 한국은 미국보다 인구밀도에서는 15.5배 많으며, 1인당 경작가능 면적에서는 미국이 한국보다 16배나 더 넓다. 가상적으로 생각할

그림 2-1 미국 자연환경의 다양성

자료: 보스턴, 중서부 지역, 남서부 지역의 홍보 자료.

주: 미국 자연환경의 다양성은 흡사 영화의 장면을 보듯, 실재하는 것으로 쉽게 받아들이기 어렵다. 위 사진의 보스턴 항 주변 지역, 몬태나의 대평원 곡창지, 애리조나의 소노라 사막은 한 나라 안에 속한다고 상상하기 힘들 정도로 상이하다. 이런 곳이 마음만 먹으면 언제라도 가볼 수 있고 직접 그곳에서 살 수도 있는 자국의 일부라는 것은 미국인에게 자신의 나라에 대한 자긍심을 높이는 중요한 요소이다.[1)]

때, 우리나라의 총인구가 293만 명이 되면 경작 가능한 땅에 대한 인구 비율로 비교하여 미국과 유사한 수준이 되며, 거꾸로 미국이 우리나라의 인구밀도 수준에 도달하려면 현재의 2억 9,100만 명에서 45억 1,200만 명이 되어야 한다. 한 나라의 풍요의 수준이 자연환경에 의해서만 결정되는 것은 아니지만, 미국과 비교해 보았을 때 우리나라가 처한 가혹한 조건을 냉정하게 확인할 수 있다.

인구밀도가 낮다는 것은 각 개인에게 허용된 자원의 양이 많다는 경제적 의미도 있지만, 그와 함께 1인당 가용 공간이 넓은 데서 오는 사회·문화적 의미도 중요하다. 동북부의 인구밀집 도시를 제외한 대부분의 지역에서 한 사람이 차지하는 절대적 공간이 넓다는 점은 1인당 소득으로는 측정할 수 없는 풍요를 가져다준다. 미국의 대부분의 도시에서는 도심지를 조금만 벗어나면 숲과 빈 공간을 볼 수 있다. 우리나라 사람들에게 1인당 허용된 공간이 얼마나 협소하며 공간 확보 비용이 얼마나 큰가를 생각하면 풍요의 차이를 쉽게 짐작할 수 있다. 공간이 넓기 때문에 개인이 소유한 자동차가 삶의 중심을 차지하며, 집단 거주 방식보다는 개별적으로 띄엄띄엄 떨어져서 사는 것을 선호하며, 고층 아파트보다는 단층이나 이층의 단독주택을 선호하며, 빈번히 이동하며, 자유와 독립에 높은 가치를 두며, 예의나 형식보다는 실리를 중요시하며, 개인의 선택과 의지를 앞세우는 개인주의가 지배하는 등 다양한 사회·문화적 차이가 발생한다. 반면 많은 사람들이 좁은 지역에서 오밀조밀 어깨를 부딪치면서 살아야 하는 환경에서는 개인을 우선하는 가치관과 생활방식보다는 이웃과의 조화와 집단 전체의 복리와 질서를 우선시하는 집단주의가 발달할 수밖에 없다.

미국인의 물질주의와 소비우선 가치관은 풍부한 자연 자원의 바탕과 개인주의 가치관이 결합하여 만들어낸 물질적 풍요에서 비롯한다. 자연 자원이 부족한 나라나 개인의 창의보다 집단의 질서를 강조하는 사회의 경우, 물질적 풍요를 만들어내기 어렵고 절제를 미덕으로 여기며 물질적인 안락함보다는 정신적인 안녕을 우선하는 가치관이 발달한다. 사람들이 밀집한 사회에서는 제한된 자원으로 공동체 전체의 생존을 도모하기 위해 절제 윤리가 필수적인 생존전략이 된다. 반면 물질적으로 무한하게 여겨지는 풍요 속에서 성장한 미국인들은 물질적인 소비를 능력과 지위의 척도로 여기며 절제를 패배자의 도피처로 경멸하는 가치관을 갖기 쉽다. 전후 엄청난 풍요를 맛본 세대가 1970년대 석유 파동을 겪으면서 최초로 자연 자원의 제한과 물질적 소비의 구속을 경험했을 때의 충격은 엄청났다. 자동차의 기름을 구하기 위해 주유소에서 몇 시간씩 줄을 서야 했던 경험은 많은 사람들에게 좌절과 수치스러운 기억으로 남아있다. 그 당시 카터 대통령은 석유 자원의 제약에 대한 대응 방안으로 국민에게 절제를 권고했는데 미국인들은 이러한 권고를 매우 부정적으로 받아들였다.[2] 이후 미국 대통령은 어느 누구도 자원의 제약 가능성이나 절약에 대해 언급하기를 꺼린다. 미국인들 대부분은 절제를 강조하는 환경운동에 대해 이중적인 태도를 보인다. 자연 보존에 대해서는 긍정적인 태도를 보이지만, 이를 위해 소비를 줄여야 한다는 제안에는 한결같이 부정적으로 반응한다. 미국인에게 소비를 줄인다는 것은 비겁함, 후퇴, 패배, 심지어는 신의 축복으로부터 멀어지는 것이라는 종교적인 의미를 담고 있다. 미국인의 소비 개념과 소비 행태 뒤에는 미국의 엄청난 자연 자원과 신의 축복에 대한 막연한 믿음이 자리 잡고 있다. 프런티어(미개척지)에 대한 낙관적인 희망 또한 미국인이 자연 자원의 제약을 쉽게 받아들이기 힘든 이유 중 하나이다.

좁은 지역에서 인구밀도가 과도하게 높은 경우 일상생활에서 타인을 항상 의식하고 접촉해야 하는 상황은 높은 사회적·정신적 스트레스를 유발한다. 인구가 밀집된 지역에 사는 사람들은 상호 접촉이 빈번한 데서 오는 긴장을 경감시키기 위해 다양한 방법을 동원한다. 이들은 물리적·심리적으로 자신과 이웃을 의도적으로 단절시켜 자신만의 공간을 확보하는 방법을 사용한다. 예컨대 칸막이를 설치한다든가 서로 상대를 무시하고 지내는 방식이 그것이다. 인구가 밀집한 아파트에서 이웃과 거의 알고 지내지 않는 것은 예의가 없어서가 아니라 높은 인구밀도에서 오는 스트레스에 대응하는 생존전략이다.[3] 인구가 밀집한 미국 북동부의 대도시에서는 우리나라와 마찬가지로 집단 주택이 일반적이며 이웃과 서로 가까이 알고 지내지 않는다. 이런 대도시에서는 사람들이 공공질서를 잘 지키지 않으며, 길에서 마주쳐도 인사를 하지 않으며, 자동차 운전자들도 교통법규 위반과 끼어들기를 밥 먹듯이 한다. 반면 대도시 이외의 지역에서는 인구밀도가 낮고 주위에 빈 공간이 산재되어 있으므로 사람들 간의 접촉 빈도가 상대적으로 높지 않다. 이런 지역에 사는 사람들은 이웃과 가까이 알고 지내며, 상대방을 만났을 때도 친절하게 응대하며, 공공질서도 잘 지킨다. 인구밀도가 높지 않은 곳에 사는 것이 상대적으로 스트레스가 덜하며 사람들 간의 관계나 모든 면에서 여유가 있다.[4] 우리가 미국을 풍요롭게 생각하는 이유의 상당 부분은 그들이 더 많이 소비하고 편리한 생활을 하기 때문만은 아니다. 그 못지않게 중요한 이유는 인구밀도가 높지 않아 개인이 누릴 수 있는 여유 공간이 많고, 아름다운 자연을 주위에서 쉽게 접할 수 있고, 사람들 간의 관계에 여유가 있기 때문이다.

미국 사람이나 미국 체제가 우수해서 미국이 풍요한 것이 아니라, 인구 규모에 대비한 자연조건이 엄청나게 유리하기 때문에 풍요로운 것이라고 해도 부분적으로는 타당한 말이다.[5] 이는 거꾸로 말하면, 미국과 같은 풍부한 자연조건을 갖지 않은 나라의 사람들은 미국의 풍요를 아무리 부러워해도 미국의 방식을 모방해서 사는 데 한계가 있음을 의미한다. 미국과 유사한 국민소득 수준인 일본이나 유럽 선진 산업국 사람들의 생활과 미국인의 생활을 비교해 보면 풍요의 차이를 분명히 느낀다. 이들 나라 사람들은 무엇보다 1인당 공간의 제약에서 오는 삶의 협소함을 어떻게든 감내하면서 살아야 한다. 훨씬 더 남을 의식하면서 살아야 하므로 세세한 규범과 의례가 발달하며, 소비보다는 절약과 절제가 미덕이 되며, 각자 개인이 책임을 지는 삶의 방식보다는 함께 책임지며 살아가는 공동체 의식이 지배적일 수밖에 없다. 어떠한 삶의 방식이 좋은가는 가치판단에 속하지만, 미국을 방문한 대부분의 유럽인이나 일본인은 자신의 나라보다 미국이 훨씬 자유롭고 풍요하다는 데에 동의한다. 요약하면, 미국식의 풍요는 지구상에서 미국밖에는 누릴 수 없는 듯한데, 이는 무엇보다도 미국의 자연조건이 다른 어느 나라와 비교할 수 없을 정도로 엄청난 풍요를 제공하기 때문이다.[6]

2) 고립된 지정학적 환경

미국의 자연조건은 지정학적으로 매우 유리한 환경을 제공한다. 미국은 대양을 사이에 두고 유럽과 떨어져 있으므로 구대륙의 정치적 갈등에 휘말릴 가능성이 상대적으로 적었다. 미국은 외국의 영향을 상대적으로 덜 받는 환경에서 산업 발전의 필수 요소인 국내 정치의 안정을 확보할 수 있었다. 미국이 유럽의 문제에 개입해서는 안 된다고 역설한 조지 워싱턴 대통령의 고별 연설에서도 드러나듯이 미국의 지도자와 보통 사람들은 산업화의 완숙기에 접어든 20세기 초, 제1차 세계대전이 발발할 때까지만 해도 외국, 특히 유럽의 일에 관여하지 않고 국내의 일에만 매진하는 것을 국시로 했다. 20세기 중반 진주만 공격으로 미국이 더 이상 세계와 떨어져 독자적으로 존재할 수는 없다는 것을 깨달을 때까지 미국은 국외 문제에 매우 소극적으로 대응했다. 물론 19세기 말 제국주의 확장 경쟁에 미국이 뒤늦게 뛰어들어 쿠바와 필리핀과 하와이를 점령했으나, 이것도 미국의 해안과 마주보고 있는 섬에 국한한 것이었지, 대다수 미국인의 의중에 아프리카나 아시아의 땅을 빼앗기 위해 유럽 열강들과 각축을 벌이는 것은 없었다. 일부 사람들이 주도해 국외의 사태에 관여하려고 하거나 제국주의적 확장 정책을 강력히 추진하려 한 시도는 흔히 국민의 반발을 초래했다.

이제는 운송과 통신 수단의 발달로 지구상의 어느 나라도 고립되거나 고립을 선택할 수 없는 상황이 되었다. 그러나 과거 운송과 통신 수단이 발달하지 않았던 시절에 미국과 같이 대양에 의해 구대륙으로부터 떨어져 있었던 것은, 미국에게 유럽과 선택적으로 접촉하고 유리한 것만을 받아들일 수 있는 환경을 제공했다. 19세기 중반 보급된 증기선으로도 미국과 유럽 간의 거리는 거의 한 달의 항해가 소요되는 거리였다. 이러한 거리는 유럽의 정치와 경제로부터 미국을 상대적으로 독립시켜 주었다. 미국은 외부의 간섭 없이 산업화에 매진하고 정치적인 독립을 유지할 수 있었다. 미국이 독립전쟁에서 영국을 물리칠 수 있었던 것도 미국이 유럽 대륙에 인접해 있었다면 불가능한 일이다. 19세기 중반 미국의 남북전쟁에서 남부가 연방으로부터 탈퇴했을 때 그들은 영국과 프랑스의 지원을 기대했다. 만일 미국이 유럽 지역의 일부였다면, 미국이 강대국으로 부상하는 것을 견제하려고 했던 주변국들이 그 당시 남부 반군의 지원 요청에 대해 기꺼이 군대를 파병하여 간섭했을 것이다. 제1차 세계대전을 치른 오스트리아 - 헝가리 제국이 전쟁 이후 각 민족 집단별로 독립된 국가로 분열했다거나, 하나의 민족이 국민의 대다수를 차지하는 독일이나 폴란드가 외세의 개입에 의해 국토의 분단을 겪었던 것처럼, 인종·민족과 자연환경과 경제 상황 등 모든 면에서 높은 다양성을 보이는 미국 또한 여러 작은 나라로 분할되었을 것이다. 미국과 같이 거대한 나라가 열강의 다툼 속에서 건국 이래 지난 200여 년간 하나의 통일된 나라로 건재한 것은 세계사에서 매우 특이한 현상이다. 대양이 가로막고 있지 않았다면 미국이 지금과 같이 정치적으로 독립적인 지위를 누리는 대국이 될 수 없었다. 가상적인 시나리오지만, 남부와 북부는 분명히 별도의 나라로 갈라섰을 것이며, 서부 또한 동북부의 정치·경제적 지배를 받아들이기보다는 독자적인 길을 걸었을 것이다.

산업화 단계에서 유럽의 선진 기술을 신속히 받아들이는 데 불리하기는 했지만, 그보다는 유럽의 물품이 들어와 미국 초기 산업의 성장을 좌초시키는 것을 막는 데 대서양은 매우 유용했다. 경제사가의 연구에 따르면, 미국의 산업은 자유 시장경제의 원리에 따라 성장한 것이 아니라 관세 보호, 정부 구매, 정부 재산 이양, 보조금 지급, 저곡가 유지, 노동자의 저항 억압, 독과점의 용인 내지 촉진 등 정부의 적극적인 개입에 힘입은 바 크다.[7] 유럽의 열강이 인접해 있었다면 이러한 정부의 개입이 원천적으로 불가능했거나 효과를 발휘할 수 없었을 것이다. 아마도 영국의 식민지였으며 독립 이후에도 계속 종속적인 경제구조를 벗어나지 못한 아일랜드와 유사한 경로를 밟았을 것이다. 이웃나라들이 미국의 풍부한 자연조건을 미국인만 누리도록 방관하지 않았을 것이며, 이웃나라와 복잡하게 얽혀들어 후발국으로서 정치·경제적 발전은 뒤처졌을 것이다. 유럽 대륙의 거의 전부를 초토화시킨 20세기 두 차례의 세계대전에서 미국이 본토에 포탄 한 발 맞지 않고 살아남을 수는 없었을 것이다. 미국은 두 차례의 대전에서 무기와 전쟁 물자 공급국으로서 매우 짭짤한 재미를 누렸으며 전후에는 생산 시설에 피해가 없는 유일한 선진 산업국으로서 유럽에 대해 압도적인 경제적 우위를 점하게 되었다. 전후 미국은 자국의 남아도는 풍부한 자본을 투입해 국제통화기금(IMF)을 세우고 미국의 달러를 기축통화로 하는 세계의 금융질서[브레튼 우드(Bretton Woods) 체제]를 만들었다. 미국은 필요하다면 언제든지 달러를 찍어내 국제시장에 통용시킬 수 있는 독보적인 위치에 올라섰다. 미국이 유럽의 일부였다면 이러한 일은 가능하지 않다. 우리나라와 같이 국경을 맞대거나 좁은 바다를 사이에 두고 이웃나라와 인접해야 하는 상황에서 어떠한 역사가 전개되었는지를 생각할 때, 미국이 세계의 최대 강국이 된 데에는 지정학적으로 유리한 자연조건이 결정적으로 기여했다고 할 수 있다.

다른 나라들과 떨어진 독립된 대륙이라는 의식은, 보통 사람들에게 국제 관계가 그렇게 절실한 느낌을 주지 않는, 그래서 외국의 사정을 알고 외국의 일에 개입하는 데 국민들이 소극적인 주요 요인이 된다. 미국인에게 다른 나라와의 '관계' 속에서 살아가야 한다는 의식은 거의 없으며 국제 협력의 필요성 또한 기본적으로 체득하지 않고 있다. 외국에 대한 미국인의 관심은 다른 선진 산업국 국민들과 비교할 때 현저히 뒤떨어진다. 미국의 보통 사람들은 대부분 국내의 일에만 관심을 보인다. 미국인은 영어 이외의 언어에 대한 관심이 다른 선진 산업국에 비해 매우 적으며 외국여행의 빈도도 유럽인보다 현저히 낮다. 세계 지리나 역사 과목은 초·중등 교육과정에서 피상적으로 서술되거나 선택과목으로 분류되어 있어 많은 학생들이 이러한 주제를 한 번도 공부하지 않고 학교를 졸업할 수 있다. 당연히 미국인의 세계 지리나 역사에 대한 지식은 낮고 세계관은 좁을 수밖에 없다. 하층 계급에서는 물론 중상층 지위의 사람들 중에도 일생 미국 땅을 벗어나지 않는 사람을 흔히 만날 수 있다. 미국 하원의원 중 상당수가 여권을 만들어본 일이 없다는 신문 보도는 우리를 놀라게 한다.

외국에 대한 미국인의 관심은 양적으로 적을 뿐만 아니라 질적으로도 매우 피상적이다. 미국의 저녁 뉴스는 세계 어느 나라보다도 국내 문제에 집중되어 있다. 미국의 언론은 미국의 이익에 직접적으로 관계된 지역에서 주목을 끄는 사건이 발생한 경우에 한정해 보도하는 경향이 있다. 해외에서 일어나는 사건 중 미국의 이익과 관련된 단편적인 사건에 제한적으로 관심을 두기는 하나 맥락 속에서 사안을 이해하려는 노력은 찾아보기 어렵다. 대부분의 경우 미국의 기준을 적용하고 미국의 입장에서 일방적으로 사안을 해석한다. 해당 사안이 미국의 이익과 직접적인 연관을 벗어나는 순간 관심에서 완전히 벗어나기 때문에, 다수의 미국인들은 국외 사안을 정확하게 이해하기 위한 일반적인 배경지식이 부족하다.[8]

사회학자 허버트 갠스(Herbert Gans)는 미국의 3대 방송사 저녁 뉴스를 분석한 결과 미국의 언론은 대체로 외국에서 이루어지는 미국인의 활동, 미국인과 미국의 정책에 영향을 미치는 외국의 활동, 공산권 국가들의 활동, 외국의 선거나 평화적인 정권 교체, 정치적 갈등과 저항 활동, 재난, 극단적 독재 등의 경우에만 외국에 관심을 기울인다는 것을 발견했다.[9] 이러한 경우들을 한마디로 요약하면, 미국의 언론은 미국의 이익과 직접적으로 관련되거나 미국의 기준에 매우 근접하거나 극단적으로 상이한 경우에만 관심을 기울인다. 부자가 가난한 사람의 사정을 이해하지 못한다는 말이 있듯이, 외국에 대한 미국의 개입이 지나치게 미국의 관점에서만 접근하고 현지의 사정이나 구조적인 맥락에서 접근하지 못하기 때문에 일을 그르치는 경향이 있다는 비판은, 바로 평소에 미국인의 관심이 지나치게 국내 지향적인 점에 바탕을 두고 있다. 미국은 자기 나라의 것만으로도 잘 먹고 잘살 수 있는 나라라는 믿음이 일반인의 의식 깊숙이 박혀 있기에 이러한 국지적인 사고와 행위 양식이 보편화된 것이다.[10]

2. 정치·경제적 요소

1) 경제의 규모와 다양성

미국은 자연조건뿐만 아니라 경제적인 면에서도 자급자족할 수 있는 조건을 확보하고 있다. 인구 규모와 이를 뒷받침하는 경제 규모가 충분

표 2-2 선진 산업국의 경제 규모 비교(2003년)

순위	국가	국내총생산 (100만 US$)	상대 비율 (미국 = 100)
1	미국	10,948,547	100.0
2	일본	4,300,858	39.2
3	독일	2,403,160	21.9
4	영국	1,794,878	16.3
5	프랑스	1,757,613	16.0
6	이탈리아	1,468,314	13.4
7	중국	1,417,000	12.9
8	캐나다	856,523	7.8
9	스페인	838,652	7.6
10	멕시코	626,080	5.7
11	한국	605,331	5.5
12	인도	600,637	5.4
	……	……	……
	러시아	432,855	3.9
	스웨덴	301,606	2.7
	전 세계 총합	36,460,632	

자료: World Bank(2005: Table 4.2).

히 크기 때문에 미국은 다른 나라에 의존하지 않고도 국내에서 이루어지는 생산과 소비만으로 웬만큼 잘 운용될 수 있다. 미국의 경제 규모는 다른 선진 산업국들과 비교해 보았을 때 두드러진다. 미국의 경제 규모는 세계 전체 생산량의 30%에 달한다. 미국 경제 규모를 100으로 보았을 때, 제2위의 경제대국인 일본은 미국의 1/3을 간신히 넘어서며, 독일, 영국, 프랑스, 중국 등은 미국의 10~20% 수준에 불과하다. 한국은 미국 경제의 5.5% 규모이다.

미국은 자국 내에서 대부분의 주요 자원을 획득할 수 있고, 제조를 위한 충분한 국내 설비와 이를 소비하는 데 충분히 거대한 시장을 가지고 있다. 이에 더해 기술 혁신을 위한 지적 기반도 많은 부분 국내에

표 2-3 세계 주요국의 대외의존도 비교(2003년)

국가	국내총생산 중 수출입 상품 비율	국내총생산 중 해외 직접투자 비율
한국	61.6	1.2
스웨덴	61.0	9.7
캐나다	60.4	3.4
중국	60.1	4.5
독일	56.2	4.2
러시아	48.2	5.0
프랑스	44.2	6.0
영국	38.7	8.6
인도	21.1	0.8
일본	19.9	1.0
미국	18.5	3.0

자료: World Bank(2005: Table 6.1).

갖춰져 있다. 현대 산업사회의 주요 발명의 절반 이상이 미국에서 이루어진다. 다만 석유는 미국이 국내에서 충분한 양을 조달하지 못하는 유일한 자원이므로, 미국은 석유의 안정적인 조달을 위해 상당한 외교적 노력을 들인다.

경제적인 효율성을 확보할 수 있을 만큼 충분한 규모의 생산 시설을 갖춘 점 못지않게 중요한 사실은 충분한 규모의 구매력 있는 소비 인구가 존재한다는 점이다. 미국의 상황을 우리나라와 비교해 보자. 우리나라는 규모의 경제를 도모하기 위해 생산을 확대할 경우 소비 시장의 협소함에서 오는 한계를 해외에 의존해 극복할 수밖에 없다. 우리나라는 생산을 위한 자연 자원도 부족하지만 그 못지않게 경제 규모가 작기 때문에 외국 의존을 피할 수 없다. 반면 미국은 규모 그 자체만 본다면 외국에 크게 의존할 필요가 없는 상황이다. 미국 경제에서 차지하는 무역량이나 해외 투자의 비중은 서구 유럽 국가들과 비교할 때 현저하게 작다. 예를 들어 영국, 독일, 프랑스의 국내총생산에서 차지하는 무역량의 비중은 40~60%에 달하며, 해외 직접 투자의 비중은 4~8%에 달하는데, 미국의 경우 이 수치는 각각 18.5%와 3.0%에 불과하다.

큰 경제 규모가 가져오는 경제 이외의 효과 또한 적지 않다. 미국의 특수성을 반영하는 상품이나 아이디어도 충분한 자체 시장이 있기 때문에 만들 수 있다. 미국은 새로운 아이디어를 실제에 적용하려 할 때 초기 실험 과정에 소요되는 경제적·사회적 비용 부담을 국내에서 소화할 수 있다. 이는 새로운 시도를 촉진시키고 혁신을 낳는 데 매우 중요한 요소이다. 초기에는 국내에서만 통할 수 있는 것이라고 하더라도 이것이 어느 정도 확대되면서 개량되었을 때 미국 이외의 나라에서 이것을 모방하거나 받아들이도록 영향을 미칠 수 있다. 현재 우리에게 익숙한 많은 문명의 이기들은 바로 이러한 미국의 상황 속에서 개발되고 상품화된 것이다. 기술 혁신을 통한 신제품의 개발은 말할 것도 없고, 새로운 제도나 문화적 관습도 마찬가지로 미국에서 시험되어 전 세계로 확산된다. 할리우드 영화, 놀이공원, 패스트푸드, 컴퓨터 프로그램, 미국식 생산 방식, 경영 방식, 고용 관행, 법 제도 같은 것들이 미국의 환경에서 개발되어 미국 시장에서 먼저 테스트를 거친 후 세계로 퍼진 것이다. 미국은 자신들이 만든 기준을 세계로 확대하면서 선발자의 이익을 누려왔다. 우리가 주변에서 쓰고 있는 대부분의 제품과 서비스의 산업 기준은 미국의 국내 기준을 원용하고 있다. 또한 미국의 경제 규모는 외국 사람들이 거의 관심을 갖지 않는다고 해도 국내 인구만으로 지속이 가능한 상황을 창출한다. 미식축구, 아이스하키, 야구, 팬케이크, 겨드랑이 냄새 제거제, 애플 컴퓨터, 자동차의 정속도 운행 장치, 레크리에이션 차량(RV), 이동 주택 같은 것이 대표적인 예이다.

미국은 다양성 면에서도 외국에 의존할 필요성이 비교적 적다. 미국은 거의 모든 광물자원을 국내에서 확보할 수 있거나 일부만을 수입하면

된다. 유럽 국가들의 경우 부존자원이 매우 제한되어 있으므로 기본적으로 외국에서 자원을 수입해야 하는 경제 구조를 가지고 있다. 대부분의 유럽 국가는 석유, 면화, 펄프, 철광석 등 기초적 산업 자원을 외국에 의존해야 하기 때문에 외국에 대한 관심이 높을 수밖에 없다. 미국의 다양성은 자연자원과 환경에서도 풍부하지만, 인간이 만든 상품과 서비스와 제도와 관습과 문화에서도 다른 어느 나라에서 찾아볼 수 없는 다양성을 보인다. 미국에서는 어떤 새로운 시도이든지 최소한의 생산 단위를 넘어서기 때문에 생각할 수 있는 모든 새로운 것을 찾아볼 수 있다. 가장 다양한 것은 인간의 아이디어일 것이다. 영어를 사용하는 인구가 전 세계적으로는 물론 미국 자체만으로도 큰 규모를 형성하므로 조금만 새로운 아이디어나 색다른 것을 책으로 내놓아도 찾는 사람이 어느 정도의 규모로 존재한다. 미국은 세계에서 가장 다양한 종류의 서적을 출판하고, 책을 통해 새로운 아이디어를 생산하고 소비하는 나라가 될 수 있다.

미국 경제의 개방성과 다양성은 특히 인간의 지식이 가장 중요한 생산 요소로 작용하는 '지식 경제(Knowledge economy)'에서 큰 빛을 발휘한다. 과거 상품 생산이 주도하던 경제에서는 인간의 육체노동이 중요한 생산 요소였으나, 이제는 새로운 아이디어와 이를 배경으로 한 첨단 기술이 부가가치를 낳는 주요 원천이 되었다. 다양성을 수용할 수 있는 미국의 구조적 환경은 새로운 취향과 아이디어를 가진 사람들이 자신의 아이디어를 수용할 수 있는 곳으로 몰려들며 이들이 다시 지역의 다양성을 높이는 선순환 구조를 만든다. 경제학자 리처드 플로리다(Richard Florida)는 『창의적인 계급의 성장(The Rise of the Creative Class)』이라는 책에서 미국 경제는 점차 창의적인 계급(creative class)이 생산 활동을 주도하는 방향으로 변화하고 있다고 지적하면서, 다양하며 개방적인 사회·문화적 분위기가 창의성 발휘의 핵심이라고 주장한다. 아무리 자원이 많고 부유하다고 해도 개방적이고 다양성을 허용하지 않는 문화에서는 창의적인 사람들이 머물려고 하지 않으며 창의적인 활동이 이루어지지 않는다. 샌프란시스코의 실리콘 밸리, 시애틀, 텍사스의 오스틴 등의 지역에서 벤처 사업가가 많이 생겨나는 것은 바로 개방적이며 다양성을 허용하는 이 도시의 분위기 때문이라는 지적이다. 앞으로 창의적인 활동에 종사하는 사람들이 생산에서 차지하는 중요성은 갈수록 더 높아질 것이다. 미국이 세계 각지로부터 온 이민자를 받아들이는 유일한 나라라는 점은 이러한 선순환 구조에 크게 기여한다. 새로운 아이디어를 가진 사람들은 기회를 찾아서 미국으로 오고, 이들이 이민 과정을 통해 미국 국민으로 받아들여지면서 미국은 계속 새로운 피를 수혈받는다. 이들은 다시 다양성을 높이며 새로운 요소에 대한 개방성을 높이는 선순환 구조를 지속시킨다. 그 결과 미국은 세계에서 가장 다양한 성격의 사람들이 모이고 가장 다양한 아이디어와 산물과 문화를 만들고 소비하는 사회가 되었다.

미국의 상황을 다시 우리나라와 비교해 보자. 우리나라는 국내 경제 규모가 크지 않기 때문에 우리나라에서만 통용되는 것을 만들기는 어려우며 설사 만든다고 해도 수준이 높아지기 어렵다. 예컨대 한글 서적 시장은 매우 협소하기 때문에 다양한 아이디어가 출판되기 어렵다. 새로운 기술 개발을 위한 시행착오의 비용을 국내에서 부담하기에는 시장이 너무 작기 때문에 대부분 외국의 원천 기술에 의존할 수밖에 없으며 국제적인 대기업이 아니면 새로운 기술을 시도해 보기조차 어렵다. 제한된 국내 인구와 시장을 가지고 경쟁해야 하는 상황이므로 다양한 아이디어와 산업 활동이 동시에 경쟁력 있는 수준으로 성장하고 공존하는 것은 불가능하다. 우리나라는 국제 경쟁 구도 속에서 소수의 잘하는 분야로 제한된 자원을 집중할 수밖에 없다. 기본적으로 우리나라는 생산 자원의 대부분을 외국에서 수입해야 하며 원천 아이디어와 시장을 확보하기 위해서 외국에 의존해야 한다. 미국은 국내의 기준을 전 세계로 확산시킬 수 있지만 우리는 국내 기준을 고집하면 우물 안 개구리 신세로 고립될 수밖에 없다. 우리나라는 생존을 위해 국제적으로 변화할 수밖에 없는 반면, 외국에 대한 미국의 관심은 생존이 아니라 선택의 문제이다.

한국은 자연환경에 비해 인구밀도가 높고 경쟁이 치열하므로, 외부에서 인재와 아이디어가 들어오기에는 그렇게 매력적인 나라가 아니다. 따라서 한국에서는 미국과 같이 다양한 요소가 뒤섞여서 새로운 것을 만들어낼 가능성이 상대적으로 적다. 미국은 외국의 새로운 아이디어와 이민에 대해 문호를 개방해 놓고 있으나 우리나라는 외래적인 것에 대해 배타적이고 폐쇄적인 반응을 보인다. 요컨대 미국은 자원이 풍부하거니와 인구와 경제가 크고 다양하고 외부에 대해 개방된 나라인 반면, 한국은 자원이 빈약할 뿐만 아니라 인구와 경제가 작고 다양하지 못하며 외부에 대해 배타적인 나라이다. 우리나라는 생존을 위해 국제적인 나라가 되어야 하는데, 무역 규모에서만 보면 충분히 국제적이지만 사람과 문화는 그렇게 개방적이지 못하다. 반면 미국은 생존을 위해 굳이 국제적인 나라가 될 필요가 없으며, 무역이나 해외 투자가 차지하는 비중에서 볼 때 그렇게 국제적이지 않지만 사람과 문화는 개방적이라는 아이러니를 발견한다.

2) 민주주의 제도

세계사에서 볼 때 미국은 정치적으로 매우 특이하게 탄생한 나라임이 분명하다. 미국의 민주주의 전통은 미국인이 가장 자랑스럽게 생각하는 것 중에서도 첫 번째를 차지한다. 미국의 중등학교에서는 정부(government)라는 과목을 공부하는데, 이는 미국의 민주주의 전통과 정치 구조에 대한 상세한 교육이다. 미국은 국민에게 주권이 주어지는 공화정을 최초로 만든 근대 국가이다. 미국의 공화정 헌법은 지금까지 단 한 차례의 혼란도 겪지 않고 지난 200여 년간 27개의 간략한 수정조항만을 덧붙인 채 이어져 내려오고 있다.

미국인이 소중히 여기는 민주주의 전통은 헌법에 대해 보이는 거의 종교적인 수준의 존경에서도 나타나지만, 미국 문화 전반에 퍼져 있는 권위에 대한 저항의 정서와, 법과 절차에 따른 일처리 관습과, 개인의 자유와 인권에 대한 뿌리 깊은 믿음에서 두드러진다. 일반적으로 미국인들은 연방정부를 불신하며 주 정부보다는 자신에게 가까운 시나 군 정부를 더 신임한다. 인구가 조금만 모이면 항상 별도의 행정 단위로 쪼개져 나가려고 하는 것이 미국인의 정치 행태이다.[11] 철저한 지방자치의 전통 때문에 중앙 정부에는 가급적 제한적인 권력만을 위임하려 하여 건국의 초기 시절부터 지금까지 주 정부의 권리와 연방 정부의 권리 사이에는 늘 긴장이 흐른다. 미국인의 일상생활에 중요한 대부분의 사안은 주 정부나 기초자치단체의 소관이므로 미국인들은 자신의 소득에 대한 세금을 걷어가는 연방정부에 대해 부정적인 의심의 눈초리를 보낸다.[12]

미국인들은 기본적으로 나에게 가까운 작은 정부가 나의 욕구를 더 잘 반영하며 나에게 더욱 충실하게 책임지는 정치를 할 것이라는 믿음을 가지고 있다. 이는 땅덩어리가 크고 자연과 인구의 다양성이 매우 높은 상황에서 자연적으로 나타나는 감정일 것이다. 서로 매우 이질적인 사람들이 모였을 때 멀리 떨어진 중앙의 권력 기관이 모두의 선을 위해 나의 이익을 희생하는 정치를 한다는 것을 받아들이기는 어렵다. 나와 동질적인 요소가 많은 지역 사람들에게 책임을 맡기고 싶은 것은 당연한 이치이다. 자연과 인구의 이질성에 더해 미국은 출발에서부터 권력과 권위를 부정하는 뿌리 깊은 전통을 가지고 태어났다. 영국의 식민지 통치에 대한 반역 행위에서부터 시작해, 이민자들이 자신의 고향을 등지

표 2-4 주요국의 국내총생산 대비 중앙정부 지출 비교(2003년)

국가	국내총생산 대비 중앙정부 지출 비율
프랑스	48.1
영국	39.7
스웨덴	37.2
독일	32.8
미국	21.0
한국	18.6
캐나다	18.4
인도	16.1
일본	–
전 세계 평균	25.8

자료: World Bank(2005: Table 4.11).

고 떠나는 경험이나, 서부 진출에서 무법 상태를 연출하였던 전통 등은 미국인이 중앙정부를 불신하는 사회·문화적 배경을 형성한다.

미국인의 개인주의적 가치관은 외부의 권력에게 자신을 위임하지 않는 경향을 낳는다. 어느 형태의 정부든 정부의 권위보다는 개인에게 근본적인 권리와 우선권이 있다고 생각한다. 일전에 케네디 대통령이, "국가가 너에게 무엇을 해줄지 생각하지 말고, 네가 국가에게 무엇을 할지 생각하라"라고 연설했을 때, 이는 많은 미국인에게 멋있는 말일지는 몰라도 그렇게 마음에 와 닿는 말은 아니었을 것이다. 미국인들은 정부의 역할을 가급적 최소한으로 제한하고 개인에게 가장 많이 맡기는 정부가 가장 좋은 정부라는 생각을 뿌리 깊게 가지고 있다. 토머스 제퍼슨에서부터 로널드 레이건에 이르기까지 미국의 수많은 지도자들이 "작은 정부가 좋은 정부"라고 한 것은 이러한 일반인의 생각을 반영한다. 미국의 이념 확산에 핵심적인 역할을 담당하는 교육 기능이 주

정부 소관으로서 중앙정부는 거의 권한이 없으며, 1970년대 후반 카터 정부 때 연방정부에 처음으로 만들어진 교육을 담당하는 부서가 레이건 대통령 때 작은 정부를 지향하면서 폐쇄될 위기에 처했었다는 사실은 미국만의 독특한 현상이다.

주권은 국민에게 있으므로 정치인은 늘 국민에게 책임을 져야 한다는 생각을 뿌리 깊게 갖고 있는 미국인은 정치인을 감시하고 권력을 제한하는 여러 가지 장치를 만들었다. 정부에서 국민이 직접 선출하는 직책을 많이 만든 것은 물론이고, 국민이 투표에 의해서 그를 직책에서 끌어내릴 수 있으며, 법안을 직접 발의하여 만들 수 있도록 하는 등 감시와 직접 참여의 다양한 장치를 구비하고 있다. 미국 하원의원의 임기가 2년에 불과한 것은 바로 이러한 정서의 소산이다. 물론 이런 복잡한 장치들이 현실에서는 많은 부작용을 낳았다. 돈 있고 힘 있는 사람에 의해 정치가 좌우되고, 이익 집단의 로비가 성행하고, 정치과정이 복잡해지면서 결정이 어려워져 문제 해결능력이 떨어지며, 급기야는 국민의 정치적 무관심과 혐오를 초래하기까지 한다. 사회학자 밀즈(C. Wright Mills)가 『파워 엘리트(Power Elite)』라는 책에서 주장하듯이 미국의 정치권력이 정치, 경제, 군사 분야의 소수 엘리트로 구성된 폐쇄적인 집단에 의해 장악되어 있는지는 분명치 않지만, 적어도 한 사람에 의한 독재를 구조적으로 봉쇄하고 있다는 점에서는 독보적이다.

국민에 대한 국가의 책임을 높이고 개인의 권리를 최소한으로만 국가에 위임하려는 성향은 자본주의 시장경제와 밀접한 연관을 갖는다. 미국인은 개인의 경제 행위에 대해서 국가가 간섭해서는 안 된다고 생각하며, 특히 개인의 배타적인 소유권에 대해서는 절대적인 신념을 보인다. 미국 전역에서 흔히 접하는 "사유지임. 침범하지 마시오(Private Property, No Trespass)"라는 문구는 사유재산에 대한 신성불가침의 권리를 상징한다. 미국에서 회사의 운영에 대한 주주의 권리는 절대적으로, 이에 대한 노동자들의 개입을 철저히 배제한다. 개인의 창의를 바탕으로 시장 경쟁에 의해 경제가 운행될 때 최고의 선에 도달한다는 믿음은 미국인의 강력한 이념 중 하나이다. 미국인들은 새로운 아이디어를 가지고 나타난 사업가가 경쟁을 통해 기존의 거대 기업을 쓰러뜨린다는 시나리오에 열광한다. 이것이 미국인들이 마이크로소프트사의 빌 게이츠를 열광적으로 존경하는 이유이다. 이는 물론 순수한 시장 경쟁의 원리에 따라서 미국 기업이 운영된다거나 지금까지 이러한 원리에 따라 미국의 경제가 발전해 왔음을 의미하지는 않는다. 미국의 산업은 국가의 밀접한 개입과 경쟁 제한적인 관행에 의해 발전해 왔으며 현재에도 순수하게 경쟁의 원리에 따라 운행되고 있지는 않다는 지적이 지배적이다. 다만 다른 나라와 비교해 볼 때 시장이나 개인 활동에 대한 미국 정부의 개입이 적은 것은 사실이다. 미국은 선진 산업국 중 정부의 비중이 가장 작은 나라이다. 국민 경제에서 정부 재정이 차지하는 비율이나 개인의 자유를 허용하는 범위에서 볼 때 미국이 선진 산업국 중에서도 특이한 사례임은 분명하다.[13]

3. 사회·문화적 요소

1) 개인주의와 경쟁우선

미국은 개인을 집단보다 우선시하는 사회이다. 미국에서는 어릴 때부터 개인의 독립성과 책임감을 기르는 것을 무엇보다 중요시한다. 모든 부모들은 자식이 성인이 되어서도 부모의 곁을 떠나지 못하는 것을 가장 두려워한다. 또한 부모가 자식의 행동을 대신 해주기보다는 자기 혼자서 해낼 수 있도록 기다리는 것을 선호하며, 어릴 때부터 자신의 소유에 대한 관념을 심어주고, 갓난 아이 때부터 부모와 떨어져 혼자서 자도록 하는 것이 독립심 발달에 필요하다고 생각하며, 자신이 저지른 일은 자신이 책임져야 한다는 점을 수없이 강조한다. 인류학자 마거릿 미드(Margret Mead)는 미국과 남태평양 사모아 섬 원시 부족의 양육 관습을 비교하면서 미국인의 개인과 독립을 강조하는 양육 방식을 비판했다. 어릴 때부터 지나치게 독립을 강조하는 미국인의 육아 방식은 아이들에게 부모의 사랑에 대한 결핍의 감정을 조장하며, 이러한 감정은 성인이 되어서 남의 인정을 받으려고 초조해 하고 경쟁에 민감하고 지나치게 청결을 가리는 심리적인 불안을 조성했다고 주장한다. 반면 사모아 섬에서처럼 자녀에게 오랜 기간 젖을 물리고, 대소변 가리는 것을 일찍부터 엄격히 강요하지 않으며, 늘 곁에 두면서 충분히 사랑을 주고 성인이 되어서도 가까이에서 의지하면서 생활하는 원시 부족의 자녀들이 미국 아이들보다 정서적으로 안정되고 남에게 긍정적인 관심을 갖는 심성을 발전시킨다고 한다.

개인을 중시하는 것은 경쟁을 우선시하는 가치관과 연결된다. 미국인은 세상의 모든 일을 경쟁을 통한 쟁취의 대상으로 이해한다. 미국인은 협력을 통해 함께 일을 성취하고 그 성과를 공유하는 것을 선호하지 않는다. 미국인에게 경쟁은 창의를 자극하고 능력을 최고로 발휘하게 하는 최선의 방법인 반면, 협동이란 비효율과 공산주의를 연상시키는 모호한 개념이다. 경쟁적인 사고방식과 행동은 좋은 것으로, 어린이는 물론 성인에게도 이러한 방식을 적용하도록 항상 부추긴다. 미국인들은 경쟁으로 성취한 것은 승리한 개인에게 모두 돌아가도록 하는 것이 바람직하다는 데 이견이 없다. 반면 패자는 그에 따른 어려움과 굴욕을 감수하도록 해야만 교훈을 얻어 열심히 노력하고 다음에 잘할 수 있게 된다고 생각한다. 스포츠에서 팀워크를 강조하기는 하지만 이는 제한적인 경우이다. 사회 전반적인 가치관이 개인주의와 경쟁에 모아져 있기 때문에, 일의 성격상 반드시 협동해서 해야 하는 것이 아닌 한 가급적이면 개인의 기여와 성과를 구분할 수 있도록 일을 조직하려 하고, 각자의 업적을 정확히 구분해서 계산할 수 있도록 하는 데 많은 노력을 기울인다. 모두가 협동해서 해야 하는 경우 개인의 성취와 집단 성취 간의 갈등으로 일이 제대로 이루어지지 못하는 경우가 흔히 발생한다. 대표적인 경우가 스포츠이다. 흔히 스타플레이어와 팀원들 간에 조화가 잘 이루어지지 못해 발생하는 문제 상황은 바로 개인과 집단 간의 갈등에서 유발되는 개인주의의 근본적인 문제이다.

미국의 독립선언문과 헌법에서는 자유, 평등, 행복 추구를 최우선의 가치로 설정하고 있다. 일반적으로 자유와 평등은 상호 충돌하는 개념이다. 미국인들은 평등보다는 자유를 상위의 가치로 친다. 구체적인 행동에서 자유와 평등이 충돌할 경우 항시 개인의 자유를 우선적으로 선택한다. 미국 사람들의 정의관에서는 자유가 다른 모든 가치에 우선한다. 대법원 판결에서도 언론의 자유를 보장하고, 외설적인 표현을 허용하고, 낙태를 허용하고, 동성애를 허용하고, 정부의 비밀문서를 공개하고, 정부의 인터넷 검열을 금지하는 등 많은 사안들이 개인의 자유를 보장해야 한다는 이유로 이루어졌다. 공공의 질서에 명백하게 해로운 영향을 초래하지 않는 한 개인의 자유는 절대적으로 보장되어야 한다는 것이 미국인의 생각이다. 인권과 행복 추구 또한 자유와 마찬가지로 개인을 우선시하는 사고방식을 반영한 가치관이다. 인권헌장이라고 하는 미국 헌법 10개 수정조항은 주로 개인의 자유와 권리에 대해 언급할 뿐이며, 헌법 어디에서도 평등이나 형평에 대한 고려를 찾아볼 수 없다. 미국인에게 '다 함께 잘사는 사회를 만들자'는 구호는 매우 생소하며 위험한 것이다.

이러한 극단적 개인주의는 개인의 창의성을 최고로 발휘하도록 하는 토양을 형성하기도 하지만, 이웃 간에 공동체의 형성을 어렵게 함으로써 사회의 존립 기반을 파괴한다는 부정적인 비판도 끊임없이 제기되었다.

특히 미국 사회와 같이 인종·민족의 다양성으로 사람들 간에 공통분모가 적은 상황에 더해 지나치게 개인주의적인 가치관은 사회적으로 심각한 문제를 가져온다는 우려가 높다. 그럼에도 개인주의와 자유에 대한 절대적 믿음이 결합하여 만들어낸 미국 시스템은 전 세계의 가장 우수한 젊은 인재들을 끌어들이는 매력적인 모델이다.

2) 높은 불평등 · 빈곤 · 범죄, 복지 정책의 결핍

미국은 물질적 풍요에서는 세계 어느 나라보다 앞서 있지만, 이러한 풍요가 사람들에게 얼마나 고루 퍼져있는가 하는 점에서는 매우 부끄러운 기록을 가지고 있다. 과거 냉전 시절에 미국의 자본주의 체제가 공산주의보다 우수하다는 점을 제3세계 국가들에게 경쟁적으로 제시하려고 할 때, 미국 사회의 불평등과 빈곤은 미국을 반대하는 세력으로부터 인종차별과 더불어 항상 공격의 대상이 되었다. 심지어는 최근 미국이 중국의 인권 문제를 들고 나오자 이에 맞받아서 중국이 미국의 이러한 약점을 지적하면서 미국 사회의 비인간적인 측면을 공격하기도 했다.

미국은 선진 산업국 중 가장 불평등한 나라이다. 미국의 부자는 부의 규모에서나 부자의 숫자에서나 세계 어느 나라도 비견할 수 없을 만큼 엄청나다. 그러나 부자와 빈자의 격차를 나타내는 모든 지표에서 미국은 선진 산업국은 물론 일부 개발도상국보다도 더 큰 격차를 보인다. 일반 근로자의 임금과 비교해 볼 때 미국의 경영자는 세계 어느 나라 경영자보다 더 높은 보수를 받으며 미국의 의사는 세계에서 가장 높은 소득을 누린다. 2000년 미국인 전체 중위 소득의 절반에도 미치지 못하는 인구 비율은 17%에 달하는데, 이는 대부분의 유럽 국가들이 5~10%대에 머무르는 것과 크게 대비된다. 미국의 가난한 10%의 인구는 전체 소득의 1.9%를 점유한 반면, 가장 부유한 10%의 인구는 전체 소득의 29.9%

표 2-5 세계 주요국의 소득 불평등도 비교(1993~2000년)

국가	지니계수*	최하 10% 인구의 소득점유율(%)	최상 10% 인구의 소득점유율(%)	최하 20% 대비 최상 20%의 소득비율(배)
러시아	0.456	1.8	36.0	10.5
중국	0.447	1.8	33.1	10.7
미국	0.408	1.9	29.9	8.4
영국	0.360	2.1	28.5	7.2
캐나다	0.331	2.5	25.0	5.8
프랑스	0.327	2.8	25.1	5.6
인도	0.325	3.9	27.4	4.7
한국	0.316	2.9	22.5	4.7
독일	0.283	3.2	22.1	4.3
스웨덴	0.250	3.6	22.2	4.0
일본	0.249	4.8	21.7	3.4

자료: UNDP(2004: 188~190).

주: * 지니계수는 0을 완전히 평등한 상태, 1을 완전히 불평등한 상태로 하여 측정한 불평등 지수임.

를 차지하고 있다. 미국의 상위 20% 소득자들은 하위 20% 소득자들보다 8.4배나 많은 소득을 누린다. 이러한 기록은 서유럽 국가들의 불평등 수준을 훨씬 넘어서며 우리나라보다도 더 불평등한 수준이다.

미국 사회는 불평등이 심할 뿐 아니라 빈곤이 유발하는 사회문제에서도 두드러진 나라이다. 빈곤의 정도와 빈민의 수, 보건 수준의 열악함, 범죄의 규모와 잔인성 등 삶의 질을 구성하는 기본 항목에서 미국은 다른 선진 산업국들과는 큰 거리를 보인다. 중위 소득의 50%에도 미치지 못하는 상대 빈곤 인구의 비율이나 미국의 최저생활비인 1일 US$11

표 2-6 세계 주요국의 사회문제 수준 비교(1995~2000년)

국가	중위소득의 50% 이하 인구비율 (%)	1일 $11 이하 생활인구 비율* (%)	영아 사망률 **	65세까지 생존율 (여성)	기능적 문맹률 (%)	살인율 ***	강간율 ****	수감자 비율 *****
미국	17.0	13.6	7	86.4	20.7	9.4	114	426
캐나다	12.8	7.4	5	90.1	16.6	5.5	30	94
영국	12.5	15.7	5	89.4	21.8	2.0	9	97
일본	11.8	…	3	93.0	…	1.2	7	45
독일	8.3	8.3	4	90.2	14.4	4.2	…	85
프랑스	8.0	8.0	4	91.0	9.6	4.6	11	81
스웨덴	6.5	6.3	3	91.6	7.5	7.2	34	56
한국	…	…	5	89.0	…	…	…	…

자료: UNDP(2004: 150, 168).
주: * 1일 US$11의 소득은 구매력 환산지수(PPP)를 적용하여 계산한 1994년 빈곤선에 해당하는 1인 최저생활비임.
** 신생아 1,000명당 *** 10만 명당 살인건수
**** 15~59세 여성 10만 명당 피해자 수 ***** 10만 명당 수감자 수

(1994년 구매력 기준)에도 못 미치는 생활을 유지하는 절대 빈곤 인구의 비율에서, 미국은 유럽 평균에서 크게 벗어나 있다. 영아 사망률이나 선진국 국민이라면 당연시하는 출생 시 65세까지 정상적으로 생존할 확률 등으로 측정되는 보건 수준에서는 물론, 신문을 읽는다거나 전자제품의 사용설명서를 읽는 등 기본적인 일상생활을 하는 데 필요한 문자해독률에서도 미국은 선진 산업국들보다 현저하게 낮은 수치를 보인다. 미국에서 중상층의 생활은 매우 풍족하지만 하층의 생활은 매우 열악하다. 인구 전체를 비교해 보았을 때 일부 기본적인 삶의 질 지표에서 미국은 그들의 소득의 절반에 불과한 우리나라보다도 열악한 상태를

나타낸다.

미국 사회는 불평등과 빈곤에 수반되는 사회문제에서 모두 세계적인 기록을 보인다.[14] 범죄 수준의 국제 비교를 위해 가장 정확한 지표로 사용되는 살인 피해자 비율에서 미국은 유럽 국가들보다 훨씬 높은 수준을 기록한다. 미국의 산천은 아름답지만 차를 벗어나서 홀로 등산을 한다는 것은 안전 문제 때문에 꿈도 꾸지 못한다. 항시 안전을 염려해서 해가 지면 길거리를 걸어다니는 것을 삼가며 대낮에도 낯선 사람이 동네를 돌아다니면 경계의 눈초리로 주시한다. 심지어 대도시에서 대낮에 공원에 갈 때에도 항상 안전을 염려해야 하는 지경이다. 빈민가를 걸어다니는 것은 피해야 하며, 자동차를 타고 지나칠 때도 신호대기로 차가 정차하면 위험하다는 느낌을 받는 미국인이 많다. 이에 따라 안전 문제를 전문으로 하는 사설 방범 산업이 번창하며, 낯선 사람이 주택가에 접근하는 것을 원천적으로 차단하기 위해 높은 담을 둘러치고 경비원이 지키고 있는 동네를 미국 전역에서 흔히 볼 수 있다. 높은 범죄율의 주요 피해자는 물론 상대적으로 가난하고 힘없는 사람들이다.

미국의 복지 제도는 후진적이라는 지적을 많이 한다. 유엔개발기구의 인간개발지표(Human Development Index)에서 제시하는 삶의 세 가지 기초 영역, 즉 물질적인 생존, 건강함, 최소한의 교육에서 미국은 매우 제한적인 수준으로만 복지 체계를 구축하고 있다. 미국 정부는 빈곤자들에게 먹을 것과 입고 잘 것을 제공하는 데에 매우 까다롭다. 엄격한 조건에 따라 수혜자를 심사하기 때문에 이 심사를 통과하지 못하는 사람은 노숙이나 개인적인 자선에 기댈 수밖에 없다. 미국의 어린이 중 영양결핍으로 고통받는 인구는 선진국으로는 의외라고 할 정도로 많다. 어린이는 빈곤 가구의 구성원 중 가장 힘없는 존재로서 빈곤에 허덕이는 삶 속에서 적절한 보살핌을 받지 못하고 방기되기 때문이다. 2003년 통계에 따르면 미국의 어린이 7명 중 1명은 빈곤한 생활을 하며, 특히 0~5세

영유아의 경우 4명 중 1명꼴로 극빈자이다. 미국인의 가장 큰 근심 중 하나는 의료 문제인데, 전체 인구의 17%가 의료보험이 없어서 웬만큼 아프지 않으면 병원에 가지 못하며, 의료보험이 있는 사람도 그들이 다니는 직장에서 가입한 보험으로 보호되는 의료 혜택이 매우 제한적인 경우가 많다. 예컨대 치과 진료나 예방보건 진료는 일반적인 보험에서 제외되어 있는 식이다.

미국 사회의 높은 불평등에 따른 사회문제가 심각한데도, 사회 전체가 힘을 모아 이러한 문제를 해결하려는 노력은 상대적으로 미약하다. 미국 의회에서 불평등이나 이와 연관된 사회문제의 해결에 관한 논의가 진행되는 경우는 매우 드물다. 미국인은 가급적 불평등과 관련된 언급을 기피하려는 경향이 있다. 이는 근래의 역사에서 불평등이나 빈곤 같은 사회적 약자의 문제에 관심을 두는 사람을 공산주의자로 몰아 대대적으로 직장에서 몰아내고 배척했던 기억에서 멀리 떨어져 있지 않기 때문이다. 1920년대 '적색 공포(Red Scare)'라 하여 공산주의자와 공산주의 사상에 대해 사회적인 공포의 히스테리가 몰아닥쳤던 시절이 있었으며, 1950년대에는 '매카시즘(McCarthism)'이라 하여 사회 비판자들을 공산주의자로 몰아 공직과 민간 직장에서 대규모로 숙정한 사건이 있었다. 분명치 않은 증거를 가지고 로젠버그(Rosenberg) 부부나 민주당 의원이던 히스(Alger Hiss) 등을 간첩으로 몰아 처형한 사건도 오래전의 일이 아니다. 이런 경험을 거치면서 미국 사람들은 공산주의와 근접한 생각은 위험하다는 인식을 뿌리 깊게 갖게 되었다. 미국 사람들도 마치 우리나라의 개발독재 시절에 정부에 비판적인 사람을 공산주의자로 몰았던 것과 흡사한 냉전 체제의 경험을 가지고 있다. 공산주의에 대한 미국인들의 경직된 태도는 유럽 사람들이 사회주의를 여러 가지 대안 중 하나로 여기는 유연한 태도와 매우 대조된다.

사실 미국인은 불평등 자체가 나쁘다고 생각하지는 않는다. 최근 미국 사회의 불평등 확대 현상에 대해 ≪이코노미스트(The Economist)≫지에서 분석한 기사에는 미국 사람들의 생각이 잘 드러나 있다.[15] 그 기사에 따르면 어떤 사회의 불평등은 다음의 세 가지 조건을 만족시키면 나쁜 것이 아니라고 규정한다. 첫째로 사회가 전체적으로 점점 더 부유해지고 있고, 둘째로 매우 가난한 사람들을 위한 안전망이 갖추어져 있으며, 셋째로 계급, 인종, 신념, 성에 관계없이 모든 사람에게 상승 이동의 기회가 주어져 있다는 조건이다. 이 기사는 역동적이고 빠르게 성장하는 경제는 때때로 추하게 보이지만, 정체된 것보다는 훨씬 더 많은 기회를 사람들에게 제공한다고 지적한다. 즉 불평등이 확대되더라도 경제가 성장하면서 더 많은 일자리와 상승 이동의 기회를 제공하는 사회가 정체된 사회보다 낫다는 말이다.

만일 현실이 이러한 조건들을 만족시킬 수 있다면 이 세 가지 조건은 매우 합리적인 가정처럼 보이며 불평등도 문제될 것이 없다. 각각의 조건을 현재의 미국 상황에 비추어 검토해 보자. 우선 첫째 조건, 미국 사회가 전반적으로 더 부유하게 되고 있는가 하는 질문에 대한 답은 비교적 쉽다. 근로자의 실질 임금은 하락하며 불평등은 확대되고 있지만, 평균으로 계산한 미국인의 소득이 계속 상승하고 있는 것은 분명하다. 특히 1990년대 들어 정보기술의 급속한 성장 덕분에 미국 경제는 공전의 호황을 누리며 팽창을 거듭하고 있다. 분석에 따르면 지난 20년간 불평등을 확대시키는 계층은 매우 부유한 계층이었다. 1980년에 상위 소득 순위 1%에 속한 계층이 전체 소득의 8%를 차지했는데 이들이 2004년에는 2배 이상 많은 소득인 전체 소득의 16%를 차지했다. 1980년에 상위 소득 순위 0.1%에 속한 더 부유한 계층은 전체 소득의 2%를 차지했는데 2004년에는 이들이 3배 이상 많은 소득인 전체 소득의 7%를 차지했다. 이들보다 훨씬 더 부자인 상위 소득 순위 0.01%에 속한 미국 최고 부자 계층 1만 4,000명은 1980년에 전체 소득의 0.65%

를 차지했는데 이들이 2004년에는 4배 이상 많은 소득인 2.87%를 차지했다. 지난 20년간 소득 순위가 높으면 높을수록 전체에서 차지하는 소득의 비중이 더욱더 커졌다. 그 기사의 주장대로 부자가 더 부유하게 된다는 것은 반드시 나쁜 일은 아니다. 가난한 사람들이 어느 정도 함께 상승한다면 말이다. 그러나 현실은 그런 방향으로 전개되지 않았다.

두 번째 조건인 극빈층을 위한 안전망의 확충은 아직 가야 할 길이 멀다. 평균 국민소득은 계속 성장하고 있지만 빈곤선 밑에서 최소한의 인간적인 생활을 하지 못하는 인구는 지난 20여 년간 거의 줄어들지 않고 있다. 1980년에 빈곤선 이하의 인구 비율은 13.0%였는데 이 비율은 2004년에도 큰 변화 없이 12.7%를 기록하며 3,500만 명의 인구가 여전히 인간적인 수준 이하의 생활을 영위하고 있다. 다른 사람들은 전보다 훨씬 더 잘살게 되었음에도 빈곤 상황은 조금도 개선됨이 없이 10명 중 1명 이상이 가난에 허덕이고 있다는 것은 미국 사회가 건강하지 못하다는 증거이다.

셋째로 계급, 인종, 신념, 성에 관계없이 모든 사람들이 상승할 기회를 갖는다는 조건은 얼마나 만족되고 있을까? 이 조건은 모든 사람에게 완전한 기회의 평등을 요구하고 있지는 않지만 어느 정도는 차별 없는 평등한 사회를 상정하고 있다. 그러나 계급과 무관한 기회의 평등은 미국식 자본주의 체제에서는 근본적으로 도달이 불가능하다. 부모의 지위에 따라 자식의 삶의 기회가 결정되는 현재의 체제에서 미국 사회는 부모의 지위의 영향력을 상쇄시키는 어떤 방안도 생각하지 않고 있다. 오히려 최근 아들 부시 대통령이 상속세를 없애는 법안을 제출한 데서 보듯이 미국 사회의 분위기는 기회의 평등에 역행하는 방향으로 움직이고 있다. 출발점이 다른데 기회의 평등을 주장한다는 것은 어불성설이다. 인종과 성에 따른 기회의 불평등은 과거에 비해 개선되기는 했지만 1980년대 이래 미국 사회의 보수화 흐름 속에서 개선 속도가 현저히 느려진 것이 사실이다. 뒤에 설명하겠지만 1960년대 격렬하게 분출된 평등권에 대한 요구는 지난 20년간 반동적인 흐름 속에서 사회적 관심이 정체된 상태이다.

기회의 평등이 이루어지지 않는다고 해도 상승 이동 가능성이 크다면 기회의 불평등 문제는 어느 정도 완화될 수 있을 것이다. 소위 빈곤한 가정에서 출발해 성공하는(from rags to riches) 사례는 '미국인의 꿈(American Dream)' 이념에서 핵심을 이루는 주제이다. 현재 미국 사회에 이런 사례가 없는 것은 아니다. 기사에서 인용하듯이 가난한 나라에서 건너온 이민자 중에는 악착같이 열심히 노력하여 미국인의 꿈을 이루는 사람이 있다. 아시아인들 중에 이민 1세대는 어려운 환경 속에서 힘든 생활을 하더라도 자식을 좋은 대학에 보내서 다음 세대에 미국 주류 사회에서 성공하는 꿈을 이루는 사람이 적지 않다. 그러나 전체적으로 보았을 때 미국 사회는 다른 자본주의 사회와 마찬가지로 성공의 가능성이 부모의 사회·경제적 지위에 의해 결정된다. 실제 사회이동에 대한 국제 비교에서도 미국 사회가 다른 선진 산업사회보다 사회이동의 가능성이 더 높지는 않은 것으로 나타난다. 인종과 성에 따른 기회의 차별은 조금씩 감소되는 추세를 보이지만 계급에 따른 기회의 차이는 과거나 현재나 거의 변화 없이 미국 사회를 지배하고 있다. 부모의 재산이 자식에게 직접적으로 전승됨으로써 지위를 세습하는 사례는 줄어들었지만, 대신에 부모의 사회·경제적인 지위가 교육성취(educational attainment), 사회자본(social capital), 문화자본(cultural capital)을 통해 자식에게로 전승되는 기제는 강력하게 작용하고 있다. 객관적으로 볼 때, 미국 사회가 특별히 더 기회가 있는 사회는 아니다.

위의 세 가지 조건이 만족된다면 불평등 자체는 문제될 것이 없다는 주장은 사실 실현될 수 없는 자체적인 결함을 안고 있다. 전체적으로 부유해지고, 가난한 사람을 보호하는 장치가 있고, 모든 사람에게 어느 정도 성공의 기회가 열려있다면 불평등은 낮은 수준에 머무를 수밖에 없기 때문이다. 완전한 결과의 평등보다는 이 세 가지 조건이 웬만큼 만족되는 수준에서 불평등이 존재할 때, 더욱 역동적인 사회가 될 것이라는 데 필자도 동의한다. 완전 평등을 주창한 공산주의 사회가 비능률과 저생산성의 덫에 걸려서 무너지지 않았던가? 차등 보상이 주어질 때 열심히 일하게 된다는 것이 인간의 이기적 본능을 반영한 현실이라면 사회적 불평등은 미국인의 생각처럼 필요한 것일 수 있다. 그러나 미국 사회와 같이 불평등 수준이 과거에서부터 유난히 높으며 근래로 올수록 더욱더 격차가 벌어지는 사회에서는 이러한 전제조건을 만족시키는 것이 점점 더 힘들 수밖에 없다. 미국 사회가 계속 잘 버티고 있는 것은 이 세 조건 중 최소한 하나라도 만족시키고 있기 때문이다. 매우 불평등하면서 경제성장이 정체되거나 뒷걸음질친다면 미국 사회는 곧 불안정해질 것이다. 왜냐하면 그런 상황에서 두 번째와 세 번째 조건은 더욱더 만족시키기 어렵기 때문이다.

개인주의 가치관이 강한 미국인들은 빈곤을 개인의 능력과 노력이 부족하여 초래된 것으로 돌린다. 가난한 사람이 먹고살 수 있도록 도와주는 것은 그렇게 미덕으로 여겨지지 않는다. 많은 자선단체가 빈곤자들에게 구호 음식을 제공하지만, 미국의 자선가들은 가난한 사람을 무조건 도와주는 것보다는 능력 있는 사람의 교육에 투자하는 것을 더 값지게 생각한다. 불평등이나 빈곤에 대한 관심은 자칫 무능력과 게으름을 옹호하는 것으로 비칠 위험이 있다. 미국의 기업 경영진과 자본가의 힘이 서구의 다른 어느 나라보다도 강해서 노동자나 가지지 못한 사람에 대한 관심이 정치계나 언론에서 주변으로 밀려나는 것도 이들에 대한 사회적 관심이 미약한 주요 이유이다. 미국의 언론에서는 어려운 사람에 대한 언급을 거의 찾아볼 수 없다. 그들은 단지 잔인한 범죄를 저지르는 경우에만 등장할 뿐이다. 한동안 베스트셀러가 되었던 바바라 에렌라이치(Barbara Ehrenreich)의 『잔돈푼 취급(Nickle and Dimed)』이라는 책은 열심히 일해도 빈곤할 수밖에 없는 근로 빈곤자(working poor)의 현실을 고발하고 있다. 이 책은 저자가 2년 동안 가난한 사람들처럼 식당 웨이트리스, 바텐더, 파견 청소부, 백화점 점원 등의 하급직을 전전하면서 겪은 경험을 수기 형식으로 쓴 것인데, 이런 주제가 일반인의 관심을 끌었다는 것은 미국에서 매우 기이한 사례에 속한다. 그녀의 실험에 따르면 젊은 사람이 열심히 일해도 빈곤을 벗어나지 못하는 것이 미국의 현실이다.[16)] 그런데도 미국에서 불평등이나 빈곤 문제를 언급하는 사람은 공산주의 동조자나 패배주의자로 몰릴 위험을 감수해야 하며, 설사 언급한다고 해도 일반인의 관심을 끌지 못한다. 이러한 사회적 분위기에서 미국인들이 불평등이나 빈곤 문제를 가급적 외면하려고 하는 것은 자연스러운 현상이다.

3) 노예제도의 역사와 인종차별

미국 사회는 유색인에 대한 인종차별이 심한 것으로 유명하다. 유색인 또는 이방인에 대한 편견과 차별은 세계 어느 나라에나 광범위하게 존재한다. 영국에서는 인도인이, 독일에서는 터키인이, 프랑스에서는 모로코와 알제리인이, 일본에서는 한국인이, 한국에서는 동남아 외국인 노동자가 차별의 대상이다. 이들 나라의 인종차별보다 미국인의 차별이 더 심하다고 할 수는 없다. 그러나 미국의 경우 유색인에 대한 인종차별은 사회·문화적 폭과 깊이에서 다른 나라를 훨씬 앞지른다. 영국인이 인도인과 관련된 사람이나 분야에 대해 차별하는 정도가 미국보다 적다고 할 수는 없다. 그러나 미국과 같이 사회·문화의 모든 영역에 걸쳐 있고 모든 사람이 어떤 방식으로든 인종차별에 직간접적으로 관여하고 일상적으로 경험하는 수준은 아니다. 미국 이외의 나라에서 일어나는 인종차별은 일부 사람만이 관련되어 있으며 여러 사회문제 중 하나에 불과하다. 우리나라에서 동남아 노동자와 관련된 사람들은 매우 적으며 우리는 그들의 존재를 거의 인식하지 않고 살아간다. 반면 미국인은 사회·문화의 모든 영역이 인종과 관련되어 있으며 일상생활에서 어떤 방식으로든 인종 문제를 항상 의식하면서 생각하고 행동한다.

'미국인은 왜 그렇게 인종 문제에 민감할까?' 하는 질문에 대답하기는 그리 간단하지 않다. 가장 손쉬운 답변은 미국은 많은 인종·민족들이 모여 있는 사회이므로 사람들이 이 문제에 민감하다는 것이다. 인종·민족이 상대적으로 동질적인 사람들끼리만 모여 있을 경우 사람들은 인종·민족에 대해 덜 의식하게 된다. 반면 미국 사회는 이질적인 사람과 접촉하고 서로를 의식해야 하는 빈도가 매우 높다. 미국인 중 1/4은 백인이 아닌 유색인이며, 백인 내에서도 민족이나 출신 지역에 따라 앵글로색슨 영국계에서부터 동유럽 출신과 유태계에 이르기까지 다양하다. 미국은 다양한 인종과 민족이 전국적으로 퍼져 있으며 그 비율도 낮지 않으므로 인종에 대한 의식이 높을 수밖에 없다.

유색인에 대한 인종차별의 문제는 다인종·다민족 집단이라는 요인에 미국의 오랜 노예제도의 경험이 추가됨으로써 가중되었다. 미국은 17세기 초반 영국인의 최초 이주 시기부터 1960년대 민권운동으로 흑인들에게 법적으로 동등한 시민권이 주어지기까지 오랜 세월 동안 노예제도의 전통을 지속해 왔다. 사실 미국인들이 노예제도에서 실질적으로 벗어난 것은 아직 반세기도 되지 않는다. 노예제도하에서 흑인은 백인과 동등한 시민으로 취급되지 않았으며 착취의 대상이었다. 이 시기에 흑인은 백인보다 열등하며 인간 이하의 동물에 가깝다는 고정관념과 문화적 이미지에 의해 경멸의 대상이 되었다. 20세기 초반까지도 법정에서 백인에게 불리한 흑인의 증언은 인정하지 않았고, 흑인에게 글을 가르치는 것은 범죄에 해당했으며, 흑인이 재산을 소유하는 것이 금지되었다. 1960년대까지도 미국의 남부 지역에서 흑인과 백인의 결혼을 법적으로 인정하지 않았다. 흑인과 백인은 다른 화장실을 이용하고, 공원에서 물을 마실 때도 다른 수도꼭지를 써야 했으며, 버스에서 구분된 좌석 칸에 앉아야 했다. 흑인과 백인이 들어갈 수 있는 식당이 달랐고, 흑인 자녀가 다니는 학교가 별도로 있었으며, 흑인 전용 극장과 술집이 있는 등 모든 사회적 활동에서 흑인이 열등한 취급과 차별을 받았다. 이러한 관행은 1960년대 민권운동을 통해서야 비로소 형식상 폐지되었다.

이러한 역사적 유산은 현재에도 미국인의 삶 곳곳에 뚜렷한 자취를 남기고 있다. 현재도 많은 백인들은 흑인에 대해 부정적인 편견을 가지고 있으며 흑인과의 개인적 접촉을 꺼린다. 흑인과의 결혼은 결사적으로 반대하며, 자녀를 흑인이 다니는 학교에 보내지 않으려 하며, 흑인과 함께 예배를 드리지 않으려고 하며, 흑인과 한동네에 살지 않으려 하며, 흑인 정치인은 절대 지지하지 않는 등, 미국 사회·문화의 곳곳에서 흑인과 백인은 서로 따로 놀고 서로를 경원시한다. 인종차별의 결과 흑인은 백인과는 전혀 다른 삶의 조건 속에서 살아가고 있다. 그들은 영양 상태가 나쁘고, 병들어 일찍 죽고, 교육을 제대로 못 받고, 더럽고 힘들고 보수가 낮은 일을 하며, 실업으로 고생하고, 지저분하고 불결한 환경에서 살고, 손쉽게 범죄의 희생자가 된다. 미국은 흔히 두 개의 서로 다른 사회·문화가 한 국경 내에서 공존한다는 지적을 받는데, 중류층 백인의 문화가 한 축이라면 가난한 유색인의 문화가 다른 축이다. 같은 미국인이라고 해도 어느 진영에 속해 있는가에 따라 매우 다른 삶을 산다. 흑인에 대한 백인의 인종차별은 다른 유색인들에게도 정도를 달리하면서 확대 적용된다. 정도의 차이는 있으나 중남미계나 아시아계 또한 편견과 차별에 시달리며 힘겨운 삶을 살고 있다.

유럽인이 아메리카 대륙에 정착해 흑인을 노예로 수입한 것은 미국만이 아니라 중남미 국가도 마찬가지였는데, 왜 미국은 이 나라들에 비해 흑인에 대한 인종차별 문제가 더욱 두드러지는가 하는 의문을 제기할 수 있다. 중남미 국가의 경우에도 피부색과 얼굴의 형상에 따라 유럽 인종인 코카서스인에 가까울수록 사회·경제적 지위가 높고, 피부색이 진하고 얼굴 형상이 코카서스인에서 멀어질수록 하층계급에 속하며 사회적 차별의 대상이 된다. 그러나 이 나라들과 미국의 차이점은, 중남미 국가에서는 백인과 인디언·흑인의 혼혈이 광범위하게 전개되어 피부색과 얼굴 형상이 연속적인 스펙트럼을 형성한다는 것이다. 백인과 유색인의 혼혈을 오랫동안 금지해 온 미국과 달리 중남미 국가들은 인종의 경계선이 명확하지 않기 때문에 유색인에 대한 차별도 미국만큼 극명하게 전개될 수 없었다. 미국에서는 정착 초기인 17세기 초반부터 백인과 유색인 간의 결혼을 법으로 엄격히 금지하고, 혼혈의 경우 5대 조상까지 거슬러 올라가 흑인으로 규정하는 엄격한 흑백 차별의 전통이 있었지만, 중남미 국가들은 그렇지 않았다. 유럽에서도 유색인에 대한 차별은 존재하지만 미국과 같은 노예제도의 전통이 존재하지 않으므로 과거의 질곡이 현재에 광범위하게 영향을 미치는 미국의 상황과는 비교가 되지 않는다. 이렇게 오랜 세월 동안 엄격히 유지된 노예제도의 결과 미국은 현재까지도 인종차별이 넓게 퍼져 있는 사회가 되었다. 미국인은 삶의 모든 측면에서 인종 문제를 의식해야 하며, 모든 사회 정책이나 개인적인 행동에서 인종 문제는 직접적 또는 암묵적으로 합의를 도출하는 데 걸림돌이 되고 있다.

4) 깊은 신앙심

미국인은 신앙심이 깊은 사람들이다. 여론 조사에 따르면 미국인의 95%가 신의 존재를 믿으며 40%는 규칙적으로 교회에 다니는 것으로 나타난다. 이는 유럽 국가에서 절반 이하의 인구만이 신의 존재를 믿으.

며 교회에 다니는 인구가 20%에도 미치지 못하는 것과 뚜렷이 대비된다. 신에 대한 믿음은 미국의 신조(American Creed)에서 중심을 차지한다. 건국 초기 종교의 자유를 헌법에 명문화할 때 건국의 아버지들은 신을 믿지 않는 것까지 자유 선택이라고 생각하지는 않았다. 그들은 유럽에서 벌어진 기독교 분파 간의 갈등이 미국 땅에서 반복되는 것을 염려했으므로 다양한 기독교 분파의 유럽 이민자들이 마음 놓고 미국에 이민 올 수 있는 길을 터주려 했다. 종교와 정치의 분리를 명확히 하여 어떤 국교도 인정하지 않았기 때문에 기독교 중 어떤 분파를 따르는가 하는 문제에는 상대적으로 관용적이다. 그러나 신을 믿는 것이 미국적(American)이며 신을 믿지 않는 것은 비미국적(un-American)이라는 주장에 대다수 미국인이 동의한다. 예컨대 '신을 믿지 않는 사람을 미국의 지도자로 뽑을 것인가?' 하는 질문에 대다수가 반대하며, 자녀가 '신을 믿지 않는 사람에게 교육을 받아도 좋은가?' 하는 질문에 과반수 이상이 반대하는 점에서 종교에 대한 미국인의 적극적인 태도를 읽을 수 있다. 그러나 근래 들어와 미국에 확산된 기독교 이외의 종교, 예컨대 이슬람, 불교, 힌두교 등에 대한 미국인의 반응은 모호하다. 미국인이 신을 믿는다고 할 때 알라나 부처나 시바를 그들이 말하는 신의 범주에 포함시킬 것인가 여부는 사람에 따라 다르다.

19세기 말 사회학자 막스 베버는 서구 유럽의 발전 과정을 분석하면서 서구 유럽 사회에서 전반적으로 전개된 합리화(rationalization) 과정이 종교적인 측면에서 세속화(secularization)와 함께한다고 지적했다. 그가 말하는 도구적 합리성(instrumental rationality)은 행위의 합목적성을 의미하는데, 목적에 대한 수단의 계산적 수행, 효율성 등을 의미한다. 미국인이 일하는 데서 가장 중시하는 원칙인 실용주의(Pragmatism), 즉 실제 생활에 도움이 되는 것과 결과에 대한 과정의 효과성·효율성은 베버가 말한 도구적 합리성과 부분적으로 일치한다. 미국인의 실용주의는 문제에 대한 기술적인 접근, 즉 과학과 기술적인 해결책을 통해 문제를 풀어가려는 태도로 나타나는데, 이 때문에 미국인은 유럽인들로부터 추상적 사고를 싫어하고 실리에만 밝은 천박한 사람이라는 지적을 받는다.

미국인이 실용주의와 기술우선 원칙에 높은 비중을 두면서 동시에 신앙심이 깊다는 사실은 모순적으로 들린다. 기술과학과 종교는 기본적으로 세계에 대한 설명에서 대립적인 입장에 있다. 현세적 실용성을 강조하는 세속적 태도와 내세의 구원을 강조하는 종교적 태도는 함께하기 힘들 것으로 생각된다. 서구 유럽에서는 교육·소득 수준이 높아지고 산업화·도시화되면서 공통적으로 신앙심이 떨어지는 경향을 보이는데, 미국만 유독 산업화·도시화가 신앙심의 감퇴를 가져오지 않는 이유는 무엇일까? 실제로 1970년대까지는 미국인에게서 신앙심이 조금이나마 하강하는 것이 관찰되었는데, 그 당시까지만 해도 속도의 차이일 뿐 미국도 유럽과 동일한 경로를 밟는다는 주장이 지배적이었다. 그러나 1980년대 이래 신앙심이 다시 높아지는 역전현상이 발생하면서 미국의 예외적인 현상을 두고 종교에 관한 연구가 다시 활발해지고 있다.

미국인의 신앙심이 높은 데에는 여러 가지 요인이 복합적으로 작용한다. 우선 미국은 식민지 초기부터 유럽에서 다양한 종파의 신자들이 박해를 피해 건너온 역사를 가지고 있다. 식민지 정착자들 중에서 종교의 자유를 이주 목적으로 하는 사람들의 수가 많지 않았다고 해도, 청교도를 비롯하여 다양한 종파의 신도들, 그 중에서도 신앙이 깊은 사람들이 선택적으로 건너왔다는 점은 이후 미국 사회에 큰 영향을 미쳤다. 사회적으로 큰 변화의 시기마다 사람들은 종교에 의지하여 위기를 극복하려고 했다. 18세기 중반과 19세기 초반에는 '대각성운동(The Great Awakenings)'이라 하여 미국 사회 전체를 뒤흔드는 종교적 열광 현상이 전국적으로 퍼졌다. 또한 종교는 이민 사회를 묶어주는 구심점 역할을 했다. 같은 민족에 속한 사람들끼리 모이는 교회는 새로운 이민자들이 지역사회에 정착하는 데 실질적인 도움을 주었다. 많은 이민자들은 교회를 통해 직업 정보, 자녀 교육, 배우자, 일상사에 대한 조언, 긴급한 상황에 대한 도움 등을 받을 수 있었다. 같은 민족 사람이 모이는 교회는 고향을 떠나온 향수와 새로운 사회에서 겪는 심리적 스트레스를 위무받을 수 있는 장소였다. 교회는 많은 이민자에게 정신적 위안소였을 뿐만 아니라 사회적 관계의 구심점이었다. 단적인 예로 미국에 이주한 한국인들이 어느 지역에 정착하든 교회에는 열성적으로 참여하나 한인회에는 모이지 않는 데에서 이민자에게 미치는 교회의 영향력을 확인할 수 있다.

교회의 사회적 역할은 20세기 초반 '진보의 시기(Progressive Era)'에 벌어진 '사회 복음화 운동(Social Gospel Movement)'과 20세기 중반 흑인들의 민권운동(Civil Rights Movement)에서 두드러진다. 20세기 초반에는 교회의 신앙과 도덕률로 무장한 사람들이 빈곤, 음주, 도박, 나태 등 사회악을 추방하는 운동을 추진했으며 금주 운동을 관철시키기 위해 헌법을 고치기까지 했다. 교회는 과거 노예제 시절부터 민권운동에 이르기까지 흑인 사회의 구심점 역할을 했다. 백인 노예주는 흑인들의 저항의식을 완화시키기 위해 노예들이 교회에 다니는 것을 권장했으며, 흑인 교회의 흑인 목사는 흑인 사회의 지도자로서 흑인들의 생활 깊숙이까지 영향을 미쳤다. 민권운동을 주도한 마틴 루터 킹 목사(Martin Luther King Jr.)가 전형적인 사례이다. 종교의 사회적 역할은 20세기 중후반에도 낙태, 동성결혼, 가족 가치, 남녀평등, 성교육, 진화론 교육, 안락사, 유전자 복제, 줄기세포 연구, 학교에서 기도시간 허용 등을 둘러싸고 벌어진 치열한 갈등으로 계속 이어졌다. 종교계는 레이건 대통령과 아들 부시 대통령의 선거에서 정치적인 영향력을 행사했으며, 주요 사회문제에 대한 세속적인 논쟁에 적극적으로 개입하고 있다.

미국인의 신앙심이 높은 또 다른 이유는 종교계의 치열한 경쟁 구도에 있다. 미국의 교회는 교파 간에 경쟁이 치열하여, 새로운 아이디어와 방법으로 신자들을 끌어들이기 위해 끊임없이 노력을 경주한다. 이는 건국의 아버지들이 정치와 종교의 분리를 주창하면서 종교의 자유를 명문화했던 것에서 파생된 의도하지 않은 결과이다. 미국으로 건너온 다양한 종파들은 국가의 도움을 받지 못하기 때문에, 살아남기 위해서는 신도들에게 적극적으로 다가가는 전략을 취할 수밖에 없었다. 그 결과 미국은 유럽에서 시작되었든 미국에서 시작되었든 기독교 분파들의 각축장이 되었다. 헌신된 기존 신도를 붙잡아 놓고 새 신도들을 끌어들이기 위해 종교적 체험을 강조하는 복음주의 교파(Evangelism)들이 많이 번성한 것도 이러한 이유이다. 미국의 교회는 기독교 교리에 대한 새로운 해석을 끊임없이 제시하면서 새로운 분파들이 생겨났고, 신도의 참여를 적극적으로 끌어들이는 민주적인 운영 방식이 정착했으며, 신도의 헌신을 붙잡아두기 위해 소그룹 모임과 자원봉사 활동을 적극적으로 조직했으며, 신도를 위해 다양한 실용 프로그램을 개발했으며, 수시로 분위기를 환기하기 위해 외부에서 목사를 초청해 대규모 집회를 열었으며, 라디오나 TV와 같이 새로운 매체를 통해 신자에게 다가가는 등으로 새로운 아이디어와 새로운 목회 방식이 끊임없이 개발되었다. 요컨대 종교의 시장 경쟁 원리가 가장 노골적으로 작용하는 미국에서는 교인의 마음을 사로잡는 새로운 혁신이 계속 전개되었으며, 그 결과 교인의 종교적 헌신도 높은 수준에서 유지될 수 있었다. 20세기 후반에 미국에서 기독교 근본주의(Christian Fundamentalism)가 성행하는 현상도 같은 맥락에서 이해할 수 있다.

미국인이 매우 종교적인 국민이라는 사실이 어느 정도는 맞지만, 유럽에서 전개된 세속화 경향이 미국에 전혀 적용되지 않는 것은 아니다. 미국에서도 교육을 많이 받고, 소득이 높으며, 대도시에 거주하며, 전문직이나 관리직에 종사하는 사람들은 전반적으로 신앙심이 낮으며 교회에도 거의 가지 않거나 형식적으로만 다니는 것으로 조사되었다. 이들은 기독교 이외의 종교에 대해서도 관용적인 태도를 취한다. 반면 교육 수준이 낮고 육체적 노동이나 하급 직업에 종사하는 사람은 신앙심이 깊으며 비기독교도나 무신론자에 대해 부정적인 태도를 보인다. 또한 근래에 이민 온 사람은 신앙심이 깊으며 교회에 열심히 출석한다. 특히 히스패닉은 매우 신앙심이 깊은 집단이다. 지역적으로 볼 때 북동부의 대도시 지역은 신앙심이 덜한 반면 남부 지역은 '성경 지대(Bible Belt)'라고 불릴 만큼 교회에 다니는 인구의 비율이 높다. 주민의 교육과 소득 수준이 낮은 남부 지역은 북부 지역보다 신앙심이 높은 경향을 보인다. 최근 남부에 공장이 많이 들어서고 외부의 인구가 대규모로 유입되어 북부와 유사한 사회·경제적 특성을 보이게 되면서 남부 대도시 사람들의 신앙심이 감소하고 있다. 요약하면 미국은 역사적으로 다양한 요인이 작용하여 종교성이 높은 분위기를 형성했으나 근래로 오면서 백인 중류층은 점차로 세속화되고 있다. 반면 근래에 이민 온 사람이나 일부 소수 인종 및 교육과 소득 수준이 낮은 사람은 여전히 신앙심이 깊다.

5) 높은 수준의 개방성과 문화적 다양성

미국은 세계적으로 외부에 대해 가장 개방적이고 내부에 다양한 요소를 가장 많이 포함한 나라이다. 물자의 이동은 물론 사람과 아이디어의 이동에서도 미국의 국경은 세계 어느 나라보다 열려있다. 경제적으로 볼 때 미국은 일국 경제라고 하기보다는 세계 경제 그 자체라는 표현이 적합할 정도이다. 미국의 시장은 세계의 시장이며 미국의 소비자가 소비를 하지 않으면 세계 경제가 불황에 빠져든다. 또한 미국이 직접·간접적으로 만든 유형무형의 것들은 세계의 구석구석에 퍼져 현대 생활의 일부가 되었다. 자동차, 냉장고, 전화기, TV 등 일상 가전제품에서부터

표 2-7 세계 주요국의 인구 이동(2000년)

국가	순이주자 수(1,000명) 1995~2000	총인구 중 외국 출생자 비율(%)
스위스	80	25.1
호주	510	24.5
캐나다	733	18.9
미국	5,200	12.4
스웨덴	60	11.2
프랑스	219	10.7
러시아	2,300	9.1
독일	1,134	8.9
영국	574	6.8
한국	-80	1.3
인도	-1,400	0.6
중국	-1,950	0

자료: World Bank(2005: Table 6.13).

컴퓨터, 인터넷에 이르기까지, 또 민주주의 헌법에서부터 일관 생산방식, 주식회사 제도, 현대 경영 시스템, 대중문화, 교육 제도에 이르기까지 세계인의 생활 깊숙이 미국의 영향이 미치지 않은 곳을 거의 찾아보기 어렵다. 미국의 자본시장에는 세계의 자본가들이 모두 참여하고 있으며 미국에서 시작한 수많은 다국적 기업은 소속이 불분명할 정도로 국경을 넘나드는 세계적 기업이 되었다.

미국으로 사람과 아이디어가 이동하는 현상은 미국의 시작에서부터 지금까지 미국 자체를 특징짓는 요소이다. 미국으로 흘러드는 이민의 물결은 현재도 매년 100만 명에 달한다. 이제 국내에 외국인이 많이 들어와 있다는 것이 미국만의 특징은 아니지만, 미국의 이민자들은 서유럽 국가에 거주하는 외국인과는 성격이 다르다. 서유럽 국가는 주로 과거 식민지 지역 사람의 체재와 취업을 허용하며 제한적으로만 이민을 허용한다. 서유럽 국가에는 외국 출신자들이 많이 거주하고 있지만 대체로 몇몇 나라 사람에 한정된다. 이 나라들과 미국이 다른 점은, 미국은 무엇보다도 영구적 이민을 여전히 광범위하게 허용하며 이민자의 출신국이 매우 다양하다는 사실이다. 미국에 이주하는 사람의 국적은 세계의 모든 국가를 망라하고 있다. 시기에 따라 이주자의 주종을 이루는 국가는 변화가 있으나, 과거 유럽에서부터 근래에 들어 중남미, 아시아, 동유럽에 이르기까지 매우 다양하다. 이들은 미국에서 생활하면서 미국 문화에 동화되기도 하지만, 자신의 고유문화의 일부를 계속 유지하면서 미국 문화의 다양성을 높이는 데 기여한다. 단적인 예를 들면 필자가 만난 한 미국인은, 아프리카 우간다에서 태어나 성장한 인도인 3세로 영국에서 대학 교육을 받고 캐나다에 이주해서 살다가 궁극적으로 미국에 정착한 사람이다. 그는 인도어, 영어, 스와힐리어를 모국어 수준으로 구사하며, 은행 지배인으로 일하면서 고객과 종종 스페인어로 대화한다고 한다. 부시 대통령과 선거 경쟁에서 패한 존 캐리 후보의 부인은 동부 아프리카에서 태어나 성장한 유대인 자손으로 영국에서 교육받고 미국에 와서 정착한 사람이며, 배우 출신으로 캘리포니아의 주지사가 된 아널드 슈워제네거는 독일에서 태어나고 성장하여 미국으로 귀화한 사람이며, 언론계의 황제라 불리는 마이클 머독은 호주에서 태어나고 성장하여 미국으로 이민한 사람이며, 골프 황제 타이거 우즈는 자신은 백인과 흑인과 아시아인이 혼합된 새로운 정체성을 가지고 있다고 선언한다. 이렇게 다수의 미국인들이 다문화에 대한 이해 능력을 가지고 있다는 사실이 문화적·경제적으로 미국의 국가 경쟁력의 중요한 원천임은 분명하다.

미국은 문화적 다양성이 풍부하기 때문에 더욱더 새로운 아이디어에 개방적일 수 있는 나라이다. 새로운 아이디어나 새로운 생활방식을 선호하는 사람들은 미국 사회 어딘가에서 자신과 유사한 생각을 가진 사람을 만날 수 있다. 개인의 자유를 절대시하는 태도, 프런티어(미개척지)와 도전에 대한 긍정적 사고, 미국인의 꿈 이념 등은 사람들이 항상 새로운 아이디어를 시험해 보도록 자극한다. 세계의 젊은이들이 미국에 매혹되는 이유는 기본적으로 미국의 엄청난 자연과 물질의 풍요에 있지만, 미국 사회·문화의 개방성과 다양성이 주는 매력 또한 적지 않을 것이다.

외국으로부터 새로운 인재와 아이디어가 지속적으로 유입되는 것은 미국을 계속 강력하게 하는 주요 요인이다. 미국의 대학, 연구소, 산업체는 세계 각국의 새로운 아이디어를 흡수하는 스펀지이다. 아시아인이 없으면 실리콘 밸리가 돌아가지 않는다는 말이 나올 정도로 미국 대학이나 첨단 산업에서 외국 출신자의 기여도는 매우 높다. 미국의 우수한 대학 교육은 세계적으로 가장 경쟁력 있는 분야로 지목되고 있다. 세계의 인재들이 미국으로 모여들면서 상승효과는 부가되어, 많은 기술혁신이 미국에서 이루어지며 미국을 발신지로 하여 전파된다. 새로운 기초 지식이나 원천기술과 관련된 노벨상의 상당수를 미국이 독식하며, 세계적으로 특허 출원의 절대 다수가 미국에서 나온다. 미국은 우수한 인재들이 몰려들면 이들을 영구적으로 자국 국민으로 흡수해 자신의 경쟁력을 더욱 강화시키는 매우 편리한 나라이다.

외국인을 그만 받아들여야 한다는 의견이 미국의 역사에서 늘 등장함에도 미국이 현재까지 이민의 문호를 개방하고 있는 이유는, 바로 이민을 반대하는 사람들보다 더 많은 미국인들이 미국의 개방성과 다양성이 주는 긍정적인 효과를 인지하고 있기 때문이다. 여론조사에 따르면 여전히 미국인의 대다수가 이민을 찬성하며 이를 미국 발전의 원동력으로 생각하고 있다. 이는 다른 선진 산업국에서는 보기 힘든 현상인데, 아마도 미국의 인구 대비 자연환경이 아직 추가적으로 새로운 인구를 흡수할 여유가 있기 때문에 이민에 대해 긍정적인 의견이 지배할 수 있는 것으로 생각된다. 좁은 공간에 제한된 자원을 둘러싸고 많은 인구가 어깨를 비벼야 하는 상황에서는 다양한 성격의 새로운 인구 유입을 허용할 여유가 적을 것이며 새로운 아이디어나 생활방식을 허용하는 데에도 인색하기 쉽다. 배타적이고 다양성이 부족한 사회·문화적 환경은 다양한 성격의 사람들을 허용하지도 끌어들이지도 못해, 다시 더욱더 배타적이고 다양성이 부족한 상태로 고착될 가능성이 높다. 세계화에 따라 전개되는 극심한 세계 경쟁 속에서는 끊임없는 변화와 혁신이 요구되는데, 배타적이며 다양성이 부족한 사회·문화적 환경은 심각한 장애 요인으로 작용할 것이다.

4. 미국적인 것은 근대적인 것인가?

미국의 특징을 언급할 때 흔히 부딪치는 문제로, '미국의 특징'이라고 지칭하는 것이 일반적으로 '근대적(modern)'이라고 하는 특징과 많이 겹치지 않는가 하는 질문이 있다. 미국인의 특징으로 지칭되는 실용주의, 도구적 합리성, 개인주의, 새로운 것에 대한 개방성, 성취 지향, 행위 지향 등은 사회학자 인켈스(Alex Inkeles)가 그리는 '근대적인 인간(Modern man)'의 모습 그대로이다. 여기에 물질적인 풍요, 기술우선주의, 상업주의, 물질주의까지 덧붙인다면 서구 유럽 사회의 현재 모습과 크게 다르지 않다. 다른 점이 있다면 단지 미국은 이 모든 측면에서 조금 더 정도가 심하다는 것이다.

제2차 세계대전 이후 미국이 정치·경제는 물론 사회·문화의 모든 면에서 서구 유럽과 개발도상국을 주도하면서, 세계는 미국과 유사한 모습으로 변해가고 있는 듯하다. 그 결과 미국의 제도, 기술, 문물, 사회 관습은 세계의 기준으로 통용되고 있다. 과거에 미국적이었던 것이 오늘날에는 세계적인 기준이 된 것을 우리 주위에서 얼마든지 찾을 수 있다. 학문의 세계에서도 미국의 사례와 이론은 주류를 형성하고 있으며 다른 목소리는 변방에서 자신의 지위를 적극적으로 옹호해야 하는 처지에 있다.

미국적인 것이 모두 근대적이라거나 근대적인 것은 모두 미국에서 발견할 수 있다는 주장은 그릇되다. 미국적인 것 중에 근대적이지 않은 것이 있으며, 근대적이지만 미국에서는 발견할 수 없는 것도 있다. 예컨대 인종차별이나 높은 신앙심 등이 전자의 예라면, 미흡한 복지국가 체계가 후자의 예이다. 복지국가 체계는 19세기 말 유럽에서 근대 국가 체제의 일부로 발달했는데 미국에서는 매우 제한적으로만 수용되었다. 그러나 이것도 정도의 문제이다. 유럽에서도 유색인에 대한 차별이 존재하며, 미국에도 보장의 수준은 낮지만 유럽식 사회보장 체계가 존재한다.

사정이 이렇다면 세계와는 다른 미국의 특징을 구별하기보다는 세계와 공통적인 미국의 특징을 집어내는 것이 점점 더 용이하게 될 것이다. 우리 사회에서도 우리 고유의 것보다는 미국적인 것을 찾아내기가 훨씬 쉽다. 정부 조직, 교육 제도, 시장 경제 등 사회구조적인 측면은 물론 가치관과 사고방식, 음악과 미술, 가장 변화하기 어렵다는 음식 문화에 이르기까지, 오히려 우리 주변에서 미국적이지 않은 것을 찾는 것이 어렵다. 우리 사회는 유난히 전통과의 단절이 심해 우리의 것보다는 미국의 것에 더 익숙한 경향을 보인다. 아마 유일한 예외라고 하면 한국어뿐이 아닌가 생각된다. 세계화가 진행될수록 미국에서 미국적인 고유의 특성이 사라질 것은 분명하다. 세계인과는 다른 모습을 보이는 대표적인 미국의 특성인 인종차별이나 신앙심의 경우, 성급한 예측은 위험하지만, 시간이 지나면서 인종차별이 점차 줄어들며 높은 신앙심도 세속화의 물결 속에서 조금씩 퇴조하리라 예상한다. 중류층 흑인이 성장하면서 인종보다 계급 지위가 흑인의 삶의 기회를 결정하는 더 중요한 요인이 되고 있으며, 교육 수준이 높아지고 전문직에 종사하는 사람이 증가하면서 독실한 신자의 비율이 줄어들고 있다.

한편 미국 밖에서도 미국과 유사한 방향으로 변화하는 경향을 발견한다. 유럽의 복지국가 체제는 현재 급속한 변화의 와중에 있다. 과거 국민총생산의 상당 부분을 국가가 관리하고 배분하던 방식은 퇴조하고, 점차 영미식 시장중심적 자원배분 체계로 이전하는 것을 관찰할 수 있다. 이에 따라 미국과 같은 시장중심적인 체제에서 발생하는 동일한 문제를 이들 나라도 경험하고 있다. 시장 중심 체제를 도입하는 나라는 불평등의 확대와 이에 수반되는 사회문제로 골머리를 앓고 있다. 경쟁이 격화되면서 생활 리듬이 빨라지고 과거와 같이 여유 있는 삶의 모습이 사라지게 된 것도 특기할 만한 점이다. 스페인 문화권의 전통이던 오랜 시간의 점심과 낮잠 시간은 이제 옛말이 되었으며, 미국식 패스트푸드(fast food)에 밀려 '슬로우푸드(slow food)'는 단지 향수를 자극하는 운동권 구호로 변했다. 세계화의 압력 속에서 각국이 얼마나 유사한 체제로 변화해 갈지는 두고 볼 일이다.

미국의 특징에 대한 사람들의 언급에는 대부분 감정적인 애착 또는 거부감이 함께하고 있다. 인간의 인식이 감정적인 판단과 독립하여 존재하기 어렵기 때문이라는 본원적인 이유 이상으로 미국에 대해서는 사람들의 감정이 크게 개입되어 있다. 전 세계적으로 반미주의 감정이 형성되지 않은 나라를 찾아보기 어렵다. 이는 한편으로 많은 미국인들이 생각하듯이 엄청나게 강하고 풍요로운 나라에 대한 시기심 때문일 수도 있지만, 다른 한편으로는 미국이라는 나라가 두 개의 얼굴을 가지고 있기 때문이다. 미국은 좋은 면에서도 매우 특별하지만, 나쁜 면에서도 매우 특별하다. 자연의 아름다움, 물질적 풍요, 과학 기술 발달, 개방성, 다양성, 창의성, 실용주의, 기업가 정신 등 여러 좋은 측면에서 미국은 서구 문명 전체에서 독보적인 수준을 자랑한다. 반면 인종차별, 불평등, 빈곤, 범죄, 폭력, 마약, 이혼, 미혼모, 아동 빈곤, 상업주의, 물질주의,

부실한 복지 제도, 지나친 개인주의, 속물근성, 금권정치, 군사적 개입, 일방주의 외교 등 나쁜 측면에서도 미국은 매우 두드러진 나라이다. 문제는 이 두 영역이 서로 밀접히 연결되어 있다는 점이다. 미국의 화려함을 만드는 사회·문화적 구조는 동시에 어두운 것을 동반하고 있다. 경쟁우선 원칙은 일부 사람에게는 창의를 자극하고 물질적 풍요를 가져오지만 또 다른 일부 사람에게는 패배와 비참을 선사한다. 화려함을 주로 보는 사람은 미국에 대해 좋은 감정을 가질 것이며, 어두운 면을 주로 보는 사람은 미국에 대해 부정적으로 생각할 것이다. 미국을 한마디로 이렇다고 설명하거나, 일방적으로 긍정적 또는 부정적으로 판단하는 것은 성급하고 그릇된 접근이다. 미국이 다른 어느 나라보다 복잡하고 이해하기 어려운 나라인 것은 분명하다.

주

1) 미국을 대외적으로 선전하는 역할을 담당하는 미국 공보원의 자료를 보면, 미국의 풍요로운 자연에 대한 선전이 두드러진다. 다른 선진 산업국도 도시의 고층빌딩이나 산업 시설은 가지고 있기 때문에, 미국을 다른 나라와 구별 짓고 매력적으로 생각하게 만드는 가장 중요한 요소가 미국의 풍요로운 자연인 것은 분명하다.

2) 카터 대통령이 석유 절약을 권고하면서 털 스웨터를 입고 기자회견을 했던 일화는 이후 언론과 일반인의 조롱거리로 두고두고 회자되었다.

3) 인구밀도는 사람들의 인간관계 유형에 큰 영향을 미친다. 예컨대 홍콩의 빈민 거주지에서 사람들 간의 관계 유형을 분석한 결과 그들은 물리적인 칸막이와 심리적인 칸막이의 양쪽을 동시에 사용하고 있는 것으로 나타났다(Winsborough, 1970).

4) 도로에 차가 많지 않을 때에는 서로를 배려하고 여유 있게 운전하는 반면, 차가 붐비는 도로에서는 사람들이 성마르고 긴장에 싸여 운전하는 것과 비슷한 이치이다.

5) 물론 아르헨티나나 브라질과 같이 자연조건은 매우 유리하나 정치적·사회적 후진성으로 잘살지 못하는 나라도 있다. 따라서 미국이 오로지 자연조건 때문에 풍요로울 뿐이라는 주장이 완전히 옳은 것은 아니다.

6) 호주, 뉴질랜드, 캐나다와 같이 유럽인이 정복한 지역은 미국과 유사한 특성을 보인다. 원주민을 거의 전멸시키고 그들의 땅을 차지했다는 점에서 이 지역은 기본적으로 미국과 출생을 같이한다. 풍요로운 자연환경에 비해 인구밀도가 낮다는 점이 가장 두드러지는 유사점이다. 그러나 미국은 인구, 경제 규모, 문화적 다양성에서 여타 유럽인의 정복 지역과 큰 차이를 보인다. 엄청난 규모와 다양성은 미국인에게 물질적·비물질적 측면에서 이 나라들과는 비교할 수 없는 풍요를 가져다주었다. 호주, 뉴질랜드, 캐나다의 단조롭고 안정된 생활이 가치 없다는 말은 아니지만, 이들 나라에서 태어난 사람이 미국 사회·문화의 다양성과 역동성에 이끌려 이주하는 경우가 많다.

7) 미국의 경제 발전에서 정부 개입의 중요성에 대한 논의는 아끼모토 에이치(2005) 참조.

8) 미국은 선진 산업국 중에서 국민의 외국어 구사력이 가장 낮으며 외국의 사정에 대한 관심과 지식 또한 매우 낮은 것으로 조사되었다. 세계 어디를 가든 영어가 국제어로 통하며, 세계 각지의 사람들이 모두 미국으로 오고 싶어 하는 상황에서 미국인이 굳이 외국의 사정에 정통하려고 노력할 이유가 없다. 외국에서 일어나는 일에 대한 미국인의 관심에 관해서는 미국의 미디어에서 외국의 사건을 다루는

방식과 관련해 많은 연구가 이루어졌다(Mansfield-Richardson, 1999; Kamalipour, 1995; Kunczik, 1997).

9) Gans(1979: 31~38) 참조.

10) 이는 외국에서 미국을 반대하는 반미주의(Anti-Americanism)에 대해 매우 유아적으로 해석하는 것으로 반영된다. 미국인들은 대체로 반미주의란 잘사는 사람에 대한 질시에서 나온 '신 포도 이론(Sour grapes theory)'에 불과한 것이라고 치부한다(Lacorne, et al., 1990).

11) 미국은 지역 주민의 일정수가 합의하여 분할을 신청하면 언제라도 새로운 행정 단위로 분할될 수 있다. 새로이 인구가 유입되고 확장되는 도시의 주변에서는 새로운 행정 단위로 분리 독립하자는 논의가 항시 따라다닌다. 이들이 분리를 추진하는 동기는 대부분 세금이나 학군 등의 문제인데, 자신들이 낸 세금이 구 도시의 사업에 사용되는 것을 원치 않기 때문이다. 새로이 분리되는 지역은 대체로 젊은 중류층 백인 인구가 많으므로 분리를 허용한 예전의 도시는 재정난을 겪고 낙후되는 경로를 밟는다.

12) 미국에서 개인의 소득세는 연방정부로, 상품 구입 시 내는 간접세는 주 정부로, 재산세는 기초자치단체로 귀속된다.

13) 미국인은 민주주의와 자본주의 이념의 절대선을 굳게 신봉하므로, 이것을 모든 상황에 성급히 적용하려 들면서 문제를 발생시키기도 한다. 어느 나라에 가든지 미국식 민주주의와 자본주의를 현지의 상황에 적합한가 여부에 관계없이 강요하여 국제적인 비난과 실패를 경험한다. 그럼에도 미국인의 민주주의 정치와 자본주의 경제 체제에 대한 믿음은 조금도 흔들리지 않으며 미국의 가장 강력한 이념이 되고 있다. 물론 이는 실제 미국의 정치가 매우 민주적이고 미국의 경제가 매우 자본주의적이냐 하는 문제와는 별개이다.

대외적으로 민주주의 정치 체제와 자본주의 경제 체제 중 어느 쪽을 우선적으로 강요하는가 하는 것은 상황에 따라 다양하다. 미국은 대체로 개발도상국에는 자본주의 경제 체제를 강요하는 대신 독재 체제를 용인하며, 기왕에 공산주의 국가에게는 민주주의 체제를 강요해 왔다. 니카라과, 코스타리카, 엘살바도르, 칠레, 페루 등 중남미 국가에게는 비인간적인 독재정권을 옹호하면서 자본주의 경제 체제를 고수하려고 했던 반면, 중국이나 북한에는 인권문제를 제기하면서 경제 체제에 대해서는 입을 다물어 왔다.

14) 불평등·빈곤 수준과 사회문제는 밀접한 연관을 맺고 있다. 바버라 체이신(Barbara Chasin)은 불평등과 미국 사회의 높은 폭력 수준 간에 강한 인과관계가 있다고 주장한다. 일반적으로 자유주의자(liberals)는 미국의 사회문제를 낮추기 위해 불평

등과 빈곤 문제를 해결하는 것이 필수적이라고 주장한다. 반면 보수주의자(conservatives)는 불평등과 빈곤이 어느 정도는 사회가 짊어져야 할 필요악이며, 범죄와 폭력은 강력한 법 집행을 통해 대응하는 것이 최선이라고 주장한다(Chasin, 1997).

15) "Inequality In America"(*Economist*, 2006.6.15). 이 기사에서는 미국을 불평등(inequality), 업적주의(meritocracy), 이민(immigration)의 세 가지 원리를 축으로 돌아가는 시스템으로 보았다. 이런 지적은 프랑스 역사학자 쥐스탱 바이스의 '미국식 사회모델'의 분석과 흡사하다(바이스, 2002).

16) 임시직·비정규직 일자리는 대부분 법정 최저 임금을 지급하는데(현재 주에 따라 차이가 있지만 대체로 시간당 5달러 75센트선), 이 임금으로 주당 40시간 일하는 것으로 단순 계산하면 총수입이 빈곤선을 넘지 못한다. 에렌라이치(Ehrenreich, 2001)의 실험이나, 마찬가지로 전국적인 베스트셀러가 된 쉬플러(Shipler, 2004)의 책에는 이렇게 저임금 속에서 불안정한 한계생활을 하는 사람들의 모습이 생생하게 그려져 있다.

제3장

이민자의 나라

미국 사회를 가장 결정적으로 지배하는 특징은 미국 사회가 이민을 통해 들어온 다양한 인종·민족으로 구성되어 있다는 사실이다. 미국인을 이해하기 위해 가장 먼저 해야 할 작업은 그들이 이민자의 후예라는 점을 정확히 파악하는 일이다. 미국은 과거에도 이민자의 나라였을 뿐 아니라 현재에도 매년 약 100만 명의 이민자를 받아들이고 있다. 미국은 과거나 현재나 미국을 제외한 세계의 이민자 수를 모두 합한 것보다 더 많은 사람들을 받아들여 왔다. 현재 미국인의 약 1/10은 외국에서 태어났다. 이들은 자신이 떠나온 문화를 생생히 기억하고 있거나 그 문화에 강한 연대감을 보이는 사람들이다.

미국의 강점과 약점은 많은 부분 이민자의 나라라는 데에서 비롯한다. 미국에서 새로운 아이디어와 기업가 정신을 발휘한 많은 사람들은 이민 1세대이다. 미국 사회의 모든 영역에서 이민을 통해 새로 수혈된 피는 항상 미국을 활력으로 이끄는 역할을 했다. 과거 미국은 유럽의 선진기술을 보유한 기술자를 이민으로 흡수함으로써 산업혁명의 계기를 마련했으며, 현재에도 외국에서 온 우수한 인력이 미국의 과학기술과 산업의 혁신에 중요한 역할을 담당하고 있다. 한편 미국이 선진국 중 빈부의 격차가 가장 크며 엄청난 사회문제를 안고 있는 이유도 부분적으로 이민자를 많이 받아들이는 데 있다. 가난한 나라에서 계속 유입되는 이민자들이 없다면 그렇게 큰 빈부의 격차를 보이지는 않을 것이다. 새로운 이민자들은 매우 낮은 임금에서도 장시간 일하는 것을 마다하지 않으며, 그들 자신은 물론 미국 사회의 최하층을 차지하는 흑인들을 계속 빈곤에서 머물게 하는 데 적지 않은 역할을 한다.

미국 사람은 이민에 대해 상당한 감정적 애착을 가지고 있다. 2004년 대통령 선거의 민주당 예비선거 지원 유세에서 일리노이 주 출신의 무명 정치인에서 일약 미래의 대통령감으로 솟아오른 바락 오바마(Barack Obama) 상원의원은 극적인 예이다. 그는 지원 유세장에서 자신이 아프리카 출신 이민자 2세이며 어린 시절 가난한 흑인 이민자로서 어려운 환경에서 성장하여 역경을 딛고 '미국인의 꿈(American Dream)'을 이루었다는 내용을 역설하여 일약 전국적인 스타가 되었다. 그의 연설은 1세기 전 가난한 아일랜드 이민자의 아들로 태어나 철강왕의 칭호를 얻은 카네기의 이야기를 연상시켰다. 미국 사회를 지탱하는 가장 강력한 이념인 '미국인의 꿈'은 이민자의 삶을 원형으로 형성되고 지속되어 온 신화이다. 한편에서는 이민이 계속되지 않는다면 지금과 같은 미국의 풍요가 불가능하다고 주장하며, 다른 한편에서는 가난한 비유럽계 나라의 이민자를 계속 받아들이면 미국의 정체성에 혼란이 올 것이라고 주장할 정도로 이민은 미국 사회 쟁점의 중심을 차지하고 있다.

이민자들은 시대에 따라 출신지와 정착 과정에서 구분되는 유형을 보인다. 언제 어떤 맥락에서 미국에 들어와 정착했는가 하는 사실은 현재의 미국인과 미국 사회를 이해하는 데 핵심적인 요소이다. 매 시기마다 고유한 특색을 가진 집단이 미국에 건너와 정착했는데, 이는 해당 시대의 사회 변화를 가져오는 주요 요인이 되었다. 다양한 이민자들 사이의 사회적 갈등은 미국 사회의 중요한 한 축이며, 이러한 다양성을 아울러 어떻게 하나의 응집력을 지닌 사회로 유지해 나가는가 하는 문제는 매우 어려운 과제이다. 본 장에서는 이민이 미국 사회에 미친 영향과 이민을 둘러싸고 벌어지는 미국 사회의 논란을 검토한다.

1. 시기에 따라 상이한 이민의 물결

미국에서 이민은 흔히 꾸준히 계속되는, 그러나 파고를 형성하며 밀려오는 바다의 파도에 비유된다. 미국은 1924년 이민의 문호를 제한하는 법률을 만들 때까지 문호 개방 정책을 취해, 특별한 결격사유가 없는 한 유럽에서 미국으로 입국하는 모든 사람들을 이민자로 받아들였다. 이러한 정책에 예외가 있다면 아시아인으로, 1882년에 중국인의 입국을 금지했으며 이후 일본인을 포함한 아시아인의 이민을 전면적으로 금지했다. 1965년 이민법 개정 이후 새롭게 비유럽권 이민자가 급격하게 몰려들면서 현재 매년 약 100만 명의 새로운 사람들이 미국에 이주하고 있다. 20세기 초 미국인 중 외국 출생자의 수가 15%에 달한 이후 계속해서 감소해 왔던 미국인 중 외국 출생자 비율은 20세기 후반 다시 높아져, 2000년 인구조사에 따르면 미국인 중 11.1%가 외국에서 출생한 이민자라고 한다. 20세기 후반 미국은 짧은 시기에 유입되는 이민자의 절대 규모에서 유사 이래 최고의 수준을 기록하고 있다. 이와 같이 이민자들이 짧은 시기에 대규모로 계속 유입된다면 미국인 중 외국에서 출생한 사람의 비율은 계속 증가할 것이다.

아메리카 인디언과 일부 멕시코인을 제외한 대다수의 미국인은 다양한 인종·민족적 배경을 가지고 북미 대륙으로 이민 온 사람의 후예이다. 1492년 콜럼버스가 카리브 해의 조그만 섬에 착륙했을 당시에 미국 인디언은 북미 지역에만 200만~1,000만 명에 달했을 것으로 추정되나, 1900년경 불과 20만 명으로 줄어들었으며, 지금까지 미국 역사의 변방에 머물러 있다. 현재 미국 사회와 문화의 주류를 형성하는 사람들은

그림 3-1 10년 단위로 본 이민자 수의 변화(1820~2004년)

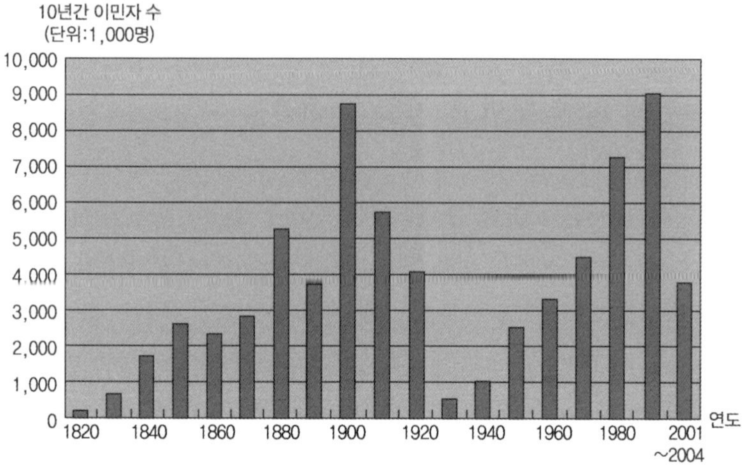

자료: US Department of Homeland Security(2004: Table 1), 저자 재구성.

1607년 버지니아의 제임스타운(Jamestown)에 식민지 건설을 위해 건너간 앵글로색슨계 영국인들로부터 비롯된다. 앵글로색슨계 영국인은 이전에 북미 대륙에 정착한 다른 유럽인을 차례로 정복하면서 북미 대륙에서 절대적인 지배자로 군림했다. 이후 오늘날에 이르기까지 영국 이외의 나라에서 건너간 이민자는 영국계 이민자들을 수적으로는 압도한다. 그러나 1776년 건국 이전에 건너간 영국계 이주민들이 만들어 놓은 사회·문화의 틀은 오늘날까지도 미국의 주류 자리를 차지하며 언어, 법, 제도, 관습, 문화 전반을 지배하고 있다. 이들의 일부는 본국에서 종교적·정치적 박해를 피해 이주했으나, 대부분은 경제적 성공의 기회를 찾아서 건너왔다. 영국인이 최초로 이주한 지 얼마 안 된 1616년에 아프리카에서 잡혀온 흑인이 서인도 제도를 거쳐 수입되었다. 이후 1808년 노예무역이 금지되기까지 흑인은 유일한 비자발적 이주민으로서 건국 당시 전 인구의 20%를 차지했다.

영국인에 뒤이어 다양한 민족 배경을 지닌 유럽인들이 이주해 왔다. 미국 이주는 먼저 정착한 민족이 사회의 기득 이권을 차지하면서 후에 건너온 민족에게 자신이 과거에 차지했던 자리를 물려주는 식으로 전개되었다. 앞에 온 민족은 후에 온 민족에게 주변적인 위치를 물려주면서 자신은 영국계를 중심으로 하는 주류 사회로 한 걸음 더 가까이 다가가 흡수되었다. 뒤에 온 민족은 영국의 청교도가 중심이 되어 형성한 주류 사회와 문화에 부분적으로 영향을 미치기는 하지만 결국 시간이 지나면서 동화되었다. 'WASP(White Anglo-Saxon Protestant)'로 흔히 일컬어지는 앵글로색슨계 백인 기독교도의 문화적 중심성은 20세기 후반 들어 다문화주의의 도전이 높아지기 전까지 공고한 지위를 차지했다.[1]

17세기 초 식민지 건설 초기에 영국에서 온 정착민들이 주류 사회·문화를 확고히 한 이후에 도래한 이주자들은 이민 시기에 따라 상이한 특징을 보이며 소수 민족 집단을 형성했다. 첫 번째 집단은 1776년 건국 이전에 건너온 사람들로 주로 스코틀랜드계 아일랜드인, 독일인, 흑인 노예로 구성되었다. 두 번째 집단은 19세기 초 영미전쟁 이후 1890년경 신개척지가 소진되는 시점까지 이주해 온 아일랜드, 서유럽, 북유럽 출신의 이주민들로, '구이민자(Old Immigrants)'라고 불린다. 세 번째 집단은 1890년부터 1924년 이민 제한이 법제화되기까지 주로 남유럽 및 동유럽에서 건너온 집단으로, '신이민자(New Immigrants)'라고 불린다. 네 번째는 1965년 이민법 개정 이후 주로 중남미와 아시아에서 건너온 집단이다.

이러한 일련의 이민의 물결을 종합하면 몇 가지 일반적인 경향을 읽을 수 있다.

첫째, 근래로 올수록 최초의 영국계 정착자들과는 사회·문화적 배경이 좀 더 이질적인 이민자들이 미국으로 들어오고 있다. 과거에 이민 온 집단일수록 북서유럽의 사회·문화적 전통에 근접한 반면, 근래에 이민 온 사람일수록 이 전통과는 상이한 사회·문화적 특성을 지닌다. 구이민자가 신교 전통의 북서유럽계 사람들이라면, 신이민자들은 구교나 그리스 정교 전통의 남유럽이나 동유럽계 이민자들이다. 20세기 후반에 이민 오는 사람들은 유럽의 전통과는 거리가 먼 중남미나 아시아계의 유색인들이다.

둘째, 근래로 올수록 이민자들 상호 간에 사회·문화적 이질성이 더욱 커지고 있다. 18세기 초반에 이민 온 집단인 스칸디나비아인과 독일인 간의 차이보다는, 19세기 후반에 이민 온 이탈리아 사람과 폴란드 사람 간의 차이가 더 크며, 이들보다는 20세기 후반에 이민 온 베트남인과 멕시코인 간의 차이가 더 크다. 근래로 올수록 이민자들이 더 다양해져서 이들을 미국에 동화시키는 것은 훨씬 더 어려워졌다. 근래의 이민자들은 단순히 새로운 저임금 노동력을 제공하는 것을 넘어서 미국의 사회·문화에 복잡한 영향력을 미치고 있다.

셋째, 이민자들은 세대가 거듭되면서 미국 사회·문화에 더욱더 동화된다. 이민자들은 시간이 흐르면서 영어에 익숙해지고 미국식 사고방식과 생활을 받아들이는 반면, 최근에 건너온 이민자일수록 고유의 사회·문화적 정체성을 강하게 가지고 있다. 초기에 이민 온 독일인이나 스칸디나비아인은 현재 대부분 미국화되어 이들에게서 민족 고유의 정체성을 찾아보기 힘든 반면, 최근에 이민 온 멕시코인은 자신의 사회·문화적 전통과 정체성을 강고히 유지하고 있다. 이는 미국에 거주한 기간과도 관련이 있지만, 근래로 올수록 교통과 통신의 발달로 본국과 소통이 용이하고 빈도가 잦은 데도 원인이 있다.

넷째, 이민자 집단이 미국에 건너온 시기가 오래될수록 미국 사회에서 차지하는 사회적 지위가 높으며, 근래에 왔을수록 사회·경제적으로 하층을 점한다. 18세기 초에 건너온 스코틀랜드계 아일랜드 이주민 후손이 19세기 중반에 건너온 아일랜드계 후손보다 사회적으로 상층의 지위를 점하며, 아일랜드계 후손은 19세기 말에 건너온 이탈리아계 후손보다 사회적으로 상층의 지위를 점하고 있다. 최근에 이민 온 중남미인은 사회·경제적으로 최하층에 근접해 있다. 교육 수준이 높은 일부 아시아 이민자들은 이러한 일반 유형에서 예외에 속한다.

다섯째, 흑인과 인디언은 위에 기술한 모든 일반적 경향에서 예외적인 집단이다. 흑인은 이민자가 아니라 강압적인 노예의 신분으로 미국 땅을 밟았으며, 인디언 또한 이민자가 아니라 피정복민의 신분으로 억압된 삶을 살아왔다. 흑인은 일부 유럽인을 제외하고는 가장 먼저 미 대륙에 발을 딛은 사람들이나, 영국계 백인과의 이질성이 매우 크고, 독자적인 민족적 정체성을 가지고 있으며, 사회적으로 최하층을 점하고 있다.

시대에 따라 상이한 이민자의 특성을 검토하기 전에 이민이 발생하는 사회·경제적 배경을 먼저 알아볼 필요가 있다. 미국으로 향하는 이민이 발생하기 위해서는 이민자의 출신 사회에서 그들을 밖으로 밀어내는 요인과, 미국에서 이들을 유인하는 요인이 잘 맞아떨어져야 한다. 밀어내는 요인은 존재하는데 미국에서 이들을 끌어들이는 요인이 충족되지 않는다거나, 거꾸로 미국에서 이민자들을 끌어들이는 요인은 있는데 밀어내는 요인이 존재하지 않는다면 이민은 발생할 수 없다. 이민자들은 자신의 나라에서도 잘 지낼 수 있거나 그렇게 예상될 때 이방 사회로 이민을 선택하지 않는다. 아무리 미국에서의 삶이 화려해 보인다고 해도 사람들은 기존의 생활 근거를 쉽게 버리려고 하지 않기 때문이다. 반대로 대다수의 미국인들이 미국 사회가 새로운 이민자 없이 잘 돌아갈 수 있고 이민자가 들어와서 도움보다는 해가 된다고 생각할 때에도 이민은 발생하기 어렵다.

유럽 사회에서 이민자가 배출된 것은 산업화·도시화에 따라 기존의 생활환경에서 뿌리 뽑힌 사람들이 발생하면서이다. 산업화 이전의 사회는 농업이 주축인 사회로 사람들의 이동이 적고 인구 증가가 정체된 농촌 공동체 사회였다. 안정된 농촌 공동체 사회에서는 외부에서 새로운 땅이 발견된다고 해도, 탐험가나 큰 이익을 노리는 투기꾼 또는 정치적·종교적 박해를 피해야 하는 사람들 외에는 자신의 익숙한 터전을 벗어나서 이방 사회로 이주한다는 것을 생각하기 어렵다. 그러나 18세기 중반 영국에서부터 시작된 산업화는 농촌 공동체에 익숙한 사람들의 생활을 뿌리째 뒤흔들어 놓았다. 서구 유럽의 산업화는 식민지 착취와 연관되어 진행되면서 농촌 공동체의 농업 기반을 근본적으로 변화시켰다. 식민지에서 싼값에 수입되는 곡물은 본국의 곡물 생산을 붕괴시켰으며, 대신 과거의 농경지를 목초지로 만들어 양모 생산으로 전환하는 엔클로저 운동(Enclosure movement)을 가져왔다. 이는 농촌 공동체의 농업인구를 농촌 밖으로 내모는 역할을 했다. 이들은 도시에 새로 들어선 공장의 임금노동자로 전환되었다.

한편 농업 기술의 발달은 생산성의 증가로 사람들의 영양 수준을 향상시켰으며 보건 기술의 발전과 함께 오랜 세월 동안 정체되어 왔던 인구를 짧은 시일 내에 급속하게 증가시켰다. 예컨대 1750년에서 1850년까지 100년 사이에 유럽의 인구는 두 배로 증가했다. 이렇게 급속히 증가된 인구는 농촌에서 농사를 지어 먹고사는 것이 갈수록 어려워지면서 새로운 생계 수단을 찾아 농촌 공동체를 떠날 수밖에 없었다. 농촌을 떠난 사람들이 도시에 밀집하면서 도시의 생활 조건은 매우 열악해졌다. 어린 아이와 노약자까지 동원된 노동 착취는 자신의 몸 이외에는 가진 것이 없는 도시 노동자들의 삶의 전망을 매우 어둡게 만들었다.

미국 이민의 물결은 서구 유럽의 산업화 시기와 잘 맞물린다. 18세기 영국의 산업화는 영국인의 대규모 이민을 초래했으며, 19세기 중반에 전개된 독일과 북유럽의 산업화는 그 다음의 이민 물결을 만들었다. 19세기 후반의 남유럽과 동유럽의 산업화는 다음 단계의 이민을 배출했다. 이후 20세기에 들어와 시작된 여타 제3세계 국가의 이민도 유사한 맥락에서 배출 요인이 발생했다. 우리나라에서 본격적으로 미국 이민이 시작된 1970년대는 산업화와 이농현상이 급속히 전개된 시기이며, 멕시코의 이민이 비약적으로 증가한 1980년대는 이 나라의 산업화 및 농촌 공동체가 붕괴된 시기와 맞물린다. 멕시코인의 경우 미국과 국경을 맞대고 있으므로 마음만 먹는다면 언제든지 미국에 건너올 수 있었음에도 20세기 중반까지 이민자의 물결이 쏟아지지 않은 이유는, 멕시코의 사회·경제적 상황을 돌아볼 때 그들을 전통 사회에서 머물러 살도록 하는 요인이 익숙한 삶의 기반을 뒤로하고 떠나도록 하는 배출 요인보다 더 강했기 때문이다. 이웃나라가 아무리 부자이고 그곳에 가서 일하면 몇 배의 임금을 받을 수 있다고 해도 멕시코인들은 계절노동자로 잠시 일하고 돌아오는 것을 선호했을 뿐, 가족과 함께 미국으로 이주하는 것은 생각하지 않았다.

미국으로 이민을 끌어당기는 요인은 배출 요인보다 훨씬 단순한 맥락에서 전개되었다. 식민지 초기 이래 19세기 후반 산업화 시기까지 미국은 땅은 넓은데 일할 사람은 부족한 상태였다. 노동력이 있어야 농장을 운영하고, 새로이 확장되는 개척지에 이주민을 심어야만 미국의 영토권을 주장할 수 있으므로 미국은 이민자를 무한정 필요로 했다. 19세기 후반 산업화에 착수하면서 공장에서 일할 미숙련 노동력이 대량으로 필요했으므로 미국은 과거 어느 때보다 새로운 이민자를 끌어오는 데 노력을 기울였다. 산업이 고도화되기 이전까지는 인간의 노동력이 공장을 돌리는 데 필수적인 요소였으므로, 20세기에 기계화로 단순 노동자 수요가 감소하기 전까지 미국의 자본가는 이민자를 싼 노동력으로 고용해 이익을 창출하는 데 관심이 높았다.

20세기에 접어들어 유럽 사회의 배출 요인이 사라지고 미국 사회의 유인 요인도 어느 정도 가라앉으면서 이민의 열기는 당분간 잠재워졌다.

20세기 초반 미국 전역에서 거셌던 외국인 배척운동이나 반(反)이민 열기는 이러한 사회·경제적 배경의 산물이었다. 이는 1924년 이민자의 유입을 극도로 제한하는 법률을 통과시키기에 이르렀다. 그러나 20세기 중반 제2차 세계대전 이후 미국 경제가 다시 팽창하고 서비스 산업이 급속히 확대되면서 새로운 미숙련 저임금 노동력의 수요가 증가했다. 이는 뒤늦게 산업화의 물결에 뛰어든 개발도상국의 배출 요인과 맞물려 20세기 후반 새롭게 이민이 폭증하게 된 구조적 배경을 형성했다.[2)]

근래 들어 반이민 열기가 점차 탄력을 얻고 있는 것 또한 저임금 노동력 수요가 감소하는 것과 관계가 있다. 서비스 산업에서 광범하게 저임금 노동력을 요구하기는 하지만 미국인 노동자의 실질 임금이 하락하고 실업률이 높아지는 상황에서, 노동시장에서 이들과 경쟁할 새로운 이민자들이 대량으로 들어오는 것을 용납하기는 쉽지 않다. 이민자들이 제공하는 저임금 노동력과 함께 아시아에서 들어오는 우수한 인재들이 더해주는 미국의 경쟁력은 미국 사회가 이민을 계속 필요로 하는 이유이다. 미국 경제가 이민자를 필요로 하고 다수의 미국인들이 이민을 계속 받아들이는 것을 선호하는 한 20세기 초반과 같이 이민을 엄격히 제한하는 조치가 만들어질 가능성은 거의 없다. 다음에서는 이민자들을 유형에 따라 네 개의 시기로 구분하여 특성을 간략히 정리한다.

1) 식민지 시기의 정착민과 영국계 문화의 주류화(1607~1776년)

영국으로부터 독립하기 전 식민지 시기의 정착민은 대부분 영국 본토에서 출발했다. 대략 1700년을 기점으로 두 시기로 구분해 볼 때, 1700년 이전에는 이민자의 숫자도 적었으며 영국에서도 동남부의 잉글랜드 지방 출신 이민자가 대다수를 차지했다. 이 시기 영국의 이주민은 중하층 농민으로 새로운 경제적 기회를 찾아서 자발적으로 건너온 사람들이 대다수였으며 빈민이나 죄수나 죄를 짓고 도망 다니는 사람들도 상당수 포함되었다. 죄수나 도망자들은 북미 대륙 이주를 조건으로 하여 자유인으로 사면되었다.

1660년경 영국 국왕 찰스 2세는 중상주의 정책의 일환으로 잉글랜드인이 영국 국외로 이주하는 것을 금지했다. 이후 영국 식민지로 이주하는 사람은 주로 잉글랜드와 웨일즈를 제외한 지역의 영국인과 북서유럽인이었다. 17세기 후반 이후 미국 이민자들 중 가장 큰 집단은 스코틀랜드계 아일랜드인(Scotch-Irish)이었다. 이들은 원래 스코틀랜드인으로서 아일랜드에 강제 이주된 사람들인데, 토지가 척박하며 영국인으로부터 차별대우를 받는 북아일랜드 지역을 떠나 새로운 경제적 기회를 찾아서 북미 대륙으로 건너왔다. 이들은 과거 네 개의 독립국가로 따로 떨어져 있던 잉글랜드, 웨일즈, 스코틀랜드, 아일랜드가 차례차례 잉글랜드에 의해 정복되면서, 먼저 정복한 스코틀랜드인을 후에 정복한 아일랜드에 이식시켜 현지인의 저항을 무력화시키려 했던 잉글랜드의 통치 전략으로 인해 자신의 고향으로부터 뿌리 뽑힌 사람들이다.

스코틀랜드계 아일랜드인은 다수가 일정 기간 노동을 해주는 대가로 대서양을 횡단하는 뱃삯을 치른 '계약 노동자(indentured servants)'들이었다. 이들은 5~7년의 계약 노동기간이 끝나면 약간의 돈과 농기구를 받은 뒤 동부의 인구 밀집 지역을 벗어나 새로운 개척지에서 자신의 땅을 구해 서부 내륙으로 이동한 최초의 본격적인 서부 이동 인구이다. 이들은 이동성이 매우 강해 한 곳에 오랫동안 머물러 살지 않고 항시 새로운 개척지를 향해 이동하며, 흩어져 사는 고립된 생활을 선호했다. 이들은 대부분 식민지 시대의 신개척지였던 애팔래치아 산간 내륙 지역으로 이주하여 정착했다. 특히 애팔래치아 계곡에 정착한 사람들은 지형적으로 고립된 이곳에서 오랫동안 외부의 영향을 받지 않고 생활하면서 초기 이주민 시절의 문화를 20세기 후반까지도 계속 보존하여 미국에서도 가장 전통적인 문화를 보존하고 있는 것으로 유명하다.

독립 이전에 건너온 영국계 이주민은 인구 규모보다는 미국의 주류 문화를 규정지은 역할 때문에 미국 역사에서 중요한 위치를 차지한다. 영국계 정착자는 이후에 도래한 비영국계 이민자에 비해 인구의 절대 수에서 뒤지지만, 그들보다 먼저 진출한 기존의 유럽 세력을 정복하고 정착한 지배 세력으로서 자신들의 생활방식과 사회 제도를 주류로 규정하고 다른 외래 요소를 배타적으로 억압한 주체 세력이다. 이들은 그들의 생활방식과 제도를 주류로 확고하게 정착시키기까지 그들과 다른 성격의 이민을 엄격히 제한하고 그들과 다른 요소를 철저히 억압하는 정책을 실시했다. 독립전쟁 이전까지 영국계 이외의 이민자가 많지 않았던 이유는 바로 영국계 주류 세력의 배타적 태도 때문이다. 18세기에 들어서는 영국계가 지배적인 세력으로서 사회·문화의 모든 방면에서 지위가 공고해졌으므로 영국계 이외의 이민자들도 점차 허용하기 시작했다.

초기 식민지 정착자들은 북미 대륙에 자신이 두고 온 영국과 유사한 사회·문화를 건설하는 것을 목표로 했다. 영국의 지명을 미국의 지명으로 광범위하게 차용한 것은 이러한 정서를 반영한다. 영국인이 최초로 정착한 지역인 '뉴잉글랜드(New England)'는 이름에서도 드러나듯이 그러한 정서가 특히 강하다. 이 시기 영국을 모범으로 만들어진 미국의 주류 문화는 20세기 후반 이에 대한 도전이 제기될 때까지 오랫동안 확고하게 유지되었다. 영어를 공식 언어로 하여 다른 언어의 사용을 억압한다거나, 영국의 정치와 법 제도를 모방한다거나, 영국의 생활문화를 현지 사정에 맞게 변형해 미국의 것으로 만드는 등, 미국 사회·문화에 미친 영국의 영향은 절대적이다. 앵글로색슨 영국계는 미국 사회의 계층 구조에서 최상층을 차지하고 있다. 1960년 아일랜드계 후손인 케네디 대통령이 당선될 때까지 미국 역사에 나오는 모든 대통령과 고위 관료와 정치가들은 영국계가 독점했으며 대기업의 총수나 이사진

표 3-1 미국의 독립 당시 인구 분포

비유럽계	흑인	20.0%
유럽계	잉글랜드인	60.1%
	스코틀랜드인·스코틀랜드계 아일랜드인	14.0%
	독일인	8.6%
	아일랜드인	3.6%
	네덜란드인	3.1%
	프랑스인·스웨덴인	3.0%
	기타 유럽인	7.6%
	합계	100%(270만 명)

자료: Aguirre and Turner(2001: 45)

의 구성에서도 영국계가 압도적인 우위를 차지한다.3)

이 시기에 스코틀랜드계 아일랜드인 다음으로 많이 건너온 이주민은 독일인이다. 이들은 이후에도 19세기 동안 꾸준히 적지 않은 수가 이주해 현재 단일민족으로는 가장 규모가 큰 유럽계 백인 집단이다. 독일인은 본국의 정치적 혼란과 경제적 어려움을 피해서 온 자영농이 주류를 이루는데, 이주 초기에는 북미 대륙의 신개척지 부근에 자기 민족 사람들만으로 구성된 집단 촌락을 만들어 거주하는 경향을 보였다. 그들은 처음부터 도시보다는 농촌 개척 지역을 선호했으며 식민지 정치에는 거의 관여하지 않았다. 독일인은 집단촌에 일단 정착하면 좀처럼 이동하지 않고 매우 단단한 공동체를 형성했다. 이들은 미국으로 이주하기 전 독일에서도 자영농인 경우가 많아, 미국으로 이주 시 소규모의 자본을 가지고 왔으며 농업 기술이 좋고 근면했기 때문에 물질적으로 비교적 풍부한 생활을 누릴 수 있었다. 19세기에 이주한 독일인도 이전의 집단과 비슷하게 중서부 지역에 자신들의 집단 공동체를 건설했다. 이렇게 단단한 집단 공동체를 형성하며 물질적으로 풍족한 생활을 누린 독일계 이주민은 영국계 이주민으로부터 '외국인 배척주의(Nativism)'의 최초 배척 대상이 되었다. 영어를 배우려 하지 않으며 '미국적인 생활양식(American way of life)'을 따르지 않고 야만적인 생활을 고집하며 반란을 획책한다는 것이 그 당시 독일계 이주민에 대한 비난이었다. 시간이 지나면서 대부분의 독일계 이주민 후손은 영국계 주류 문화에 거의 완전히 흡수되었다. 그들이 미국 사회·문화에 남긴 자취는 미미하다. 독일에서 들어온 애미쉬(Amish), 메노나이트(Mennonite) 등 개신교 교파의 집단 공동체가 중서부 농촌 지역에 부분적으로 남아있을 뿐이다.

독립 이전에 북미 대륙으로 유입된 인구 중에는 자발적으로 건너온 이민자 이외에 아프리카에서 포획되어 강제로 끌려온 흑인 노예가 주민의 상당수를 차지했다. 1776년 독립 무렵 인구를 추계한 것에 따르면, 영국계와 스코틀랜드계가 다수를 차지하고 있었으며(59%), 흑인 노예가 20%, 기타 유럽인(독일인, 아일랜드인, 프랑스 위그노, 네덜란드인, 스웨덴인)이 나머지 31%를 차지하는 것으로 나타난다. 흑인 노예는 주로 남부 지역에 몰려 거주했으므로 남부에서는 흑인 노예 인구가 지역 인구의 절반에 근접한 곳이 여럿 있었다. 독립 당시 사우스캐롤라이나 주에서는 흑인 노예가 전체 인구의 절반을 넘었다.

식민지 시기의 인구 구성에서 흑인 노예의 비율이 높은 것은 미국의 사회·문화에 큰 영향을 미쳤다. 숫자가 많은 흑인 노예의 저항에 대한 잠재적·현실적 위협이 상존하는 상황에서 백인은 흑인을 억압적인 노동으로 동원하기 위해 흑인에게 엄격하게 대하고 억압하는 사회 제도와 관행을 만들어냈다.[4] 식민지 초기부터 흑인과 백인의 결혼을 금하고, 흑인의 이동을 금하고, 흑인의 직업을 제한하고, 흑인의 재산권을 인정하지 않고, 법정에서 흑인의 증언을 인정하지 않고, 흑인은 백인을 상대로 소송할 수 없도록 하고, 흑인에 대한 체벌 및 생사여탈권까지도 백인 주인이 갖도록 하고, 부모 중 어느 한쪽만 흑인이더라도 흑인 노예로 규정하고, 흑인은 예배 때를 제외하고는 세 사람 이상 모이는 것을 금하고, 흑인에게 글을 가르치는 것을 금하고, 흑인의 결속을 막기 위해 자녀와 친척을 먼 곳으로 보내고, 흑인 도망자는 어떤 비용이 들더라도 끝까지 추적해 포획하는 등 흑인에 대한 차별과 억압의 관행이 20세기 중반까지 지속되었다. 흑인 노예들이 저항할 위험성에 대비해 백인의 지배권을 안정적으로 유지하는 방법은, 한편으로는 흑인에 대한 직접적인 차별과 억압이며, 다른 한편으로는 백인의 지배를 정당화하며 흑인의 피지배를 당연시하는 사회·문화적 이념 체계를 확고히 심는 일이다. 미국에서 노예제 또는 이와 유사한 억압적 착취 관행이 20세기 중반까지 오랜 세월 동안 유지되었다는 사실은 흑인에 대한 사회·문화적 억압과 정당화 기제가 매우 큰 효과를 발휘했음을 뜻한다. 현재 미국 사회에서 볼 수 있는 유색인에 대한 편견과 차별은 이러한 역사적 맥락에서 볼 때 어찌 보면 당연한 일이다.

미국 문화에서는 인종·민족에 대한 관심이 높은데, 일반적으로 앵글로색슨계 사람들에게는 '민족(ethnic)' 또는 '이민자(immigrants)'라는 용어 대신 특별히 '정착자(settlers)'라는 용어를 사용한다. 이는 WASP, 즉 앵글로색슨계 신교도 백인이 미국 건설의 주체로서 주류 문화와 제도를 만들고 이후에 온 사람에게 그들이 만든 게임의 규칙을 따르도록 강요했기 때문이다. 영국계 주류 문화에서 볼 때, 초기의 정착자를 제외한 모든 사람은 '이민자(immigrants)'이며 '소수민족(minority)' 또는 '민족 집단(ethnic group)'이다. 이들이 만든 미국 사회의 게임의 규칙, 즉 중심 문화를 간단히 살펴보자.[5)]

미국 주류 문화의 핵심은 무엇보다 영어 사용에 있다. 영어를 잘 구사하는가 여부는 미국인인가 아닌가를 판별하는 기준이다. 미국인이 되고자 하는 사람은 영어 시험에 합격해야만 시민권이 주어진다. 영어 이외의 언어를 사용하는 사람은 게임의 규칙을 지키지 않는 사람으로 배척과 억압의 대상이다. 독립 이전 시기에 독일인이 배척의 대상이었다면, 현재에는 히스패닉이 주요한 억압의 대상이다. 영어만 사용해야 한다는 규칙에 도전하는 경우 강력한 제재 조치가 따른다. 스페인어를 사용하는 히스패닉의 증가에 대응해 서부 여러 주에서 영어만을 공식 언어로 규정하는 법을 만든 것이 좋은 예이다.

주류 문화의 두 번째 요소는 미국인이 흔히 '미국적인 생활양식'이라고 부르는 것인데, 이는 믿음, 가치관, 사고방식, 행위 규범, 생활관습 등을 포함하는 매우 포괄적인 용어이다. 이는 막스 베버(Max Weber)의 『프로테스탄트 윤리와 자본주의 정신(Protestant Ethics and the Spirit of Capitalism)』에서 지적한 윤리관을 요체로 한다. 이는 기독교 신앙을 토대로 근면, 검소, 욕구의 절제, 규율 준수, 효율성 지향, 시간의 효과적 사용, 합리성, 실용성, 부의 축적에 대한 긍정적인 태도 등으로 구성된다. 신앙에 대한 자유가 헌법에 보장되어 있기는 하지만 기독교 전통에서 벗어난 경우 편견과 제약이 따른다. 모든 미국인이 이러한 윤리를 항시 실천하는 것은 아니지만, 이 생활양식은 가장 바람직한 '미국적인 것'의 원형으로서 어린아이들에게 주입되고 평가의 잣대로 사용된다.

주류 문화의 세 번째 요소는 사회를 조직하는 기본 원리로서 미국식 법체계이다. 미국인은 모든 일은 법에 따라 이루어져야 한다고 생각한다. '법 앞에 모든 사람은 평등하다'는 원칙을 따르기 때문에 법 앞에 누구도 태생적으로 우위에 있는 지위를 인정하지 않는다. 모든 권력의 원천은 국민에게서 나오며, 권력의 행사는 법에 의해 제한되고, 권력의 남용을 막기 위해 이중 삼중의 제재 장치와 함께 엄격한 지방자치제도를 만들었다. 이러한 미국의 법체계에 예외가 있다면 흑인이다. 사실 흑인은 과거에 미국의 시민으로 인정받지 못했으며 인간이 아니라 동물에 근접한 존재로 취급되었다. 다양한 인종·민족에 대한 주류 집단의 편견과 차별이 미국 역사상 항시 존재했으므로 법 앞에 모두가 평등하다는 원칙은 위선으로 비쳐질 수도 있다. 그러나 이러한 법체계를 이념형으로 상정하고 이것에서 어긋나는 경우 모순과 갈등의 상황을 연출함으로써 변화를 추구해 왔다는 점에서, 법치와 자치라는 미국 주류 문화의 원칙은 바람직한 이념형으로서 흔들림 없이 자리를 지키고 있다.

영국계에 의해 정의된 주류 문화는 다양한 사회 제도에 의해 실제적으로 뒷받침을 받으면서 지배적 지위를 유지해 왔다. 주류 문화에 속하는 집단은 정치·경제계에서 핵심적인 권력을 행사함으로써 주류 문화의 지속을 뒷받침한다. 이들은 종교, 교육, 문학, 예술 등 문화 영역에서도 지배적인 지위를 차지함으로써 주류 문화와 헤게모니 집단에 대해 이념적인 정당화 작업을 담당한다. 이러한 문화와 제도를 통해 주류가 정한 게임의 규칙을 당연한 것, 즉 '미국적인(American)' 것으로 받아들이도록 교화하고 설득한다.

2) 북서 유럽계 이민의 물결(1820~1890년)

1776년 독립전쟁 이후부터 1789년의 프랑스 혁명과 1814년 영미전쟁까지 유럽과 미국은 전운이 감도는 불안한 상황이었으므로 유럽인의 이주는 이루어지지 않았다. 유럽인들은 산업혁명으로 인구가 급증하고 농민 계층의 생활이 어려워지자 영미전쟁 이후 대규모로 미국에 몰려들었다. 증기선의 발명으로 대서양을 건너는 운임이 저렴해지고 간편해졌으며, 우편제도의 발달로 이주민의 소식이 유럽에 급속히 전파되어 이주를 자극한 것도 한 원인이다. 이 시기 이민자를 규모순으로 보면 독일인, 아일랜드인, 영국인, 스칸디나비아인이 주류를 이루었으며, 프랑스계 캐나다인, 중국인, 스위스인, 네덜란드인도 적지 않게 들어 왔다. 이들은 중국인을 제외하고는 영국계와 유사한 인종적·문화적 특성을 지닌 사람들이다. 특히 1830년대와 1870년대 두 차례에 걸쳐 감자 대기근으로 큰 어려움에 처하게 된 아일랜드에서는 짧은 시기에 수백만 명의 이주민이 미국에 밀어닥쳤다.

북서유럽계 사람이 이 시기 이민자의 주종을 이루었지만 다른 유럽 지역의 이주민도 점차 늘어났다. 19세기 후반 무렵 대부분의 유럽 지역에서 미국 이민은 전혀 낯설지 않게 되었다. 이 시기 건너온 이민자들은 다양한 유인에 이끌려 미국에 건너왔다. 1840년대 후반에 불붙은 서부의 금광 붐, 1862년 '자작농지법(Homestead Act)'으로 대표되는 ― 중서부 정착민에게 토지를 거의 무상의 가격에 증여하는 ― 정착민 유치 정책, 미국의 산업화에 따른 숙련·미숙련 노동력의 대규모 수요 등이 이들의 이주를 자극했다. 이민자들은 자신이 살던 고장과 기후·자연조건이 흡사한 지역을 찾아 정착하는 경향을 보였다. 예컨대 스칸디나비아인들은 미네소타, 위스콘신, 미시간 등 중서부의 북쪽 지역에 정착해 농업 또는 산림업에 종사했으며, 이후 북서부의 신개척지로도 이동하면서 다코타, 몬태나, 워싱턴, 오리건 등에 정착했다.

이 시기에 대규모로 미국에 건너온 독일인과 북유럽계 이주민들은 동부의 대도시에 정착하기보다는 신개척지에서 농사지을 땅을 구해 서부로 이동하는 길을 택했다. 이들은 18세기 초까지만 해도 신개척지였던 애팔래치아 산맥을 넘어 19세기 초에는 오하이오, 인디애나, 일리노이, 미시간, 위스콘신, 미네소타, 아이오와 등 중서부 지역에 정착했으며, 19세기 중반 이후에는 로키 산맥을 넘어 워싱턴과 오리건의 북서해안 지역에 정착했다. 아일랜드인은 독일인이나 북유럽인과는 달리 동부와 중부 지역에 산재한 대도시에서 주로 산업 노동자로 정착했다. 이들은 본국에서 대기근으로 인해 극도로 어려워진 환경을 벗어나느라 농사지을 땅이나 농기구를 구입하기 위한 최소한의 정착 자금도 없이 미국에 도착했다. 따라서 농촌으로 이주하기보다는 도시에 머물면서 임금 노동자로서 빈곤한 생활을 유지할 수밖에 없었다. 이들은 독일인이나 북유럽인과는 달리 처음부터 언어 장벽이 없었으므로 도시의 공장이나 건설 현장에서 생활하는 데 어려움이 없었다. 아일랜드인은 19세기 중후반 미국의 급속한 산업화를 위해 무한정으로 필요했던 미숙련 노동력의 주요 공급원이 되었다.

짧은 시간에 아일랜드인이 대규모로 밀어닥치자 미국 사회에서 본격적으로 외국인을 배척하는 운동이 일어났다. 주로 극빈자였던 아일랜드 이민자들은 더럽고 가난한 이미지로 미국인의 경멸과 조롱의 대상이 되었다. 이는 한편으로 영국 본토에서 전개된 아일랜드인에 대한 잉글랜드인의 박해의 연장이다. 아일랜드인은 가난하거니와 다른 북서유럽 사람과는 달리 구교를 믿는 전통 때문에 특히 박해를 받았다. 가톨릭 신자는 미국에 충성하는 대신 로마 교황의 지시를 받는 사람이라는 비난을 감수해야 했다. 아일랜드인을 배격하는 데 앞장섰던 사람들은 '아무것도 모른다(Know Nothing)'라는 명칭으로 불렸는데, 아일랜드인을 지역사회에서 배척하고, 그들의 교회를 불태우고, 나쁜 소문을 퍼뜨리고, 신체적 위협을 가했다. 아일랜드인에 대한 배척운동이 최고조에 달했던 1850년대에는 외국인 배척을 정강으로 하는 '미국당(American Party)'이라는 명칭의 정당까지 만들어 대통령 선거에서 상당한 표를 획득하기까지 했다.

이 시기 북서유럽에서 대규모로 미국으로 이주하는 현상에 예외가 있다면 프랑스이다. 프랑스는 미국의 독립전쟁을 돕기 위해 군대를 파견하고 자금을 대주는 등 결정적인 공헌을 했으나 막상 프랑스인은 미국에 대규모로 이주한 일이 없다. 미국 역사에서 프랑스인이 미국 영토에 이주한 것은 소수에 불과하다. 18세기 초에 프랑스의 신교 세력인 위그노들이 종교적 박해를 피해 소수 이주한 것과, 1750년대에 영국과 프랑스 간에 식민지 쟁탈을 놓고 벌어진 '프랑스 인디언 전쟁(French-Indian War)'에서 프랑스가 패함으로써 아카디아(Arcadia)라고 불리던 동부 캐나다 지역의 프랑스 주민이 루이지애나 남부 지역으로 강제 이주당한 것, 1803년에 제퍼슨 대통령이 미시시피 강 서쪽의 광대한 루이지애나 지역을 프랑스로부터 구입함으로써 이곳에 이주해서 살고 있던 프랑스인의 일부가 미국인으로 전환된 것 등이 주요 사례이다. 프랑스인이 미국에 대규모로 이주하지 않은 이유는 두 가지이다. 첫째, 프랑스는 구교 국가였기 때문에 20세기 중반 구교에 대한 미국 사회의 편견이 감소될 때까지 프랑스인이 미국에 이주할 적극적 유인이 없었다. 둘째, 광대한 해외 식민지를 보유한 프랑스에서 해외 이주를 희망하는 사람은 적대국인 영국의 영향하에 있는 미국보다는 프랑스의 식민지 지역을 선호했다. 언어도 통하지 않는 미국에 건너가 종교적인 박해를 받는 것보다는 자국 식민지로 이주하는 것을 선호하는 것은 당연하다. 스페인인도 프랑스와 동일한 이유로 미국보다는 자신의 식민지인 중남미 지역으로의 이주를 선호했으므로, 미국인 중 스페인에서 미국으로 직접 건너온 조상의 후예를 찾아보기는 어렵다.

이 시기에는 유럽계 이외에 다양한 나라의 사람들이 경제적인 기회를 찾아 미국으로 몰려들었다. 중국인이 1840년대 금광 붐 때 일부 건너온 이후, 1860년대에는 동서 대륙횡단 철도를 건설하면서 일시적으로 중국에서 노동자를 대규모로 조달한 것을 계기로 수십만 명의 중국인이 미국으로 이주했다. 이들은 철도 건설이 끝난 후 대부분 본국으로 복귀하지 않고 서해안 지역 특히 샌프란시스코를 중심으로 집단 거주지를 형성하면서 정착했다. 중국 문화는 기존의 유럽계 문화와 매우 상이한데다, 중국인들이 강한 집단 결속력을 가지며 근면하고 검소하여 백인의 기득권에 위협이 되는 경쟁자로 부상했기 때문에 중국인은 심한 배척의 대상이 되었다. 서부의 광산 붐이 가라앉고 1870년대 후반 심각한 경제 불황이 불어 닥쳤을 때 중국인에 대한 백인의 배척은 전국적으로 확대되었다. 1850년대에 아일랜드인을 대상으로 한 외국인 배척운동이 남북전쟁의 와중에 가라앉은 이후, 1870년대에는 중국인을 대상으로 한 외국인 배척운동이 다시 전국적으로 성행했다. 얼마 전까지 핍박을 받던 아일랜드인이 중국인 배척운동에 가장 적극적이었다는 것은 아이러니다. 백인 사회의 주변에 위치한 아일랜드인이 백인으로서 자신들의 조그만 기득권을 지키기 위해 유색인을 차별하는 데 선봉에 섰던 것이다. 중국인에 대한 차별은 매우 심하여, 이들의 재산 소유를 금지했으며, 신체적 위협과 폭력을 행사하고, 인두세를 징수하고, 강제로 송환하기까지 했다. 결국 1882년에는 미국 역사에서 최초로 이민을 금하는 법인 '중국인 이주 금지법(Chinese Exclusion Act)'이 제정되었다.

1848년 미국과 멕시코 간의 전쟁에서 미국이 승리함으로써 현재 캘리포니아, 텍사스, 뉴멕시코, 애리조나, 네바다, 콜로라도, 유타를 포괄하는 광범위한 남서부 지역이 미국의 영토로 복속되었다. 이에 따라 기존에 이곳에 살고 있던 멕시코인들은 미국인으로 지위가 바뀌었다. 멕시코인 지주는 대부분 미국인에게 땅을 빼앗기고 멕시코로 쫓겨나거나 농업 노동자로 전락했다. 19세기 중반 서부 지역에 불어 닥친 광산 개발 바람을 타고 상당수의 멕시코 노동자가 이 지역으로 이주함으로써 남서부 지역에서 멕시코인의 비중이 조금씩 늘어나기 시작했다. 그러나 멕시코인의 경우 한몫을 잡으려는 일부 투기꾼이나 카우보이를 제외하면 본격적인 이주는 20세기 후반에 들어서야 전개되었다. 이는 20세기 중반까지 멕시코에서 국외로 이민자를 밀어내는 요인이 발생하지 않았기 때문이다.

3) 남유럽 및 동유럽 이민의 물결(1890~1924년)

미국의 인구조사국에서는 1890년에 미국의 서부 지역에서 더 이상 미개척지는 없다고 발표했다. 그 당시 그들이 적용했던 미개척지의 기준은 1mil^{2}당 2명 이하의 인구를 의미했으므로, 지금의 기준으로 본다면 당시 미개척지가 아니라고 한 지역도 여전히 사람이 거의 살지 않는 곳을 포함한다. 여하간 미국에서 사람이 거의 살지 않고 정착하기만 하면 거의 공짜에 가까운 비용만 지불하고 내 땅이 되던 시절은 19세기 말에 사라졌다. 마지막까지 저항하던 인디언들은 모두 정복되어 보호구역으로 가둬졌으며, 서부에서 주인 없는 땅에 소를 방목하던 관행은 모든 땅에 철조망 울타리가 세워지면서 사라졌다. 요컨대 가진 것 없이 부지런함만으로 열심히 개척하여 자신의 땅을 만들 수 있는 여지가 없어진 것이다. 이러한 변화된 상황은 이주자의 정착 유형에 반영되었다. 대체로 1890년 이전에 미국에 이주한 사람은 미국의 동부 해안 도시에 도착한 후 얼마 지나지 않아 개척의 손길을 기다리는 서부 지역으로 이주해 자영농이 되는 경우가 많았다. 많은 미국인들이 어렸을 때 한 번쯤은 읽고 TV 시리즈로도 영상화된, 미국의 서부 개척 시절에 대한 향수 어린 이야기인 『초원의 집(Little House in the Big Woods)』에 그려진 생활은 19세기 후반까지 서부에서 전개되었던 생활이다. 상당한 값을 치러야만 농지를 구입할 수 있게 된 1890년대 이후의 이주민에게는 도시에 머물며 산업 노동자로서 빈한한 생활을 시작하는 것 외에는 다른 선택이 없었다. 즉 19세기 말 이후의 이주민은 거의 모두가 도시 산업 노동자로 정착하고 이후에도 계속 도시에서 삶을 영위해 가게 되었다. 그 결과 오늘날까지도 미국의 농촌과 중소도시에서는 북서유럽 계통 민족이 주종을 이루게 된 반면 1890년대 이후에 미국에 이주한 이민자의 후손을 찾아보기 어렵다.

1890년대에서 제1차 세계대전까지 상대적으로 짧은 기간에 그야말로 엄청난 인구가 미국으로 이주했다. 그 당시 매년 100만 명 이상씩 몰려온 이민자들은 미국 역사상 가장 많은 수를 기록하면서 1910년에는 7명 중 1명의 미국인이 외국 출생자라는 진기록을 만들었다. 가장 많은

그림 3-2 구이민자(Old Immigrants)와 신이민자(New Immigrants)의 대비

자료: 자캥(2005: 64), Riis(1996: 89)

주: 위의 그림은 1870년대에 촬영한 것으로 서부로 진출한 개척자 가정의 모습이며, 아래의 그림은 1890년대에 촬영한 것으로 뉴욕 시 루스벨트 가(Roosbelt Street)의 이민자 거리의 모습이다. 1890년대 이전에 건너온 '구이민자'들은 서부 지역으로 진출하여 자영농이 된 반면, 이후에 건너온 '신이민자'들은 그림에서 보듯 협소한 공간에서 밀집해 거주하는 도시 산업 노동자가 되었다. 사실 두 집단은 모두 빈곤한 생활을 영위했지만, 미국의 문화에서 전자는 미국적인 생활방식(American Ways of Life)의 향수 어린 원형으로 미화된 반면, 후자는 미국의 사회악을 상징하는 어두운 모습으로 기억되고 있다.

이민자들이 몰린 20세기 첫 10년 동안에는 875만 명이 이주했다. 이 시기에 몰려온 사람은 이전 시기의 이주민과 비교하여 크게 두 가지 점에서 차이를 보인다. 하나는 이주민의 수에서 기존의 이민 규모를 훨씬 능가하는 엄청난 인구가 짧은 기간에 일시적으로 몰려들었다는 사실이다. 또 다른 특징은 지금까지 이민자의 대부분이 영국인과 비슷한 신체적·문화적 특성을 가진 북서유럽인이었음에 비해, 이 시기에 몰려온 사람은 북서유럽인과는 신체적·문화적으로 구별되는 남유럽 또는 동유럽 사람이라는 점이다. 이 시기에 많이 이주한 민족은 이탈리아인, 폴란드인, 발칸 반도 지역 사람, 헝가리 - 오스트리아 제국 사람, 러시아계 유대인이다. 그 외에 멕시코인, 러시아인, 체코인, 그리스인, 포르투갈인, 시리아인, 일본인, 필리핀인, 기타 민족들도 적지 않은 숫자가 이 시기에 이주했다. 미국인이 지금까지도 이민 집단을 대별하는 용어로 익숙하게 사용하는 '옛날 이민자(Old Immigrants)'와 '새로운 이민자(New Immigrants)'는 이 시기를 구분점으로 하여 만들어졌다.

이 시기에 미국에 이주한 사람은 기존 북서유럽 계통의 미국인과는 뚜렷한 문화적 차이를 보이기 때문에 사회적 억압과 배척의 대상이 되었다. 남유럽 사람은 북서유럽 사람보다 피부색이 짙어 외관상 쉽게 구별된다. 흑인에 대해 심한 사회적 편견을 가지고 있는 미국에서 피부색이 짙으면 쉽게 사회적인 편견과 차별의 대상이 된다. 또한 이들은 북서유럽 사람이 신교를 믿는 것과는 달리 구교를 믿거나 동유럽 사람의 경우 그리스 정교를 믿는다. 신교 신자의 눈에 구교 신자는 미국이 아닌 로마 교황에게 충성하는 사람들로 비치면서 심한 사회적 편견의 대상이 되었다. 구교에 대한 미국 사회의 편견은 매우 뿌리가 깊다. 식민지 정착 초기부터 구교 신자의 이민을 억제했으며, 구교를 믿는 이민자들은 유대인과 흡사하게 사회적인 박해 속에서 자신들만의 별도 거주지를 찾아야 했다. 메릴랜드 주가 식민지 지역 중에서는 유일하게 구교에 대해 관대했다. 19세기 중반에는 아일랜드인이 구교 신자라는 이유로 차별과 박해를 받아야 했으며, 20세기 초 남유럽에서 온 이민자들은 구교 신자라는 이유로 심한 차별과 박해의 대상이 되었다. 1960년대 케네디 대통령이 구교 신자로는 최초로 대통령에 당선되었다거나, 1990년대에 들어와서야 최초로 로마 교황이 미국의 땅을 밟은 것에서, 가톨릭에 대한 미국인의 부정적 태도를 읽을 수 있다.[6)]

유대인들은 종교적 자유가 허용되는 미국에 18세기 초반부터 이주하기 시작했으며, 유럽인의 뿌리 깊은 유대인 배척 분위기 속에서 이후 조금씩 지속적으로 이주했다. 그러나 현재 미국에 거주하는 대부분의 유대인은 19세기 말~20세기 초의 짧은 기간에 미국으로 건너왔다. 이 시기에 러시아 황제는 유대인을 강력히 탄압하고 국외로 추방하는 정책을 취했는데, 그 결과 러시아에 거주하던 대다수의 유대인은 동유럽 또는 궁극적으로 미국으로의 이주를 결행했다. 이후 히틀러의 유대인 탄압 정책으로 1930~1940년대에도 유럽의 많은 유대인들이 망명지로서 미국을 선택했다.

동유럽 사람은 정치·경제적으로 매우 낙후된 이미지를 가지고 있었다. 그 당시 서유럽 사람들은 일반적으로 동유럽 사람들이 비인간적인 잔인함과 착취와 억압과 혼란이 횡행하는 사회에서 살고 있다고 인식했다. 서유럽 사람의 눈에 동유럽 사람은 미신적으로 보이는 사이비 기독교인 '그리스 정교'를 믿으며 술과 폭력을 좋아하는 야만적인 사람으로 비쳤다. 유럽의 역사에서 유럽인을 공포의 도가니로 몰아넣은 야만족의 침입은 항상 동쪽에서부터 왔으며, 유럽이 봉건지배에서 벗어난 이후에도 러시아는 황제와 봉건제후가 지배하는 낙후된 사회였으므로, 동유럽 지역은 예전부터 서유럽 사람들의 경계와 경멸의 대상이었다. 미국에 온 동유럽 이민자들은 남유럽 사람보다 더 심한 편견과 차별에 시달려야 했다. 이러한 편견과 차별을 피하기 위해 많은 남유럽·동유럽계 이민자들은 영어를 배우는 데 열심이었으며 성을 바꾸면서까지 자신의 출신이 드러나지 않도록 노력했다. 이들 중 많은 수가 영국계의 성으로 개명했으며 조금이라도 성공하면 자신의 민족 집단과 유대를 끊고 주류 사회에 합류하려고 했다.

이 시기에 이주한 유럽계 사람들은 뉴욕, 시카고 등 동부·중서부의 대도시에서 민족의 집단 거주지(ghetto)를 이루면서 정착했다. 이 집단 거주지의 환경은 매우 열악했고, 좁은 공간에 많은 인구가 거주하여 가난하고 불결하며 전염병과 범죄와 부패 등 사회문제가 들끓는 사악한 지역으로 인식되었다. 이들은 영국계 신교도를 중심으로 한 미국인의 정체성을 위협하는 존재로 비쳐졌다. 주류 미국인들은 이들이 미국 사회를 타락의 구덩이로 몰아넣으며 미국인의 자긍심에 상처를 입힌다고 주장하면서 극렬한 배척운동을 전개했다. 1920년대에 극심했던 '큐클럭스 클랜(Ku Klux Klan)'이나 아시아인을 대상으로 한 '황색 위험(Yellow Peril)'과 같은 외국인 배척운동은 새로운 종류의 이민자들이 쇄도하는 데 대한 기존 주민들의 위기감을 반영한다. 새로운 이민자에 대한 사회적 편견은 산업화의 성숙으로 비숙련 노동자의 수요가 감소하는 상황과 맞아떨어지면서, 마침내 1920년대에는 심하게 인종차별적인 내용을 담고 있는 이민 제한법을 통과시켰다. 몇 번의 개정을 통해 최종 형태로 만들어진 1924년의 이민법은 1890년의 인구조사를 기준으로 국가별 이민자 수를 할당했다. 그런데 1890년 이전에는 북서유럽계 사람들 외에는 거의 미국에 이주하지 않았으므로, 결국 그 당시 사회적으로 우려의 대상이던 남유럽·동유럽 사람을 받아들이지 않겠다는 차별적인 의도를 담고 있었다. 이와는 별도로 1924년에는 아시아인의 이민을 금지하는 법(Oriental Exclusion Act)이 제정되었다. 유색인에게는 시민권을 부여하지 않던 그 당시의 법체계를 이용하여, 시민권을 획득할 수 없는 민족은 이민을 허용하지 않는다는 조항으로 비유럽인의 이민을 근본적

그림 3-3 미국 이민자의 지역별 변화(1880~2000년)

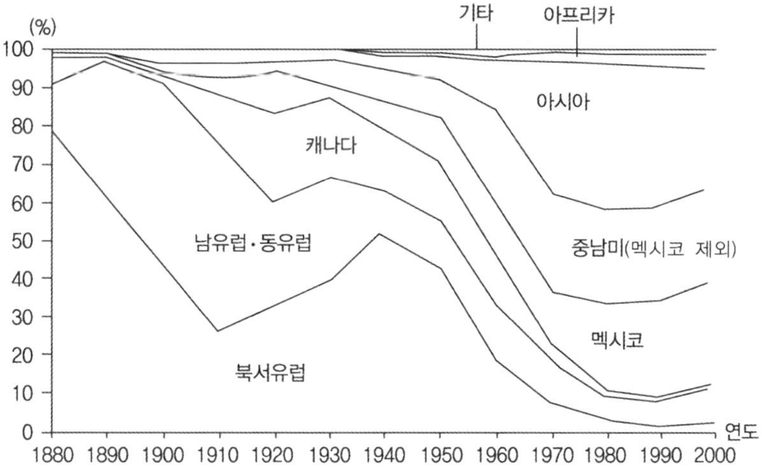

자료: US Office of Immigration Statistics, 저자 재구성.

으로 봉쇄했다. 1952년 매캐런 - 월터법(McCarran-Walter Immigration and Naturalization Act)을 통해 미국 역사상 최초로 시민권 획득에서 인종 장벽이 제거될 때까지 백인이 아닌 유색인 이민자들은 미국에서 아무리 오래 살아도 시민권이 부여되지 않았다.[7] 그러나 북서유럽은 이미 산업화가 종료되고 사회보장이나 소득이 안정된 수준에 올라선 사회이므로 이들이 미국에 이주하는 모험을 감행할 이유가 없었다. 따라서 이들은 이민법에 관계없이 이미 이민이 극도로 감소했으며 이후로도 근소한 수만이 이주했다. 결국 인종주의적 발상에서 만든 1924년의 이민법은 사실상 전 세계로부터 미국 이민을 중단시키는 결과를 초래했다.

4) 중남미인과 아시아인의 이민 물결(1965년~현재)

1920년대에 미국의 이민 문호가 실질적으로 폐쇄된 이후 1965년 이민법 개정으로 이민의 길이 다시 열릴 때까지 미국으로 건너온 사람은 상대적으로 소수이다. 1931년에서 1945년까지 한 해에 10만 명 이하의 사람들이 미국으로 이주했는데, 이들은 주로 유대인이나 전쟁을 피해 이주한 사람들이었다. 제2차 세계대전 후 1960년대까지 이민 온 사람은 주로 정치적 망명자나 중남미 사람들이었다. 정치적 망명자는 냉전 시기에 동유럽과 쿠바 등 세계 각지의 공산화 이후 탈출한 난민이 대부분이었다. 멕시코인은 미국이 전후의 노동력 부족을 채우기 위해 멕시코와 맺은 국가간 협정(Bracero Program)을 통해 수년간 건너와 일하는 계약 노동의 형태로 1946~1962년에 남서부 지역에 대규모로 유입되었다. 그 외에 미국의 점령지인 푸에르토리코나 필리핀 사람들이 소수 이주했다.

제2차 세계대전이 끝난 뒤 미국 경제가 호황을 구가하면서 이민자가 새로 유입되는 것에 대해 미국 사회가 관대해지고, 1950년대 이래 민권운동의 영향으로 과거 인종차별적인 이민법을 개정해야 한다는 목소리가 높아지면서 마침내 1964년에 이민법이 대폭 개정되었다. 새로 개정된 이민법은 과거 인종차별적인 내용을 폐기하여 전 세계를 서반구와 동반구로 구분하고 각각 동일한 수의 이민자를 할당했다. 이민자 선발의 우선순위는 가족 재상봉 등의 인도적 고려와 미국이 필요로 하는 분야의 노동력을 수입하는 데에 두었다. 새로운 이민법은 특정 지역이나 국가에 우선권을 주지 않았음에도 아시아와 중남미로부터 이민이 집중되는 결과를 초래했다. 이민법 개정 이후 비유럽계 이민이 미국 전체 이민자의 4/5 이상을 차지한다. 유럽 사회는 이미 사회·경제적으로 성숙하여 배출요인이 없어졌기 때문에 새로운 이민자를 생산하지 않았다. 반면 아시아와 중남미 국가들은 과거 유럽의 이민 물결과 마찬가지로 보건수준의 향상에 따른 인구 압력과 산업화에 따른 국내 이동성의 증가 등의 원인으로 미국 이민을 선택하는 사회·경제적 배출 환경이 만들어졌다. 19세기 말 20세기 초 남유럽·동유럽 사람의 물결에 버금갈 만한

표 3-2 미국 이민자 배출 상위 10위 국가의 변화(1971~2004년)

순위	1971~1980	1981~1990	1991~2000	2004
1	멕시코	멕시코	멕시코	멕시코
2	필리핀	필리핀	필리핀	인도
3	베트남	베트남	러시아	필리핀
4	한국	엘살바도르	중국	중국
5	인도	한국	인도	러시아
6	쿠바	중국	도미니카	베트남
7	자메이카	인도	베트남	도미니카
8	중국	쿠바	엘살바도르	엘살바도르
9	캐나다	도미니카	캐나다	캐나다
10	도미니카	타이완	아이티	한국

자료: US Department of Homeland Security(2004: Table 2).

엄청난 규모의 새로운 이주자들이 20세기 후반에 미국으로 들어왔다. 이 물결은 지금도 한창 밀려오는 중이다. 1990년대에 들어 매년 약 100만 명의 이민자가 들어오는데, 이중 70만 명은 합법적 이민자이며 나머지 30만 명은 불법 이주자로 추산된다. 중남미인과 아시아인 이외에 1990년 동유럽 공산주의 정권 붕괴 이후 동유럽 출신의 이민자가 급증하는 것도 주목할 만하다. 러시아나 독립국가연합으로부터의 이민이 점점 증가하고 있어, 이들은 조만간 미국 사회에서 상당한 규모의 새로운 이민자 민족 집단을 형성할 것으로 보인다.

중남미 국가들, 특히 멕시코로부터의 이주민은 대부분 본국에서 사회·경제적으로 어려운 처지를 벗어나고자 이동했다. 이들은 미국 사회에서 하층 직업을 전전하며, 지리적으로 근접하기 때문에 이주 후에도 본국에 남겨놓은 친지들과 밀접한 관계를 유지한다. 중남미인은 푸에르토리코인을 제외하고는 남부 지역에 주로 정착하며, 멕시코인은 특히 남서부 지역에 밀집하여 거주하고 있다. 아시아인은 본국에서 비교적 높은 교육을 받고 왔으며 미국에 정착해서도 근면과 검약으로 짧은 시일 내에 주류 사회로 근접해 가는 경향을 보인다. 이 시기에 이민 온 사람들은 거의 모두가 대도시 지역에 정착한다.

1965년 이후에 유입된 이주민은 과거 유럽계 이민자와는 여러 면에서 차이를 보인다. 그들의 특징을 간단히 정리하면 다음과 같다.

첫째, 이들은 과거의 이민자들과 문화적으로 상당히 다를 뿐만 아니라, 새로운 이주자들 내에서도 매우 다양한 차이를 보인다. 이 시기에 많이 들어온 중국인, 필리핀인, 한국인, 인도인, 베트남인은 언어와 문화에서 서로 많은 차이를 보이며, 중남미인의 경우에도 멕시코인, 푸에르토리코인, 쿠바인, 도미니카인, 엘살바도르인, 아이티인은 서로를 유사한 민족으로 인식하기에는 너무도 큰 다양성을 보인다. 물론 이들과 유럽계인 사이의 차이는, 유럽계 민족 집단들 내에서 또는 중남미인 내에서 보이는 차이보다 훨씬 크다.

둘째, 새로운 이민자들은 본국에서 차지하고 있던 사회·경제적 지위나 역할에서도 매우 큰 내적 다양성을 보인다. 아시아인은 대부분 이주하기 전 근대적 교육을 받았으며 도시 근로자로 생활했으므로 언어의 제약은 있지만 미국 생활에 적응하는 것이 상대적으로 순조로웠다. 반면 중남미인은 쿠바인을 제외하고는 대부분 전통적인 농촌 생활에서 바로 도시 산업사회로 이주하는 경우가 많으므로 근대적 교육이나 도시 생활에 적응하는 데에 어려움을 많이 겪는다.[8)]

셋째, 이들은 이주 지역과 이동 경로에서 과거의 이민자와는 분명한 차이를 보인다. 과거 유럽계 이민자들이 동부 해안 지역을 통해서 이주하여 중서부·서부 지역으로 진출한 데 비해, 새로운 이민자들은 주로 서부와 남서부에 집중하여 이주했다. 이들 중 일부는 시간이 지나면서 미국 각지로 퍼져 나갔으나, 여전히 많은 수가 일부 지역에 집중하면서 그 지역 인구의 절대다수를 차지하여 백인들의 우려를 불러왔다. 텍사스 주의 댈러스, 휴스턴, 샌안토니오나 캘리포니아 주의 로스앤젤레스, 샌프란시스코, 샌디에이고에서는 이미 유럽계 백인이 전체 주민의 반수에도 미치지 못한다. 내륙 지역에서도 시카고, 클리블랜드, 디트로이트, 워싱턴 DC, 뉴욕, 볼티모어, 애틀랜타, 뉴올리언스, 마이애미 등 미국의 주요 대도시에서 유럽계 백인은 절반 이하를 점유하고 있다. 대도시의 소수자 비율이 과반수를 차지하는 것은 물론 백인이 교외로 빠져나가면서 시 중심에 소수자들만 남게 되는 경향을 반영하는 것이기는 하지만, 미국 남서부 대부분의 지역에서 백인 수적 우위는 위협받고 있다.

넷째, 이 시기 이주자의 상당수는 법적으로 지위가 확보되지 않은 '불법체류자(undocumented aliens)'의 형태로 미국에 정착했다. 2006년 현재 약 1,200만 명의 불법 이주자가 미국에서 활동하고 있는 것으로 추산된다. 과거 20세기 초반 이민의 문호를 폐쇄하기까지 질병, 범죄, 공산주의 경력 등으로 심각한 결격사유가 없는 한 미국에 발을 들이기만 하면 일정 기간 거주 후 미국 시민으로서의 권리를 보장받던 시절과는 큰 차이를 보인다. 불법체류자들은 미국에서 일을 하고 세금을 내면서도 시민으로서의 기본적 권리를 갖지 못하고 법의 보호를 받지 못하는 착취의 대상으로 불안하게 살아가야 한다. 엄청난 수의 인구가 불법체류 생활을 함으로써 미국 사회의 새로운 긴장 요인으로 작용하고 있다.

다섯째, 이 시기에 이주한 사람들 중에는 과거 이민자들과는 달리 교육 수준이 높으며 출신 지역에서 중류층 생활을 했거나 전문적인 기술을 가지고 있는 인구가 상당수 있다. 인도, 필리핀, 동아시아로부터 오는 이민자의 상당수는 이러한 부류에 속한다. 과거 유럽 출신 이민자들이 산업화 과정에서 농촌 공동체로부터 뿌리 뽑힌 사람이 대부분이었던 것과 비교해 볼 때, 20세기 후반 이러한 성격의 이민자는 매우 특이한 집단이다. 세계화와 정보기술의 발달로 이들은 미국으로 이주하기 전부터 미국의 생활에 대해 비교적 상세한 지식을 가지고 있으며, 자신의 사회에서도 잘 지낼 수 있으나 더 나은 생활을 위해 자발적으로 미국행을 선택한 사람들이다. 이들은 자신의 출신 사회에서 자신이 꿈꿔온 기대가 충족될 수 없다는 좌절감을 느끼고, 상대적으로 미국 생활을 동경하여 미국 이주를 선택했다. 이들은 교육 수준이 높고 미국의 사정에 익숙하지만, 미국 사회에 정착하는 과정에서 예상보다 높은 언어 장벽과 인종 편견과 차별로 적지 않은 어려움을 경험한다. 많은 경우 자신의 세대보다는 자녀의 세대에 가서야 비로소 자신이 이주 시에 기대했던 수준에 도달하게 된다. 이들은 운송과 통신 수단의 발달로 과거 이민자들보다 미국으로 이주하기 위한 심리적 및 물리적 비용을 덜 치러도 되며, 이주 후에도 출신 국가에 대한 관심을 계속 유지하며 그곳 사람들과의 관계도 지속하는 경향이 있다.

2. 이민의 영향

1) 이민자의 특성

미국인의 국민성은 대부분 이민자의 특성에서 유래한다. 이민자는 사회·경제적으로는 물론 심리적으로도 한 지역에 계속 뿌리박고 사는 사람과는 다른 특징을 보인다. 세대가 내려오면서 이민자의 특성은 희석되었지만 여전히 미국인의 심성 속에는 이민자의 피가 흐르고 있다. 미국인 중에 적지 않은 수는 자신과 가까운 조상의 이민 경험을 전해 들으며, 자신의 가계뿐만 아니라 일상의 주변에서 항시 이민자를 접하고 있다. 미국인들은 서로 조금만 가까워지면 자신의 조상의 유래에 대해 언급하는 것을 기본적인 예의로 생각한다. 미국인 대다수에게 이민자의

그림 3-4 자유의 여신상을 바라보는 이민자 가족(촬영시기 미상)

자료: Ellis Island Immigration Museum

주: 뉴욕 항을 건너 자유의 여신상을 바라보는 이민자 가족의 사진 속에 이민자의 이미지가 잘 표현되어 있다. 자유의 여신상 밑에는 에마 래저러스(Emma Lazarus)의 시의 일부가 새겨져 있다. "나에게 다오, 지치고 가난한 사람들을, 자유롭게 숨쉬기를 갈망하는 무리들을, 바닷가에 겹겹이 지쳐 쓰러진 가엾은 이들을. 거처도 없이 폭풍에 시달린 이들을 보내다오, 내가 황금의 문 옆에 나의 등불을 들리라."[10)]

경험은 본인의 선호에 관계없이 수시로 상기하게 되는 삶의 일부이다.[9)]

먼저 이민자의 사회·경제적 특성을 검토해 보자. 이민자는 일반적으로 자신이 살던 사회에서 주변적인 지위를 차지했던 사람인 경우가 많다. 대표적인 예가 유대인이다. 유대인은 배타적인 종교와 독특한 관습 때문에 세계 어디에서나 주변적인 위치에 머물면서 배척의 대상이 되었다. 이러한 배경 때문에 유럽의 유대인은 대부분 미국으로의 이주를 선택했다. 유대인 같은 특수한 민족 집단이 아닌 경우에도 많은 이민자들은 산업화·도시화의 물결 속에서 전통적인 지역 공동체로부터 자의로 또는 타의로 떠나야만 했던 사람들이다. 그들은 미국으로의 이주를 결행하기 전에 자국에서 이미 한 차례 이상 삶에 큰 변화를 초래하는 이주를 경험했다. 농촌 공동체에서 인근의 중소도시로, 또다시 대도시로 이주한 사람들이 이동의 연속선상에서 미국으로의 이주를 결행한다. 급속한 변화를 경험하는 사회에서 미국으로의 이주가 늘어난다.

미국으로 이주하는 사람들 중에 출신 지역에서 정치·경제적으로 기득권을 가진 상류층에 속하는 경우는 드물다. 정치적·종교적 박해를 받는 경우를 제외한다면 지배층에 속하는 사람들이 자신에게 이러한 지위를 부여하는 사회를 떠날 이유가 없다. 1959년의 쿠바 공산화를 피해 온 쿠바 난민, 1975년 베트남의 공산화를 피해 온 베트남 난민 등이 대표적인 상류층 난민이다. 중남미계 이주자들 중에 스페인이나 포르투갈계의 백인이 있기는 하지만 이들은 이중 국적을 보유하면서 자국과 미국을 왕복하는 생활을 한다. 이들은 중남미 사회에서 지배계층에 속하는 사람들이므로 자신의 안락한 지위를 버리고 미국으로 영구 이주를 선택하지는 않는다. 요즈음 한국 사회에서 아버지와 자식이 떨어져 사는 '기러기 가족'이 유행하는 것도 유사한 사례이다.

미국에 이주하는 사람들 중에 자신의 사회에서 하층에 속하는 경우도 드물다. 19세기 중반 기근을 피해 일시에 대규모로 몰려온 아일랜드인이 아마 유일한 예외일 것이다. 어떤 사회에서나 하층에 속하는 사람은 자신의 운명을 바꾸기 위해 적극적으로 이주를 선택하기에 물질적·심리적으로 자원이 고갈된 사람들이다. 미국으로 이민 온 사람은 대체로 얼마만큼이라도 이주를 위한 돈을 저축할 수 있고 미국으로 가는 연고를 확보할 수 있는 사회·경제적 수준에 있는 사람들이다. 교통과 통신이 발달하지 못했던 시절에도 미국으로 이민을 결행하는 사람들은 다양한 경로를 통해 미국에 대해 상당한 지식과 연고를 축적하고 있었다. 미국에 관한 아무런 정보나 연고나 자원도 없이 건너오는 사람은 매우 드물다. 따라서 이민자란 대체로 자신의 사회에서 중간 정도의 지위에 있는 사람들이다. 각 나라가 처한 상황에 따라, 인도나 필리핀 이민자같이 자신의 사회에서 중상층에 속하는 사람이 있는가 하면, 멕시코나 중남미 이주자같이 자신의 사회에서 중하층에 속하는 사람도 있다.

일반적으로 이민자들은 자신의 삶을 계획하고 기회를 찾아 위험을 무릅쓸 수 있는 정신적 능력을 가진 사람이다. 바로 이웃에 있는 나라도 아니고 한 번 가면 돌아온다는 것을 좀처럼 생각하기 어려운 물리적·심리적 거리에 있는 미국에 이주를 결행하기 위해서는 오랜 기간 계획과 준비가 필요하다. 이민을 결행하기 위해서는 자신이 친숙한 환경을 떠나 새로운 환경에서 미래가 불확실한 생활을 선택할 수 있는 정신적 능력을 갖고 있어야 한다. 이들은 미국에 오기 전부터 주변 사람들에 비해 공동체보다는 개인 지향적인 가치관을 더 강하게 추종한다. 이민이라는 행위는 엄청난 자기 책임과 결단을 요구하며 삶에서 '개인의 성공'에 큰 비중을 두는 것을 의미한다. 어느 누구도 이민 당사자를 대신해서 이민을 가도록 강요하거나 대신 결정해 줄 수 없으며 결과에 대한 책임을 대신 질 수도 없다. 이민자는 새로운 것이나 이동에 대해 상대적으로 개방된 사고방식을 가진 사람이다. 전통사회의 사람들이 가급적 이동을 꺼리고 익숙한 환경에서 어떻게든 어려움을 극복해 보려고 하는 태도를 가진 반면, 이민자는 이동에 대한 거부감이 상대적으로 덜하며 기존의 것을 포기하고 새로운 환경에서 미지의 가능성을 모색하는 사람이다. 따라서 이민자는 일반적으로 적극적이며 낙관적인 성격을 갖고 있다. 세상은 뜻하는 대로 잘되지 않을 수도 있다는 부정적인 가능성을 먼저 우려하거나, 자신을 포함한 세상일에 적극적으로 개입하기보다는 흘러가는 대로 내버려 두기를 선호하는 사람은 상대적으로 이주를 선택하기 어렵다. 이민을 결행하는 사람은 주위 사람에 대한 책임감이나 연대 의식이 강하지 않은 사람이라고 볼 수 있다. 즉 지금까지 자신이 속한 공동체에서 신뢰와 책임을 교환하며 살아왔던 연결망을 단절해 버리고 자신의 영달을 위해서 떠나는 사람이다.[11] 이민자들은 자신에 의해 선택된(self-selected), 모험 지향적인 사람이며, 개인주의자이며, 적극적인 사람이며, 낙관적인 세계관의 소유자이며, 개방적인 사람일 가능성이 상대적으로 크다.

이러한 사회심리적 분석은 물론 그들이 사회·경제의 구조적 변화 때문에 이주할 수밖에 없는 상황에 처해 있었다는 사실을 경시하고 개인의 의지적인 요소를 강조하는 오류를 범한다는 비판을 듣기도 한다. 그러나 같은 사회·경제적인 변화 속에서도 국내에 남아 생존을 도모하는 사람보다는 머나먼 이국 땅으로 이주하여 생존을 도모하는 사람이 이러한 성격 특성을 더 많이 가지고 있을 가능성이 높다. 그들은 미국 땅에 도착해서도 이러한 사회심리적 특성을 반영하여 독특한 문화와 사회 관습을 만들어냈을 것이다. 예컨대 권위에 대해 뿌리 깊게 저항하고, 개인의 의지와 행동을 강조하고, 모든 일에서 개인주의적 지향을 강하게 보이는 것은 부분적으로 이민자의 심리적 특성에서 나온다. 이민자의 세대가 경과하면서 후손들은 미국 사회에 적응하고 편한 지위로 상승하여 그들의 선조와는 다른 상황에 처한다. 그러나 이민자들이 만들어 놓은 제도와 가치관의 영향을 받으면서 이민자의 심리적 특성의 일부는 세대가 지난 후에도 계승된다.

이와 유사한 방식으로 일부 흑인의 신체적 기질이 백인이나 아프리카에 있는 흑인보다 더 강한 이유를 설명하기도 한다. 미국 스포츠에서 흑인의 활약은 흑인 인구의 비율을 넘어서서 훨씬 두드러지며 일부 흑인들은 매우 건장한 신체와 강인한 심성을 지니고 있다. 그러나 전 세계적으로 볼 때 흑인이 백인보다 신체적·정신적으로 강인한 유전자를 가지고 있다는 증거는 없다. 대신 흑인의 역사적 경험에서 흑인의 신체적 정신적 기질이 강한 원인을 찾는다. 미국 땅에 도착한 흑인은 아프리카에서 포획되어 미국 땅에 오기까지 험난한 여정을 거치면서 살아남은 신체적으로 강한 사람들이었다. 미국에 도착해서도 노예 상태라는 험난한 환경 속에서 후손을 낳고 생존해 갈 수 있었던 사람으로는 신체적·정신적으로 강한 사람들만 선택되었으리라는 추리를 해볼 수 있다. 연구에 따르면 아프리카 연안에서 배에 실려 아메리카 해안으로 오는 항해는 죽음의 항해로, 전체 승선 노예들의 10~20%가 중간에 사망했다고 하며, 미국 땅에 도착해서도 노예들은 매우 높은 자살률을 기록했다고 한다.

물론 미국 사회의 높은 인종차별 때문에 가난한 흑인에게는 교육을 통한 정상적인 성공의 길이 제한되어 있었으므로, 부모의 사회·경제적 배경이나 인종차별보다는 자신의 육체적인 기술을 유일한 경쟁의 도구로 하는 스포츠가 건장한 흑인을 선택적으로 끌어들였을 수 있다. 스포츠의 세계는 외견상 인종차별이 덜 작용하는 곳이므로 성공을 꿈꾸는 흑인에게 공정한 경쟁을 통해 성공에 도달할 가능성이 현실적으로 존재하는 곳으로 보인다. 그러나 사실 미국의 흑인은 오랜 차별과 빈곤의 영향으로 건강 수준에서 백인보다 현저히 떨어지며 신체적으로 왜소하고 선진국 사람이라고는 생각할 수 없을 정도로 평균수명이 짧다. 흑인이 백인보다 더 강한 체격을 가지고 있다는 생각은 인종적인 편견이다.

일부 흑인들이 스포츠 세계에서 백인을 능가하는 것이 순전히 흑인들 개개인의 선택의 결과인지, 역사적으로 발생한 타의의 선택이 어떤 기여를 했는지 분명히 가리기는 어렵다. 그러나 오늘날 많은 흑인 소년들이 스포츠 스타를 꿈꾸는 것이 그들의 육체적 기질보다 그들이 처한 사회·경제적 환경 때문이라는 점은 분명하다.[12)]

2) 미국인화

이민자들이 미국 땅에 도착하면 미국의 사회·문화에 동화되도록 엄청난 압력을 받는다. '미국인화(Americanization)'의 가장 큰 부분은 영어를 하는 것이다. 여론조사를 보면 미국인으로서 가장 중요한 자질이 무엇인가 하는 질문에 압도적 다수가 영어를 잘 구사하는 것이라고 답한다. 이러한 일반적인 생각은 영어를 잘 구사하지 못하는 사람에게 엄청난 사회적·경제적 불이익과 편견으로 표출된다. 미국인들은 미국에서 생활하는 사람은 당연히 영어를 해야 한다고 생각하며, 영어를 잘 못하는 사람에게 일반적으로 관용적인 태도를 보이지 않는다. 18~19세기에 독일인이 대규모로 이주했을 때, 미국인들은 이들이 영어를 배우려고 노력하지 않고 자기 민족 사람들끼리만 대화하고 어울린다는 점에 대해 강한 불만과 편견을 표출했다. 이는 19세기 말의 중국인에게, 또는 20세기 후반 중남미인과 아시아인에게 표출하는 불만·편견과 동일하다. 미국 시민이 되기 위해서는 시험을 통과해야 하는데 이 시험의 가장 중요한 목표는 영어를 숙지하도록 하는 것이다. 미국에서 영어를 제대로 구사하지 못하면 아무리 오래 살아도 정상적인 미국인으로 취급받을 수 없으며 직장이나 사적인 생활에서도 차별을 받는다. 영어를 잘 구사하지 못하는 사람에게는 중류층의 '경력을 쌓는 직업(career)'으로 진출할 수 있는 길이 막혀있다. 영어를 제대로 구사하지 못하면 저임금 비숙련 일자리를 벗어날 수 없으며 아무리 오래 일을 해도 관리직을 맡을 수 없다. 일의 성격이 영어 구사력을 크게 요구하지 않는 경우라도, 미국인 일반의 부정적인 반응을 고려해 영어를 잘 구사하지 못하는 사람의 채용은 기피된다. 영어를 제대로 구사하지 못하면 공동체나 조직 활동에서 배제되며 무시된다. 심지어 상점에서 물건을 살 때나 일상생활에 관련된 사소한 안내를 받는 데에서도 불이익과 치욕적인 감정을 경험해야 한다.

이민자의 출신 지역이 영어를 사용하는 곳인가의 여부는 이민 생활의 적응 방식에 큰 차이를 낳는다. 같은 아시아 출신 이민자이지만 영어를 모국어로 하는 인도인이나 필리핀인은 영어를 모국어로 하지 않는 동아시아 및 동남아시아 사람과 정착 방식에서 큰 차이가 있다. 인도인이나 필리핀인은 이민 1세대에서부터 사무직이나 전문직에 진출하는 길이 열려있다. 이들은 자기 민족 사람들끼리만 모여서 생활하거나 서로 경제적으로 의존하는 민족 경제권(ethnic economy)을 형성하지 않는다. 미국 어디에서도 인도인이나 필리핀인이 집단 거주하는 곳이나 그들만을 고객으로 하는 상점을 찾을 수 없다. 반면 영어를 모국어로 하지 않는 동아시아나 동남아시아 사람은 언어 장벽 때문에 같은 민족끼리 모여 살며 서로 경제적으로 의존하는 정착 유형을 보인다. 한국 사람이 우리나라에서 대학을 졸업하고 괜찮은 직장의 사무직 또는 전문 기술직에 종사하다가도 미국에 건너가면 세탁소나 청과물상이나 잡화점 같은 자영업을 택하는 것은 모두 미국 사회의 영어 사용에 대한 사회적 압력에 부분적으로 기인한다.

미국을 가리켜 흔히 '언어의 무덤'이라는 표현을 쓴다. 미국에 이주한 사람들이 세대를 거치면서 놀랄 만큼 빠른 속도로 모국어를 잊고 현지 언어에 동화되는 현상을 지칭하는 말이다. 이는 거꾸로 말하면 영어를 써야 하는 사회적 압력이 엄청나게 큼을 의미한다. 세대가 바뀌면서 영어를 모국어로 하여 익숙하게 되는 현상은 인종과 민족을 막론하고 공통적이다. 미국에 이주한 1세대에서는 영어 구사의 어려움이 일생 사라지지 않지만 어릴 때 부모와 함께 미국으로 이주한 1.5세대로 넘어가면 대부분 직업 생활을 하는 데 전혀 어려움이 없는 영어를 구사하고 집에서도 영어를 주로 쓰는 관행으로 바뀐다. 이는 이민 1세대가 영어로 인해 어려움을 겪은 후 자식에게는 영어로 인한 서러운 경험을 겪지 않도록 어릴 때부터 영어 사용을 권장한 결과이다. 그러나 연구에 따르면 집에서 이민자 부모가 영어를 잘 구사하지 못하는 경우 자녀의 언어 능력은 중류층 백인 자녀에 비해 상대적으로 떨어지는 것으로 나타난다. 사회·경제적으로 중요한 직위를 수행하기 위해 언어 구사력이 더욱 중요해지는 상황에서 상대적으로 부족한 영어 구사 능력은 이민 2세대의 사회적 성취에서 여전히 중요한 부정적 요인으로 작용한다.

서부 지역에 아시아인과 중남미인이 집중적으로 모여들면서 영어 이외의 언어, 특히 스페인어가 일상적으로 통용되는 현상에 대해 미국의 백인들은 많은 우려를 표명한다.[13] 1990년대 초에는 서부 지역을 중심으로 공식 언어로 영어만을 써야 한다는 법률을 만들기까지 했다. 초·중등학교에서 영어를 잘 구사하지 못하는 학생을 위해 모국어로 지도하는 특수반을 개설하기는 하지만, 이는 영어를 잘 사용하도록 유도하는 과정으로서의 학습임을 교육 목표에서 분명히 하고 있다. 한때 아시아계나 히스패닉(Hispanic: 중남미계 이민자의 총칭)이 자신의 모국어로 생활하는 생활권 속에서 성장하면서 영어를 접할 기회가 적어 정상적으로 영어를 구사하는 미국인이 되지 못하는 것이 아닌가 하는 우려가 제기되었다. 그러나 이러한 우려는 기우인 것으로 판명되었다. 일부 아시아계 이민자 부모들은 자녀의 영어 습득을 염려해 자녀가 집에서도 영어를 사용할 것을 종용한다. 히스패닉 아동의 경우 영어를 잘 구사하지 못하는 것에 대한 아동들 간의 동료 압력으로 엄청난 스트레스를 받으며 아이들

스스로도 성장함에 따라 집에서 영어 사용을 고집하는 행태를 보인다. 히스패닉과 아시아인의 경우 과거에는 교과 과정의 일부로 모국어를 사용해서 교육하는 민족학교가 있었으나 이곳의 졸업생들이 영어 구사력 미흡으로 주류 사회 진출에 어려움이 많다는 여론에 따라 학생 수가 줄어들어 지금은 거의 사라진 상태이다. 2002년 퓨 히스패닉 센터(Pew Hispanic Center)의 조사에 따르면 히스패닉 2세의 90% 이상은 영어와 스페인어 양쪽을 다 쓰거나 주로 영어만을 사용하며, 3세로 넘어가면 3/4 이상이 주로 영어만을 사용하는 것으로 나타난다. 또한 히스패닉 젊은이들은 스페인어로 된 TV 프로그램보다 영어로 된 프로그램을 두 배 이상 더 많이 보고 있다.[14] 중남미계 사람이 미국인으로 동화하려고 노력하지 않는다는 미국 백인의 편견은 명백히 그릇되다. 그들 역시 자녀들이 영어를 열심히 배워 백인 주류 사회의 직업을 갖기를 희망한다. 단지 이러한 희망이 그들이 처한 어려운 현실 때문에 쉽게 도달하기 어려운 목표일 뿐이다.

영어 사용 압력 다음으로 강력한 미국인화의 수단은 학교 교육이다. 미국은 세계적으로 보통교육이 가장 먼저 시작된 나라이다. 백인에 대한 초등 수준의 보통교육은 18세기 초에 매사추세츠 주에서부터 시작해 급속히 보편화되었다. 당시 보통교육의 확대를 주도한 호레이스 만(Horace Mann)은 미국은 인종과 민족이 다양하므로 교육을 통해 미국인으로서 공통된 가치관과 자질을 갖추도록 하는 것이 중요하다고 역설하면서 보통교육을 적극적으로 보급하였다. 그 당시의 보통교육은 '3R'이라 하여 읽기(Reading), 쓰기(Writing), 셈하기(Arithmetic) 기술을 터득하는 것과 함께 정직, 근면, 절제 등 민주 시민으로서 기본적인 덕목을 갖추는 것을 목표로 했다.

미국 역사의 교육은 학교교육에서 미국인화의 핵심을 차지한다. 어느 나라나 자국의 미화된 역사를 후세대에게 교육시켜 하나의 통일된 국가로서 정체성을 지키려고 노력을 기울이지만, 미국인에게 자국 역사를 주입시키려는 노력은 매우 두드러진다. 이는 공식 교육 과정에서 역사교육에 할당된 시간이 특히 많음에서 드러나며, 공영방송에서 지속적으로 생산하는 역사 관련 프로그램과, 전국에 산재한 역사박물관이나 역사적인 기념 장소 등을 유지하기 위해 들이는 엄청난 비용과 노력에서도 읽을 수 있다. 그 결과 미국인은 자기 나라의 역사에 관심을 많이 가지며, 역사 관련 문화 산물을 일상의 주변에서 흔히 접할 수 있다. 이민자의 자녀는 보통교육을 통해서 영어를 습득하고, 미화된 미국 역사를 배우고, 미국적인 가치관과 관습을 내면화하면서 완전한 미국인으로 거듭나게 된다. 미국의 교육기관은 미국이라는 '상상의 공동체'를 구성하는 미국인을 생산하는 공장 역할을 한다.

미국인의 삶의 방식에서 벗어난 생활을 할 경우 엄청난 편견과 차별을 받게 된다. 구교나 유대교 신자에 대한 편견과 차별은 제2차 세계대전 무렵까지 보편적인 현상이었다. 가톨릭 신자의 경우 미국이 아닌 로마 교황에게 우선적으로 충성을 바치는 사람들로 인식되어 불완전한 미국인으로 취급받았다. 현재에도 기독교가 아닌 다른 종교, 예컨대 이슬람교, 힌두교, 불교 신자는 비미국적이라는 편견을 벗기 어려우며 정상적인 미국인으로 취급받지 못한다. 자본주의 경제 체제를 비판하는 사람은 미국에서 환영받지 못하며 냉전시절에는 공산주의 적에 동조하는 사람이라는 비난과 함께 억압의 대상이었다. 가난한 사람들의 처절한 삶을 묘사한 존 스타인벡(John Steinbeck) 같은 진보 성향의 소설가들은 죽을 때까지 이웃 사람들로부터 기피되었다.

미국적인 기준을 추종하라는 압력은 삶의 모든 영역에서 전 방위로 압박해 들어오므로, 이민자의 삶은 엄청난 스트레스를 견디면서 생존을 위해 필사적으로 미국적인 기준을 수용하려고 노력하는 삶이 될 수밖에 없다. 이민 1세대의 경우 영어도 문제이지만 모국에서 성장기에 몸에

밴 가치관이나 생활 습관은 미국에 와서도 좀처럼 바꾸기 힘든 것으로 나타난다. 반면 미국에서 성장한 자녀들은 미국적인 가치관과 생활 습관을 갖게 되어 이민 가정의 세대 간 갈등의 주요 원인으로 작용한다. 부모는 집단주의적 가치관을 가지고 있으나 자식들은 미국인의 개인주의적 가치관을 습득하게 됨으로써 부모와 자식 세대 간에 깊이 있는 대화가 단절되는 상황이 흔히 연출된다. 성인의 경우 사람에 따라 미국적인 가치관과 생활 습관을 선택적으로 습득하는 경향을 보인다. 예컨대 여성은 미국 사회의 개인주의와 남녀평등 의식을 쉽게 내면화하는데, 이는 집단주의적·가부장적 가치관에서 벗어나지 못하는 남편과 가정불화를 빚는 중요한 요인이다. 요컨대 성인이 되어 미국에 이주한 사람들은 대부분 일생 동안 불완전한 미국인으로서 삶의 곳곳에서 차별과 불이익을 감수하고 미국인화의 압력을 항상 의식하면서 주변적인 삶을 살아간다.

이민자들이 모국과의 관계에서 얼마나 충성심을 느끼는가 하는 문제는 해당 국가와 미국 간에 갈등이 발생하는 경우 문제가 된다. 미국은 제2차 세계대전 중 일본인계의 모국에 대한 충성을 우려해서 서부 지역에 살고 있는 일본인계를 모두 집단수용소에 감금한 과거를 가지고 있다. 물론 이것은 일본인 이민자의 충성심을 의심해서라기보다는 근본적으로 백인 사회의 인종주의적인 유색인 억압의 결과 초래된 비인도적인 행위로 밝혀졌다. 근래 중동과의 분쟁에서도 중동계 미국인에 대한 사회적 배척과 억압이 광범위하게 전개되었다. 중동계 미국인은 외국인 등록을 하도록 강요되었으며, 분명한 이유를 제시하지 않고 많은 중동계 사람들을 본국으로 송환시켰다. 조사에 따르면 이민자들이 미국보다는 모국에 일차적인 충성심을 둘 것이라는 생각은 전적으로 그릇되다. 사회적 압력과 학교교육을 통해 많은 이주민과 후손들은 급속히 이중적인 정체성을 포기하고 미국인으로서 단일 정체성을 획득한다. 이민자들은 미국으로 이민 온 1세대에서부터 대부분이 본국보다는 미국에 일차적인 충성심을 두는 것으로 밝혀졌다.[15] 유럽계 이주민의 경우 2세대로 넘어가면서 부모의 출신국에 대한 친근감은 급속도로 사라져서 자신을 미국의 백인 집단에 동일시하는 경향이 강하다. 20세기 후반에 건너간 아시아인은 미국의 주류 집단과 문화적인 차이가 매우 크며 유색인으로서 항상 인종차별을 의식해야 하는 상황에서 생활하므로, 세대가 거듭되면서 부모의 출신 국가에 대한 친근감이 사라지는 속도는 유럽계 이민자보다는 느릴 것이다. 그러나 이민 2세들이 미국을 '내가 속하고 내가 살기에 가장 편한 나라'라고 생각하는 점에서는 아시아계나 히스패닉 역시 유럽계 백인과 다르지 않다.

20세기 중반까지 미국인화에 관한 논의는 단순한 수준에 머물렀다. 미국으로 이주한 다양한 인종·민족들은 자신의 고유한 문화와 정체성을 버리고 새로 미국의 문화와 정체성을 획득한다는 것이 소위 '용광로(melting pot)'이론이다. 그러나 이 이론은 20세기 후반 들어 앵글로색슨계 백인 남성 중심 문화의 종주권에 대한 도전이 거세지면서 당위적인 측면에서는 물론 현실적 타당성에 대해 의문이 높아졌다. 미국인화 명제의 근거를 이루고 있는 용광로 이론은 영국계 백인 남성 중심의 문화를 제외한 소수자(minorities)들의 문화는 미국에서 자취를 남겨서는 안 된다는 가치판단을 내포하고 있다. 왜 영국계를 중심으로 한 문화만 종주권을 주장할 수 있는가 하는 도전은 물론, 실제 미국의 문화 지형에서 영국계 문화 이외에는 존재하지 않는 것인지 확인해 보아야겠다는 목소리가 높아졌다. 왜 흑인의 역사나 인디언의 역사는 소홀히 다루어지고 유럽, 특히 영국의 역사는 상세히 취급되어야 하는가 하는 질문은 이념적인 갈등을 밑바탕에 깔고 있다. 여기에는 문화에 관한 한, 획일적으로 단일화하는 것보다는 다양한 것이 더 좋다는 가치판단이 내포되어 있다.

연구 결과 실제 미국인화는 완벽하게 이루어지지 않은 것으로 드러났다. 각 인종·민족이나 여성 등 소수자들은 미국 주류 문화의 변방에서 고유의 특색을 어느 정도 유지하면서 생명력을 이어왔다는 사실이 밝혀졌다. 이제 미국인화 명제의 효과는 새로운 각도에서 조명되고 있다. 아일랜드계, 이탈리아계 등 유럽 소수 집단의 문화와 정체성은 세대를 이어오면서 부분적으로나마 유지되고 있고, 영국계 백인과 미국 정착의 역사를 같이하는 흑인의 문화는 일부 영역에서 미국의 주류 문화에 상당한 영향력을 행사했으며 여전히 백인 문화와는 다른 모습을 보인다. 미국인화 작업이 미국의 신조를 주입시키는 데서 어느 정도 성공하고 있는 것은 사실이지만 '미국적인 생활양식'이라는 고유하고 단일한 문화를 만들어내는 데는 절반의 성공에 그치고 있다.16) 어쩌면 실제 미국 문화의 정체성은 처음부터 다양성 그 자체였으며 앞으로 계속 그럴지도 모른다.

3) 이민 시기에 따른 동심원 원칙

미국 사회는 이주의 시기에 따라 인종·민족 집단별로 사회·경제적 지위가 분화되어 있다. 대체로 이주의 시기가 앞서 있을수록 사회·경제적 지위의 상층에 위치하며 이주의 시기가 근래에 가까울수록 사회·경제적 지위 체계의 아래에 위치한다. 최초로 미국에 정착해 주류 문화를 형성한 영국계가 사회·경제적 지위 체계의 최상층을 차지한다. 영국계 중에서도 앵글로색슨 민족의 잉글랜드계가 가장 상층을 차지하며 그 밑에 스코틀랜드계 및 스코틀랜드에서 아일랜드로 강제 이주된 스코틀랜드계 아일랜드인이 위치해 있다. 아일랜드계는 영국계의 범주에 포함되기보다는 별도의 독립된 민족으로 구분된다. 이민의 시기와 이민 민족의 규모 간에는 뚜렷한 관계가 없으며, 민족 규모와 그 민족의 사회·경제적 지위 서열 간에도 직접적인 관계를 찾아보기 어렵다. 앞에 온 민족이

표 3-3 미국인 조상의 주요 국가 분포(2000년)*

국가	점유율
독일	15.2%
아일랜드	10.9%
영국**	9.4%
스코틀랜드***	3.2%
이탈리아	5.6%
폴란드	3.2%
프랑스	3.0%
노르웨이	1.6%
스웨덴	1.4%
미국인****	7.3%

자료: US Bureau of Census(2003).
주: * 두 개 이상 국가의 중복 응답 허용
** 웨일즈계 포함, *** 스코틀랜드계 아일랜드인 포함
**** 자신의 조상은 미국인이라고 밝힘

뒤에 온 민족보다 반드시 규모가 더 크지는 않으며, 민족 집단의 규모가 크다고 해서 반드시 그 집단의 사회·경제적 지위가 높지도 않다. 미국의 문화를 규정한 앵글로색슨족은 이후에 도래한 독일계보다 규모가 작으며, 19세기 후반에 이주한 이탈리아인은 바로 이전 시기에 주로 이주해 온 스칸디나비아인보다 규모는 훨씬 크나 사회적 지위 체계에서 하위에 위치한다.

영국계의 밑에는 독일계와 북유럽계가 위치해 있다. 이들은 중서부 오대호 연안과 워싱턴 주, 오리건 주 등 북서부 지역에 많이 거주하며, 이 지역의 농촌·중소도시 지역에 광범위하게 분포하고 있다. 사회·경제적 지위 체계에서 독일계와 북유럽계 다음에는 아일랜드계, 남유럽계, 동유럽계 사람들이 위치한다. 아일랜드계는 영어 구사에 문제가 없다는

점에서 독일계나 북유럽계보다는 유리한 입장이지만, 구교를 믿는 점과 빈농 출신으로 미국에 맨손으로 건너와서 험한 일자리를 전전하면서 도시의 열악한 집단 거주지에서 정착했다는 점에서 북유럽계보다는 이후에 건너온 남유럽 사람과 좀 더 유사하다. 일반적으로 아일랜드계는 독일계보다 하위의 사회·경제적 지위를 점한다.

사회·경제적 지위와 함께 사적인 삶의 영역에서도 이주 순서에 따른 민족 집단별 지위 구분이 반영된다. 적합한 결혼 상대자의 범주에 대한 관념, 배타적인 클럽 또는 교제 집단의 형성, 상대 집단에 대한 편견과 고정관념 등에서 집단별 구분이 뚜렷하다. 앞서 이주해 온 사람은 이후에 이주한 사람에게 그들이 지금까지 차지하고 있던 사회·경제적 역할을 물려주고 한 단계 상층으로 옮겨갔다. 새로 이주해 오는 사람들에게 또는 직장의 최하층을 물려주면서, 바로 직전에 이주해 온 사람들은 이들보다 보수와 권한에서 한 단계 위인 자리로 이동했다. 거주환경 또한 새로운 이주 집단이 올 때마다, 앞서 이주해 온 민족 집단은 지금까지 살던 열악한 환경에서 한 단계 더 나은 주거환경으로 이동하고, 과거에 자신이 살던 열악한 주거 지역은 새로 이주해 온 사람들에게 팔거나 세를 주면서 물려주는 방식을 취했다. 새로 이주한 사람들은 영어나 현지의 사정에 익숙하지 않으므로 사회·경제적으로 가장 밑바닥을 차지할 수밖에 없으나, 이주한 이후 시간이 지날수록 영어와 미국인의 가치관과 생활 방식에 익숙해지면서 좀 더 최근에 이주한 사람들보다 다시 한 단계 우위의 조건을 갖게 된다.

20세기 초반까지 이민자의 주류를 형성한 유럽인들은 출신 지역과 이주 시기에 따라 서로 간에 뚜렷한 사회·경제적 서열을 형성하고 있지만, 흑인, 인디언 및 이후에 이주한 중남미계와 아시아계에 비해서는 분명한 공통점을 갖는다. 그들은 모두 백인이라는 점에서 유색인과는 명확히 구별되는 사회적 범주이다. 미국에서 일반적으로 '민족 집단

(ethnic group)'이라는 말을 쓸 때는, 유럽계 출신 백인 중 영국계가 아닌 소수민족을 지칭하는 말이다. 미국의 주류인 영국계는 민족 집단의 범주에 포함시키지 않는다. 사회·문화적으로 별도의 민족 집단으로 구분된다는 것은, 이들이 미국 사회에서 구별되는 존재로 인식되고 있음을 의미한다. 아일랜드계를 영국계의 주류 집단에 포함시키지 않는 관행은 바로 아일랜드 사람과 아일랜드 문화를 별도의 민족 집단으로 구분하고 있는 것과 무관하지 않다. 아일랜드계 사람을 위한 별도의 단체가 있으며, 별도의 신문과 방송 프로그램이 있고, 별도의 축일이 있고, 별도의 음식과 사회 관습이 존재한다. 이러한 민족 집단의 특성과 활동은 곧 아일랜드계 사람이 미국의 주류 문화와 구분되는 사회·문화적 지위를 점유하고 있음을 의미한다. 독일계나 북유럽계의 경우 아일랜드계와는 달리 미국 사회에서 구별되는 민족 집단의 정체성을 형성하고 있지 않다. 그들은 별도의 단체도 없으며, 별도의 축일도 없고, 별도의 신문이나 방송 프로그램도 없으며, 그들 고유의 것으로 기억되는 사회 관습이나 문화적 상징도 없다. 이는 그들이 백인 주류 사회에 완전히 흡수되어 별도의 민족 집단으로 취급되지 않기 때문이다.[17)]

20세기 중후반에 본격적인 이주를 시작한 중남미계와 아시아계의 경우 그전까지 미국에 이주한 사람과는 다른 특성을 보인다. 이들은 유럽 문명권에 속하지 않는 사람으로서 유색인 이민자라는 특성이 두드러진다. 1959년 쿠바 공산화 시 쿠바를 탈출해 플로리다 주 마이애미 지역에 집단 이주한 쿠바인의 경우 백인이 다수를 차지하며 상대적으로 사회·경제적 수준이 높은 편이다. 그러나 이들 이외의 중남미계, 특히 전체 히스패닉의 2/3를 차지하는 멕시코 출신은 백인이 드물며 사회·경제적 지위도 낮다. 아시아인은 미국 이주의 역사는 짧지만 미국에 이주해서 짧은 기간 내에 중류층 지위에 도달할 수 있었다. 아시아인이 백인의 전체 평균보다 높은 수준의 사회·경제적 지위를 누린다는 점에서 볼 때, 아시아인은 유럽인에게 공통적으로 적용되는 이주 시기에 따른 동심원 원칙에서 예외적인 사례이다.

미국인 대다수가 이민자로 출발하는 데 비해 흑인과 인디언은 시작에서부터 전혀 다르다.[18] 흑인은 다른 모든 이주자들이 자발적인 선택으로 북미 대륙에 발을 디뎠음에 비해, 대부분 강제적으로 붙잡혀 와 노예 상태로 미국 생활을 시작했고 20세기 중반 민권운동이 일어날 때까지 그런 상태를 지속했다. 흑인의 도래 이후에 유럽에서 빈손으로 건너와 미국 땅을 밟은 이민자들은 빈손으로 왔음에도 처음 도착하는 순간부터 백인으로서의 특권을 누렸다. 미국 땅에서 유럽계 이민자의 첫 일자리가 아무리 도시의 저임금 단순 노무직이라고 해도 흑인들이 노예 상태로 면화 농장에서 일해야 하는 것과는 비교할 수 없는 특권적 지위를 누리는 것이었다. 흑인들은 미국 사회·경제의 가장 밑바닥에서 모든 백인 이민자들이 이들의 상위에서 첫 출발하는 것을 견뎌야 했다.

인디언은 흑인과 미국 사회에서 출발점이 다르지만 처음부터 지금까지 변함없이 미국 사회·경제의 맨 밑바닥을 차지하고 있다는 점에서는 일치한다. 흑인들이 백인이 소유한 농장에서 노예나 소작농으로 일하고 제1차 세계대전 이후 도시의 최하위 노동자로 생존하면서 백인 사회의 착취 대상이었음에 비해, 인디언들은 백인 사회로부터 완전히 배제된 집단으로 문명의 혜택 밖에서 생존에 허덕여야 했다. 영국인은 북미 대륙 정착 초기에는 인디언을 노예로 착취하려고 시도했으나 실패했다. 인디언들이 순종적이지 않고 도망이나 질병 등으로 노동력의 재생산이 순조롭지 못했기 때문이다. 미국 땅은 과거에 인디언의 조상의 소유였고 어릴 때부터 그들이 친숙하게 살아온 곳이기 때문에, 인디언에게 먼 바다 건너로부터 수입되어 온 흑인 노예와 같이 순종적인 노역을 감당하도록 강요하는 것은 어려웠다. 이러한 문제 때문에 백인들은 인디언을 흑인과 같이 백인의 경제활동에 편입시켜 착취 대상으로 활용하기보다는 일찍부터 백인의 활동 영역 밖으로 쫓아내는 정책을 취했다. 그들에게 허용된 제한된 공간인 '인디언 보호구역'은 경제적으로 거의 쓸모없는 땅이었으므로 그들은 연방정부의 구호물자에 의존한 채 매우 빈한한 생활을 이어갈 수밖에 없었다. 인디언 말살 정책 속에서 강제로 부모로부터 떨어져 기숙학교에서 서구식 교육을 받고, 도시 노동자로서 강제 훈련을 받는 등의 시련을 거치면서, 인디언 중 다수는 민족 정체성을 상실한 채 최하층의 빈민으로서 삶을 유지하고 있다. 요컨대 흑인과 인디언은 미국인 대부분을 차지하는 이민자와 이들의 후손이 걸어온 길과는 전혀 다른 길을 걸어왔으며, 그 결과 현재에도 이민자의 후손과는 매우 구별된 방식의 삶을 살고 있다.

4) 이민의 경제적 효과

이민의 물결은 미국 경제와 밀접한 관련을 맺고 있다. 19세기 중반 산업화가 시작되기 이전까지 미국은 북동부 해안의 일부 상업도시를 제외하고는 전 지역에서 농업이 주요 산업이었고 미국인의 90% 이상은 농부였다. 이 당시 미국에서 유럽으로 수출하는 물품은 면화, 밀, 담배와 같은 농산품이었고, 유럽으로부터는 직물과 약간의 공산품과 상류층을 위한 사치품을 수입했다. 1890년 미국 서부의 땅이 인구로 채워지기까지 미국은 그야말로 경작할 땅은 얼마든지 있는데 들판에서 일할 노동력을 확보하는 것이 문제인 나라였다. 이민자들은 북미 대륙 곳곳에 퍼져서 농업을 통해 국부를 늘리는 원천이 되었다.

19세기 중반에 본격적으로 시작된 산업화는 비숙련 노동력을 무한히 필요로 했다. 산업화 이전의 생산이 오랜 훈련을 요구하는 장인 기술자에 의한 소규모 생산 방식이었다면, 산업화 시기의 생산은 자연의 에너지와 기계 및 비숙련 노동력을 활용한 대량 생산 방식이다. 19세기 후반에 개발된 근로자의 동작을 표준화하는 테일러식 경영 방식(Taylorism)과 20세기 초에 컨베이어 벨트를 이용해 생산물이 이동하면서 작업의 절차와 속도를 중앙에서 통제하는 포드식 일관 생산 방식(Fordism)이 결합되면서 미숙련 내지 반숙련 노동력을 이용한 대량 생산 방식이 확고하게 정착했다. 19세기 후반에서 20세기 초반에 걸쳐 엄청난 숫자로 들어온 이민은 이러한 미숙련 노동력 수요를 충당하기에 충분했다. 20세기 초중반은 미국 경제가 과잉생산과 불황으로 어려움을 겪은 시기이다. 이 시기에는 이민자를 거의 받아들이지 않았다. 그러나 제2차 세계대전 이후에 도래한 엄청난 호황은 다시 미숙련 노동력에 대한 수요를 높였다. 20세기 중후반에는 산업구조의 변화로 서비스 수요가 폭증하면서 서비스 생산의 밑바닥 층을 메우기 위해 많은 이민자들이 들어왔다. 20세기 후반에는 산업이 고도화되면서 일부 분야에서 발생한 기술자의 부족을 이민으로 메워야 하게 되었다. 의료 종사자, 컴퓨터 기술자 등이 대표적으로 인력이 부족한 분야로, 많은 아시아계 이민자들이 들어와 이러한 수요를 채웠다.

시기에 따라 지금까지 미국 경제에서 흡수되는 분야는 달랐지만 이민자들은 항시 미국 경제에서 필요로 하는 노동력, 특히 직업 지위에서 맨 아래에 위치하는 힘들고 낮은 보수의 일자리를 채워 왔다. 이러한 일자리는 기존의 미국인들이 꺼리거나 다른 이유 때문에 자체적으로 충원될 수 없는 분야였다. 19세기 말 북부 산업 도시에서 필요로 하는 노동력을 미국의 흑인이 아니라 유럽에서 새로운 이민자를 모집하여 충원했던 것은 특기할 일이다. 남부의 면화 농장에서 억압적 노동에 종사하던 흑인들은 북부의 산업 노동력으로 이동하는 것이 금지되었다. 인종주의적 차별 때문에 백인 이민자들은 항시 흑인보다는 상위에서 미국 생활을 시작할 수 있었으나, 백인 사회 내에서 새로운 이민자들은 밑바닥의 일자리를 채워야 했다.

옛날이나 지금이나 새로운 이민자는 미국 경제에 필수적인 저임금 노동력을 공급함으로써 미국 자본주의가 잘 돌아가도록 하는 근원이다. 산업혁명 시기에는 말할 것도 없고, 산업이 고도화된 현재에도 새로운 이민자가 공급하는 저임금 노동은 미국인의 경제적 풍요를 뒷받침한다. 새로운 이민자가 없다면 엄마가 직장에 가면서 남겨진 그 많은 아이들은 누가 돌보며, 도시의 쓰레기는 누가 치우고, 가로와 건물 청소는 누가 하며, 그 많은 건물의 경비는 누가 서며, 정원 손질은 누가 하며, 상점의 물건은 누가 정돈하며, 레스토랑의 접시는 누가 닦으며, 패스트푸드점의 햄버거는 누가 뒤집을 것인가? 서비스 일자리만이 아니라 제조업의 생산직도 저임금 노동력에 의존한다. 서부 해안도시나 뉴욕에 있는 수많은 봉제 공장은 전적으로 새로운 이민자의 저임금 노동력에 의존한다. '미국산(made in USA)'이라는 라벨을 달고 나오는 많은 제품은 이 새로운 이민자들에 의해 생산된다. 미국은 개발도상국에서 새로운 이민자를 수입하는 만큼 미국의 제조업을 외국으로 덜 내보내도 되는 것이다. 1인당 평균 소득이 4만 달러에 달하는 미국인이 직접 물건을 만들거나 서비스를 제공할 때 상품과 서비스 가격은 현재보다 훨씬 더 높아질 것이다.

제조업은 저임금 노동자의 공급이 부족할 경우 외국으로 공장을 이전하고 대신 완제품을 수입하면 되나, 서비스 산업은 소비가 발생하는 동일한 장소에서 노동이 이루어져야 하므로 일자리를 외국으로 이전하고 완제품을 수입하는 것이 어렵다. 서비스 산업 못지않게 외국으로의 이전이 어렵고 대규모의 저임금 노동자를 필요로 하는 분야가 야채와 과일 농업이다. 통조림 가공용 농산물의 수확은 어느 정도 기계화가 이루어졌으나, 직접 먹는 야채와 과일은 미국에서도 여전히 사람이 손으로 직접 채취한다. 험한 자연환경에서 힘든 노동을 해야 하는 농업 노동자들의 대부분이 불법 이민자로 채워지는 이유가 여기에 있다.

평균 소득 4만 달러의 미국인 노동자가 뜨거운 햇볕이 내리쬐는 들판에서 야채와 과일을 채취한다는 것은 생각하기 어렵다. 불법적으로 입국했거나 다른 모든 수단이 차단된 이민자들만이 이렇게 열악하고 강압적인 노동환경에서도 일하려고 할 뿐이다. 이들은 법정 최저 임금보다 낮은 돈을 받고도 기꺼이 일주일에 60~70시간을 부지런히 일하려고 하는 사람들이다. 미국인의 구매력을 고려한 실질 소득이 여타 선진 산업국보다 훨씬 높고, 미국의 물가가 다른 선진 산업국보다 싸고, 사람들의 생활이 풍족하고 여유롭게 느껴지는 이유의 일부는 새로 이민 온 저임금 노동자들 덕분이다.

새로운 이민자의 유입이 중단될 경우를 생각해 보자. 임금 수준은 높아질 것이며 자본의 수익률은 낮아질 것이다. 미국 산업체의 국제 경쟁력이 감소하기 때문에 많은 제조업은 임금이 싼 개발도상국으로 이전할 수밖에 없다. 낮은 기술의 제조업뿐만 아니라 고급 기술의 IT 산업도 보조 인력으로 저임금 노동력을 필요로 한다. 마이크로소프트 회사에서도 청소부와 단순 사무 인력은 필요한 것이다. 따라서 새로운 이민자들이 없으면 미국의 첨단 산업도 국제 경쟁력이 악화되면서 외국의 경쟁 기업에 의해 세계 시장을 잠식당할 것이다. 근래로 올수록 우리의 삶의 질에서 서비스 소비가 차지하는 부분이 높아지고 있는데, 기계화나 대량 생산이 불가능한 서비스 일자리는 낮은 기술의 노동력을 대규모로 필요로 한다. 소득이 높아지면서 야채나 과일의 수요는 급속히 증가한다. 이러한 모든 하급 일자리에 평균소득 4만 달러의 미국인이 투입된다면 미국인의 삶은 유럽인이나 일본인 못지않게 팍팍하고 여유 없어질 것이다. 요컨대 이민자가 새로 유입되지 않으면 미국의 기업체는 위축되지 않을 수 없으며 미국인의 삶의 질은 현저히 하락할 것이다. 이러한 이유 때문에 미국의 기업가와 국민 모두가 이민이 계속되기를 기대한다.[19]

그러나 새로운 이민자들이 미국 경제가 흡수할 수 없을 만큼 단기간에 많이 유입되면 문제가 된다. 미국 경제가 고도화되면서 교육 수준이 낮은 사람은 점점 더 직장을 잡기 어려워지고 설사 직장을 잡는다고 해도 과거보다 실질 임금이 감소하고 있다. 이러한 경제 환경에서 새로운 이민자들이 노동시장에 넘쳐흘러서 내국인 저임금 종사자와 경쟁해야 한다면, 미국 경제의 경쟁력을 위해 임금 수준을 낮추는 것이 좋다고 해도 실업자들이 넘쳐남으로 인해 발생하는 사회문제는 어떻게 감당할 것인가? 특히 흑인은 인종차별 때문에 노동시장에서 어려움을 겪고 있는데, 새로운 이민자들이 이들의 어려움을 가중시킬 것이 분명하다. 짧은 기간 내에 대규모로 유입된 이민자들이 임금 수준을 낮추고, 실업자를 양산하고, 빈곤 인구를 계속 두텁게 유지하는 데 기여하는 것은 사실이다. 새로운 이민자들이 없다면 산업 전반에 노동력 부족 현상이 발생하여 실업률이 떨어지고 밑바닥 임금이 상승할 가능성이 높다. 미국의 최저 임금이 유럽에 비해 현저히 낮으며 열심히 일해도 빈곤을 탈출하지 못하는 '근로 빈곤 인구(working poor)'가 광범하게 존재하는 것은 새로운 이민자들 탓이 크다.[20]

새로운 이민자의 대규모 유입에 반대하는 또 다른 이유는, 이들이 제공하는 저임금 노동력의 편익보다 이들이 유발하는 비용이 더 클 수 있다는 점이다. 그러나 연구에 따르면 새로운 이민자들이 미국 경제에 주는 긍정적인 이익은 이들이 초래하는 비용을 훨씬 상회한다. 이민자에 대한 복지 지원 비용을 우려하는 목소리가 높지만, 이들은 젊은 생산연령대에 속하는 사람이 많으므로 미국인의 평균보다 복지비용이 덜 드는 반면 소비와 세금으로 미국 경제에 기여하는 바가 훨씬 크다. 이들은 미국인 평균보다 젊고, 아이를 많이 낳고, 교회에 열심히 다니며, 미국의 전통적 가치인 '미국인의 꿈(American Dream)'을 여전히 불태우고 있는 사람들이다. 미국이 선진 산업국 중 인구 감소와 노령화에 대한 우려가 가장 적은 이유는 바로 이들 때문이다.

새로 유입되는 이민자는 미국의 사회적 모순을 완화시키는 데에도 크게 기여한다. 새로 유입되는 이민자는 항상 새로 밑바닥을 채워주고 기존의 밑바닥에 있던 사람을 한 단계 위로 밀어 올림으로써, 미국인의 꿈이라는 이념을 살아 숨 쉬게 만든다. 사람들은 새로 이민 온 사람이 겪는 어려움을 내려다보면서 자신의 현재 위치를 감내할 수 있게 된다. 새로운 이민자와 비교해 보았을 때 기득권(vested interest)을 갖게 된 사람들은 자신이 속한 체제에 대한 충성심이 한층 더 강화되며 이러한 체제의 유지를 위해 좀 더 긍정적으로 생각하고 움직인다. 새로 이민 온 사람 또한 자신도 시간이 지나면 다음에 이민 오는 사람을 딛고 올라설 수 있다는 기대가 있으므로 현재의 억압과 차별을 감내할 수 있다. 미국 사회의 불평등이 심하며 이에 따른 사회문제가 심각한데도 미국인 대다수가 미국 사회에 대해 긍정적인 감정을 가지는 이유가 바로 여기에 있다. 물론 흑인과 인디언은 이러한 이민자의 유형에 따르지 않으므로 미국 사회의 문제와 사회 불안의 핵심에 이들이 있는 것이 또한 현실이다.

이민의 사회 갈등 해소 기능은 현재에도 역사학자 프레더릭 잭슨 터너(Frederic Jackson Turner)가 19세기 말에 역설한 서부 개척의 효과와 유사한 방식으로 작동한다. 미국 역사에서 서부로의 이동과 개척은 동부의 인구 밀집 지역에서 발생하는 도시화와 산업화에 따른 사회 갈등의 안전판 기능을 했다. 현재 있는 곳에서 이해 집단 간에 극한적 투쟁을 통해 문제 해결을 모색하기보다는 새로운 개척지로 이동해 새로운 삶의 기회를 모색하는 길이 열려있다는 생각은, 미국 사회의 순조로운 운행을 위해 매우 중요한 요소였다. 요컨대 미국의 핵심적인 이념들, 즉 개인주의, 기업가 정신, 미국인의 꿈, 충성심 등 모든 것은 이민이 계속 유지됨으로써만 사람들에게 원활하게 설득되고 지탱될 수 있다.

미국 역사에는 이민이 시작되는 초기부터 이민을 반대하는 목소리가 항상 존재해 왔다. 특히 경제가 어려울 때는 이민 반대의 목소리가 더욱 높아졌다. 18세기에 독일계 이민자에 대한 반대, 19세기 중반의 아일랜드계에 대한 반대, 19세기 후반의 중국계에 대한 반대, 20세기 초반의 남유럽·동유럽계에 대한 반대, 20세기 후반의 중남미계와 아시아계에 대한 반대는 늘 유사한 이유로 제기되었다. 미국인들이 흔히 든 이유는 미국인의 일자리를 빼앗아 간다는 것과 미국의 정체성을 혼란시키고 주류 문화를 더럽힌다는 것이다. 그러나 이민은 미국의 경제와 사회의 활력의 원천이며 문제의 배출구이기에 이민의 문호를 개방해야 한다는 목소리가 항상 동시에 존재했다.

외국으로부터 이주자의 유입을 막는 미국인의 태도는 이중적이다. 미국과 멕시코의 국경을 높은 철조망 장벽으로 막는 데 엄청난 비용을 지불했으며, 1986년에는 불법 이민자의 유입을 근본적으로 막는 법안을 만들기까지 했다. 심슨-로디노(Simpson-Rodino) 개혁이라고 일컬어지는 이 법안은 그때까지의 불법 이민자를 사면하는 대신, 미국 이민 역사상 최초로 불법 이민자의 고용주에게 제재를 가하는 조항을 도입했다. 이 법안에 따라 약 270만 명의 불법 이민자가 합법적인 지위를 획득했다. 그러나 미국인 고용주의 대부분이 이 법안에서 규정한 벌금을 물더라도 불법 이민자라는 사실을 악용하여 이들을 낮은 임금에 고용하려 하므로, 이 법안은 거의 실효성이 없는 것으로 드러났다. 실제 이 법에 따라 벌금형으로 처벌된 고용주는 많지 않다. 단지 때때로 정치적인 목적에서 활용될 뿐이다. 고위 공직자의 임명을 둘러싸고 불법 이민자 고용 때문에 청문회를 통과하지 못하는 지도층 인사를 수차례나 보면서 이민에 대한 미국 사회의 이중성을 읽는다.

현재 이민자 문제는 공화당이나 민주당 모두 합의에 도달할 수 없는 정치적 구도를 보이고 있다. 공화당 지지층 내에서도 기업가들은 이민의 문호 개방을 적극적으로 옹호하는 반면 보수주의자들은 이민의 억제를 주장한다. 한편 민주당 내에서도 흑인이나 백인 노동자층은 이민을 적극적으로 반대하는 반면 히스패닉, 아시아계, 진보주의자들은 이민을 옹호한다. 이민자의 저임금으로부터 미국인 대다수가 이익을 얻고 있는 사정이 계속되는 한 정치적으로 이민에 대해 어떠한 해결책도 만들 수 없는 것이 미국의 이민 문제이다.

5) 20세기 후반 인종·민족 구성의 변화

지난 20~30년간 미국에는 엄청난 수의 이민자들이 들어왔으며 현재도 계속되고 있다. 그러나 20세기 후반에 밀려드는 이민자는 20세기 초반에 건너온 이민자에는 못 미친다. 미국 역사상 짧은 시기에 가장 많은 이민자들이 쇄도한 1890~1920년에 건너온 이민자들은 약 1,800만 명으로 그 당시 인구의 16.9%를 차지하는 반면 1970~2000년에 밀려든 인구는 약 2,000만 명으로 2000년 전체 인구의 7.0%에 불과하다. 2000년의 인구조사에 따르면 외국인 출생자가 전체 인구에서 차지하는 비율은 11.1%를 차지했는데, 이는 1910년 16.1%라는 최고 수치에는 못 미치지만 20세기 후반 들어 가장 높은 외국인 출생자 비율이다.

미국인은, 단기간에 새로 온 엄청난 규모의 이민자 수도 문제이지만 이로 인해 전체 인구에서 차지하는 백인의 점유율이 저하한다는 점을 우려한다. 20세기 후반에 건너온 이민자들은 미국의 주류를 형성하는 유럽계 백인과는 사회·문화적으로 매우 상이한 집단인 중남미계와 아시아계가 주를 이룬다. 2000년 인구조사 결과 전체 인구에서 차지하는 유색인의 점유율은 예상보다 빠른 속도로 증가하는 것으로 나타났다. 2000년 인구조사를 기초로 한 인구 예측에 따르면 2050년경에 유럽계 백인의 비율은 50.1%로 간신히 절반 수준에 머무른다. 이렇게 유색인의

그림 3-5 미국인의 인종 및 히스패닉 점유율 분포(2000년 및 예상치)

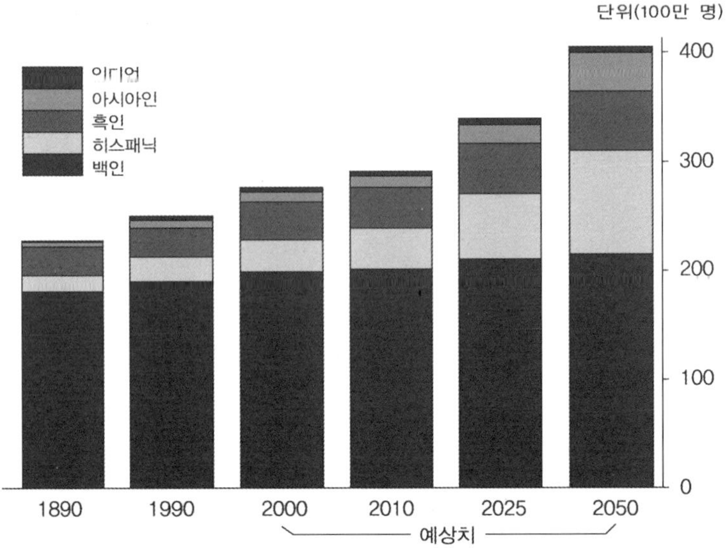

표 3-4 미국인의 인종 및 히스패닉 점유율 분포(2000년 및 예상치)*

(단위: %)

		2000년	2010년	2020년	2050년
히스패닉 여부에 따른 구분	유럽계 백인**	69.5	65.1	61.3	50.1
	히스패닉	12.5	15.5	17.8	24.4
히스패닉 여부를 무시한 구분	백인	81.1	79.3	77.6	72.1
	흑인	12.6	13.1	13.5	14.6
	아시아인	3.9	4.6	5.4	8.0
	인디언	0.9	3.0	3.5	5.3
	둘 이상 혼혈	1.4			

자료: US Bureau of Census(2003: 15, 18).

주: * 히스패닉에는 백인과 흑인 및 두 인종 어디에도 속하지 않는 사람들이 함께 포함되어 있음.

** 히스패닉계 백인을 제외한 유럽 이민자 후손의 백인만을 지칭함.

증가율이 높은 데는 주로 히스패닉과 아시아계인 합법·불법 이주민이 계속 유입되는 점, 히스패닉의 출산율이 매우 높은 점, 유럽계 백인의 출산율이 매우 낮은 점 등의 요인이 복합적으로 작용하고 있다. 2000년 인구조사에 따르면 그 해에 태어난 신생아의 1/5은 외국에서 태어난 이민자 어머니로부터 출생했다.

아직까지 대도시를 제외한 지역에서는 유럽계 백인의 점유율이 현저히 높으므로 백인이 과반수의 지위를 잃는 상황을 우려할 필요는 없다. 유색인 이민자의 비율이 가장 높은 캘리포니아 주의 경우에도 전체 주민 중 백인의 비율은 75%에 이르고 있다. 그러나 다수의 대도시 지역에서는 백인의 비율이 절반에 미치지 못한다. 미국 사회에서 유색인은 인구 비율에는 훨씬 못 미치지만 조금씩 자신의 몫을 확대하고 있다. 흑인의 경우 정치 분야와 공무원을 포함한 공공 영역에서 진출이 두드러지는데, 이는 많은 대도시 지역에서 흑인이 절대적 다수를 점하기 때문이다. 반면 히스패닉은 그들이 다수를 점하는 남서부 지역에서조차 정치·경제적으로 두각을 보이지는 못한다. 그러나 이들도 시간이 지나면서 급속히 자신의 정치력을 결집하고 있다. 2004년 대통령 선거에서 중남미계의 결집된 표가 부시를 재선시키는 데 결정적으로 기여했으며, 2005년에 로스앤젤레스 시장으로 중남미계가 당선된 것이 이를 반영한다. 아시아계는 히스패닉보다 정치력의 행사에서 더욱 뒤처진다. 이들은 미국의 소수 인종 중 투표율이 가장 저조하며, 그들의 사회·경제적 지위에 비해 공직 진출 비율도 현저하게 낮다.

유럽계 백인의 점유율이 감소한다고 해도 미국 사회·문화에 근본적인 변화가 발생하지는 않을 것이다. 전체 인구의 5%밖에 안 되는 소수의 백인이 95%에 달하는 흑인을 지배했던 남아프리카의 경우를 볼 때 유럽계 백인이 과반수가 안 된다고 해서 주류의 지위를 쉽게 상실하지는 않는다. 다만 어느 정도의 정치, 경제, 사회, 문화적인 양보와 타협이 발생할 가능성은 예상된다. 예컨대 유럽계 백인이 전체 인구의 1/3에도 못 미치는 하와이의 경우 유색인은 정치·경제적으로 광범위하게 진출하고 있으나, 그렇다고 백인의 지위가 하위로 밀려난 것은 아니다. 본토에서 멀리 떨어져 있고 백인의 숫자가 소수임에도 미국 본토의 주류 문화는 여전히 하와이에서도 주류로 정의되어 학교에서 교육되며 부동의 지위를 차지한다.

3. 다민족 사회의 응집력을 어떻게 확보할 것인가?

미국 사회는 오랜 이민의 역사로 매우 다양한 인종·민족이 모인 사회가 되었다. 이런 사회는 필연적으로 사회적인 응집력을 어떻게 확보할 것인가 하는 문제에 직면한다. 인종·민족 간의 구분이 수평적인 다양성으로 전개된다면 문제가 없으나 사람이 사는 사회는 항상 수직적인 구분을 하려고 한다. 인종·민족은 사회의 분리선을 만드는 용이한 기준으로 동원되었다. 인종·민족의 차이는 외관상 구분이 용이하면 할수록 차이를 만드는 기준이 된다. 즉 백인과 유색인 사이의 구분은 백인들 내에서의 구분보다 외관상 판별하기가 좀 더 용이하기 때문에 쉽게 채용되었으며, 백인들 내에서도 유대인은 외적으로 판별하기가 좀 더 용이하기 때문에 차별의 대상이 되었다.

기존의 백인과 흑인의 구분에 더해, 20세기 후반 새롭게 히스패닉과 아시아인이 대규모로 들어오면서 미국 사회가 인종·민족 집단으로 잘게 구분되어 서로 간에 교류가 제한되고 공통분모가 적은 '조각난 사회(fragmented society)' 또는 '칸막이로 구분된 사회(compartmentalized society)'가 되는 것이 아니냐는 우려가 높아졌다. 이렇게 될 경우 사회의 중요한 쟁점을 둘러싸고 합의를 이루기 힘들 것이며, 이익을 보는 진영과 이익을 보지 못하거나 불이익을 보는 진영 사이에 반목이 높아질 것이다. 한 집단이 다른 집단의 문제를 해결하기 위해 비용을 분담하거나 공동의 문제에 대한 대처에 힘을 합치기는 갈수록 어려워질 것이다. 공동의 이익을 위해 투자하기보다는 개인이나 좁은 집단의 이익을 위해서만 부담과 혜택의 범위를 제한하려는 움직임이 거세질 것이다. 한 배를 탄 동일한 사회의 구성원이라는 의식이 감소하면서 상호 간에 불화가 극한적으로 전개될 경우 소련과 같이 독립 국가들로 분리될 수도 있으며, 갈등의 정도가 작을 경우 집단 간의 폭력적 투쟁이나 차별과 저항의 연속적인 사건을 불러올 것이다. 미국 사람들은 이웃 캐나다에서 프랑스어를 사용하는 퀘벡 주민들이 끊임없이 분리 독립을 추진하는 것을 다문화주의의 위험한 사례로 항시 인용한다.

미국 사회에서 흑인의 문제는 오래전부터 고질적인 문제로 사회적인 응집성을 떨어뜨리고 있다. 흑인과 백인은 서로 거주지도 다르고, 학교도 다르고, 직장도 구분되어 있고, 사적인 생활의 범위도 달라서 서로 간에 한 사회의 구성원으로서의 공통분모를 매우 적게 나누고 있다. 흑인 자녀와 백인 자녀는 전혀 다른 세계에서 살아가면서 생각하고, 즐기고, 꿈꾸는 것까지도 다르게 되어 서로를 전혀 다른 사회의 사람으로 인식할 위험성이 높다. 실제 1960년대 민권운동의 후반부에 흑인이 그들의 사회·경제적 지위가 상승하지 못하는 것에 좌절한 나머지 전국에 걸쳐 폭동을 일으키고 흑인만의 나라를 만들자는 분리 독립운동이 펼쳤던 것은, 다양성이 불평등과 결합하여 원만하게 조정되지 못할 경우 인종·민족 집단의 구분선을 따라 쪼개질 수 있음을 시사한다.

흑인과 중남미계 및 아시아계 사이에 갈등이 커질 소지도 매우 높다. 중남미계와 아시아계가 뒤늦게 미국 땅을 밟았음에도 자신보다 사회·경제적으로 상위를 차지하는 현상을 접하자, 미국 사회에 대한 흑인의 좌절과 반감은 더욱 심해졌다. 1992년의 로스앤젤레스 폭동에서와 같이 새로운 이민자인 한국인 집단과 흑인 사이에 엄청난 폭력의 대결이 빚어졌던 것이 대표적인 예이다. 이는 미국 역사에서 바로 전에 온 이민자들이 자신의 몫에 대한 피해의식에서 새로운 이민자들과 벌였던 갈등과 궤를 같이한다. 과거에 이러한 희생양의 역할을 유대인이 담당했다면, 이제는 아시아계가 유대인이 상승하고 남겨진 자리를 차지하고 흑인과 대치하게 된 것이다. 새로 이민 온 아시아계는 인종 간 격차를 해소하기 위해 1960년대에 만들어져 흑인들에게 큰 혜택을 준 '적극적 차별 개선 프로그램(Affirmative Action Program)'에 반대하는 입장을 보임으로써 흑인과의 이익 갈등을 드러내고 있다.

다인종·다민족 사회의 통합 문제는 세대 간의 갈등을 복잡하게 만든다. 기존의 유럽계 백인과 새로운 이민 집단 간에 인구 특성의 차이가 벌어지면서 세대 간 부양을 둘러싼 갈등이 높아지고 있다. 유럽계 백인이 주류를 이루는 베이비붐 세대가 노령으로 진행함에 따라 이들을 누가 부양할 것인가를 둘러싸고 사회적 갈등이 커질 때, 새로운 유색인 이민 집단과 유럽계 백인 간의 인종·민족 간 갈등으로 확대될 가능성이 있다. 새로운 이민 집단은 상대적으로 젊고 출산율이 높은 인구이므로 출산율이 낮은 유럽계 백인의 후손들보다는 고령화된 베이비붐 세대의 부양을 책임지는 주 역할을 담당해야 할 것이다. 그러나 현재와 같은 인종 구분과 차별이 계속되는 한, 동질감을 덜 느끼는 소수 인종·민족 집단에게 자신들이 저축한 돈을 백인 고령층이 쓰도록 허락을 얻는 것은 쉬운 일이 아니다. 따라서 앞으로 예상되는 연금 위기가 인종 간 갈등으로 비화될 수도 있다.

한편 새로 이민 온 집단의 높은 출산율로 이들의 자녀 교육비 부담이 커지자 기존의 유럽계 백인들이 이를 기피하는 현상이 벌어지고 있다. 유럽계 백인들은 자신들만의 거주 구역에 모여 살면서 새로운 이주민의 유입을 반대하며, 캘리포니아 주의 경우 아예 교육비에 할당되는 세금

(재산세)을 줄임으로써 인종·민족 간의 교육비 전가를 회피하려 했다. 대신 그들의 자녀들을 소수 인종·민족과 비용을 분담해야 하는 공립학교가 아닌, 자신이 직접 교육비를 부담하는 사립학교에 보내는 비중이 증가하고 있다. 이는 미국 전역에서 '울타리를 높이 친 거주 구역에서 경비원이 입구를 지키고 있는 보호된 환경에서 그들만의 깨끗하고 안전한 생활을 추구하는 공동체'가 증가하는 것이나, 빈곤자에게 혜택이 돌아가는 복지 항목에 대한 재정 지원을 축소하는 것과 유사한 맥락에서 전개되고 있다.

요컨대 이민으로 만들어진 미국 사회는 다양성으로 인한 풍부함과 더불어 하나의 사회로서 응집력을 확보해야 하는 문제를 항상 안고 있다. 새로운 이민자는 미국의 풍요와 미국 경제의 활력을 유지하는 데 없어서는 안 되는 존재이다. 그러나 20세기 후반에는 과거와 달리 유색인이 다수 유입되고 사회·문화 전반에서 민주적인 가치에 대한 인식이 높아지면서 백인을 중심으로 한 주류 문화의 종주권에 대한 도전이 거세지고 있다. 인종·민족 문제는 현재 미국 사회·문화에서 모든 사안을 관통하는 가장 중요한 축이 되었다. 현재 미국 사회·문화에서는 어떤 문제를 논의하건 간에 인종·민족에 대한 고려를 떠나서는 생각할 수 없다.[21)]

■■■ 주

1) 영국 이외의 유럽 이주민들이 미국에 미친 사회·문화적 영향력을 어떻게 평가할 것인가 하는 점에 대해서는 논란이 있다. 대부분의 학자들은 20세기 중반까지 비영국계 이주민이 미국의 사회·문화에 미친 영향력은 주변적인 수준에 머무른다고 평가한다. 예컨대 비영국계 이주민으로 가장 규모가 큰 민족 집단인 독일인들이 미국 문화에 미친 영향력은 미미하다. 반면 20세기 중반 이래 규모가 커진 중남미계와 아시아계는 현재의 미국 사회·문화에서 상당한 비중을 차지하고 있다. 그러나 이들이 과거 유럽계와 달리 세대가 거듭되면서도 민족 고유의 문화적 정체성을 얼마나 유지할지는 두고 볼 일이다(Zelinsky, 2001).

2) 물론 미국의 이민을 사회·경제적 요인만으로 설명하는 것에는 한계가 있다. 20세기 초 엄격한 이민제한법이 통과된 것은 인종주의의 소산이며, 20세기 중반 이민법의 개정으로 새로운 이민을 받아들이게 된 것은 민권운동의 결과 소수자의 권리가 확대된 데에도 부분적인 원인이 있다(Sitkoff, 2001: 275~295).

3) 영국계 내에서도 잉글랜드계와 스코틀랜드계 또는 스코틀랜드 출신 아일랜드계 사이에는 19세기 초반까지도 사회·경제적으로 상당한 차이가 있었다. 예컨대 1828년에 스코틀랜드 출신 아일랜드계인 앤드루 잭슨(Andrew Jackson)이 대통령에 당선되었을 때 미국인들은 이를 '보통 사람'이 주도한 혁명적인 사건으로 받아들였다. 왜냐하면 그때까지 '동부의 귀족(Eastern Establishment)'이라고 일컬어지던 앵글로색슨계 동부 지역 사람들이 정치·경제의 상층을 차지하면서 강력한 기득권 세력을 형성하고 있었기 때문이다. 이후 19세기 중후반 남북전쟁과 산업화를 거치면서 영국계 내에서 출신 지역의 차이는 거의 소멸되었다. 물론 여기서 영국계라고 할 때 아일랜드 사람은 포함하지 않는다.

4) 흑인 노예들이 집단적으로 저항한 경우는 매우 드물다. 1800년에는 노스캐롤라이나에서 1,000명의 흑인 노예를 규합하여 반란을 일으키려 했던 계획이 거의 성사단계에서 폭로되었으며, 1831년에는 냇 터너(Nat Turner)가 버지니아 주에서 총과 도끼로 무장한 흑인들을 이끌고 60명의 백인을 살해했다. 집단적인 반항은 어려웠지만 흑인 노예들은 남부 농장 곳곳에서 기회가 닿을 때마다 개인적으로 백인 주인에게 반항하거나 위협을 암시하는 행위를 했다.

5) 미국 주류 문화의 전형적인 모습은 '미국적인 생활양식'이라는 용어를 사용하는 대부분의 책에서 쉽게 찾아볼 수 있다. 대표적인 예로 Datesman et al.(2005), Stewart(1954)를 들 수 있다.

6) 역사학자 헌터(James Hunter)는 이 시기 구교에 대한 미국인의 박해를 20세기

후반 가열된 '문화전쟁(Culture Wars)'의 뿌리로 보고 있다(Hunter, 1991).

7) 흑인은 남북전쟁 직후 개정된 수정헌법 14조를 통해 시민권을 인정받았으며, 인디언은 과거 이들에게 독립국가의 지위를 부여하던 정책에서 1920년대에 이들을 미국인으로 포함시키는 정책으로 선회하면서 비로소 미국 시민권이 부여되었다. 흑인과 인디언 외에 미국에 거주하는 유색인은 모두 거주 기간에 관계없이 시민권이 부여되지 않았다. 이러한 인종차별적 법률은 1950년대 민권운동이 시작되면서 비로소 고쳐질 수 있었다(Takaki, 1994).

8) 극단적인 경우로, 캄보디아와 라오스 산간지역에 거주하던 몽(Hmong)족과 같은 원시 부족은 베트남 전쟁의 일환으로 거주하던 지역에서 강제로 소개(疏開)되어 집단적으로 미국에 이주하게 되었다. 이들은 문자도 없고 근대 문명에 거의 노출되지 않은 상태에서 갑자기 미국의 도시 생활에 내던져졌다. 이들의 경우 이민 1세대는 미국 생활의 적응에 심한 어려움을 겪으나 어린아이들은 급속히 미국화되는 것으로 보고된다.

9) 미국 작가의 작품에서 이민자의 경험과 닿아있지 않은 작품을 찾기란 쉽지 않다. 한국인에게 한국전쟁이 살아있는 경험이듯이 미국인에게는 이민의 경험이 의식의 심층에 잠재하면서 수시로 솟아오르는 기억인 듯하다.

10) 에마 래저러스의 「새로운 거인(The New Colossus)」이라는 제목의 시에서 인용. 원문은 다음과 같다. "Give me your tired, your poor, / Your huddled masses yearning to breathe free, / The wretched refuse of your teeming shore. / Send these, the homeless, tempest-tossed to me, / I lift my lamp beside the golden door!"

11) 이민자의 특성에 대한 이러한 일반화가 개개인 모두에게 정확히 적용되는 것은 물론 아니다. 일반적인 특성 속에서도 개인에 따른 차이는 매우 큰 것이 사실이다. 이민자들은 가족의 생계를 위해서 이주를 결행하는 경우가 많으므로, 남에 대한 책임감이 적다는 것은 제한적으로 해석되어야 한다. 이들은 자신 및 가족에 대한 책임과 자조의식이 높은 것이지, 자신 이외의 사람을 모두 타인으로 경원시하는 사람은 결코 아니다. 그러나 이민자들이 가족의 범위를 넘어서는 관계에 대해 비중을 적게 두는 사람임은 분명하다. 즉 이민자들은 개인주의 가치 지향이 강한 사람들이다.

12) 인종차별로 성공의 가능성이 매우 좁은 흑인들이 정상적인 성공의 길을 선택하기보다 스포츠 스타의 길로 자신의 미래를 선택하는 것은, 흑인을 주류 사회에 참여하지 못하게 하는 저해 요인 중 하나이다. 극히 소수의 사람들만이 스포츠 스타가 될 수 있기 때문이다. 사회학자 호버먼(John Hoberman)은 흑인이 육체적으로 건장

하다는 고정관념은 미국 사회의 뿌리 깊은 인종적 편견으로 흑인들에게 해로운 영향을 준다고 주장한다(Hoberman, 1997).

13) 이러한 우려를 표명한 대표적인 학자로 저명한 역사학자 아서 슐레진저 2세(Arthur Schlesinger Jr.)와 정치학자 새뮤얼 헌팅턴(Samuel Huntington)을 들 수 있다. 이들은 영어 외의 언어가 널리 사용되는 현상을 미국 정체성의 혼란으로 규정짓고 있다(Schlesinger Jr., 1993; Huntington, 2004).

14) Economist(2005.7.14.).

15) 미국 전역을 떠들썩하게 한 한국계 미국인 로버트 김이나 대만인 해리 우의 경우, 정부의 비밀 기관에서 일하면서 자신의 출신국 정부에 비밀을 넘긴 혐의로 유죄판결을 받았다. 그러나 두 사건 모두 본국에 대한 충성심이 미국에 대한 충성심보다 높았기 때문에 그러한 행위를 했다고 보기는 어렵다. 로버트 김의 경우 한국 정부에 필요한 정보를 넘겨주었다고는 하나 이것이 미국의 국익에 어긋나는 결과를 초래하는 것은 아니었다. 그가 유죄판결을 받은 것은 미국의 국익에 직접적으로 해를 끼쳤기 때문이 아니라 미국 정부의 비밀을 해외로 빼돌렸다는 혐의 때문이었다. 해리 우의 경우 핵폭탄 제조와 관련된 비밀을 중국 정부에 빼돌린 것 때문에 추방 조치가 내려졌는데, 이 경우에도 그가 미국의 국익에 해를 끼치는 행위를 했다고 보기는 어렵다. 미국의 국익과 본국의 국익이 충돌할 경우에 이민자들이 어느 편에 설 것인가 하는 질문은 답변하기 매우 어려운 것이지만, 대다수의 이민자들은 미국 편에 서는 것으로 답변한다.

16) 일부 학자들은 미국 문화의 특징을 다양성 그 자체에서 찾아야 한다고 주장한다. 그러나 이는 주류의 목소리이기보다는 문화적 시민권을 획득하려는 변방 사람들의 의도에서 나온 주장이다. 아직까지 미국의 주류인 백인들이 다양성 그 자체를 미국의 신조(American Creed)로 인정한다는 증거는 발견하기 힘들다. 단지 지엽적인 영역, 예컨대 음식이나 축제 등에서 제한적으로 다양성을 허용하고 있는 것이 현실이다.

17) 물론 영국계는 주류이기 때문에 영국계로서의 집단 정체성을 별도로 가질 필요가 없다.

18) 20세기 들어 서인도 제도에서 자발적으로 이주한 흑인은 미국의 흑인과 구분되는 집단이다. 1940년대부터 이주하기 시작한 푸에르토리코인이나, 1980년대 이후 독재 정권을 피해 대규모로 이주한 아이티와 자메이카 사람들이 대표적인 서인도 제도의 흑인이다. 이들은 미국 사회의 흑인에 대한 인종차별과 관련해서는 미국의 전통적인 흑인과 동일한 입장에 처해 있으나, 언어와 문화가 다르며 이민자로서 미국인의 꿈을 지니고 있다는 점에서 자신을 구분된 민족 집단으로 인식하고 있다.

그러나 이민 2세대로 내려오면서 별도의 흑인 집단으로서 민족 정체성을 상실하고 미국의 흑인에 동화되는 경향을 보인다. 이는 미국 사회에서 흑인에 대한 고정관념과 차별이 매우 심하기 때문에 발생하는 현상이다.

19) 여러 여론조사에서 이민을 반대하는 사람들은 30% 이하에 불과하다. 미국인 대다수는 정부가 통제할 수 없는 불법 이민자들이 무절제하게 들어오는 것에는 반대하지만, 합법적인 이민이나 정부의 관리하에 일정 기간 계약노동의 형태로 입국하는 근로자는 적극적으로 찬성한다. 2006년 부시 정부와 의회에서 입법을 추진 중인 이민 법안은 기본적으로 이러한 국민의 의견을 반영하고 있다.

20) 이민과 관련된 찬반의 주장에 대한 검토는 Mills(1994) 참조.

21) 흑인 중류층의 성장으로 이들의 생활과 사고방식이 흑인 빈민층보다는 백인 중류층에 더 근접해짐에 따라, 인종·민족적 구분보다는 계층 구분이 미국 사회의 통합을 더욱 갈라놓는 요인이라는 지적이 제기되고 있다. 이 점은 뒤에 인종 문제를 논의하면서 본격적으로 검토한다.

제4장

미국의 지역문화

미국 사회는 한마디로 요약할 수 없을 정도로 복합적이다. 미국 사회·문화의 복합성은 한편으로는 인종·민족의 다양성에서 나오지만 지역 간 다양성 또한 적지 않은 영향을 준다. 예컨대 남서부 사람과 동북부 사람은 상당히 다른 자연환경과 사회·문화적 분위기 속에서 살고 있다. 기온이 영하로 떨어지는 일이 없이 겨울에도 반팔로 생활하는 사람과 겨울에 눈이 무릎까지 오고 혹한이 몰아치는 지역에 사는 사람이 같은 생각과 생활양식을 가지고 있으리라고 기대하는 것은 무리이다.

미국은 지역에 따라 역사적 경험이 다르고 인종·민족 구성 또한 상당한 차이를 보인다. 남부에 흑인이 밀집해 있다면 서부에는 흑인이 적은 대신 히스패닉과 아시아 사람이 많다. 북동부 지역에 유럽의 영향이 강하다면 서부는 유럽의 영향이 상대적으로 희박한 대신 지역의 조건을 반영한 고유의 문화가 발달했다. 이러한 자연적·역사적 경험의 차이로 근래까지 미국 사회·문화에서는 지방색이 두드러졌다. 미국 특유의 지방자치 성향 때문에 지역 간 제도적 차이 또한 작지 않다. 미국의 어떠한 사회 제도도 미국 모두를 포괄하는 통일된 기준을 갖고 있지 않으며 지방에 따라 크고 작은 차이를 보인다. 미국의 자연환경과 인종·민족 구성의 다양성과 지방자치를 선호하는 경향을 고려할 때, 지금 우리가 보는 것과 같이 전국이 상당히 흡사하다는 것은 정말 놀라운 일이다.

그림 4-1 미국의 인구밀도 분포(2000년)

자료: US Bureau of Census.
주: 점 1개는 7,500명을 나타냄.

과거에 뚜렷했던 지역적 차이는 시간이 지나면서 점차 변하고 있다. 북부, 남부, 서부, 중부는 점점 서로 흡사해지고 있다. 교통·통신 수단의 발달은 사람들의 지역 간 이동과 정보의 호환을 용이하게 하여 지역적인 차이를 줄였다. 자본주의의 발달로 소규모 자영업이 쇠퇴하고 전국을 포괄하는 대기업의 시장 지배가 커진 것 또한 지역 간 차이를 줄이는 데 크게 기여했다. 현재 미국인은 어느 곳에 가든지 거의 흡사한 모습의 쇼핑몰에서 돌아다니며, 흡사한 TV 프로그램을 보며, 흡사한 환경에서 일을 하며, 흡사한 모양의 집에서 살며, 흡사한 방식으로 하루를 시작하고 마감한다. 이 장에서는 미국의 본토를 중심으로 미국 사회·문화의 지역 간 다양성과 변화의 추이를 검토한다. 이에 더해 현재 미국의 시회·문화에시 지역이 어떤 의미를 갖는지 논의할 것이다.

그림 4-2 미국의 지역구분

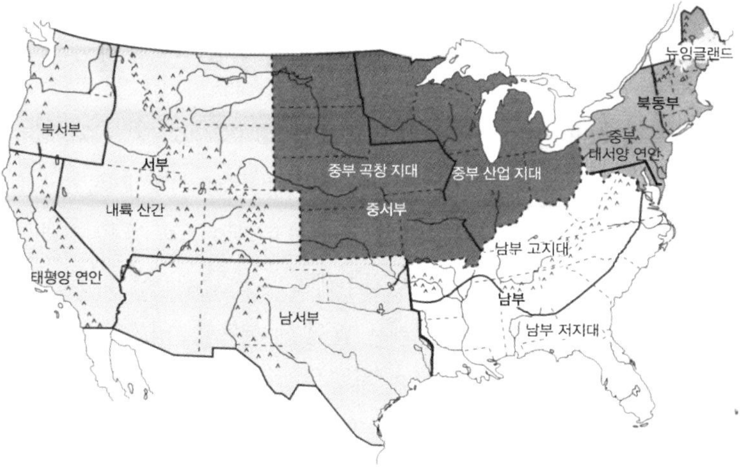

1. 지역 구분

미국의 본토는 문화적으로 대략 네 개의 큰 덩어리로 나뉘며 각각의 지역은 다시 세부적인 차이에 따라 추가적으로 구분된다. 네 개의 큰 덩어리는 북동부 지역, 남부 지역, 중서부 지역, 서부 지역을 말한다. 이러한 구분은 미국 사람들이 일상생활에서 공통적으로 사용하는 것으로, 자연환경, 역사적 전개 과정, 인구 특성, 문화적 특성을 종합적으로 반영한 것이다. 그러나 큰 덩어리에서 좀 더 세분할 경우 사람에 따라 차이가 있다.

1) 북동부 지역

북동부 지역(The Northeast)은 대서양을 면해 있으며, 서쪽으로는 애팔래치아 산맥을 경계로 중서부 지역과 구분되며, 남쪽으로는 펜실베이니아와 메릴랜드를 가르는 경계선인 메이슨 - 딕슨 라인(Mason-Dixon Line)을 경계로 한다.[1] 북동부 지역은 다른 지역에 비해 면적이 매우 좁으며, 추운 겨울, 척박한 토양, 산악 또는 구릉 지형 등의 자연조건으로 인간이 살기에 거친 환경이다. 또한 유럽과 가장 가까이 위치하고, 인구가 조밀하게 거주하고 있으며, 미국 역사의 중심지로서 지역 정체성을 지닌다.

북동부 지역은 문화적인 특성을 중심으로 두 개의 세부 지역으로 구분할 수 있다. 하나는 북쪽의 매사추세츠 주를 중심으로 하는 뉴잉글랜드(New England) 지방으로 여기에는 메인, 뉴햄프셔, 버몬트, 로드아일랜드, 코네티컷이 포함된다. 한편 북동부 지역의 남쪽은 중부 대서양 연안 지방(Mid Atlantic)으로 불리는데, 여기에는 뉴욕을 중심으로 펜실베이니아와 뉴저지가 포함된다.

2) 남부 지역

남부 지역(The South)은 서쪽으로는 미시시피 강 주변의 루이지애나와 아칸소 주를 포함하며 북쪽으로는 버지니아와 오하이오 남부에 이르는 매우 광대한 지역이다. 남부 지역 정체성의 토대는 19세기 중반 남북전쟁 시기에 남부 연합(The Confederate States of America)을 결성해 북부 연방정부(The United States of America)에 저항했던 경험으로 이루어진다.[2] 이 지역은 온화한 겨울과 무더운 여름, 비옥한 토질과 넓은 평지, 풍부한 물 등 농업에 적당한 자연적 조건을 가지고 있다.

남부 지역은 다시 크게 두 지역으로 나뉘는데, 대서양을 따라 넓게 뻗은 평야 지대인 버지니아, 메릴랜드, 델라웨어, 노스캐롤라이나, 사우스캐롤라이나, 조지아, 앨라배마, 미시시피, 루이지애나와, 산간 지대인 웨스트버지니아, 켄터키, 테네시, 아칸소로 구분된다. 플로리다, 텍사스,

오클라호마는 위치상 남부에 가까우며 남북전쟁 때 남군에 가담하기는 했으나, 다른 남부의 주와는 인구 구성이나 산업에서 큰 차이를 보이므로 문화 지역으로서의 전통적 남부에 포함시키지 않는 것이 일반적이다.

3) 중서부 지역

중서부 지역(The Midwest)은 동쪽으로는 애팔래치아 산맥을 경계로 북동부 지역과 면하며, 남쪽으로는 미시시피 강의 지류인 오하이오 강을 경계로 남부와 경계를 이루며, 서쪽으로는 대평원(The Great Plains)까지를 포함하며 북쪽으로는 오대호에 면해 있다. 동쪽에서부터 볼 때 오하이오, 미시간, 인디애나, 위스콘신, 일리노이, 미네소타, 아이오와, 미주리, 노스다코타, 사우스다코타, 네브래스카, 캔자스에 이르는 매우 넓고 풍요로운 지역이다. 이 지역은 기후가 온화하고 매우 평평하며 물이 풍부하고 교통이 편리해 농업, 제조업 등 미국 산업의 중심지로서 최적의 조건을 갖추고 있다.

중서부 지역은 다른 지역에 비해 지역 내 동질성이 상대적으로 높다. 이 지역은 18세기 후반 건국 이후 그 당시 동부인들의 입장에서 볼 때 애팔래치아 산맥을 넘어 진출한 최초의 서부 개척지라는 의미를 가지며, 이후 19세기 중반 로키 산맥을 넘어 극서부로 진출하는 중간지 역할을 했다. 사고방식이나 생활양식에서 미국인의 중간을 대표한다.

4) 서부 지역

서부 지역(The West)은 로키 산맥을 경계로 태평양까지 서쪽 모두를 포괄하고 있다. 지역 내의 다양성이 매우 높아 대체로 3~4개의 하위 지역으로 구분한다. 첫째는 히스패닉의 급속한 진출과 온난한 사계절 기후로 대표되는 남서부 지역으로 텍사스, 오클라호마, 뉴멕시코, 애리조나, 남부 캘리포니아(캘리포니아는 샌프란시스코를 중심으로 남부와 북부로 구분됨)를 포괄하는 지역이다. 둘째는 워싱턴과 오리건을 포괄하는 북서부 지역으로, 뉴잉글랜드의 영향으로 지적인 분위기를 풍기는 곳이다. 셋째는 몬태나, 와이오밍, 아이다호, 콜로라도, 유타, 네바다를 포괄하는 내륙 산간 지역으로 자연의 힘이 결정적으로 지배하며 사람의 거주가 드문 지역이다. 이 지역은 건조하고 산악 지형이며 인간이 접근하기 어려운 자연조건을 가지고 있다. 그 외에 샌프란시스코에서 로스앤젤레스에 걸친 중부 캘리포니아 지역을 별도로 태평양 연안 지역으로 구분하기도 한다. 이 지역의 남쪽에 위치한 로스앤젤레스는 남서부의 특성에 가까우며, 북쪽에 위치한 샌프란시스코는 북서부에 가깝다.

서부 지역은 20세기 후반 들어 본격적으로 인구가 모여들면서 새로이 특성을 만들어가는 지역으로, 지금까지는 '기존의 문화 지역에 포함되지 않는 새로운 곳'이라는 잔여적인 의미가 강했다. 기존의 모든 것에서 벗어나 새롭게 만들어지고 있는 지역이라는 표현이 이 지역에 대한 가장 정확한 묘사이다. 서부 지역은 다른 어떤 지역보다 자연의 영향력이 인간의 삶에 매우 강하게 배어 있는 곳이다.

2. 지역 차이를 가져오는 요인

1) 자연조건의 영향[3)]

미국은 땅이 매우 넓으며 지역 간에 기후와 토양에서 큰 차이를 보인다. 지역에 따른 기후와 토양의 차이는 이주민의 정착 유형에 큰 차이를 가져왔다. 또한 20세기 초반까지 유럽과 지리적 인접 여부는 지역 발전의 역사를 크게 좌우했다.

자연조건에서 북부와 남부는 큰 차이를 보인다. 대체로 북위 39도선을 경계로 북부와 남부를 나누는데 두 지역은 자연환경의 차이로 인해 역사적 경험에서 큰 차이를 보인다. 북부 지역은 우리나라와 마찬가지로 사계절의 구분이 뚜렷하여 겨울에는 춥고 여름에는 더우며 강우량이 집중된다. 북쪽 캐나다 국경에 면한 지역은 겨울에 기온이 영하 20도 아래로 내려가는 혹독한 추위가 몰아친다. 북부 지역은 산악이나 구릉 지역이 대부분이고 넓은 평야 지대는 거의 찾아보기 어려우며 토질 또한 척박하다. 대체로 1년에 한 번만 농작물을 재배할 수 있다. 반면 남부 지역은 여름에는 매우 무덥고 겨울에는 온화하여 1년에 두 번 내지 세 번까지도 농작물 재배가 가능하다. 남부 지역은 여름에 30도가 넘는 찌는 듯한 무더위가 계속되므로, 20세기 중반 에어컨이 발명될 때까지 사람이 살기에 쾌적하지 않은 지역으로 인식되었다. 남부에는 평야가 넓게 발달해 있으며 물이 풍부하고 토질이 비옥하다.

유럽과의 연결 통로로 중요한 동부 해안은 우리나라의 서해안과 마찬가지로 대륙붕 사면이 해안선을 따라 남북으로 길게 발달해 있으므로 먼 바다를 여행하는 큰 배가 드나들 수 있는 항구가 흔하지 않다. 남부 지역에는 수심이 깊은 항구가 드문 반면 북동부 지역에는 보스턴, 프로비던스, 뉴욕 시, 필라델피아 등 양호한 천연 항구가 다수 있다. 남부 지역에는 체서피크 만의 볼티모어, 노퍽, 찰스턴, 서배나 외에는 큰 항구를 찾아보기 어렵다. 또한 북동부 지역은 낙차가 큰 강이 다수 있어 초기 산업화 단계에서 중요한 동력원을 제공했다. 반면 남부 지역은 강물의 흐름이 완만하고 자주 범람하므로 산업의 동력을 얻기보다는 농업용수로 이용하기에 적합하다. 이러한 북부와 남부의 자연환경 차이는 이주자들의 경제활동에 차이를 낳았다. 남부의 경우 평야 지역에서 대농장 소유주가 노예를 동원해 면화와 같은 상품작물을 전문적으로

그림 4-3 미국의 자연 지형 특성

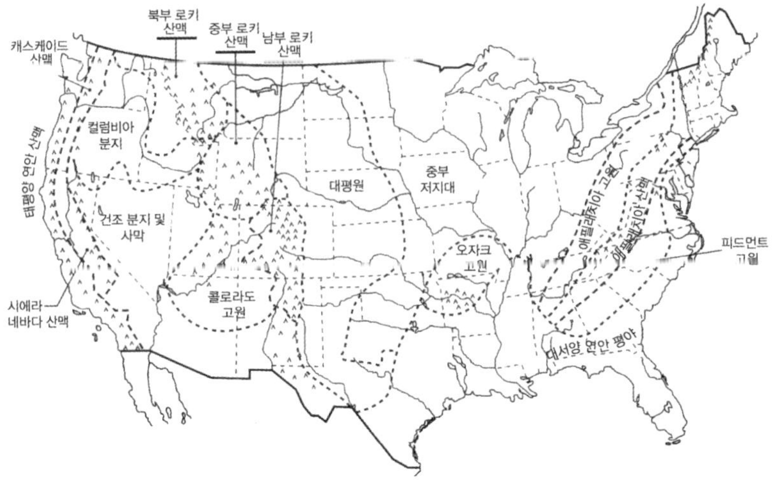

재배하는 농업이 주요 산업이 되었다. 반면 북부의 경우 농업은 주로 소규모 자영농의 형태로 이루어지고 대신 양질의 항구를 이용한 무역업이 수력을 이용한 제조업과 연결되면서 식민지 시대부터 상업과 제조업의 중심지로 자리를 굳히게 되었다.

미국 역사에서 서부 지역은 인구와 산업의 발전에 따라 서쪽으로 경계가 계속 옮겨졌다. 식민지 초기 정착 시기부터 1776년 독립까지 약 150년간 미국인은 애팔래치아 산맥 동부 해안가에 몰려 살았다. 이는 애팔래치아 산맥이 남북으로 연속된 띠 모양의 고원 지대를 형성하고 있어 동서 간의 횡단이 어려웠기 때문이다. 독립 이후 서부 진출은 지금의 중서부 지역으로 전개되었다. 이 지역은 평활한데다 토양이 비옥하고 미시시피 강 줄기가 거미줄처럼 물을 공급해 주므로 농업에 매우 적합하다. 중서부 지역은 오대호가 있어 운송과 물의 공급이 풍부한 지역이므로 산업화의 중심지 역할을 했다. 미시시피 강과 오대호가 제공하는 편리한 운송수단 덕택에 이 지역에서 산출되는 풍부한 농업·공업 생산물은 동부의 인구 밀집 지역과 바다 건너 유럽으로 쉽게 운송될 수 있었다. 중서부 지역은 동부와 서부를 연결하는 지리적 연결점으로서도 주목할 만하다. 중서부 지역의 서쪽에 남북으로 넓게 뻗어있는 대평원은 매우 평평한 지역으로, 20세기 중반 기술 발달로 지하수를 대량으로 퍼 올릴 수 있게 될 때까지 곡물을 재배하기에는 너무 건조한 초원 지역이었다. 이 지역은 20세기 초반까지 목축이 주요 산업이었으며 사람의 거주는 매우 드물었다. 그러나 20세기 중반 지하수가 개발됨에 따라 곡물을 재배하게 되었고 이를 이용한 목축이 대규모로 이루어지는 지역으로 변모했다.

로키 산맥과 서해안에 인접한 캐스케이드-시에라네바다 산맥(Cascade-Sierra Nevada Mountains) 사이에 광대하게 남북으로 뻗은 넓은 지역은 강우량이 매우 적은 사막이나 산간 지역이다. 이 지역은 농업이나 인간의 거주에는 부적합하지만 광산 자원이 풍부하게 매장되어 있다. 이곳에는 19세기 중반 광산 붐을 타고 곳곳에 광산촌이 건설된 것을 제외하고는 인간이 거의 거주하지 않았다. 로키 산맥은 대륙 수계의 분수령으로서 동서의 수상 운송을 차단했으므로 사람과 물자의 이동에 어려움이 많았다. 로키 산맥 서쪽 지역에는 1869년 동서 대륙횡단 철도가 건설되고서야 본격적으로 동부의 영향이 미칠 수 있게 되었다. 서부 산간 지역은 20세기 후반 관광 산업이 활성화되면서 웅장한 자연경관이 각광을 받게 되었으며 현재 외부 사람들이 급속히 유입되고 있다.

태평양 연안을 따라 길게 이어진 산맥(Coastal Ranges)으로 가로막힌 좁은 해안 지역은 연안 해류의 영향으로 북쪽 끝까지 기후가 온화해 일찍부터 이주자들이 모여들었다. 또한 산맥 안쪽 사면으로 길게 이어진 계곡 평야 지역은 강우량이 적고 온난한 지중해식 기후를 보이는 곳으로 야채나 과일 등 특수 작물의 재배가 이루어진다. 극서 연안 지역은 유럽과 지리적으로 멀리 떨어져 있기 때문에 19세기 서부의 광산 붐과 20세기 중반 태평양 전쟁으로 군사적 중요성이 부각되고 이후 아시아와의 근접성이 각광을 받기까지 인간의 정착과 개발이 뒤늦었던 지역이다. 이 지역은 현재에도 급속하게 인구가 모여들면서 지역의 특성을 만들어 가고 있다.

2) 이민과 국내 이동[4)]

미국의 지역 특성은 그곳에 거주하는 인종·민족에 따라 많이 좌우된다. 외국으로부터의 이주와 국내 이동을 통해 지역의 인종·민족 분포가 달라지면서 지역 특성이 변화한다. 식민지 정착의 초기 단계에서부터 북동부와 남부는 큰 차이를 보였다. 북동부 지역은 이주민의 특성에 따라 다시 두 지역으로 구분된다. 매사추세츠를 중심으로 한 뉴잉글랜드 지방에는 청교도를 포함해 영국계 이주민이 많이 들어왔으며, 이후 아일랜드 사람이 다수 보스턴에 정착하기는 했으나, 상대적으로 동질적인 영국계 이주민이 이 지역을 지배했다. 반면 뉴욕을 중심으로 한 중부 대서양 연안 지방에는 영국계가 진출하기 이전에 이미 네덜란드인과 북유럽 사람이 거주하고 있었다. 19세기 중반 이래 유럽의 이민자가 들어오는 창구가 뉴욕 항으로 집중되면서 뉴욕 시는 유럽의 다양한 민족이 미국에 처음 도착하여 적응하는 지역으로서 국제적 성격을 띠게 되었다. 20세기에 들어서는 남부의 흑인이 이 지역에 대규모로 이주했으며, 푸에르토리코, 자메이카, 아이티 등 서인도 제도 히스패닉의 진출 또한 이 지역에 집중되었다. 근래에는 이 지역에 아시아인과 동유럽인의 진출이 활발하여, '인종 전시장'이라는 별명이 붙을 정도로 매우 복합적인 인종·민족 구성을 보인다.

남부 지역에는 영국 식민지 시절에 영국계가 정착하고, 애팔래치아

그림 4-4 국내 인구이동의 유형(1980~2000년)

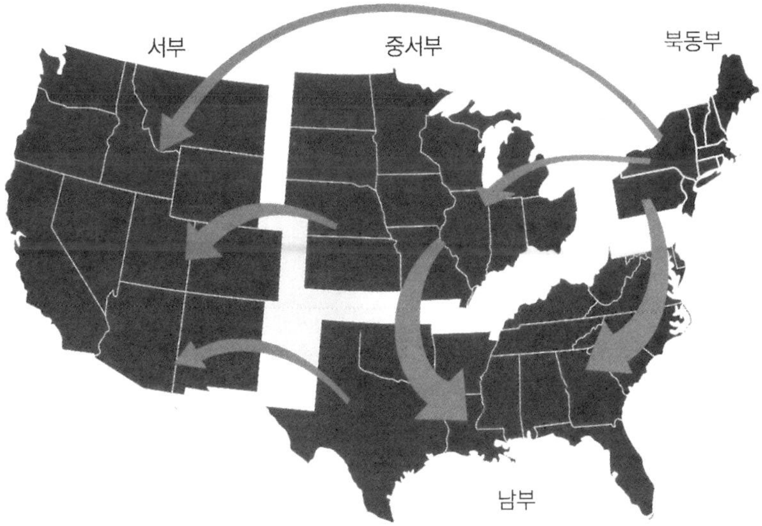

주: 선의 굵기는 이주자의 상대적인 규모를 나타냄.

산맥을 따라 스코틀랜드 출신의 아일랜드계가 이주했으며, 1808년 수입이 금지될 때까지 흑인 노예가 집중적으로 유입된 것을 제외하고는 20세기 중반까지 외부에서 이주민이 거의 들어오지 않았다. 남부 지역은 농업이 주산업이므로 북부의 공업 지역에 비해 새로운 일자리가 많이 생겨나지 않았으며, 노예제도가 지배하고 있던 곳이라 유럽의 이주민이 노예들과의 경쟁을 꺼렸기 때문이다. 남부 지역에서는 인구의 이동 없이 한 장소에서 세대를 이어가면서 오랫동안 터를 잡고 사는 것이 일반적이다. 그 결과 인간관계가 매우 촘촘하게 엮인 지역 공동체가 형성되었으며, 폐쇄적인 사회 분위기가 지배하며, 전통적인 요소가 많이 남아있는 독특한 지역이 되었다. 과거 노예제도의 영향으로 이 지역에는 현재도 흑인이 많이 거주하고 있다.

그러나 20세기 후반 이래 남부의 인구는 급속히 증가하고 있다. 북동부와 중서부의 산업 시설이 남부로 이동하면서 인구도 따라서 이동한다. 그 결과 남부는 네 개의 문화 지역 중 가장 많은 인구가 거주하는 지역이 되었다. 기존에 북부 지역에 살던 사람들이 남부로 이동하는 것도 있지만, 20세기 후반에 급속히 증가한 새로운 이민자들이 서부와 남부 지역으로 이동하는 경우가 많다. 다양한 성격의 인구 유입은 과거 남부 고유의 특징을 빠른 속도로 변화시키고 있다. 남부 대도시의 경우 이제 미국의 다른 어느 대도시와도 구분하기 어렵게 되었다. 남부의 대도시에서는 사람들의 이동이 잦고, 많은 사람들이 사무직이나 생산직에 종사하며, 편의 위주의 소비생활이 보편화되어 있고, 이웃에게 무관심한 전형적인 개인주의적 성격의 사람들이 지배하는 도시가 되었다.

서부 지역은 이주자들이 모여들기 시작한 지 얼마 되지 않고, 이 지역에서 활발한 광산업이나 군사 산업의 특성상 이 지역에 이주했다고 해도 한 곳에 정주하여 살기보다 끊임없이 이동하는 성향을 보인다. 이 지역 사람은 대부분 외국 및 미국 전역에서 근래에 모여들었으므로 과거의 전통이나 지역에 대한 유대감이 다른 어느 지역보다 희박하다. 이 지역 사람에게 전통이나 지역 공동체라는 말은 매우 생소하고 거북한 옷으로 느껴진다. 이들은 매우 개방적이며 개인주의적인 분위기를 만들어냈다. 미국의 다른 지역에는 유럽계가 주로 거주하고 이들의 문화가 지배적인 위치를 차지하는 데 비해, 서부 지역에서는 20세기 후반 대규모로 이주한 아시아계와 히스패닉의 영향이 두드러진다. 인디언이 이 지역에 집중적으로 거주하는 반면 흑인의 비율은 상대적으로 낮다. 서부 지역은 미국의 어느 지역과도 다른 독특한 성격을 만들어내고 있다.

중서부 지역은 미국의 여러 지역 중 이민자의 특징이 가장 덜 드러나는 곳이다. 이 지역에는 과거 동부로부터 독일인, 북유럽인, 스코틀랜드 출신 아일랜드인, 영국인 등 유럽의 이민자들이 이동하여 자리를 잡았다. 19세기 후반 산업화 시기에는 급속하게 성장하는 시카고, 디트로이

표 4-1 미국의 지역 간 인종·민족 구성 비교(2000년)

(단위: %, 1,000명)

	북동부	중서부	남부	서부	합계
백인	19.6	25.5	34.4	20.5	100.0
흑인	17.6	18.8	54.8	8.9	100.0
인디언	6.6	16.1	29.3	48.0	100.0
아시아인	20.7	11.7	18.8	48.8	100.0
두 인종 이상	18.0	15.0	27.1	40.0	100.0
히스패닉	14.9	8.8	32.8	43.5	100.0
멕시코인	2.3	10.7	31.7	55.3	100.0
총계	19.0 (53,594)	22.9 (64,393)	35.6 (100,237)	22.5 (63,198)	100.0 (281,422)

자료: US Bureau of Census(2006: 28).

트, 클리블랜드 등의 산업 도시에 아일랜드인과 동부·남부 유럽인들이 이동해 왔다. 20세기 초중반에는 남부의 흑인이 이 지역의 산업 도시에 대규모로 이주했으며, 20세기 후반 대도시를 중심으로 아시아인 및 히스패닉의 진출이 늘어나고 있다. 그러나 이 지역은 여전히 다른 지역보다 유럽계 백인의 비율이 높다.

4) 산업과 도시[5)]

사람들이 주로 종사하는 산업과 직업은 지역의 사회·문화적 특성을 크게 좌우한다. 19세기 후반 산업화 이전 시절 미국은 농업 국가였으나 농업을 경영하는 방식은 지역에 따라 차이가 있었다. 이후 산업화와 도시화 과정에서도 지역 간에 차이가 벌어졌다.

17세기 초 영국의 이주민들은 북동부 지역과 남부 지역에 동시에 정착하여 근거를 확대하기 시작했다. 북동부의 매사추세츠 주를 중심으로 뉴잉글랜드 지방에 정착한 청교도는 소규모 자영농의 형태로 생계를 영위했다. 이후 이들은 유리한 항만 조건을 이용해 유럽 및 미국 남부 지역과 상업을 확대했으며, 18세기에 들어서는 제조업이 발달하면서 산업화 단계에 가장 먼저 진입했다. 정착의 초기에는 넓게 산재된 작은 마을에 군집해 살았으나 상업·산업의 발달과 함께 보스턴 등 대도시를 중심으로 인구가 증가했다. 북동부 지역 중에서도 뉴욕 주와 펜실베이니아 주를 중심으로 한 중부 대서양 연안 지방은 초기부터 다양한 성격의 인구가 모여들었다. 뉴욕 시의 경우 19세기 초 이리 운하(Erie Canal)의 개통으로 오대호를 통한 내륙 지방과 대서양을 잇는 중심 항구가 되었고, 이를 계기로 급속히 성장했다. 보스턴, 뉴욕, 필라델피아, 볼티모어 등 동해안 항구 도시들은 유럽 이민자들이 미국에 정착하는 관문의 역할을 하면서 많은 인구가 집중되어 거대 도시로 발돋움했다. 현재 보스턴에서 뉴욕과 워싱턴 DC를 거쳐 볼티모어까지 남북을 잇는 긴 띠같이 형성된 넓은 지역은 하나의 '거대 도시(Megalopolis)'로서 미국에서 인구가 가장 많이 집중되어 있으며 정치, 경제, 사회, 문화의 중심지 역할을 하고 있다. 북동부 지역은 중서부 지역과 함께 20세기 후반 들어 제조업의 쇠퇴로 인한 산업 기반의 상실과 인구 감소로 어려움을 겪고 있다. 이 지역의 인구는 서부와 남부로 빠져 나가고 있으며 유럽으로부터 새로운 이민자의 공급이 중단되면서, 계속 확장되는 남부와 서부에 과거의 영광을 잠식당하고 있다. 그러나 여전히 이 지역은 고급 인재를 배출하는 명문 사립대학이 몰려 있으며, 금융 산업의 중심이며, 고급문화의 중심이며, 신문·방송·출판의 중심이며, 전통이 오래된 정치와 산업의 중심지이다.

남부 지역은 북부와는 달리 정착 초기부터 농업이 주 산업으로 20세기 초반에 이르기까지 인구나 산업의 변화가 거의 없는 정체된 지역이었다. 남부의 농업은 평야의 대농장 농업과 산간 내륙의 소농(小農)으로 뚜렷이 구분된다. 대농장 농업은 18세기 후반 면화씨 분리기(Cotton Jin)의 발명 이후 노예를 이용한 면화 단일 작물 재배에 집중되었다. 남부에서는 20세기 초반 면화 농업 기반이 붕괴되기까지 강압적 노동 착취를 지속하기 위해 백인과 흑인 간의 엄격한 차별과 억압적 사회·문화 관습이 유지되었다. 농업이 주 산업이므로 상품작물을 해외로 내보내기 위한 중간 집산지와 농장의 필수품을 공급하는 역할을 하는 소규모의 도시를 제외하고는, 북부와는 달리 인구가 집중된 지역 중심지를 찾아보기 어렵다. 남부는 오랫동안 정체된 사회 환경 속에서 백인 소농 및 흑인 노예의 빈곤과 백인 대농장주의 사치가 극명한 대조를 이루는, 사회·경제적으로 매우 낙후된 지역이었다. 그러나 1960년대 인권운동과 이후 인구·산업의 유입으로 과거의 모습과는 다른 '새로운 남부(The New South)'가 만들어지고 있다.

서부는 1848년 샌프란시스코 인근의 새크라멘토 강에서 사금이 발견되면서 '금광 붐(Gold Rush)'이 일기 시작한 이래 새로운 광산 지역에 인구가 몰려들었다가 흩어지는 과정을 반복하면서 조금씩 사람들의 정착이 이루어졌다. 1869년 동서 대륙횡단 철도가 놓이면서 사람들의 동서 이동이 자유로워지기는 했으나 거주에 적합하지 않은 자연환경 탓에 20세기 후반에 들어서야 해안가 도시와 배후 계곡 평야를 제외한 곳에 본격적으로 사람들이 거주하게 되었다. 채굴 기술이 발전하면서 안정적인 광산업의 기반이 확보되고, 댐을 건설하고 지하수를 퍼 올려 물을 확보할 수 있게 됨으로써 안정적인 거주가 이루어졌다. 서부 지역은 인구가 집중된 동부로부터 거리가 멀어 20세기 중반까지도 뚜렷한 발전을 이루지는 못했으나, 제2차 세계대전을 계기로 본격적으로 발전하기 시작했다. 제2차 세계대전은 서부에 군사 산업의 급격한 발전을 가져왔다. 미국이 일본과 싸우면서 서해안 지역의 전략적 가치가 부상하자 서해안에 인구가 집중되었다. 오늘날 서해안 지역은 첨단 산업과

표 4-2 가구소득 상위 20개 주(2000년)

순위	지역	주	중위소득
1	남부/북동부	메릴랜드	$55,912
2	-	알래스카	$55412
3	중서부	미네소타	$54,931
4	북동부	뉴햄프셔	$53,549
5	북동부	코네티컷	$53,325
6	북동부	뉴저지	$53,266
7	남부/북동부	델라웨어	$50,878
8	북동부	매사추세츠	$50,587
9	남부	버지니아	$49,974
10	-	하와이	$49,775
11	서부	콜로라도	$49,617
12	서부	유타	$48,537
13	서부	캘리포니아	$48,113
14	중서부	위스콘신	$46,351
15	서부	네바다	$46,289
16	중서부	일리노이	$45,906
17	중서부	미시간	$45,335
18	북동부	로드아일랜드	$44,311
19	서부	워싱턴	$44,252
20	중서부	미주리	$43,955

자료: US Bureau of Census(2003).

군사기지를 중심으로 지역적 중요성을 날로 더하고 있다. 또한 소득 수준의 향상으로 서부의 뛰어난 자연경관이 가광을 받으면서 관광 산업의 발달과 함께 많은 사람들의 이주를 자극하고 있다. 서부 지역의 증가한 인구 중에는 동부나 중서부에서 이동한 사람도 있지만 1965년

표 4-3 대졸 이상 주민 비율 상위 20개 대도시(2000년)

순위	지역	도시명	주명	대졸인구 비율(%)
1	서부	시애틀	워싱턴	48.8
2	남부	롤리	노스캐롤라이나	48.0
3	서부	샌프란시스코	캘리포니아	47.8
4	북동부/남부	워싱턴 DC	-	42.5
5	남부	애틀랜타	조지아	41.2
6	서부	오스틴	텍사스	40.6
7	중서부	미니애폴리스	미네소타	40.5
8	남부	샬럿	노스캐롤라이나	40.5
9	남부	렉싱턴-파이에트	켄터키	39.7
10	북동부	보스턴	매사추세츠	38.1
11	서부	콜로라도스프링스	콜로라도	36.9
12	서부	포틀랜드	오리건	36.8
13	서부	앨버커키	뉴멕시코	36.5
14	서부	오클랜드	캘리포니아	35.2
15	서부	샌디에이고	캘리포니아	34.9
16	중서부	세인트폴	미네소타	34.6
17	서부	새너제이	캘리포니아	34.4
18	서부	덴버	콜로라도	33.8
19	-	앵커리지	알래스카	31.5
20	-	호놀룰루	하와이	31.4

자료: US Bureau of Census(2003).

이민법 개정 이후 아시아와 중남미에서 몰려든 이민자들이 서부 지역 인구의 큰 비중을 차지한다. 아시아인과 중남미인은 주로 서부를 관문으로 정착해 이 지역에서 큰 세력을 형성하고 있다. 일본을 비롯한 동아시아 지역이 정치·경제적으로 유럽에 비견할 정도로 성장하면서 미국에서 서부의 위치는 갈수록 중요성을 더하고 있다. 동부 지역이 과거에 유럽과의 근접성을 배경으로 성장했다면 서부는 아시아 및 중남미와의 연결에서 유리함을 배경으로 급속히 성장하고 있다.

중서부 지역의 넓고 기름지고 관개가 잘된 평야에서는 대규모 농업이 발달했다. 기계를 이용한 곡물 재배와 가축 사육은 미국을 세계에서 가장 큰 농산물 수출국으로 만들었다. 자동차 산업의 중심이 이 지역에 있으며, 식품 가공, 철강, 화학, 전기·전자 등 산업 시설의 많은 부분이 이 지역에 위치한다. 중서부 지역은 온화한 기후 환경, 농업 생산의 풍부함, 동부 인구 밀집 지역의 대규모 소비 시장에 인접함, 해운과 육운 모두에서 운송의 유리함, 풍부한 물과 천연자원 등의 요인이 모두 한 곳에 결합하여 미국 최대의 생산기지로서 풍요를 누릴 수 있었다. 물질적인 풍요를 기반으로 한 '미국적인 생활양식(American way of life)'은 바로 이 중서부 지역에서 가장 잘 대표된다. 그러나 20세기 후반에 접어들어 미국의 제조업 기반이 흔들리고 이 지역에 근거를 둔 공장들이 해외와 남부로 이전하면서 인구가 급격히 줄어들고 있다. 영스타운, 클리블랜드 등에서는 도시를 받쳐주던 중추 산업이 모두 이전한 극단적인 경우도 발생했으며, 디트로이트의 자동차 공장은 과거의 몇 분의 일로 줄어들었고 아직도 축소를 거듭하고 있다.

3. 지역성과 변화[6)]

1) 북동부의 지역성과 변화

뉴잉글랜드

북동부 지역을 구성하는 두 하위 지역, 즉 뉴잉글랜드와 중부 대서양 연안 지방은 미국 전체로 볼 때는 매우 좁은 면적을 차지하나, 독특한 '문화 지역(Cultural Region)'으로서 독보적인 위치를 차지하고 있다. 뉴잉글랜드는 1620년 청교도의 도래로 시작하여, 이들의 자취를 여전히 곳곳에서 발견할 수 있다. 보스턴과 같은 대도시도 있지만 이 지역에는 주민의 참여가 높고 공동체의 연대가 강한 중소규모의 도시가 많다. 보스턴에 아일랜드계가 집중해 있는 것을 제외하고는 전반적으로 앵글로색슨계가 많으며 최근까지 인종·민족적으로 매우 동질적인 지역이었다. 보스턴을 중심으로 한 뉴잉글랜드의 남쪽 지역은 산업화되었고 인구밀도가 높으나, 북쪽으로 올라가면 인구밀도가 낮고 농업과 목축업을 하는 소규모의 자영농이 적지 않다.

뉴잉글랜드는 정치, 경제, 사회, 문화의 모든 면에서 미국을 선두에서 이끌어온 지역이다. 독립전쟁을 일으킨 시발점이며, 섬유 산업과 기계 제작 등 미국 제조업의 시발점이며, 미국 기독교 종파 대부분이 탄생한 곳이며, 최고의 사립대학이 몰려 있으며, 미국의 사상과 문화계의 거장들이 탄생하거나 활동한 지역이며, 유명한 정치인과 지도자를 많이 배출한 지역이며, 새로운 과학 지식과 발명의 산실이다. 주민의 교육 수준과 사회·경제적 지위 또한 매우 높다. 이 지역 사람은 미국인의 별명인 '양키(Yankee)'의 전형으로 인식되는데, 과묵하고 검소하며 부지런하고 금욕적이고 엄격하며 책임감이 강하며 독립적이고 지적이며 합리성과 공정함을 중시하며 원칙에 충실하며 도덕적인 사람의 이미지를 지니고 있다. 미국의 거장 호손의 소설 『주홍 글씨』에서 묘사하는 사람들과 사회의 분위기는 식민지 시대 뉴잉글랜드의 특징을 잘 나타낸다. 이 지역 사람들이 중서부 지역의 북부와 태평양 연안의 북서부 지역으로 이주하면서 이러한 특징이 전해져, 그곳에 뉴잉글랜드와 유사한 사회·문화적 분위기를 만들었다. 예컨대 시애틀 사람의 취향은 서부보다는 뉴잉글랜드의 지적이고 도덕적인 분위기에 좀 더 가깝다.

뉴잉글랜드는 미국의 고급문화를 주도하는 지역으로 주민들의 사교·문화 활동이 활발하며 공공의식이 매우 높다. 미국에서도 이곳은 유럽의 특색이 다른 어느 곳보다도 많이 배어있다. 예컨대 뉴잉글랜드에는 정장을 입어야 들어갈 수 있는 레스토랑이 여전히 많이 있다. 뉴잉글랜드 주민들은 보수적인 색채와 스타일의 옷을 입고, 사회적 이슈에 대한 토론이나 정치 참여가 높으며, 과묵하여 필요한 말만 하고, 영국식 발음이 섞인 교양 영어를 구사한다. 이 지역에는 책을 읽는 인구가 어느 곳보다 많고 공공 방송국이나 도서관, 공공 교통 시스템, 공원 등 공공자원이 어느 지역보다 풍부하며 질이 높다. 질적으로 수준 높은 방송 프로그램을 즐기고, 도시 곳곳에서 클래식 연주회를 항시 들을 수 있으며, 범죄나 빈곤과 같은 사회문제가 현저하게 적다. 주민들은 진보적인 정치 성향을 보이며 정치, 자원봉사, 독서 모임, 문화 모임에도 활발하게 참여한다. 이 지역에는 상류층이 이용하는 배타적인 사교 클럽과 고급 사립 기숙학교가 많이 있으며, 고급 요트 클럽이 성행한다. 이러한 여러 가지 면에서 뉴잉글랜드는 미국에서도 가장 지역성이 뚜렷한 곳으로 지적된다.

20세기 후반 들어 이 지역은 다른 북부 지역과 마찬가지로 산업 기반이 남부와 해외로 이동하고, 인구가 감소하고, 사회와 경제 전반에 새로운 투자가 이루어지지 않으면서 심각한 어려움을 겪고 있다. 낙후된 생산 시설로 생산성이 저하되고, 전통적으로 노조의 세력이 강하며,

표 4-4 동북부 지역의 인구 및 사회·경제적 특성(2002년)

지역	주요 주	전국인구순위	인구변화율*	백인(%)	흑인(%)	히스패닉(%)	대졸자 비율(%)	1인당 소득($)	빈곤율(%)	인터넷 접속 가구비율**(%)
지역	인구 구성						사회·경제적 지위			
	전국 평균		13.1	80.6	12.7	13.4	26.7	27,083	9.2	50.5
뉴잉글랜드	매사추세츠	13	0.1	0.9	0.1	0.1	0.3	33,379	6.7	0.5
	코네티컷	29	3.6	90.3	4.1	18.2	32.6	35,859	5.6	58.5
	뉴햄프셔	41	11.4	96.4	0.8	1.8	30.1	30,344	4.3	50.2
중부 대서양 연안	뉴욕	3	5.5	73.9	17.8	16.0	28.8	30,778	11.5	43.1
	펜실베이니아	6	3.4	86.5	10.3	3.4	26.1	27,868	7.8	48.7
	뉴저지	9	8.6	77.6	14.5	14.2	31.4	33,995	6.3	57.2

자료: US Bureau of Census(2003).
주: * 1990~2000년의 인구 변화율
** 2001년

높은 집값과 물가와 임금 때문에 미국의 다른 신흥 지역에 비해 경쟁력이 저하되었다. 이 지역의 명문 사립 기숙학교와 사립대학을 졸업한 인재들은 이 지역에 머물기보다 새로 활성화되는 지역을 찾아 전국으로 흩어져 나가는 경향을 보인다. 이 지역의 산업 침체도 하나의 원인이지만 혹독한 추위가 몰아닥치는 기후 특성 또한 사람들이 따뜻한 남쪽으로 이주를 결행하는 계기를 제공한다.

근래에 들어서는 이 지역의 이점을 살려 컴퓨터, 통신, 바이오, 기계, 군사 영역에서 첨단 산업이 활발하게 전개되고 있다. 지역의 연구소와 대학을 중심으로 벤처 투자자와 기업가를 잇는 연결망이 활발하게 가동되면서 창업이 활성화되어 보스턴 주변 '128번 순회도로(Route 128)'라 불리는 지역에서는 캘리포니아의 실리콘 밸리 같은 새로운 산업단지가 생겨나고 있다. 이 지역 대도시와 중소도시에서는 낙후된 건물과 가로를 보수하는 공사가 곳곳에서 진행되며 과거의 전통에 안주하지 않고 변화하려는 주민들의 노력을 읽을 수 있다. 한편 남부에서 이주한 흑인들과 함께 근래에 아시아인과 히스패닉이 대규모로 유입되어 도시의 저임금 서비스 일자리를 채우면서 미국의 여느 대도시에서 흔히 볼 수 있는 도시문제가 이 지역에서도 증가하고 있다. 보스턴, 프로비던스, 하트퍼드 등의 대도시에서는 인종과 계급에서 주민의 이질성이 높아졌으며 공공질서가 추락하고 빈곤과 범죄 같은 사회문제가 점점 심각해지고 있다. 그 결과 이 지역 대도시는 외견상 다른 지역의 대도시와 유사한 형태를 띠어가고 있다.

중부 대서양 연안 지역

뉴욕 주와 필라델피아 주를 중심으로 한 중부 대서양 연안 지역(The Mid Atlantic)은 개방적이며 국제적이라는 특성이 두드러진다. 이 지역은 뉴잉글랜드와는 달리 식민지 초기 단계에서부터 다양한 문화를 포용했다.

뉴욕의 경우 영국인의 뉴잉글랜드 도착과 유사한 시점인 1624년에 네덜란드인과 북유럽인이 이곳에 최초로 진출했는데, 이들은 이후 1660년에 영국으로부터 공격을 받아 영국 식민지로 복속되었다. 펜실베이니아 지역은 퀘이커 교도이던 윌리엄 펜이 1681년 영국 왕으로부터 허가를 받아 이곳에 그의 이름을 딴 식민지를 건설한 데서 시작한다. 윌리엄 펜은 초기부터 어떠한 정치적·종교적 견해를 가진 사람도 가리지 않고 이주를 허가하는 매우 개방적인 정책을 펴서 유럽의 이민자를 유인했다. 이는 당시 매우 배타적인 영국계 청교도의 기준을 고수하여 이질적인 배경의 이주민을 배척하고 추방했던 이웃 뉴잉글랜드 지방이나, 영국계 정착민이 비영국계 이주민을 심하게 차별했던 남부 버지니아 지방과 뚜렷이 대비되어, 북서유럽에서 이 지역으로 이민자를 모아들이는 계기가 되었다. 펜실베이니아에는 애미쉬, 메노나이트, 후터라이트 등 유럽의 소규모 신교 종파들이 다수 정착했으며 영국계와 함께 독일계, 네덜란드계, 북유럽계의 진출도 활발했다. 펜실베이니아의 개방적이고 다양성을 허용하는 사회 분위기는 독립전쟁 시기에 북부 뉴잉글랜드의 과격파와 남부의 보수주의자들 사이에서 중간자 역할을 하면서 합의를 끌어내는 데 기여했다. 펜실베이니아의 수도인 필라델피아에서 식민지 13개주의 대표가 모여 최초의 헌법을 만들었으며 최초의 수도를 이곳에 두는 등, 펜실베이니아는 미국 공화국 탄생의 산파 역할을 했다.

이 지역이 본격적으로 국제화의 중심이 된 계기는 1817년 이리 운하가 개통되면서 오대호를 통해 미시시피 강과 대서양을 연결하는 수운 통로의 관문으로서 뉴욕 항의 역할이 부상하면서부터이다. 이 운하 덕택에 중서부 지역의 풍부한 자원과 유럽의 생산 시설 및 소비 시장 간에 지름길이 생겼다. 이제 더 이상 미시시피 강을 따라 내려가 뉴올리언스를 돌아서 먼 길을 항해할 필요가 없어졌다. 뉴욕 항은 중서부 내륙과 대서양을 수운으로 연결하는 미국 동해안의 대표 항구로 급속히 발전했으며 서쪽으로 출발하는 인구와 물자의 출발 기점이 되었다. 이리 운하의 개통을 계기로 과거 뉴욕 항보다 규모가 훨씬 컸던 보스턴 항과 볼티모어 항의 세력은 급속히 약화되고 뉴욕 항이 동해안 물류의 중심으로 부상했다. 이후 유럽에서 오는 이주민의 대부분이 뉴욕 항에 있는 엘리스아일랜드(Ellis Island)를 관문으로 입국하게 되었으며, 19세기에 철도 운송이 발달하면서 동해안의 거점 항구로서 전국적으로 물자가 모이고 흩어지는 중심지 역할을 했다. 뉴욕은 또한 북쪽의 뉴잉글랜드와 남부 지역을 잇는 중간에 위치한 지리적 이점으로 인해, 철도 운송은 물론 자동차와 항공 교통의 발달 속에서 미국의 동부와 남부를 연결하는 교통의 중심점 역할을 하고 있다.

뉴욕 시는 19세기 중반에 이미 미국에서 가장 큰 도시로 발전했다. 뉴욕 시는 유럽으로부터 다양한 민족이 기착하고 미국 생활에 적응하는 장소로서 국제적인 문화가 지배했다. 뉴욕 시에는 유대인 밀집 지역, 중국인 밀집 지역, 이탈리아인 밀집 지역, 우크라이나인 밀집 지역, 그리스인 밀집 지역, 푸에르토리코인 밀집 지역, 한국인 밀집 지역 등 각 민족이 밀집해 거주하는 지역이 곳곳에 있다. 유엔 본부가 뉴욕에 위치한 것은 이런 국제적인 환경을 반영한 결과이다. 뉴욕 항을 중심으로 상업이 번성하면서, 이곳은 국제 금융과 거래의 중심지가 되었으며, 끊임없이 유입되는 이주민을 노동력으로 하여 다양한 제조업이 번성했다. 다양한 인구와 산업을 배경으로 언론, 출판, 광고, 방송 매체, 고급문화·대중문화 산업도 번성했다. 미국의 대표적인 전국 신문인 ≪뉴욕 타임스≫, 수많은 대형 출판사, 3대 방송사, 미술품 거래, 패션 산업, 음반·영화 등의 미디어 산업이 이 지역을 본거지로 한다. 미국의 대중문화는 뉴욕에서 만들어지고 전파되며, 음악과 미술과 패션과 생활양식의 최신 유행은 대부분 뉴욕을 기점으로 한다. 예외가 있다면 20세기 초반 영화 제작이 기후의 이점을 이용하여 이곳에서 로스앤젤레스로 이동한 것을 들 수 있는데, 그럼에도 여전히 영화 산업의 기획과 자본은 대부분 뉴욕에서 조달된다. 뉴욕의 주민을 일컫는 말인 '뉴요커(New Yorker)'의 이미지는 국제적이며, 합리적이고, 실용적이며, 상업적인 감각이 돋보이고, 세상 돌아가는 이치에 밝으며, 세련되고, 개방적이고, 변화에 빠르게 적응하는 모습으로 그려진다.

20세기에 들어와 뉴욕 시와 필라델피아는 남부로부터 이주하는 흑인의 주요 종착지가 되었으며, 근래에는 아시아인과 서인도 제도 히스패닉의 기착지가 되면서 인종·민족 구성의 다양성이 더욱 확대되고 있다. 그러나 20세기 후반, 북부 지방의 제조업이 남부와 외국으로 이전하면서 이 지역의 제조업 기반이 약화되고 인구가 감소하는 어려움에 처했다. 과거에 제조업이 번성했으며 역사의 중심 역할을 했던 뉴욕이나 필라델피아는 산업이 이전하면서 인구가 감소하고 도시가 황폐화되어 가는 대표적인 예에 속한다. 이 지역의 특징인 인종·민족의 다양성이 사회의 응집성을 떨어뜨려, 필라델피아는 빈곤과 범죄 등 사회문제의 심각성이 다른 어느 지역보다 높다. 엄청나게 높은 집값과 물가, 빈번한 살인 사건과 마약 범죄, 항시 안전에 신경을 써야 하는 치안 상태, 비참한 빈민가, 낙후된 교육 시설, 부족하고 관리가 부실한 공공시설, 심한 교통 체증 등 이 지역의 대표 도시인 뉴욕 시는 미국의 사회문제가 모두 모여 있는 곳이라는 오명이 붙어있다. 그럼에도 이 지역의 국제적인 성격을 찾아 모여드는 사람들은 여전히 많다. 뉴욕 시의 개방성과 문화적 다양성은 세계화 시대에 국내외에서 새롭게 각광받고 있다. 많은 미국인들은 뉴욕 시를 미국의 괴물이라고 생각하면서도 여전히 새로운 변화와 아이디어의 출발점으로 인식하고 있으며 젊었을 때 한 번쯤 살아보고 싶은 도시로 생각한다.

2) 남부의 지역성과 변화

남부는 북동부와 기후와 토양은 물론 사람이나 사회구조에서도 큰 차이를 보인다. 1607년 영국 이주민이 체서피크 만 입구에 있는 버지니아 주의 제임스타운에 최초로 정착했을 때부터 이들의 이주 동기는 뉴잉글랜드에 정착한 사람들과는 매우 달랐다. 남부에 정착한 이주민은 두 종류였다. 한 집단은 투기적 목적의 자본가로 빨리 거대한 부를 거머쥐어 귀족처럼 살면서 북미 대륙에 유럽 지배 제도의 복사판을 만들려는 사람들이었으며, 다른 집단은 이 투기 자본가들이 노동력을 확보할 목적에서 유인한 영국의 빈민이었다. 이들에게는 새로운 땅에 하나님의 나라를 만들려고 했던 청교도 정신은 조금도 없었다.

남부 지역은 자연환경이나 사람들이 그렇게 동질적이지 않다. 대서양 해안을 둘러싸고 두터운 평야 지역이 존재하나, 내륙으로 들어가면 산간 지역이 산재해 있다. 평야 지역은 풍부한 물과 겨울에 온화하고 여름에 무더운 기후를 이용한 대농장 경영이 주로 발달했다. 반면 내륙 산간 지역은 가을에 서리가 일찍 내리므로 농업 생산성이 높지 않아 소규모 자영농이 주를 이루었다. 평야 지대에서 흑인 노예를 이용해 면화를 재배하는 대농장 생활이 남부의 특징으로 보이나, 실제는 이보다 훨씬 복잡하다. 내륙 산간 지역에서는 자급자족을 하는 소농이 주를 이루었으며, 애팔래치아 동쪽 사면을 따라 넓게 발달한 석회암 지질의 피드먼트 고원(Piedmont)에서는 담배 농사가 대규모로 이루어졌다. 인구 수로만 본다면 소규모 자영농이 훨씬 많지만, 소수의 대농장 소유주가 흑인 노예의 대부분을 사용하면서 엄청난 부를 창출해 남부의 정치, 경제, 문화를 지배했다.[7)]

남부의 대농장주는 북부의 자영농이나 상공업자들과는 이익을 함께 하지 않았다. 이들이 수출하는 상품작물, 특히 면화의 수요처는 미국이 산업화될 때까지 북동부 지역보다는 유럽에 있었으며 이들이 필요로 하는 생활 사치품은 대부분 유럽에서 수입되었다. 북동부 지역 사람들이 자신의 상권을 보호하고 산업화를 위해 강력한 중앙 정부와 보호무역정책을 주장할 때, 남부의 귀족들은 무역의 자유화와 작은 정부 및 지방자치를 주장했다. 북부의 상공인들이 영국으로부터 독립을 주장할 때, 이들은 영국으로부터 독립해서 얻을 수 있는 것이 무엇인지에 대해 의문을 품을 수밖에 없었다. 북부 사람들은 청교도와 도덕적 생활을 강조했지만, 남부 사람들은 원래부터 청교도 전통이 없고 오히려 영국 국교도가 많았으므로 종교의 자유를 위해서 영국과 싸워야 할 이유도 없었으며, 더군다나 청교도적 금욕과 절제는 이들의 미덕이 아니었다. 북부 사람들이 도시인의 생활 유형이라면 이들은 전원적인 생활 유형이었으며, 북부 사람들이 합리성, 효율, 산업, 새로운 지식과 발명, 도시의 문명 생활, 진보의 이념을 추구할 때, 이들은 전원생활의 아름다움과 농업의 숭고함과 공동체의 인간적인 화목과 질서의 소중함을 강조했다. 북부 사람들이 인권과 평등을 강조할 때 남부 사람들은 명예와 권위와 노예에 대한 가부장적인 보호를 미덕으로 내세웠다. 북부 사람들이 북미 대륙 식민지인의 단합과 강력한 정부를 강조할 때, 이들은 정부의 간섭을 제한하려 했고 정부가 커지는 것을 두려워했다. 이들은 식민지인들이 어느 누구의 간섭도 받지 않고 자신의 지방에서 각자 독립해 사는 것을 선호했다.

요컨대 처음부터 북부와 남부는 모든 면에서 달랐으며 서로 반대의 입장을 보였다. 이렇게 상반되는 입장은 노예제도를 둘러싸고 극한으로 대립했다. 북부가 종교적·인도적인 이유에서 노예제도를 극렬하게 반대하는 데 반해 남부에서는 노예제도가 백인 지배층의 생명줄이었기 때문에 도저히 양보할 수 없었다. 독립전쟁에서부터 북부와 남부는 서로 다른 태도를 보였다. 남부와 북부의 이익 대립은 대타협 끝에 연방제도와 공화정 헌법을 만들기는 했으나, 외교와 국방 이외에는 거의 권한이 없어 제대로 기능할 수 없는 정부를 만들어냈다. 또한 남부인의 주장을 받아들여 흑인을 3/5의 시민으로 인정하면서도 선거권을 부여하지 않는 매우 불합리한 민주 제도를 만들어냈다.

식민지 시기부터 벌어졌던 남과 북 사이의 차이와 갈등의 골은 결국 전쟁으로 귀결될 수밖에 없었다. 1861년부터 1865년까지 엄청난 사상자를 낸 남북전쟁은 남부와 북부의 격차를 더욱 벌려 놓았다. 남부 백인들은 전쟁으로 사상자가 엄청나게 발생하고 거의 모든 시설이 폐허가 된 데다 노예까지 빼앗기는 이중 삼중의 고통 속에서 좌절했으며 북부에 대한 감정의 골은 더욱 깊어졌다. 이후 남부를 배제한 북부의 정치, 경제, 사회, 문화의 독주 속에서 남부는 20세기 중반까지 미국 역사의 흐름으로부터 소외되고 뒤처져서 '미국 내의 제3세계'라 불리기까지 했다. 남북전쟁 이후 20세기 중반까지 연방 정부는 북부의 인사들에 의해 장악되었고, 남부에는 부패와 일당 독재가 지배했으며, 남부의 우수한 대학은 손가락에 꼽을 정도에 불과하고 그것도 북부의 대학에 비하면 빛이 바래며, 농업 이외에는 이렇다 할 산업이 없으며, 교통시설이 부실하고 사람들의 왕래가 드물었으며, 노예제도에 이어 흑인에 대한 비인간적인 차별과 끔찍한 폭행과 살인이 저질러졌으며, 퇴락한 시설과 비참한 빈곤이 곳곳에 만연하며, 변화가 없이 정체되어 있으며, 꿈을 가진 사람이 살 곳이 못 된다는 부정적이고 음울한 이미지가 20세기 중반까지 남부를 지배했다. 이 시기에 소수의 문필가를 제외하고 미국인이 존경하는 사람들의 대부분은 북부에서 나왔다. 남부의 대농장주 귀족은 흑인에게는 물론 남부의 백인들 모두에 대해 민주적인 절차를 무시하고 폭력과 독재 권력을 휘둘렀다. 소수의 대농장주를 제외하고는 백인과 흑인 모두 빈곤한 상태에 놓여 있었다. 미국 역사에서 19세기 후반 펼쳐진 눈부신 산업화와 거대한 이민의 물결이 이곳에서는 남의 나라 이야기였다. 남부는 20세기 초반까지도 외부에서 이곳으로 이주하거나 외부로 이주해 가는 이동 없이 초기에 이주한 영국계와 흑인들만이 세대를 이어가면서 같은 장소에서 똑같은 방식으로 살아가는, 매우 동질적이며 전통적인 지역을 형성했다.

20세기 중반까지 남부는 북부에 비해 지역의 중심이라고 할 만한 대도시가 없었다. 남부의 농장에서는 농업 사회의 특성상 외부와의 교류가 많지 않고 대부분을 자급자족했으므로 도시가 만들어내는 사회·문화적 산물의 수요가 많지 않았다. 남부의 귀족은 지역의 도시로부터 사회·문화적 욕구를 충족하기보다는 유럽이나 북부의 도시로부터 수입에 의존했다. 외부에서 자유주의적인 사상이나 사회 분위기가 수입되는 것을 우려해 자녀를 외부로 보내 교육시키려 하지 않았으며 외부 사람들이 들어와 영향을 미치는 것을 극도로 경계했다. 남부인들은 대부분 남부의 북쪽 끝에 있는 체서피크 만의 볼티모어 항이나, 버지니아와 노스캐롤라이나의 항구를 통해 북부 및 유럽과 소통했으며, 이곳이 남부의 정치·경제·사회·문화의 중심 역할을 했다. 남부에는 철도가 매우 성글고, 넓은 대륙붕 사면으로 인한 자연조건의 불리함과 농업 사회의 물동량 부족으로 항구의 발달도 부진했다. 과거 남부 생활에서 행정의 중심지라든가 도시의 문명 생활이라는 것은 사악한 욕망이 지배하는 곳이라는 부정적인 의미를 담고 있었으며 실제 발달이 매우 부진했다. 이렇게 낙후된 사회 환경은 남북전쟁 때 남군의 일관적 행정 체계의 부족과 군수물자의 지원 체계 혼란을 패배의 원인으로 지적할 때 흔히 거론하는 구조적 배경이다.

남부에 독특한 사회·문화가 형성된 데는 남부의 자연조건과 사회·경제적 상황이 결합해 만들어낸 '왕으로 군림하는 면화(King Cotton)'의 탓이 크다. 남부의 평야 지역에서는 대농장에서 노예를 이용해 대규모로 면화를 재배하는 농업이 지배했다. 남부의 면화는 유럽과 산업화가 진행되던 북부지역에서 대량으로 필요로 했다. 면화 산업은 고정적인 수요가 풍부하고 수익이 많이 나므로 남부의 유일한 산업으로 오랫동안 독보적인 지위를 누렸다.

남부의 대지주들은 면화의 힘을 믿고 북부에 반기를 들어 자기네들만의 나라를 만들려고 했으나 실패했다. 그러나 남북전쟁에 패한 이후에도 남부의 면화 산업 의존도는 여전했다. 북부의 산업화에 남부의 면화가 절실히 필요했으므로, 북부군의 지휘 아래 노예제를 공식적으로는 폐지했음에도 노예제와 유사한 소작제(share-cropper)라는 강제 노역의 형태가 적극 도입되었다. 19세기 후반 남부인들은 흑인의 강제 노동을 유지하기 위해서 '흑인 규범(Black Code)' 또는 '짐 크로우 규범(Jim Crow Rules)'이라고 부르는, 과거의 노예제에 비견할 만한 차별과 억압의 사회 제도를 만들어냈다.

차별과 억압의 사회 환경은 남부를 외부로부터 고립시키고 외부인에 대해 배타적인 독특한 사회로 만들었다. 19세기 유럽계 이민이 매우 활발하던 시절에도 남부로는 이민자가 거의 유입되지 않는 기이한 현상이 나타났다. 남부에서는 20세기 중반까지 인종·민족의 다양성이라는 미국의 특성을 거의 찾아보기 어려웠다. 흑인에 대한 차별과 억압은 흑인의 반발을 항시 두려워해야 하는 사회적 분위기 속에서 공포와 억압의 문화가 자리 잡게 했다. 흑인 노예의 반항을 두려워해 그들에게 글을 가르치는 것을 금했으며, 백인 자녀들 또한 과도하게 교육받아 이 사회의 모순적인 성격에 눈뜨고 괴로워하는 것을 염려하여 고등교육을 장려하지 않았다. 남부 지역에서는 이성보다는 전통을 중요시하는 보수주의와 반지성주의가 지배적이었다. 반면 남부 지역은 소위 '성경 지대(Bible Belt)'라고 일컬을 만큼 종교에 대한 열성이 높다. 독실한 신앙심 또한 부분적으로 반지성주의와 억압의 전통이 만들어낸 결과이다. 남부의 백인들은 종교적 순종을 통해 흑인 노예들의 저항심을 잠재우려고 그들에게 종교 생활을 권장했다. 백인들 또한 흑인에 대한 억압과 폭력이 가져오는 긴장을 종교에 귀의함으로써 정신적으로 위무받으려 했다.

남부 지역의 변화

남부의 면화 지배는 제2차 세계대전 무렵 종언을 고했다. 면화 지배력의 쇠퇴와 함께 두 차례에 걸친 전쟁은 무엇보다 남부 흑인들의 지위에 큰 변화를 가져왔다. 1930년대의 대공황을 계기로 백인 농장주들은 면화라는 단일 작물 재배의 위험에서 벗어나 다양한 작물 재배, 가축 사육, 제조업에 이르기까지 적극적으로 다변화를 모색했다. 과거 면화 농장에 얽매여 있던 흑인들은 농업이 기계화됨에 따라 더 이상 그들을 대규모로 필요로 하지 않는 농장을 떠나 새로운 일자리를 찾아 도시로 이동했다. 많은 흑인들이 남부 지역의 인근 도시나 북부 도시로 이동했다. 이들은 뉴욕, 필라델피아, 워싱턴 DC, 볼티모어 등 동북부 대도시는 물론 시카고, 디트로이트, 클리블랜드, 피츠버그 등 중서부의 산업 도시에도 대규모로 이주했다. 20세기 초중반 북부 도시로 남부의 흑인들이 대규모로 이동한 것은 유럽으로부터 이민자 유입이 중단된 시점과 잘 맞아떨어진다. 남부 농촌의 배출 요인과 북부 도시의 흡인 요인이 일치했던 것이다. 북부 도시로 이동한 흑인들은 도시의 저임금 노동자로서 과거 유럽 이민자들이 차지했던 위치를 메우게 되었다. 도시 산업 노동자로 도심에 밀집해서 생활하면서 흑인들 사회 내에 인재와 조직과 자본이 축적되었으며, 마침내 1950~1960년대에 민권운동을 통해 흑인에 대한 공식적인 차별과 억압의 관행이 금지되었다.

남부는 20세기 후반 들어 급격히 변하고 있다. 과거 남부에 대한 서술은 모두 그릇된 것이 되어가고 있다. 현재의 한국을 설명하면서 1960년대 한국의 상황을 묘사하는 것이 적절치 않듯이, 20세기 중반까지 남부의 모습은 현재와 매우 큰 거리가 있다. 남부는 더 이상 폐쇄적이거나 소외된 곳이 아니다. 외부에 대해 배타적이고 정체되었던 과거의 분위기는 새로운 이주민과 일자리의 증가로 하루가 다르게 바뀌고 있다. 현재 남부는 빌딩과 공장이 들어서고, 길이 정비되고, 쇼핑몰이 들어서고, 교외가 팽창하는 등 미국에서 가장 빠르게 발달하고 있다. 마치 한국이나 중국 같은 제3세계 국가들이 경제 발전의 도약 단계에 접어들었을 때 그랬듯이 미국의 남부는 뒤늦게 개발의 대열에 합류한 듯하다. 과거에 저개발의 그늘이 컸기에 개발의 화려함도 눈부시다. 남부 발전의 원동력은 이 지역이 과거에 낙후했었다는 바로 그 점에 있다. 한국이 가난한 나라여서 싼 임금에도 묵묵히 열심히 일하는 노동력을 찾아 외부의 자본이 모여들었듯이, 미국 남부의 가장 큰 장점은 싼 땅값과

표 4-5 남부 지역의 인구 및 사회·경제적 특성(2002년)

지역		인구 구성					사회·경제적 지위			
	주요 주	전국 인구 순위	인구 변화율*	백인 (%)	흑인 (%)	히스패닉 (%)	대졸자 비율 (%)	1인당 소득($)	빈곤율 (%)	인터넷 접속 가구비율** (%)
	전국 평균		13.1	80.6	12,7	13.4	26.7	27,083	9.2	50.5
올드 사우스 (Old South)	메릴랜드	18	10.8	65.7	20.1	4.7	37.6	31,166	6.1	37.8
	버지니아	12	14.4	74.1	20.0	5.2	34.6	28,581	7.0	54.9
	노스 캐롤라이나	11	21.4	74.2	20.6	5.3	22.4	24,394	9.0	44.5
	사우스 캐롤라이나	25	15.1	67.8	29.9	2.7	23.3	22,708	10.7	45.0
	조지아	10	26.4	67.5	28.7	6.0	25.0	25,339	9.9	46.7
딥 사우스 (Deep South)	앨라배마	23	10.1	71.4	26.3	1.9	22.7	22,536	12.5	37.6
	미시시피	31	10.5	61.3	36.8	1.5	20.9	20,410	16.0	36.1
	루이지애나	24	5.9	64.3	32.8	2.6	22.1	22,942	15.8	40.2
	아칸소	33	14.0	81.2	16.0	3.6	18.3	21,065	13.8	64.1
남부 산간 지역	테네시	16	16.7	80.9	16.6	2.4	21.5	25,184	13.5	44.8
	켄터키	26	9.6	90.5	7.4	1.7	21.6	22,571	12.7	44.2
기타	플로리다	4	23.5	80.8	15.7	18.1	25.7	26,244	9.0	52.8

자료: US Bureau of Census(2003).
주: * 1990~2000년의 인구변화율
** 2001년

싼 눌가와 싼 세금과 싼 임금과 순종적인 노동력이다. 지금까지 발전이 되지 않았기 때문에 새로 개발될 여지가 크며 이익을 산출할 여력이 더욱 크다. 근로자는 새로 만들어지는 일자리를 찾아서, 자본가는 새로 열리는 이익 창출의 기회를 찾아서 남부로 모여들고 있다. 이렇게 변화하는 남부 지방을 흔히 '새로운 남부(New South)'라고 부른다.

남부의 발전은 20세기 후반에 급속히 전개되는데, 이는 미국 경제의 국제적인 환경 변화와 밀접한 관련이 있다. 1970년대 두 차례의 석유 파동 이래 미국 북부를 중심으로 한 제조업이 외국과의 경쟁에서 위기에 처하면서, 생산의 효율성을 높이는 전면적인 구조조정(Restructing)에 돌입하게 되었다. 북부 지역 산업의 전면적인 개편은 북부 지역 근로자들에게는 공장 폐쇄와 실업이라는 쓰라린 경험을 안겨주었지만, 남부 지역 주민들에게는 이 지역으로 공장이 들어오고, 인구가 증가하고, 새로운 도시와 상업 시설과 문화 자원이 늘어나는 결과를 가져왔다. 남부 지역의 싼 물가와 낮은 임금과 노조에 가입하지 않은 순종적인 노동력이 제공하는 산업 경쟁력은 북부 지방의 비싼 물가와 높은 임금과 까다로운 요구조건을 내거는 노조를 피해 산업이 이 지역으로 대거 이동하도록 했다. 이러한 변화에는 물론, 1960년대 민권운동으로 남부의 비인도적인 억압적 상황이 제거되면서 남부 지방도 '사람이 살 만한 곳'이라는 인식이 새롭게 들게 된 것도 한몫한다.

남부 지역은 1960년대 이래 인구가 계속 늘어나고 있다. 이와 함께 정치적인 대표성도 높아져 의회의 의석이 늘어나고 전국적으로 유력한 정치가들이 연이어 남부에서 탄생하고 있다. 이제 대통령 선거에서 후보자가 가장 힘을 기울이는 지역도 북부에서 남부로 바뀌었다. 20세기 후반 새로 이민 온 아시아계와 히스패닉이 일단 서해안 또는 남서부 도시에 정착한 이후 동남부 도시로 이동하거나 아예 처음부터 남부에 바로 정착하는 경우가 많아졌다. 늘어나는 인구와 산업은 눈덩이 효과를 만들어내면서 더 많은 사람들을 불러 모으고 새로운 일자리와 이익 창출의 기회를 더욱더 확대시키는 선순환을 일으킨다. 새로 늘어나는

그림 4-5 2004 대통령 선거 정당 지지도 분포

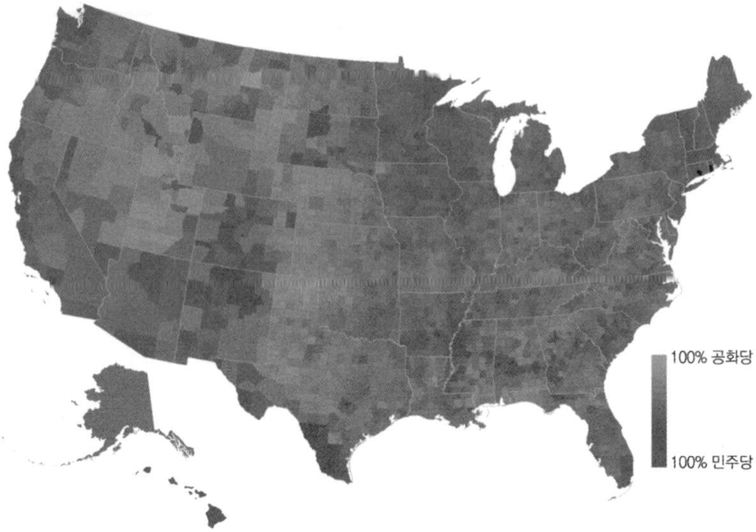

자료: http://www.princeton.edu/~rvdb/JAVA/election2004/.

일자리와 함께 남부의 따뜻한 날씨에 대한 사람들의 인식이 높아지면서 남부는 땅값이 저렴하고 물가가 싸고 덜 붐비는 살기 좋은 지역이라는 긍정적인 이미지가 조금씩 쌓이고 있다. 반면 남부에 대한 부정적 인식과 남부인의 폐쇄적이고 방어적인 태도는 동시에 급속히 사라지고 있다.[8] 남부의 대도시에서는 이제 토박이보다는 외부에서 새로 유입된 인구의 비율이 더 높다. 이제 남부의 대도시에서 더 이상 심한 남부 사투리를 들을 수 없다.

20세기 후반 들어 남부 지역의 산업도 많이 변화했다. 남부 지역을 오랫동안 지배했던 면화는 여전히 많이 재배되지만, 과거와는 달리 기계화된 기업농이 면화 생산을 담당한다. 현재 미국에서 가장 큰 면화 산지는 전통적인 남동부 지역이 아니라 텍사스를 중심으로 한 남서부 지역이다. 남부의 농촌에서는 돼지, 닭을 기르는 축산업이 번성하며 벼, 콩, 땅콩, 담배, 과일, 야채 등 다양한 작물이 재배되고 있다. 남부에서 가장 큰 산업의 변화는 농업보다는 2차 산업 분야에서 두드러진다. 북부 제조업의 중심이던 자동차 산업은 남부의 앨라배마, 미시시피, 조지아, 테네시 주로 속속 이동하여 북부보다 더 큰 최신식 생산 시설이 들어서고 있으며, 중화학공업이나 경공업도 남부 지역으로 이전하고 있다. 남부로 이전하는 산업은 제조업이 많지만, 일부 지역에서는 첨단 기술과 높은 지식을 요하는 산업이 자리 잡고 있다. '연구 삼각주(Research Triangle)'라 불리는 노스캐롤라이나 주의 롤리(Raleigh), 더럼(Durham), 채플힐(Chapel- Hill)을 연결하는 지역은 남부에서 대표적으로 지식 첨단 산업이 둥지를 튼 지역이며, 조지아 주의 애틀랜타에는 첨단의 금융·미디어 산업이 집결하여 지역 중심을 형성하고 있다. 루이지애나 남부는 멕시코만 연안의 유전 생산을 바탕으로 석유화학 공업이 발달했다.

그러나 여전히 남부는 미국의 여타 지역에 비해 사회·경제적으로 상당히 낙후되어 있다. 근래에 급속하게 변모하고 있는 남부의 대도시를 조금만 벗어나면, 정체되고 빈곤하며 지역 사투리를 심하게 쓰고 이방인에 대해 배타적인 주민을 쉽게 만날 수 있다. 남부는 여전히 도시에 사는 인구의 비중이 낮으며, 교육 수준이 낮고, 소득 또한 낮다. 남부에서도 가장 가난한 지역인 미시시피, 루이지애나, 아칸소에는 빈곤이 매우 심각해 미국 사회의 일부라고 믿기 어려울 정도로 기아와 불결함이 존재한다. 남부는 범죄의 규모나 잔인함에서 미국인을 두렵게 하는 사건이 종종 벌어지며 자살 빈도 또한 두드러지게 높다. 종교적 극단주의자들이 반사회적 행위를 하거나, 극단적인 경우 정부의 권위를 부정하고 폭력을 행사하는 자경단(militia)이라는 집단이 활개치는 곳도 남부이다. 근래에 오클라호마의 연방 정부 건물을 폭파한 사건이나 텍사스에서 사교 집단의 집단 자살 사건이 발생한 것 역시 남부의 특징을 반영한다. 1960년대 이래 공식적인 인종차별은 금지되었다고 하지만 여전히 남부

그림 4-6 영아 사망률을 통해 본 지역별 건강 수준(2001년)

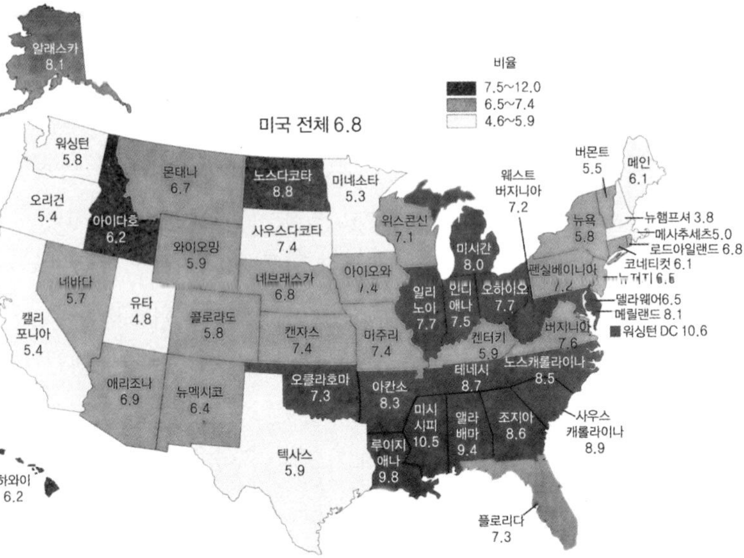

자료: US Bureau of Census(2003: 71).
주: 출생아 1,000명당 생후 1년 이내 사망자 수

지역에서는 유색인에 대한 심한 차별을 일상적으로 경험할 수 있다. 요컨대 남부가 인구, 산업, 사회·문화적 분위기에서 북부를 중심으로 하는 미국의 주류에 근접해 가고 있기는 하지만, 과거 억압적이고 배타적이며 낙후된 정치, 경제, 사회, 문화의 유산은 여전히 작지 않은 자취를 남기고 있다. 수백 년 동안 뿌리 깊게 이어져온 남부의 사회구조와 문화적 전통이 20세기 후반 수십 년 동안에 쉽게 바뀔 수는 없는 노릇이다.

남부 지역의 다양성

지금까지 설명한 남부의 모습은 주로 남동부의 평야 지역(Lowland South)을 중심으로 면화 산업이 지배했던 전통적인 남부 지역에 해당된다.

그림 4-7 강력범죄 발생률의 지역별 비교(2001년)

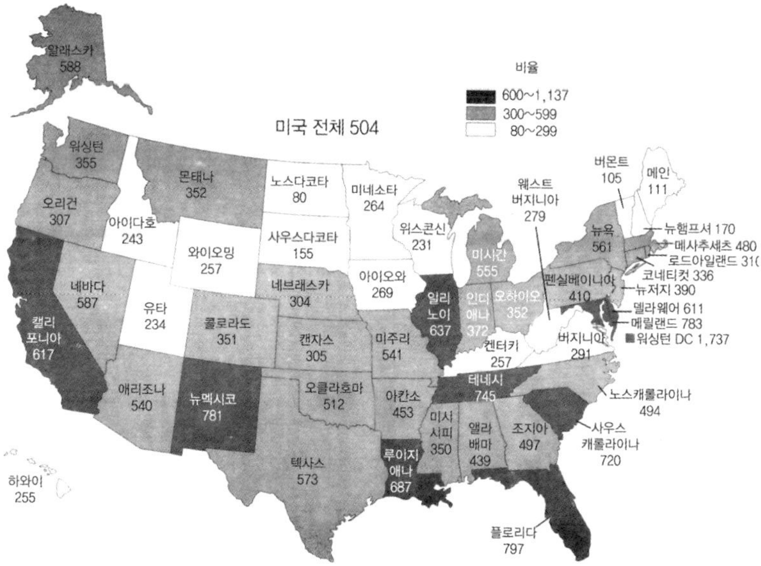

자료: US Bureau of Census(2003: 198).
주: 인구 10만 명당 강력범죄 발생 건수

이 지역은 버지니아와 사우스캐롤라이나와 노스캐롤라이나를 중심으로 하는 '전통적인 남부(Old South)' 지역과, 미시시피 강 유역을 중심으로 하는 '깊은 남부(Deep South)' 지역으로 대표되었다. 면화가 주산업이었던 남부 평야 지역이 남부의 정치·경제와 사회·문화를 지배하기는 했으나, 남부 내륙에는 평야 지역과는 삶의 방식을 달리하는 산간 지역(Upland South) 사람들이 광범위하게 퍼져있다. 애팔래치아 산맥을 따라 웨스트버지니아, 켄터키, 테네시, 아칸소, 사우스캐롤라이나·노스캐롤라이나·조지아의 산간 지대는 남부에 속하지만 남동부 평야 지대와는 생활 방식을 달리하는 곳이다. 남부 산간 지역은 도로와 교통 시설이 미비하여 상대적으로 고립되어 있다. 이 지역 사람들은 소규모 자영농이나 광산의 광부로 생계를 이어왔다. 이들은 노예를 부리며 농사를 짓는 것이 아니라 대부분 가족의 노동으로만 생계를 이어가며, 면화와 같은 상품작물보다는 자신과 가족을 부양할 식용작물을 주로 재배하는 사람들이다. 이들은 남부 평야 지대의 대농장주와는 이익을 달리하며 면화에 의한 지배가 가져오는 사회·문화적 영향과도 직접적으로 관련이 없다. 그러나 이들 또한 백인 지배층의 사회·문화적 분위기에 지배되어 흑인에 대한 차별과 억압에 대해 동일한 입장을 취했으며 폐쇄적이고 억압적인 분위기 속에서 살아왔다. 이들은 대부분 스코틀랜드에서 직접, 또는 아일랜드로 강제 이주된 뒤 북미 대륙으로 건너온 사람들인데, 남동부 평야 지대의 대농장주들이 잉글랜드계인 것과 대비된다. 이들은 초기에 계약 노동자의 형태로 남부 지방에 이주하여 계약 기간이 끝난 후 서부의 산간 지대로 들어가 자신의 땅을 개간하고 그곳에 정착한 사람들이 많다. 이들은 미국의 변화에서 가장 뒤처진 사람들로 지목되어 '산간 촌놈(hillbilly)'이라는 별명이 붙었으며 음악, 춤, 미술, 공예 등에서 토속적인 민속을 유지하고 있다. 20세기 후반 들어 이 지역에도 다른 남부 지방처럼 공장이 유입되고 있으나, 동남부 평야 지역과 같은 급격한 변화는 보이지 않는다. 외부로부터 이 지역으로 향하는 인구나 자본의 유입 속도는 남동부 평야 지역에 미치지 못하고 있다. 이 지역은 현재도 미국에서 가장 심한 백인의 농촌 빈곤이 지배하고 있다.

지리적으로 남부에 속하나 전통적인 남부와는 상이한 모습을 보이는 지역으로 루이지애나 주 남쪽 지역과 플로리다가 있다. 루이지애나 주는 1802년 토마스 제퍼슨 대통령이 나폴레옹으로부터 이곳 땅을 구입하기 전에 스페인과 프랑스가 번갈아 점령했던 역사를 가져 다문화적 성격이 강한 곳이다. 프랑스의 영향과 스페인의 영향이 뒤섞여 있으며 예전부터 새로운 문화에 대해 개방적인 분위기를 띠고 있었다. 미시시피 강의 입구에 자리 잡은 이점으로 내륙 해운의 중심지 역할을 담당하면서 외부 문물과 교류가 활발한 점은 이곳의 개방성을 높이는 데 기여했다. 이곳에서는 프랑스계, 흑인, 서인도 제도의 문물이 미국의 것과 섞이면서 미국의 다른 어느 지역에서도 허용되지 않던 백인과 흑인의 혼혈인과 혼혈 문화를 만들어냈다. '크리올(Creole)'이라고 하는 이 사람들은 다양한 문화적 요소를 섞어 미국인의 고유한 음악인 재즈를 만들었다. 이 지역의 '케이준(Cajun)'이라 불리는 프랑스계 사람들은 고유의 음식문화로 유명하다. 이 지역은 과거 노예제 시절에도 제한적으로나마 자유 흑인이 허용되는 남부 지역의 유일한 '해방구'였다.

플로리다에는 스페인이 먼저 진출했으나 19세기 중반까지 인디언과 소수의 스페인 군인과 선교사를 제외하고는 사람이 거의 살지 않았다. 이 지역은 아열대 기후에다 삼림과 소택지가 많아서 말라리아가 번성했으므로 인간의 접근이 어려웠다. 이 지역은 20세기 중반에 에어컨의 도입으로 무더운 날씨가 인간 활동에 장애가 되지 않게 되면서부터 발전하기 시작했다. 다른 남부 지역과는 달리 플로리다에는 세대를 이어 살아온 토박이가 거의 없다. 불과 수십 년 전만 해도 플로리다에는 인구 10만이 넘는 도시가 손에 꼽을 정도였다. 이 지역은 20세기 후반에 노령 인구가 따뜻한 날씨를 찾아 집중적으로 이주하고, 1959년 공산화 이후 쿠바인들이 집단적으로 건너와 마이애미에 정착하고, 북부의 산업이 남쪽으로 이전하면서 비로소 활성화되었다. 플로리다는 남부 평야 지대와는 달리 제조업과 관광·첨단 지식 산업이 많이 들어서고 있다. 탬파(Tampa)와 세인트피터즈버그(St. Petersburg)를 연결하는 지역에는 근래에 금융과 첨단 산업이 모여들고 있으며, 올랜도(Orlando)와 동부 대서양 해변은 유명한 관광지로 전 세계에서 사람들이 모여들고 있다. 최근 플로리다에는 새로운 일자리를 찾아 백인뿐만 아니라 히스패닉과 아시아인도 대규모로 유입되고 있다. 현재 플로리다는 미국에서 인구 증가가 가장 빠른 지역에 속하며, 20세기 후반에 들어와 왕성하게 지역의 특성을 만들어가고 있는 곳이다. 이런 점에서 플로리다는 서부, 특히 캘리포니아의 이미지에 더 가깝다.

3) 서부의 지역성과 변화

서부는 그야말로 광대하고, 자연의 힘이 지배하며, 특징을 집어 말하기에는 아직도 한창 진행 중인 지역이다. 서부는 지역에 따라 자연조건과 사람들의 성향에서 큰 차이를 보인다. 태평양 연안에 사람이 많이 살지만 남쪽과 북쪽은 기후환경이 다르며 사람들의 구성에도 큰 차이가 있다. 내륙 산간 지방은 연안 지역과도 다르다.

서부 지역에 유럽인이 진출한 것은 북미 대륙의 북동부 해안 지역보다 훨씬 앞선다. 16세기 초반 중남미를 정복한 스페인인은 수차에 걸쳐 태평양 연안의 캘리포니아 남쪽과 남서부 지역을 탐사하면서 곳곳에 스페인 영향력의 중심지로서 '미션(mission)'이라 불리는 요새를 구축했다. 스페인인은 성직자를 앞세우고 들어와 요새를 중심으로 주변 인디언의 교화 작업을 전개했다. 그러나 스페인인은 영국인 이민자와는 달리 가족을 동반한 정착을 시도하지 않았으므로 그들의 지배와 영향은 요새를 중심으로 매우 제한된 범위에서 이루어졌다. 한편 태평양 연안의 캘리포니아 북쪽 지역은 러시아인이 점령했으며 이후 영국인이 이들을 몰아내고 곳곳에 요새를 건설했다. 그러나 이 지역은 영국에서 지리적으로 매우 멀고 태평양에 대한 그들의 관심이 크지 않았으므로 영국인의 이주는 거의 이루어지지 않았다.

1802년 토머스 제퍼슨 대통령이 프랑스의 나폴레옹으로부터 그 당시 루이지아나라고 불리던, 미시시피 강 서쪽에서부터 로키 산맥에 이르는 광대한 영토를 구입하면서부터 서부에 대한 미국인의 관심은 조금씩 커지게 되었다. 제퍼슨 대통령은 새로 구입한 영토를 탐사하도록 했다.

탐사대를 지휘한 메리웨더 루이스(Meriwether Lewis)와 조지 로저스 클라크(George Rogers Clark)는 당시 미국인이 거주하던 서쪽 끝 경계선인 미주리 주의 세인트루이스(St. Louis)를 출발해 미시시피 강의 서쪽 지류인 미주리 강을 따라 올라가다 로키 산맥을 넘어 지금의 시애틀 주변인 콜롬비아 강 하구에 도착한 뒤 상세한 여행 기록을 남겼다. 『루이스와 클라크의 탐험기(Journal of the Louis and Clark expedition)』라 불리는 이 책은 서부에 대한 미국인들의 관심에 본격적으로 불을 지피는 계기가 되었으며, 지금도 고등학생의 필독서로 지정되어 있을 정도로 미개척의 서부에 대한 환상을 불러일으키는 책이다. 이들의 뒤를 이어 1800~1830년에 미국 역사에서 소위 '산사람(Mountain Man)'이라 불리는 비버 모피 사냥꾼들이 홀로 험난한 서부 산악 지방을 돌아다니며 인디언과 접촉하고 이 지역을 샅샅이 헤매고 다니면서 서부에 대한 지식이 넓어지기 시작했다. 1840년대에는 동부의 사람들이 이들 산사람의 안내를 받으며 그 당시 오리건이라 불리던 북서부 태평양 연안 계곡의 평야 지대로 이주하는 마차 행렬이 이어졌다. 미국인 이주민이 계속 증가하자 이 지역의 영유권을 주장하던 영국과 1846년 국경 조약을 체결하여 북위 49도 선을 경계로 캐나다와 국경선을 확정하면서 이 지역은 미국의 영토로 편입되었다.

1848년 캘리포니아 샌프란시스코 근방의 새크라멘토 강에서 사금이 발견되자 일확천금을 좇아 미국은 물론 유럽과 아시아와 남미에서까지 일시에 엄청난 사람들이 모여드는 사건이 발생했다. '골드러시(Gold Rush)'라 불리는 이 사건은 서부 특유의 이미지를 잘 반영한다. 이후 서부 각지에서 잇따라 광물자원의 발견되면서 서부는 대체로 광산촌을 중심으로 사람들이 일시에 모여들었다가 광산 자원이 채굴 기술의 한계까지 고갈되면 흩어져 버리는 행태를 반복하면서 조금씩 사람들이 모여 살기 시작했다. 그러나 이런 광산촌은 가족이 함께 이주해 안정된 정착을 도모하는 곳이 아니라 자신의 운을 시험하려는 젊은 남성들이 새로운 기회를 좇아 떠돌아다니는 곳이었다. 캘리포니아 연안의 항구 도시는 이런 광산촌에 장비와 필수품과 금융 서비스를 제공하고 광물을 밖으로 운송하는 교역의 중심지로 발달하기 시작했다. 서해안의 연안 산맥 동부 사면을 따라 이어진 계곡 평야에서는 농업이 발달하기도 했으나 자급 농산물을 경작하는 자영농의 형태보다는 인근 도시에 판매하는 것을 목적으로 야채를 재배하거나 지중해성 기후를 이용한 포도와 과일 재배에 집중하는 특이한 형태의 기업농이 초창기부터 전개되었다.

서부에 사람이 살게 된 사연은 모두 특이한 데가 있지만 그중에서도 두드러지는 사건은 유타 주에 몰몬교(Mormon)라 불리는 말일성도 예수 그리스도 교회(The Church of Jesus Christ of Latter-day Saints) 교도가 정착한 일이다. 이들은 19세기 초 뉴욕 주에서 기독교를 근간으로 하여 시작된 미국의 순수한 토착 종교로서, 그들의 교리에서는 북미 대륙을 하나님이 구원을 내린 땅인 이스라엘로, 미국인을 하나님의 뜻을 이 땅에 펼치는 사명을 부여받은 민족으로 설정하고 있다. 신교를 배경으로 하는 미국 사회는 이들의 교리를 이단으로 규정하고 특히 일부다처제의 관습에 대해 심하게 탄압했다. 이들은 동부와 중서부 지역에서 계속 쫓겨 다니다가 1840년대에 그 당시 사람이 전혀 살지 않던 사막 주변의 땅인 솔트레이크 호수 주변에 집단 이주했다. 19세기 후반 정부군이 토벌할 때까지 이들은 사막의 땅을 관개하여 농사를 짓고 도덕적인 생활 방식을 고수하면서 그들만의 고립된 생활을 이어갔다. 현재에도 유타 주는 그들의 영향이 남아있어 종교적이며 도덕적인 방식의 정돈된 생활이 지배하는 독특한 지역에 속한다.

미시시피 강의 서쪽에 위치한 프레리(Prairie)와 대평원 지역은 미국이 19세기 초반에 프랑스로부터 루이지애나 지역을 구입하면서 미국인의 진출이 시작되었다. 그러나 이 지역은 건조하고 사람 높이의 풀만 많이 자란 탓에 처음에는 불모의 지역으로 인식되어 동부인의 진출이 활발하게 이루어지지 않았다. 그러나 북미 대륙으로 건너온 유럽의 이주민들은 19세기 중반 오대호 주변 지역이 포화 상태에 이르자 점차 서쪽으로 진출했다. 1862년 자작농지법(Homestead Law)은 유럽의 이주민을 이곳에 정착시키는 중요한 계기를 마련했다. 5년 동안 한 곳에 정주하여 경작을 하면 62에이커의 공유지를 공짜에 가까운 가격으로 불하하는 내용을 담은 이 법은 땅에 목마른 많은 이민자들에게 자신의 땅에서 농사짓는 꿈을 실현하는 강력한 유인을 제공했다. 19세기 중반에 건너온 영국인, 독일인, 북유럽인 중 대부분이 이 법의 혜택을 노려 이곳에 정착했다. 이들은 우물을 파고 풍력으로 물을 길어 올리며 한발에 강한 품종을 재배하는 방식으로 농사를 짓고 가축을 키우면서 건조한 기후에 적응해 살아갔다. 이 지역은 20세기 중반 지하수를 대량으로 끌어올리는 기술이 개발되면서 농업 생산성이 비약적으로 상승하여 미국의 곡창지대로 변모했다.

20세기 중반까지 미국의 역사는 유럽과 근접한 동부와 남부를 중심으로 전개되었다. 이민과 산업이 이 지역에 집중되었으며 정치와 문화의 중심도 이 지역에 있었다. 이 시기까지 미국은 사람과 경제 모두 유럽과 주로 관련을 맺었으며 유럽에서 벌어지는 일의 영향을 많이 받았다. 미국의 모든 것이 동부에 집중되었던 것은 그 당시로는 지극히 당연한 일이다. 동부의 백인들이 경제적인 기회와 안정적인 생활을 찾아서 서부 해안과 내륙 지역으로 진출한 것은 1869년 캘리포니아 주의 샌프란시스코와 네브래스카 주의 오마하(Omaha)를 잇는 동서 대륙횡단 철도가 놓이면서부터이다. 동서 대륙횡단 철도는 그동안 서부의 한계였던 접근성의 문제를 일거에 해결해 주었다. 동서 대륙횡단 철도로 태평양 연안의 온화하고 살기 좋은 땅과 내륙 지방의 광물자원에 대한 접근이 용이해졌다. 그러나 동서 대륙횡단 철도가 건설되고도 동부인들이 서부를 안정적인 삶의 터전으로 인식하는 데는 오랜 세월이 걸렸다. 서부는 멀기도

그림 4-8 애리조나 주 캐니언 드 셰이(Canyon de Chelle)

자료: 미국 국회도서관
주: 1873년 티머시 오설리번(Timothy O'Sullivan) 촬영.

하거니와 동부나 남부와는 자연환경이 너무도 다른 곳이었기 때문이다.

유럽에서 대서양을 건너온 이민자들은 동부 연안에서부터 삶을 시작했으므로, 20세기 중반까지 서부는 미국 사람 대부분에게 아주 멀리 있고, 일이 잘 안 풀릴 때 모든 것을 다 뒤로하고 떠나서 새롭게 삶을 시작하는 불확실한 모험의 땅으로 생각되었다. 또한 국가의 통제력이 제대로 미치지 않고, 전통적인 규범이 통하지 않으며, 개인이 각자 모든 것을 알아서 혼자 처리해야 하는 지역으로 인식되었다. 서부는 매우 불확실하고, 일확천금을 노리는 광산을 제외하고는 이렇다 할 일자리가 없고, 자녀를 교육시킬 만한 곳도 없으며, 정치 참여와 문화생활에서 소외된 지역으로 존재했다. 미국 문명의 중심에서 너무나 멀리 떨어진 변방 지역이었으며, 가도 가도 인적이 드문 광막한 자연만이 지배하는 곳이었다. 마치 유럽에서 미국으로 이주하는 사람들이 그랬듯이, 동부와 중부에서 서부로 가는 사람들은 기존 주류 사회에서 성공하지 못한 주변적인 사람에 한정되었다. 20세기 중반까지 서부에 진출한 사람은 한탕을 노리고 가는 사람이거나, 동부에서 파산해 수단이 막혔거나, 범죄를 저지른 사람이거나, 운을 시험하려는 젊은이이거나, 미지의 모험을 찾아 떠나는 사람들이었다. 미국인들이 즐겨 읽는 소설인 『초원의 집』이나 '서부영화'에 등장하는 사람들, 즉 모든 것을 혼자서 처리하는 개척민, 인디언, 서부의 무법자, 카우보이, 보안관, 일확천금을 찾아 헤매는 사람들, 도박꾼, 몰몬교도 등이 서부의 모습이었다. 서부 사람들 사이에서는 서부로 오기 이전의 과거를 묻지 않는 것이 불문율이었으며, 모험에 가득 찬 서부는 자신의 운을 시험하는 곳이었다. 이러한 의식은 지금도 상당 부분 서부인의 생각과 태도 속에 살아있다.

인디언은 서부 개척의 한 부분을 차지한다. 서부에서 인디언의 역사는 쫓기고, 살육당하고, 연이은 패배와 좌절 속에서 자신의 집단 정체성을 부정당하는 경험으로 채워져 있다. 19세기 초반 미시시피 강 동부에서 살던 인디언들은 오클라호마 주의 불모지에 설정된 인디언 보호구역에 강제로 이주되어 가두어졌다. 19세기 후반 무렵 서부 지역에서 마지막까지 백인에게 저항하던 인디언 세력이 완전히 섬멸되었다. 이 과정에서 많은 인디언들이 추위와 굶주림 속에서 병사하거나 전투 중에 죽었으며 결국 보호구역에 가두어졌다. 인디언의 정복은 백인에게 서부의 최대 위험 요소인 자연의 힘과 인디언의 위협 중 한 가지가 완전히 해결되었음을 의미한다. 20세기 중반 교통·통신의 발달로 접근성이 높아지고 댐 건설과 지하수 채굴 기술의 발달로 물 문제가 해결됨으로써 비로소 자연의 힘이라는 인간 정착의 마지막 장애물이 제거되었다.

제2차 세계대전은 미국인들에게 태평양 지역의 중요성을 높이면서 서부에 새로운 변화를 몰고 왔다. 이 전쟁은 미국이 유럽·대서양과의 관계 외에 본격적으로 미국 밖의 지역에 관심을 기울인 최초의 사건이다. 1848년 남서부 지역에서 멕시코와 전쟁을 벌였으며, 1898년 스페인과의 전쟁에서 서인도 제도와 필리핀을 빼앗고 이어서 하와이를 복속시켰지만, 이는 미국 전체가 관여한 사건은 아니었다. 멕시코와의 전쟁은 일방적인 전쟁으로 싱겁게 끝났으며 스페인과의 전쟁 또한 짧은 기간에 먼 바다에서 일어난 일로 미국인 중 참전한 사람은 극소수이다. 반면 1941년 일본의 진주만 공격으로 시작된 태평양 전쟁은 인적 피해나 물적 투입에서 엄청났다. 이는 미국의 서쪽 지역에 전체적인 몰입을 요하는 일로, 미국 역사에서 과거에는 볼 수 없었던 사건이었다.

태평양 전쟁을 수행하면서 기존의 동부나 남부의 군사기지에서 인력을 훈련하고 보유하며 선박과 항공기를 건조하고 군수물자를 만들어 전장에 보급하는 것은 비효율적이었다. 태평양 연안 지역을 중심으로 군항과 군사기지가 생기고, 군수공장이 건설되고, 이를 지원하는 인력과 산업이 급속도로 모여들었다. 로스앤젤레스, 샌프란시스코, 시애틀, 샌디에이고, 포틀랜드, 타코마 등 서해안의 대표적인 도시는 모두 태평양 전쟁 시 건설된 군사기지가 지역 발전의 중요한 계기가 되었으며, 현재도 군수 산업이 지역의 중요한 산업으로 자리 잡고 있다. 서해안 배후에 위치한 도시 또한 군과 연관된 산업 및 여기에서 파생된 첨단 산업이 발달했다. 텍사스의 댈러스와 휴스턴과 샌안토니오, 콜로라도의 덴버와 콜로라도스프링스, 애리조나의 피닉스와 투산, 뉴멕시코의 로스앨러모스와 앨버커키, 네바다의 리노, 아이다호의 보이시 등은 군사 산업이 중요한 부분을 차지하는 도시이다.

서부 지역은 이주 초기부터 다양한 민족이 섞여 살았다. 멕시코인과 인디언에 더해 유럽계 백인이 진출했으며, 동서 대륙횡단 철도 건설 노동자로 수입된 중국인과 농업 노동자로 수입된 일본인이 더해졌다. 중국인은 샌프란시스코를 중심으로 차이나타운을 형성했으며, 일본인은 캘리포니아와 텍사스의 평야 지역에 농업 노동자로 정착했다. 이렇게 다양한 인종·민족이 함께 부딪치면서 벌어진 이익 갈등은 1882년 중국인을 배척하는 법을 만들어내고, 1924년 비유럽권 이민자의 유입을 막는 법을 통과시킴으로써 서부 지역에 새로운 이민자의 유입이 중단되었다. 서부의 발전은 1965년의 이민법 개정으로 아시아계 인구와 이후 '치카노(Chicano)'라 불리는 멕시코 출신의 히스패닉이 대규모로 몰려들면서 새로운 전기를 맞았다. 매년 수십만 명씩 새로 들어오는 이민 인구는 이 지역의 산업을 부흥시키고 도시를 확장시키는 데 기여했다. 새로운 이민자들은 한편으로는 저임금 노동력을 공급하여 산업이 모여들도록 하며, 다른 한편으로는 아시아계를 중심으로 전문직 고급 노동력을 증가시켜 샌프란시스코 만의 실리콘 밸리나 시애틀과 같이 첨단 산업이 발전하는 데 중요한 역할을 했다.

서부의 인구 구성이 다양해지면서 주민들 간에 이익의 충돌이 커지고 있다. 특히 히스패닉 인구의 급속한 증가는 백인의 주도권에 대한 위협으로 느껴져, 히스패닉의 영향력 증가를 견제하려는 노력이 두드러진다. 캘리포니아를 포함한 서부 여러 주에서는 1990년대 초반 히스패닉 이주민을 겨냥하여 영어만을 공용화하는 법안을 만들었으며, 대법원의 위헌 판결로 부분적으로 좌절되기는 했지만, 근래에는 불법 이민자들에게 복지 혜택을 포함해 교육과 응급 진료까지 제한하는 법안을 통과시켰다. 서부는 불법 이민자에 대한 반대에 가장 앞장서는 지역이며, 외부인의 접근을 막기 위해 담장을 친 동네가 유난히 많은 지역이다. 최근의 조사에 따르면 캘리포니아에서 새로 건설되는 집의 30% 이상이 담장이 둘러쳐진 동네에 지어지고 있다. 1992년 로스앤젤레스에서 일어난 흑인의 폭동에서 한국인 상점이 집중적인 피해를 당한 사건은 서부 인구 구성의 다양성이 가져온 갈등의 일면을 말해준다.

서부 지역의 다양성

서부는 몇 개의 상이한 하위 지역으로 구분할 수 있다. 먼저 텍사스에서 캘리포니아 남부에 걸친 남서부 지역(The Southwest)은 일찍이 멕시코인이 정착해 거주하던 지역으로, 19세기 들어 동남부의 백인들이 텍사스에 조금씩 이주하면서 멕시코인과 백인이 섞여 살게 되었다. 멕시코인과 미국인 간의 이익 다툼은 1848년 멕시코와 미국의 전면전으로 확대되었으며, 이 전쟁에서 멕시코가 패배하여 리오그란데 강 북쪽에서 유타주까지 이르는 광대한 영토를 미국에게 빼앗겼다. 미국에 복속된 남서부 지역에 살던 멕시코인은 리오그란데 강을 건너 멕시코로 쫓겨 가거나 땅을 잃고 하층 농업 노동자로 전락했다. 20세기 중반 관개 기술이 발달할 때까지 텍사스의 넓은 건조 지역은 곡물을 경작하기에 적당하지 않았으므로, 텍사스의 동남부 일부를 제외하고는 농업이 이루어지지 않았다.

19세기 중반 남북전쟁 이후에는 텍사스의 초원 지역에서 출발해 캔자스의 철도역까지 수천 킬로미터의 거리를 카우보이(Cow Boy)가 수만 마리의 소를 몰아 철도를 통해 시카고를 경유하여 동부의 시장에 소고기를 공급하는 독특한 형태의 방목 산업이 전개되었다. 거의 반년에 걸쳐 먼 거리를 이동하는 동안 자연 상태에서 풀을 먹으면서 살진 소를 시장에 공급하는 체제였다. 서부 초지에서 저렴하게 생산된 소고기는 19세기 후반 산업화와 함께 급증한 동부 노동자들의 식량 수요를 충당하는데 잘 맞아떨어졌다. 이러한 독특한 방식의 방목 산업은 '소떼 왕국(Cattle Kingdom)'이라 불리며 서부의 카우보이 신화를 만들어냈지만 그렇게 오래 계속된 것은 아니었다. 19세기 말 철조망이 도입되고 개방된 초원 지역이 사라지면서 이러한 방목은 급속히 자취를 감췄다. 수천 킬로미터의 거리를 몰아 소를 방목하는 형태는 사라졌지만, 이후 남서부에는 철조망이 둘러쳐진 넓은 목장(ranch)에서 소를 놓아 기르는 목축업이

기업화된 형태로 좀 더 체계적으로 발달했다. 한편 온화한 기후에다 20세기에 관개 기술의 발달로 물의 공급이 풍부해지자 이 지역의 농업 생산은 비약적으로 발전했다. 대규모의 기업농 형태로 발달한 남서부 지역의 농업은 면화와 쌀 생산에서 전통적인 동남부 지역을 앞서고 있다.

남서부 지역은 20세기 후반 들어 급속히 변모하고 있다. 히스패닉 인구가 급증하면서 이들의 존재가 이 지역의 정치·사회는 물론 문화적으로도 큰 비중을 차지하게 되었다. 히스패닉은 교육 수준이 낮고 도시 생활을 경험하지 못한 채 미국으로 건너온 사람이 많기 때문에 남부의 흑인과 유사하게 이 지역에서 사회적인 하층을 형성하고 있다. 히스패닉의 순종적인 태도와 낮은 임금은 이 지역을 기업하기 좋은 환경으로 만들어, 미국 내 많은 산업이 이 지역으로 이동하거나 새로 사업을 시작하고 있다. 유전 개발과 연관된 중화학공업 및 통신·전자 등 첨단 산업 또한 이 지역에서 근래에 급속하게 발전하는 분야이다. 텍사스와 오클라호마에서 유전 개발이 활발하게 이루어지고 있으며 여기서 축적된 자본이 항공이나 정보통신 같은 첨단 산업에 투자되면서 인재가 모여들고 금융 산업이 발달하는 등 이 지역은 미국 산업의 새로운 축으로 탈바꿈하고 있다. 최근 한국의 반도체 회사가 텍사스 주 오스틴(Austin)에 반도체 제조 공장을 대규모로 건설한 것은 이러한 변화된 환경을 반영한다.

샌프란시스코와 로스앤젤레스를 중심으로 하는 태평양 연안 지역(Pacific Coast)은 서부의 다른 지역과 마찬가지로 자연환경이 인간의 활동에 큰 영향을 미친 곳이다. 남북으로 길게 이어져 있는 캐스케이드-시에라네바다 산맥과 해안 산맥은 동서 왕래를 가로막고 있는데 샌프란시스코와 로스앤젤레스는 남북으로 연이어진 산맥의 틈새로 내륙과 연결되는 통로 지점에 위치해 있다. 동부로부터 이곳까지 엄청난 거리가 떨어져 있다는 점과 내륙의 험난한 지형은 오랫동안 미국인들이 이 지역에 근접하는 것을 막았다. 1848년 샌프란시스코 인근의 새크라멘토 강에서 사금이 발견되면서 시작된 '골드러시'로 그 당시까지 조그만 어촌 항구에 불과했던 샌프란시스코에 엄청난 인구가 모여들었다. 금이 발견됐다는 소식이 전파되자 동부의 미국인들은 대륙을 횡단하여 또는 배를 타고 아메리카 남단을 돌아서 왔으며, 중국인, 남미인, 유럽의 다양한 나라 사람들이 한꺼번에 모여들었다. 당시 모여든 사람 중에는 미국의 남부 지역에서 도망 온 흑인까지 끼어 있었을 정도로 인종과 민족의 다양성은 극에 달했다. 1869년 동서 대륙횡단 철도 건설은 이 지역에 새로운 활력을 불어넣는 계기가 되었다. 샌프란시스코는 대륙횡단 철도의 서쪽 출발점이었으며 서쪽 방면 철도 건설을 위해 필요한 노동자의 90% 이상을 차지하는 중국인들은 이 항구를 통해 유입되었다. 이들은 철도 건설이 종료된 후 샌프란시스코에 차이나타운을 형성하면서 정착했다. 샌프란시스코는 20세기 중반까지 내륙의 광산촌에 인력과 자금과 물자를 공급하는 역할을 담당하면서 조금씩 성장했다.

로스앤젤레스는 20세기 초반까지만 해도 한적한 시골 항구에 불과했으나 뉴욕에 있던 영화 스튜디오가 1920년대에 기후가 화창한 이 지역으로 이전하면서 번성하는 계기를 맞았다. 같은 시기에 네바다 주의 사막 한가운데에 도박의 도시인 라스베이거스를 건설하는 계획도 실행에 옮겨졌다. 라스베이거스는 그야말로 무에서 유를 창조한 작업이었다. 도박의 도시가 건설되기 전인 20세기 초반, 라스베이거스는 사막 한가운데 위치한 조그만 오아시스 마을에 불과했다. 한편 해안 산맥 배후에 남북으로 넓게 펼쳐진 계곡 평야 지대는 비옥한 토양과 겨울에도 온화한 지중해성 기후로 농업이 발달했다. 이 지역에서는 처음부터 대농장에서 오렌지와 포도 등의 과일을 대량으로 재배하는 방식으로 농업이 전개되었다. 서해안 도시에서는 군사적 필요에서 출발한 첨단 산업과, 새로운 이민자의 저임금 노동력으로 뒷받침되는 노동 집약적 제조업이

동시에 발달하는 특이성을 보인다. 군용기 제조나 정보통신과 같은 첨단 산업은 고소득 전문직 종사자를 많이 고용하나, 로스앤젤레스를 중심으로 한 경공업은 '노동착취(sweats shop)'의 대표적인 사례로 지목된다.

시애틀과 포틀랜드를 중심으로 하는 북서부 지역(The Pacific Northwest)은 유럽계 백인의 이주 역사가 오래되고 남서부 지역에 비해 상대적으로 정돈된 분위기를 보이는 독특한 지역이다. 이 지역은 서부의 다른 곳과는 달리 금광이나 광물자원을 좇아 떠돌던 사람들로부터 출발하지 않았다. 19세기 중반 서부 개척이 시작되면서 최초로 동부 사람들이 '오리건 소로(Oregon Trails)'를 따라 로키 산맥을 넘어 가족과 함께 정착했던 곳이 이 지역이다. 이들은 해안가와 배후 계곡의 비옥한 평야에서 자신의 땅에서 농사짓는 꿈을 좇아 가족과 함께 마차를 타고 이주했다. 북유럽계의 이민자들이 북동부 지역에서 중서부의 북부 지방을 거쳐 이 지역으로 많이 이주해 왔으며, 20세기 후반에는 동아시아에서 온 교육 수준이 높은 인구가 이 지역에 많이 정착했다. 이 지역은 다른 지역과 비교하여 흑인과 히스패닉의 비중이 현저히 낮다. 이 지역 주민의 교육과 소득 수준은 매우 높으며, 미국의 다른 지역에서 보이는 인구 구성의 다양성이나 도시 집중에 따른 사회문제도 비교적 덜하다.

이 지역은 강우량이 많고 온화한 기후와 사람들이 주로 비교적 근래에 이주한 덕에 삼림이 무성하게 발달되어 있어 미국 본토에서는 유일하게 목재 산업이 남아있는 지역이다. 과거 유럽과의 근접성이 북동부 지역을 발전시킨 주요 요인이었듯이, 이 지역은 동아시아 국가들과의 지리적 근접성 덕분에 근래에 들어 비약적으로 발전하고 있다. 항공과 해운에서 미국과 동아시아를 잇는 교통의 요지로서 사람과 문물의 소통이 급속히 증가한 것이 이 지역의 활력의 원천이다. 교육 수준과 구매력이 높은 아시아 이민자가 많은 반면, 남서부와는 달리 저임금 히스패닉 이민자를 사용하는 제조업은 이 지역에서 찾아보기 어렵다. 서해안에 면한 이점과 주민의 높은 교육 수준이 반영되어, 이 지역에서는 군사 산업 및 이와 연관된 고도의 기술 집약 산업이 발달했다. 보잉, 마이크로소프트, 스타벅스와 같은 기업이 이 지역의 특성을 대표한다. 다른 서부 지역과 비교할 때 주민의 성향이 합리적이고 진보적이며 공동체에 대한 참여와 환경에 대한 관심이 높다는 면에서 뉴잉글랜드의 분위기를 풍긴다. 그러나 미국 역사에서 뒤늦게 출발했으며, 새로운 성공의 신화가 존재하며, 자연의 힘이 지배한다는 면에서 이 지역은 서부의 일부이다.

마지막으로 내륙 산간 지역(Mountain States)은 아직까지는 인간의 문명보다는 자연의 힘에 의해 절대적으로 지배되는 곳이다. 겨울에는 영하 20도 이하로 떨어지는 혹한이 계속되며 일부 지역을 제외하고는 1년 내내 거의 강우량이 없는 건조한 기후를 보인다. 콜로라도와 같이 아름다운 자연을 찾아 근래에 인구가 모여드는 곳이 있기는 하나, 대부분의 지역은 사막이나 산악과 같이 자연이 지배하고 있으며 사람의 거주가 매우 드물다. 광물 자원을 많이 보유하고 있으므로 개발을 둘러싸고 환경론자와 개발론자 간에 갈등이 벌어지며, 연방정부 소유의 땅이 많으므로 지역 주민과 연방 정부 사이에 의견 충돌이 빈번하게 발생한다. 이 지역에서 가장 빠르게 발전하는 지역은 콜로라도의 덴버(Denver)와 콜로라도스프링스(Colorado Springs), 유타의 솔트레이크시티(Salt Lake City)와 같은 대도시와 관광지에 인접한 중소도시 정도일 것이다.

소득이 높아지면서 아름다운 자연경관을 찾아 국내외에서 많은 사람들이 이곳으로 몰려들고 있으며, 급속히 발전하는 관광 산업에 고용된 사람들이 늘어나고 있다. 특이한 현상은 근래에 덴버, 콜로라도스프링스, 솔트레이크시티 등의 대도시에 첨단 산업이 발전하고 이 부문에서 일하는 고학력 고소득자들이 거주하는 교외 지역이 급속히 확대되고 있다는 사실이다. 정보 기술의 발달로 지리적인 장벽이 제거되면서 과거와 같은 산업 입지 조건을 고려할 필요가 없어졌기 때문에, 아름다운

표 4-6 서부 지역의 인구 및 사회·경제적 특성(2002년)

지역	주요 주	전국 인구 순위	인구 증가율* (%)	백인 (%)	흑인 (%)	히스패닉 (%)	대졸자 비율 (%)	1인당 소득 ($)	빈곤율 (%)	인터넷 접속 가구비율** (%)
			인구 구성				사회·경제적 지위			
	전국 평균		13.1	80.6	12.7	13.4	26.7	27,083	9.2	50.5
북서부	워싱턴	15	21.1	85.6	3.4	8.1	28.3	28,718	7.3	60.4
북서부	오리건	27	20.4	90.9	1.7	8.9	27.1	24,979	7.9	58.2
태평양 연안	캘리포니아	1	13.6	77.6	6.9	34.0	27.9	28,384	10.6	55.3
내륙 산간	콜로라도	22	30.6	90.3	4.1	18.2	35.7	28,879	6.2	58.5
내륙 산간	유타	34	29.6	93.6	0.9	9.7	26.8	21,438	6.5	54.1
남서부	텍사스	2	22.8	83.6	11.6	34.8	26.2	25,678	12.0	47.7
남서부	애리조나	19	40.0	87.7	3.3	27.1	26.3	23,266	9.9	51.9
남서부	뉴멕시코	36	20.1	85.0	2.2	42.9	25.4	21,461	14.5	61.6
남서부	오클라호마	28	9.7	78.4	7.7	5.5	20.4	22,815	11.2	43.8

자료: US Bureau of Census(2003).
주: * 1990~2000년의 인구증가율
** 2001년

자연환경을 찾아 고급 인력과 일자리가 함께 이동한 대표적인 사례이다. 이들이 거주하는 국한된 지역에서는 독특한 생활양식과 고급문화가 발달하고 있다. 주민 대부분은 외부에서 이주한 지 얼마 안 된 사람들이며 주민의 이동성 또한 매우 높다. 이 지역은 인간의 거주와 지역성의 형성이 가장 뒤늦게 진행되는 곳이다.

서부의 신화

서부에는 신화가 존재한다. 과거 '산사람'과 '카우보이'와 '무법자(Outlaw)'의 이미지에서 표상되는 홀로 외롭게 돌아다니며, 자신만을 의지하고, 새로운 것을 두려워하지 않으며, 복잡한 것보다는 직설적인 것을 선호하고, 인공보다는 자연에 근접한 것이 이 신화의 이미지이다. 서부의 신화에는 '골드러시'나 '소떼 왕국'이나 '오클라호마의 질주(Oklahoma Stampede)'의 이미지와 같이 횡재의 기회와 모험과 거친 야성과 낭만이 담겨 있다.[9] 서부는 젊음의 열정과 흥분과 모험을 기다리는 곳이며 자신의 운을 시험해 볼 수 있는 곳이다. 서부의 자연은 광막하고 웅장하여 신비를 자아내며 자연에 대한 경외를 품게 한다. 서부는 젖과 꿀이 흐르는 이상향(cornucopia)으로 아주 먼 곳에 있는, 허황된 요행과 꿈과 신비가 뒤섞인, 현실을 피해 떠나는 마지막 도피처라는 이미지를 지니고 있다. 이러한 신비한 이미지는 유럽인이 아메리카 대륙 발견 초기에 품었던 이미지이며, 이후 동부에 정착한 미국인이 서부에 대해 품었던 이미지이다. 남미에 도착한 스페인 정복자들은 서부 지역이 엄청난 보물을 숨기고 있는 곳이라는 신화(Seven Sisters of Cibola)를 좇아 16세기 중반 유럽인으로는 최초로 남서부 지역을 탐험했다.

서부는 도시의 삶에 때 묻지 않은 자연 그대로의 모습에 압도될 수 있는 곳이다. 서부의 신화에 따르면 이곳은 문명 지대에서 사람들이 복잡하게 어깨를 부딪치면서 발생하는 문제에서 탈출할 수 있는 해방의 기회를 제공한다. 서부에서는 빈민에서 갑부로 올라서는 미국의 꿈이라는 이념과, 자신이 직접 참여하여 만드는 민주주의와, 복잡하지 않고 단순한 정의가 존재한다. 타인에 대한 억압과 착취보다는 주인 없이 넓게 펼쳐져 있는 새로운 땅에서 각자 자신의 노력을 다해 성공할 수 있으며, 자연의 힘 앞에서 누구나 동일한 조건에 놓이며, 워싱턴 정치인들의 복잡한 술수보다는 현장에서 단순한 정의의 해결이 가능한 곳이 서부이다. 역사학자 프레더릭 잭슨 터너(Frederick Jackson Turner)가 서부를 미국인의 정체성이 비롯된 곳으로 설명하는 것은 이러한 서부의 신화를 반영한다. 동부와 남부가 인간의 힘에 길들여지고 익숙해졌으며 그곳의 자연은 유럽인이 남겨두고 온 곳과 흡사함에 비해, 서부는 인간의 손에 때 묻지 않았으며 유럽의 익숙함과는 거리가 먼 생소한 환경을 제시한다. 대량 이주와 교통·통신의 발달로 미국에 대한 유럽인의 환상이 사라진 후에도 서부는 여전히 사라진 대륙 아틀란티스로 비유되었던 신대륙(New World)의 신비가 남아있는 곳이다. 서부에서는 시작부터 현재까지 신화가 계속 재생산되고 있다. '뉴에이지 운동(New Age Movement)'이나 실리콘 밸리의 성공은 서부의 신화에서 가장 최근의 이야기이다.

서부의 신화는 물론 현실과는 거리가 멀다.[10] 서부의 개척은 모험적인 개인보다는 자본가에 의해 이루어졌으며 개인은 대부분 집단적인 착취의 대상이었다. 광산 붐으로 돈을 번 사람은 광산의 소유주와, 몰려드는 사람에게 물건을 공급하고 채굴한 금을 구입하는 중개인이나 장사꾼이었지 광부는 아니었다. 1930년대 중부 대평원의 대한발을 소재로 한 존 스타인벡(John Steinbeck)의 소설 『분노의 포도(Grapes of Wrath)』에서 극한적인 생존의 기로에 처한 농부들이 희망을 품고 떠나는 곳이 바로 캘리포니아 계곡 평야였다. 그러나 그곳에서 그들은 대기업 농장의 억압과 착취를 경험하며 곳곳에 널려있는 빈곤의 비참함을 목격한다. 한편 20세기 후반 멕시코에서 온 사람들은 인종차별과 저임금 속에서 하루하루를 근심하며 살아가고 있다. 서부의 자연은 보기에는 아름답고 웅장하지만 물이 없으며 혹독한 기후와 토양 조건으로 인공적인 노력과 과학기술의 도움 없이는 농사는커녕 거주조차 어렵다. 과거 중류층의 토양으로 여겨졌던 소규모 자영농이나 목축은 서부에서는 불가능하며, 대신 대자본과 기술을 이용해 멀리 떨어진 동부나 국제 시장을 겨냥한 기업적인 농업과 목축만이 가능하다. 소 떼를 모는 카우보이는 저임금의 궁핍과 건강을 해치는 거칠고 위험한 노동환경과 외로움 속에서 술과 형편없는 음식에 의지해 힘든 생활을 이겨나가다 일찍 병들거나 사고로 죽었다. 이러한 힘든 일은 영화에 나오는 멋진 백인 젊은이가 아니라 궁핍한 히스패닉이나 흑인이나 모든 수단이 다 떨어진 백인 청년의 몫이었다.

자신이 소유한 땅에서 농사짓는 꿈을 좇아서 모든 재산을 마차에 싣고 서부로 떠난 사람들이 거쳐 간 '오리건 소로(Oregon Trails)'는 무덤의 연속이라고 일컬어질 만큼 위험한 여정이었다. 서부의 개척자는 험한 자연환경과 인디언의 위협 속에서 항시 불안정한 삶을 영위해야 했으며, 부상을 당하거나 기아와 질병으로 고생하다 일찍 죽는 경우가 많았다. 서부 개척자의 가정에는 험한 환경에서 남편을 잃은 과부와 아이들이 흔했으며, 가혹한 생활 조건에서 엄마마저 뒤따라 잃는 고아들이 서부에서는 흔히 발생했다. 대체로 이들은 이웃집을 전전하며 자라다가 무법자가 되어 총싸움으로, 또는 감옥에서 20~30대에 일찍 생을 마감한다. 역사가의 실증 연구에 따르면 실제의 서부 생활은 『초원의 집』에서 그리는 개척자의 생활 모습보다 훨씬 궁핍하고 힘든 것이었다. 개척자들은 자연환경과 인디언 외에도 외로움과 싸워야 했다. 문화생활이라 할 만한 것이 부족하며 이웃을 만나려 해도 쉽지 않은 상황은 정신적으로 매우 버티기 힘들었다. 물론 서부의 정착자들이 모든 것을 혼자서 해결한 것은 아니다. 그들도 때때로 왕래하는 이웃이 있었으며, 힘든 일은 이웃과 품앗이를 해가면서 도왔고, 아이를 읍내 학교에 보내고, 주말에는 읍내에 나가서 예배에 참석하고 사람을 만나고 생필품도 구입했다. 정의를 지키는 보안관은, 실제는 자본가와 지역 정치인의 편에서 가난하고 떠도는 사람을 잡아 가두고 유색인을 억압하고 열악한 노동조건에 항의하는 사람을 탄압하는 데 주로 동원되었던 힘 있는 사람의 앞잡이였다. 역사학자 터너가 주장한 이상적인 서부의 역할과는 달리, 스타인벡이 묘사한 것처럼 생존에 몰려 피폐한 상태에서 뼈를 깎으며 일구어 놓은 농토를 버리고 떠나는 오클라호마 농부의 모습이 현실에 좀 더 가까운 것일 수도 있다. 스타인벡이 서부의 현실을 너무도 적나라하게 묘사했기 때문에 그가 죽을 때까지 공산주의자라는 비난과 함께 주위의 배척을 받은 것 또한 지극히 미국적인 현상이다.

미국의 서부는 미국의 다른 어느 지역보다 거친 개인주의(Rugged Individualism)와 공화주의(Republicanism)가 강한 곳이다. 개인의 권리를 소중히 여기고 정부의 간섭을 최소화해야 한다는 생각은 다른 어느 지역보다 서부에서 특히 강하다. 캘리포니아 주민들은 주민발의 제도(referendum)를 통해 감세에서부터 인간 배아복제 연구에 이르기까지 중요하다고 생각하는 모든 것을 직접 결정하는 직접 민주주의 형태를 실험하고 있다. 미국에서 주민발의에 의한 입법 활동이 가장 활발한 곳이 서부이다. 서부는 이런 직접 민주주의 방식이 주민의 의사를 공평하게 결집하지 못한다는 구조적인 한계를 안고 있음에도 정치가의 권한을 줄이려는 시도가 어느 곳보다 강하다. 서부는 남녀평등 의식도 매우 강해서, 연방헌법 19조의 수정조항이 만들어진 1920년보다 훨씬 이른 1869년에 와이오밍 주에서 미국 최초로 여성의 참정권을 보장하는 법이 통과되었다.[11]

서부의 주민들은 다른 어느 지역 사람보다 자주 이동하며, 공동체와 장소에 대한 애착이 희박하다. 서부에서 도시 주민의 대부분은 그곳 출신이 아니다. 서부 사람의 잦은 이동성과 개인주의는 오랜 관계를 통해 인간적인 신뢰가 만들어질 여지를 근본에서부터 막는다. 서부에서 사람들의 관계는 매우 피상적이며 일회적인 성격을 띤다. 따라서 서부 사회는 외적인 지표를 통해 겉으로만 화려한 자기과시 경쟁이 치열하게 벌어진다. 미국에서 가장 최신 유행의 차가 굴러다니는 곳이 서부이다. 서부에서는 이웃의 일에 절대 관심을 두어서는 안 되며 표면적인 친절을 넘어선 행위는 금기 사항이다. 상대가 과거에 무엇을 했는지 모르고 언제 떠날지 모르는데, 신뢰를 주고 무엇을 베푼다는 것은 기대하기 어렵다. 신뢰란 관계가 계속 지속되어 내가 준 것을 훗날 반드시 되돌려 받을 수 있다는 확신이 들 때만 뿌리내릴 수 있는 것이다. 이웃의 어려움을 함께 돕는다는 공동체의 윤리는 애초부터 서부에서는 뿌리내리기 힘들다. 공동체가 함께하는 공립학교에 가장 덜 투자하는 곳이 서부이며, 공중이 함께 쓰는 대중교통이 가장 낙후된 곳이 서부이다. 서부에서는 공원을 제외하고 경관이 아름다운 곳은 대부분 사유지라는 팻말과 함께 철조망으로 가로막혀 출입이 금지되어 있다. 서부는 미국 전체에서 담을 둘러 외부인의 출입을 막는 동네가 가장 많은 곳이다. 냉정한 생존경쟁과 야망의 명암이 뚜렷한 곳이다. 물론, 서부는 이웃의 간섭이나 전통을 걱정할 필요가 없는 자유로운 곳이다. 요컨대 미국적인 특성이 극대로 확대된 곳이 서부이다.

서부는 미국의 전통적인 동부나 남부 지역과 너무나도 다르다. 유럽에서 비롯한 동부의 미국 사회와는 전혀 다른 것이 서부에서 잇따라 전개되었으며 지금도 진행 중이다. 자연환경에서나, 인구 구성에서나, 산업에서나, 모든 것에서 이 지역은 전통적인 미국의 출발점과 달랐다. 온화한 기후에 구릉과 평야가 이어져 있는 동부나 남부에 비해 서부에는 황량하며 가혹한 환경의 높은 산과 계곡과 사막이 버티고 있다. 서부에 아시아계와 히스패닉이 대규모로 이민을 왔다는 점도 유럽계 이주민이 주를 이루는 동부·남부와는 뚜렷하게 다르며, 농업과 상공업이 발달한 동부·남부에 비해 서부는 군사와 첨단 산업과 광산업이 발달했다는 점도 뚜렷한 차이다. 동부나 남부 지역과는 달리 서부에는 자영농이 거의 존재하지 않으며 대규모의 자본가에 의해 모든 일이 전개되었다. 서부에는 동부나 남부에 흔히 존재하던 구멍가게(Mom and Pop's shop)가 옛날부터 많지 않았다. 서부는 로키 산맥 동쪽에 위치한 미국 문명의 기억과 경험을 희박하게 가지고 있으며, 20세기에 들어서 등장한 새로운 지역이다. 서부는 지금도 1년이 멀다하고 새롭게 만들어지고 변하는 지역이다.

서부는 지금도 한창 만들어지고 있는 곳이므로 앞으로 어떤 모습을 갖게 될지 현재로는 확실하지 않다. 시애틀과 같이 정돈되고 쾌적하며 아름다운 자연에 둘러싸여 미국에서 가장 살기 좋은 곳으로 칭송될 수도 있다. 그러나 로스앤젤레스와 같이 대기오염이 심각하고 인종차별과 빈부의 격차가 심하며 폭동이 벌어지는 곳도 있다. 그러나 과거 동부 중심으로부터 변방에 위치하던 서부가 점차 정치·경제는 물론 사회·문화적 비중을 높여가면서 동부에 비견할 만한 자체의 정체성을 만들어내리라는 것은 분명하다. 조만간 서부가 더 이상 '동부와 다른 곳'이라는 잔여적인 의미로 미국 사람들에게 인식되지 않을 날이 올 것이다. 아직은 서부의 스탠퍼드 대학이 동부의 하버드나 예일 대학에 못 미치지만, 실리콘 밸리가 보스턴을 능가한 것에서 서부의 빠른 부상을 예감할 수 있다. 이러한 과정에는 서부의 자체 성장도 중요하지만 서부 지역과 태평양을 사이에 두고 면한 아시아 국가들이나 북미 자유무역지대(NAFTA)의 일부인 멕시코와 중남미의 성장도 밀접한 관련이 있다. 서부는 출발에서부터 지금까지 아시아 및 중남미와의 연결점으로서 큰 역할을 담당해 왔기 때문이다. 미국 사회·문화에서 서부의 비중이 갈수록 높아지고 있기는 하지만 서해안 시대 또는 태평양 중심의 시대가 가까운 시일 내에 도래하리라고 예상되지는 않는다. 이는 서부 지역이 자연조건의 제약으로 많은 인구를 수용하는 데 한계가 있거니와 미국의 주류를 형성하는 앵글로색슨계 백인의 문화는 근본적으로 유럽에 뿌리를 두고 있기 때문이다. 미국인에게 유럽은 여전히 미국 문화의 뿌리이며 미국인이 가장 가보고 싶어 하는 곳이다.

4) 중서부의 지역성과 변화

미국의 지역성을 이야기할 때 중서부(The Midwest)를 언급하는 경우는 흔치 않다. 북동부, 남부, 서부는 비교적 뚜렷한 지역적 특성을 가지고 있으나 중서부는 이렇다하게 두드러지는 것이 눈에 띄지 않는다. 실은 바로 이 점, 즉 특별히 두드러지는 것이 없이 매우 '평균적인 미국'이라는 점이 중서부의 특징이다. 중서부 지역은 미국을 표상하는 특성을 균형 있게 간직한 곳이다. 일반적으로 매스컴에서 흔히 사용하는 영어는 중서부의 백인 중류층이 쓰는 말이다. 중서부 사람이 구사하는 영어는 북동부의 영국식 억양도, 남부의 길게 끄는 억양도 아닌, 미국에서 전국을 대상으로 하는 방송국 뉴스 앵커가 구사하는 가장 표준적인 영어 발음이다.

미국 역사에서 중서부 지역은 애팔래치아 산맥 동쪽에 위치한 13개 식민지 지역에서 서부로 진출하는 확장 통로 역할을 했다. 동부 사람은 독립전쟁 이후 프랑스와 인디언 및 이후 영국에게서 빼앗은 중서부 지역 새로운 땅으로 급속히 확장해 갔다. 19세기 중엽의 서부 개척기에 중서부는 대평원을 지나 서부로 가는 중간 계류지 역할을 했다. 유럽에서 건너온 이민자들은 동부 해안 도시에 도착한 후 새로운 땅을 찾아 서쪽으로 서쪽으로 계속 이동했다. 중서부 지역은 물질적인 풍요와 건강한 생활 방식으로 대표된다. 이 지역은 어느 곳에서나 지평선을 볼 수 있을 정도로 평지가 끝없이 넓고, 땅이 비옥하며, 물이 풍부하고, 기후가 온화한 천혜의 자연조건을 두루 갖추고 있다. 또한 넓은 곡창지대가 펼쳐져 있으며 교통과 산업의 요충지로 안정된 풍요를 누려왔다. 중서부 지역은 동서 횡단 철도가 모이는 곳이며, 운하를 통해 오대호와 대서양과 미시시피 강이 만나는 지역이다. 자동차 시대로 접어들어서는 동서남북의 고속도로가 이 지역을 사방으로 관통했다. 서부의 발전에 필요한 사람과 자원이 상당 부분 이곳에서 공급되었으며, 동부 인구 밀집 지역이 필요로 하는 물자가 이곳의 곡창 지대와 공장에서 만들어졌다. 서부의 목축 산업의 가공 처리와 유통은 중서부의 세인트루이스나 시카고가 담당했다. 중서부에서 생산되는 곡물과 고기는 미국인의 식탁에 올랐으며, 이곳의 철강과 자동차 공장은 미국인의 생활을 윤택하게 하는 버팀목이었다.

농업은 중서부의 주요 산업인데, 남부와는 달리 곡물과 이를 이용한 목축이 주로 발달했다. 따라서 중서부에서는 남부와 같이 '면화의 지배'가 초래한 부정적인 사회·문화적 영향을 찾아볼 수 없다. 정착의 초기 단계에는 정부의 자영농 육성 정책에 따라 자영농이 지배적인 경영 양식이 되었다. 1930년대 대공황 시 곡물가의 폭락으로 자영농이 많이 몰락하고 이후 기업적인 경영이 확대되었으나 지금도 이 지역에서 자영농의 수는 적지 않다. 남북전쟁 이전 남부와의 갈등 속에서 이 지역은 노예제를 금하는 지역으로 선포되었고, 현재까지도 흑인의 비율이 상대적으로 낮다.

중서부 지역은 미국 산업화의 중추 역할을 한 곳이다. 오대호에 면한 도시들은 편리한 수운과 철도를 통해 원자재와 상품을 원활하게 수송할 수 있는 이점을 안고 있으며, 배후에 풍부한 농업 자원의 지원을 받으면서 산업 도시로 변모했다. 주민의 교육과 소득 수준이 높으며, 농촌 빈곤 인구가 많지 않고, 주민들 간의 격차가 다른 지역에 비해 작은 편이다. 대륙 한가운데에 위치해 중남미 및 아시아권과 멀리 떨어져 있으며 흑인 노예제의 유산으로부터도 자유로우므로, 일부 대도시를 제외하고는 유럽계 백인의 비율이 매우 높다. 중서부의 농촌을 여행하면 동양인을 신기한 눈으로 쳐다보는 지역 주민을 아직도 만날 수 있다. 인구와 계층이 동질적이므로 사회문제도 상대적으로 적다. 이 지역 주민의 정치적 성향 또한 급진적인 좌나 우로 흐르지 않는 중도 성향을

표 4-7 중서부 지역의 인구 및 사회·경제적 특성(2002년)

지역	인구 구성					사회 · 경제적 지위			
	전국인구순위	인구증가율*	백인 (%)	흑인 (%)	히스패닉 (%)	대졸자 비율 (%)	1인당 소득 ($)	빈곤율 (%)	인터넷 접속 가구비율** (%)
전국 평균		13.1	80.6	12.7	13.4	26.7	27,083	9.2	50.5
오하이오	7	4.7	85.5	11.6	2.0	24.5	25,688	7.8	50.9
일리노이	5	8.6	79.5	15.2	13.4	27.3	29,136	7.8	46.9
미시간	8	6.9	87.5	14.3	3.5	22.5	26,615	7.4	51.2
인디애나	14	9.7	89.0	8.5	3.8	23.7	24,990	6.7	47.3
미네소타	21	12.4	90.4	3.7	3.2	30.5	29,473	5.1	55.6
위스콘신	20	9.6	90.3	5.8	3.8	24.7	26,263	5.6	50.2
아이오와	30	5.4	94.9	2.2	3.1	23.1	25,222	6.0	51.0
미주리	17	9.3	85.5	11.4	2.2	26.7	25,647	8.6	49.9
네브래스카	38	8.4	92.2	4.1	6.0	27.1	26,364	8.0	45.5

자료: US Bureau of Census(2003).
주: * 1990~2000년의 인구증가율
** 2001년

보이며 합리적이고 안정 지향적이다. 19세기와 20세기에 진보적인 성향을 지닌 공화당과 민주당이 이 지역에서 다수를 차지했으나, 1980년대 이후 미국 전체의 보수화 흐름에 따라 이 지역에서 중도적인 색채가 더욱 강해졌다. 근래 미국의 선거에서 이 지역은 보수적인 공화당과 진보적인 민주당 간에 한 치 앞을 예측할 수 없는 치열한 경쟁이 벌어지는 격전장이 되었다.

중서부 지역 사람은 뉴잉글랜드 사람처럼 지나치게 지적이거나 배타적이지 않으며, 뉴욕 사람처럼 지나치게 국제적이거나 세련되지도 않으며, 남부 사람처럼 외지인에 대해 배타적이거나 유색인에 대한 편견을 심하게 가지고 있지 않으며, 서부 사람처럼 지나치게 개인주의적이며 관행을 무시하고 제멋대로인 사람들이 아니다. 중서부 사람은 합리적이고 실용적이며 예절이 바르고 친절하며 건강과 위생을 중요시하고 기술에 대한 신뢰가 큰 미국인의 성향을 대표한다. 교외의 조그만 정원이 딸린 아담한 이층집에서 잔디를 가꾸고, 9시에서 5시까지 일하는 매우 규칙적인 생활 유형을 보이며, 수말에는 스포츠와 여가를 즐기고 매일 공원에서 조깅을 하며, 친구 가족과 함께 때때로 정원에서 바비큐 파티를 벌이고, 교회나 학교에서 주관하는 행사에 적극적으로 참가하고 자원봉사를 하며, 여름휴가를 넉넉하게 갖고 국립공원으로 가족 여행을 떠나며, 쇼핑몰에서 옷을 고르고 커피를 마시며 한가로이 시간을 보내는 등으로 묘사되는, 물질적으로 풍요롭고 여유로우나 조금은 단조로운 생활을 누리는 미국 중류층의 이미지는 바로 중서부 지역 사람을 대표한다. 여성운동의 도화선이 된 베티 프리단(Betty Friedan)의 책 『여성의 신비(Feminine Mystique)』에서 묘사하는 교외의 단조로운 가정주부의 생활이나, 로버트 린드 부부(Robert Lynd and Helen Lynd)의 책 『미들 타운(Middle Town)』에서 서술하는 중류층의 안정된, 그러나 조금은 답답한 생활방식이나, 성과학의 창시자인 킨제이(Alfred Kinsey)의 성생활 보고나, 스포크 박사(Dr. Spock)가 제시한 아동양육 지침 등은 모두 중서부 사람을 대상으로 연구한 것이다.

20세기에 들어오면서 상황은 달라졌다. 1930년대 대공황 시절 곡물 생산 과잉으로 곡물가가 폭락하면서 많은 중서부의 자영 농부들은 농토를 빚으로 빼앗기고 농촌을 떠나야 했으며, 이후 중서부의 농업은 기업농이 지배하게 되었다. 20세기 초중반 남부의 흑인이 중서부의 대도시로 대거 이주하고 근래에는 아시아와 중남미 이민자들이 이 지역으로 다수 이동하면서 중서부 사회의 다양성도 급속히 높아졌다. 인구와 계층의 다양화는 과거의 동질적이고 안정된 중서부의 모습을 사라지게 하면서 급증하는 사회문제로 골머리를 썩게 만들었다. 지역 전체로 볼 때 아직은 다른 지역보다 빈곤이나 범죄율이 낮은 편에 속하지만, 시카고, 디트로이트, 클리블랜드와 같은 대도시는 미국의 대도시에서 공통적으로 나타나는 사회문제로 어려움을 겪고 있다.

1980년대에 미국의 제조업이 해외의 경쟁에 직면하여 위기에 몰리면서 중서부의 공장은 낮은 임금을 찾아 남부와 해외로 대거 이전했다. 현재도 계속되고 있는 중서부의 산업 공동화(Deindustrialization) 현상은 이 지역의 인구를 감소시키며 사회 전반적으로 어려움을 가중시키고 있다. 예컨대 중서부의 대표적인 산업 도시인 오하이오 주 클리블랜드는 공장이 이전하면서 인구가 감소하고 새로운 투자가 이루어지지 않아 도시 전체가 침체에 빠졌으며, 오하이오 주 영스타운은 도시 전체를 먹여 살리던 제철공장이 이전하면서 도시가 붕괴했고, GM 자동차 공장이 있던 미시간 주 플린트는 공장이 이전하면서 유령 도시로 변했다. 울산의 현대 계열 공장이 다른 곳으로 이전할 때 벌어질 상황을 예상하면 이 지역의 어려움을 쉽게 짐작할 수 있다. 중서부 지역은 미국을 대표하는 엄청난 풍요의 중심에 위치해 있었다. 그러나 산업구조의 변화와 세계화의 여파는 이 지역의 화려했던 과거의 지위를 잠식해 가고 있다.

4. 미국의 지역성은 사라지는가?

미국의 지역 특성은 20세기 후반 들어 급속하게 변하고 있다. 세 가지 요인이 이러한 변화를 주도하고 있는데, 첫째는 인구와 산업이 북부에서 남부로 이동하는 것이며, 둘째는 아시아 및 중남미에서 미국의 서부 지역으로 대규모의 이민이 지속되는 것이며, 셋째는 교통과 통신의 발달로 전국이 단일 생활권으로 변하고 정보의 소통이 원활해지면서 거리의 제약이 줄어드는 것이다.

국내 다른 지역 또는 국외로부터 새로운 인구의 유입과 물자 및 정보 소통이 확대되면서 과거의 전통적인 지역성은 크게 변화한다. 가장 큰 변화를 보이는 곳은 남부와 서부 지역이다. 남부의 경우 이 지역의 가장 큰 특성이었던 폐쇄성이 사라지고 다른 지역과 마찬가지로 인구의 유동이 활발하며 다양한 인종·민족이 함께 섞여서 생활하는 곳으로 변모하고 있다. 서부의 경우 개발되지 않은 자연 상태로 인적이 드물었던 과거의 지역 특성은 사라지고, 대신 새로운 대도시가 생겨나고 새로운 산업이 속속 자리를 잡고 있다. 이는 전국적으로 인구 구성이 유사한 방향으로 변화하고 있음을 의미한다. 서부 지역에 아시아인과 히스패닉이 집중해 있기는 하나 점차 중서부, 북동부, 남부 할 것 없이 이들이 전국적으로 확산되는 현상을 볼 수 있다. 예컨대 과거에는 일부 지방에서 거의 볼 수 없었던 아시아인과 히스패닉을 이제는 북동쪽 끝에 위치한 메인 주의 중소도시에서도 어렵지 않게 발견한다. 한국인 집단 거주 지역은 이제 로스앤젤레스에만 있는 것이 아니라, 뉴욕, 시카고, 애틀랜타, 휴스턴까지 확대되었으며 전국의 어느 도시에서나 한인 상점을 어렵지 않게 찾아볼 수 있다.

인구와 산업과 정보의 소통은 미국 정치·사회의 중심축에 변화를 가져오고 있다. 과거 북동부 지역을 중심으로 전개되던 정치 과정에 점차로 남부와 서부의 비중이 커지면서 이 지역의 향방이 기존 정치 구도에 결정적인 전환을 가져오는 계기를 만들고 있다. 인구 비례로 선출하는 하원의원과 대통령 선거인단의 경우 인구가 많은 주인 캘리포니아, 텍사스, 플로리다의 향방이 전체 결과에 결정적인 영향을 미치게 되었다. 제퍼슨 대통령 이후 20세기 중반까지 오랜 기간 동안 중앙

표 4-8 대졸자의 국내 이동 추이(1995~2000년)*

최대 인구 유입 도시		최대 인구 유출 도시	
애틀랜타(조지아 주)	76,443명	뉴욕-뉴저지-롱아일랜드(뉴욕-뉴저지-코네티컷-펜실베이니아 주)	-122,000명
피닉스-메사(애리조나 주)	63,084명	시카고-게리-케노샤(일리노이-인디애나-위스콘신 주)	-29,647명
댈러스-포트워스(텍사스 주)	54,814명	피츠버그(펜실베이니아 주)	-20,065명
샌프란시스코-오클랜드-새너제이(캘리포니아 주)	48,614명	디트로이트-앤아버-플린트(미시간 주)	-17,244명
덴버-보울더-그릴리(콜로라도 주)	40,793명	버펄로-나이아가라폴스(뉴욕 주)	-17,171명

자료: William Frey(2004), *The Economists*(2005.7.14.)에서 재인용.
주: * 25세 이상 대학 졸업자의 국내 이동임.

정치에서 완전히 배제되어 있던 남부는 20세기 후반 들어 연이어 대통령을 워싱턴으로 보내고 있다. 존슨, 카터, 레이건, 클린턴, 부시는 모두 남부 또는 서부 출신의 대통령이다. 건국 초기부터 북동부는 중앙 정부의 역할을 강조하고 진보적인 성향을 보인 반면, 남부는 지방자치와 작은 정부를 지향하며 보수적인 성향을 보여 왔다. 건국 초기 해밀턴을 중심으로 한 연방파(Federalists)가 북동부 상공인 계층의 이익을 대변했다면, 제퍼슨을 중심으로 한 공화파(Republicans)는 남부 지주 계층의 이익을 대변했다. 이러한 전통은 오늘날까지 이어져, 20세기 중반 남부 지역에 새로운 지지 기반을 구축한 공화당은 작은 정부와 지방자치를 주장하며 보수적인 가치관을 대변하고 있다.[12] 남부로의 지속적인 인구 이동은 미국의 정치 판도를 보수 쪽으로 움직이는 지렛대로 작용하고 있다. 서부 지역 경제가 군사 산업에 크게 의존하고 있는 점을 고려할 때,

서부로의 지속적 인구 이동은 이 지역의 정치적 영향력을 증대시켜 미국 정치에서 군의 영향력이 커지는 데 일익을 담당했다. 현재 아들 부시 대통령의 정책은 바로 이러한 경향을 반영한다. 텍사스 출신으로 남부에 정치적 기반을 두고 있는 아들 부시 대통령은 군의 역할을 중시하며 인종, 복지, 종교 등의 주제에서 보수적인 입장을 취하는데, 이는 보수적인 성향을 보이는 남부와 서부 주민의 이익을 반영하는 것이다.

20세기 후반 들어 각 지역의 독특한 사회·문화적 특성은 점차 사라지고 있다. 교통과 통신의 발달은 지역 간 사람과 물자와 정보의 소통을 원활하게 하므로 지역의 고유한 특성은 당연히 감소할 수밖에 없다. 소득이 증가하면서 사람들의 여행이 빈번해지며 주민 중에 그 지역 출신이 아닌 사람의 비율이 증가하고 있다. 제2차 세계대전 이후 중앙 정부의 권력이 증대하면서 전국적으로 유사한 내용의 정부 서비스가 제공되며, 지방 정부의 고유 영역인 교육이나 복지조차 전국적으로 거의 유사한 내용으로 진행되고 있다. 상업화와 대기업의 지배가 확대되면서 미국의 어느 지역을 가든지 사람들은 거의 유사한 소비 행위를 한다. 같은 프로그램을 시청하며, 똑같은 형태의 쇼핑몰에서 쇼핑을 하며, 똑같은 브랜드의 옷을 사 입으며, 똑같은 음식점에서 음식을 먹으며, 똑같은 브랜드의 커피점에서 시간을 보내며, 똑같은 브랜드의 호텔에서 잠을 잔다. 미국의 어느 지역을 가든지 사람들은 거의 유사한 생활양식을 보인다. 과거에 뚜렷했던 지역의 독특한 억양을 이제 최소한 대도시 중류층 사람에게서는 들을 수 없다. 지역의 특색을 표현한다는 지역 축제 또한 상업성에 압도되어 어느 지역을 가든 거의 유사한 형태에 유사한 내용을 보여줄 뿐이다. 어느 도시의 상점에 들어가도 동일한 구색의 제품을 발견한다. 대도시와 중소도시, 도시와 농촌의 차이도 사라져서 서로 유사한 생활 방식에 근접하고 있다. 지역에 관계없이 미국 사람이 사는 방식과 표현하는 내용이 균일화되는 것이 아닌가

하는 생각이 든다.

미국인의 삶의 균일화는 기술의 도움으로 급속히 진행되고 있다. 과거 에어컨이 없던 시절에 남부는 아열대 기후가 만들어내는 독특한 삶의 방식과 감정을 가지고 있었다. 서부의 아름다운 자연은 거친 환경 그대로 힘들여 다가가야만 감상할 수 있었다. 그러나 이제 미국의 어느 지역을 가든 중앙냉난방된 환경 속에서 외부의 자연조건에 관계없이 균일한 삶의 방식을 즐길 수 있다. 어느 지역에서나 밖의 기후 상황을 전혀 의식하지 않고 완전히 밀폐된 거대한 쇼핑몰에서 온종일 지낼 수 있다. 서부의 거친 산악이나 사막도 잘 닦인 도로를 통해 편안하게 냉난방된 자동차 좌석에 앉아 감상할 수 있다. 어느 지역에 가든지 통제된 시스템으로 관리되는 유사한 종류의 관상수와 잔디가 깔린 정원을 만날 수 있다. 사막의 한가운데에서도 가로수가 줄지어 있으며 앞마당에는 잔디가 푸르게 자라고 뒷마당에는 풀장을 갖춘 집이 일반화된 것이 현재 미국인의 삶의 방식이다. 사람들이 사는 지역을 선택하는 데에서 자연조건은 여전히 상당한 부분을 차지하지만 과거에 비하면 비중이 크지 않다. 적절한 일자리만 찾는다면 마이애미에서 시애틀까지, 뉴욕에서 샌프란시스코까지 이동하는 것을 조금도 주저하지 않는다. 먼저 이주한 후 새로운 곳에서 과거에 자신이 했던 것과 비슷한 일자리를 구하는 것이 조금도 힘들지 않은 것이 현재 미국인의 삶이다.

반면 지역 내 계층에 따른 차이는 어느 지역에서나 매우 크다. 예컨대 시카고의 중류층은 시카고의 저소득층보다는 댈러스의 중류층과 사는 방식이 유사하다. 로스앤젤레스의 빈민은 뉴욕의 빈민과 사는 방식이 별반 다르지 않다. 애틀랜타의 부자는 더 이상 『바람과 함께 사라지다』에 묘사되는 것처럼 지역에 근거를 둔 대지주가 아니라, 뉴욕의 부자와 같이 전국 또는 전 세계를 대상으로 하는 다국적 기업의 중역이다. 애틀랜타에 본부를 둔 CNN이나 코카콜라 회사가 이러한 상황을 웅변적으로 말해준다. 윌리엄 줄리어스 윌슨(William Julius Wilson)이 『감소하는 인종의 중요성(Declining Significance of Race)』에서 미국 사회에서 인종의 중요성이 감소하고 있다고 주장하는 것과 유사하게, 미국 사회에서 지역의 중요성은 감소하고 있다. 그의 분석처럼 인종이나 지역보다는 계층이 삶의 기회와 삶의 방식을 결정하는 데 더욱 중요해지고 있는 것이다. 시애틀에 살고 있는 아시아계 사람인지 또는 보스턴에 살고 있는 영국계 사람인지 여부보다는, 그의 직업과 교육과 소득 수준이 그의 삶을 결정하는 가장 중요한 요소이다. 과거에 남부에 사는 백인이면 그의 교육과 소득 수준에 관계없이 흑인보다 항시 우위에 있던 상황이나, 서부를 위험이 가득한 곳이며 예의 없고 거친 사람들이 사는 곳이라고 꺼려하던 동부인의 생각은 이제 더 이상 존재하지 않는다.

그렇다고 "미국 사회·문화에서 지역의 중요성은 사라지는가?" 하는 질문에 대해 성급히 부정적으로 단정할 수는 없다. 남부의 대도시는 북부의 대도시와 별반 다르지 않지만, 대도시를 조금만 벗어나면 남부 특유의 사람과 문화적 특성을 쉽게 발견한다. 샌프란시스코의 생활은 뉴욕의 생활과 별반 다르지 않지만, 샌프란시스코를 조금만 벗어나면 서부의 자연을 있는 그대로 느낄 수 있으며, 확실히 그곳에 사는 사람의 태도나 사는 방식이 동부와는 다르다는 확신을 가지게 된다. 대도시의 생활이 유사하기는 하지만 여전히 지역에 따른 특색은 남아있어, 보스턴의 생활이 로스앤젤레스나 댈러스의 생활과 같다고 말할 사람은 아직 많지 않다. 쇼핑몰이나 학교나 사무실이나 TV 프로그램은 전국이 유사하지만 공적인 영역을 벗어나면 여전히 미국의 각 지역은 사람들의 생활양식에서 많은 차이점을 드러낸다. 삶의 일부 영역에서는 전국이 균일하게 변해가고 있지만 다른 영역에서는 아직도 지역 간의 차이가 상당히 남아있다. 이런 지역 간 차이가 앞으로 얼마나 지속될지는 물론 불확실하다.

■■■ 주

1) 메이슨 - 딕슨 라인(Mason-Dixon Line)은 남북전쟁 이전 노예제도의 경계를 갈라놓는 선으로 설정되었다. 그러나 이 선 아래에 위치한 메릴랜드, 델라웨어, 웨스트버지니아는 남부의 특징을 적게 가지고 있으므로 문화 지역을 구분할 때 북부에 포함시키는 학자들도 있다. 이 지역은 남북전쟁 이전에 흑인 노예가 많지 않았으며, 같은 노예주였던 켄터키, 미주리와 더불어 남북전쟁 때 북부에 가담했다. 특히 메릴랜드와 델라웨어에는 대농장 농업보다는 자영농이나 상공업에 종사하는 인구가 많아 북동부의 특성에 좀 더 근접해 있다.

2) 남부 지역은 지리적 위치상 남쪽에 위치한 지역이라는 의미보다는 역사적 경험을 같이하는 독특한 '문화 지역(Cultural Region)'의 의미가 강하다. 버지니아 주가 지도상 북쪽에 위치해 있음에도 남부 지역의 중심으로 간주되는 것도 그런 이유에서이다.

3) 미국의 자연조건에 대한 논의는 Birdsall(1992)과 Getis and Getis(1995)를 주로 참고함.

4) 이민자들과 국내 이동에 따른 지역성의 형성과 변화에 관한 논의는 Zelinsky(1992: Part 2) 참조.

5) 사람들의 이주와 산업 유형 간의 관계 및 변화에 관해서는 Getis and Getis(1995: Ch.4, Ch.5) 참조.

6) 각 지역의 문화적 이미지에 대한 논의는 주로 Bradbury and Temperly(1989: Ch.3~5) 및 Gidley(1993: Ch.5) 참조.

7) 남부의 지역성과 노예제 간의 관계에 대한 통찰력 있는 논의는 Bradbury and Tempeley(1989: Ch.4) 참조.

8) 그러나 필자가 만난 북부 지역 사람들은 여전히 남부 지역에 대해 부정적 이미지를 가지고 있었다. 이들과 이야기하면서 가난하고 비합리적이며 부정과 부패와 폭력과 차별이 지배하는 어두운 곳이라는 남부의 과거 이미지는 미국인의 머릿속에서 쉽사리 사라지지 않을 것이라는 느낌이 들었다. 반대로 남부 지역 사람의 북부 및 연방정부에 대한 피해의식 또한 여전히 살아있는 것으로 보인다. 예를 들면, 남부 지역의 대학에서는 남북전쟁 이후 재건기(Reconstruction Period)를 설명하면서 그 당시 북부에서 내려온 사람들에 대한 반감을 노골적으로 드러내며, 남부 영웅의 동상이 남쪽을 향하고 있는 이유를 설명하면서 남부의 자존심을 내세운다.

9) '오클라호마의 질주'는 1887년 제정된 도우즈 단독토지 법안(Dawes Severalty

Act)으로 인디언의 공동토지 소유 관행을 폐지하면서 인디언에게서 빼앗은 토지를 분배하는 과정에서 발생한 사건을 지칭한다. 1889년 오클라호마에서는 인디언에게서 빼앗은 공유지를 말을 달려 선착순으로 깃발을 꽂은 사람들에게 나누어 주었다.

10) 서부 개척 시대 이주민들의 일상생활에 관한 생생한 역사적 기술은 필리프 자캥(2005)을 참조할 것.

11) 와이오밍을 위시한 많은 서부의 주들은 일찍이 여성의 참정권을 인정했다. 와이오밍 주는 1869년, 유타 주는 1870년, 워싱턴 주는 1883년, 콜로라도 주는 1893년에 참정권을 인정했다.

12) 현재 미국의 정당 구조에서 공화당(Republic Party)은 건국 초기 제퍼슨 대통령이 이끈 공화파(Republicans)와는 전혀 관련이 없다. 현재의 공화당은 남북전쟁 시절 노예제 폐지를 주장하며 개혁 지향의 정당으로 출발하여 1930년대 대공황 직전까지 연방 정치를 주도했다. 공화당은 자본가 세력을 대변하며, 20세기 중반 이래 인종, 복지, 종교 등의 민감한 주제에서 보수적인 입장을 취하면서 남부 백인의 지지를 획득하여 오늘에 이르고 있다. 반면 원래 남부의 세력에서부터 출발한 민주당(Democratic Party)은 1930년대 루즈벨트 대통령 집권 이후 중앙 정부의 적극적 개입을 주장하고 민권운동 시기에 흑인의 인권을 옹호하면서 남부 백인들에게서 멀어지기 시작했다. 현재 민주당은 지식인, 소수자, 노조, 빈곤층 등에 우호적인 진보 경향의 정당으로 북동부와 태평양 연안 서부의 지지를 받고 있다. 중서부 지역은 20세기 들어 줄곧 민주당을 지지했으나 근래에 공화당 지지 인구가 증가하면서 공화당 우세 지역으로 분류되고 있다.

제5장

미국 사회에서 인종의 의미

우리나라 사람들이 미국에 발을 디디면 얼마 지나지 않아 백인과 유색인의 구별이 이 사회에서는 매우 큰 의미를 지닌다는 것을 깨닫는다. 흑인과 백인은 좀처럼 함께 섞여 다니지 않는다거나, 미국에서 태어난 한국인 2세가 처음 만난 백인으로부터 영어 잘한다는 인사말을 듣는다거나, 특별한 날도 아닌데 집 앞마당이나 벽에 큰 국기를 걸어 놓은 집은 거의 백인의 집이라거나, 두세 사람이 함께 집을 쓰는 아파트에 방을 빌렸는데 나중에 알고 보니 부동산 관리인이 백인은 백인끼리 유색인은 유색인끼리 모아서 집을 빌려준 것을 발견했다거나, 대학교의 기숙사에서 백인 학생들의 방과 유색인 학생들의 방은 서로 구분되어 있다거나, 인터넷 공간에서 접촉하는 상대에 대해 가장 알고 싶은 정보의 목록에 성, 연령, 직업과 함께 인종이 수위에 올라 있다거나, 유럽에서 온 백인 유학생은 미국의 백인 학생들과 잘 어울리는데 비서구 국가에서 온 유색인 유학생은 그들과 어울리기가 힘들다거나, 유색인은 취업 인터뷰 후에 연락이 없는 경우가 많으나 같은 학교의 백인 친구는 여러 군데서 긍정적인 통보를 받는다거나, 쓰레기 청소와 같이 힘들고 더러운 직업에는 유색인이 대부분인 반면 깨끗하고 보수가 많은 직업이나 지시를 내리는 자리에 있는 사람은 대체로 백인이라거나, 광고 모델은 대체로 백인인 것 등 일상사의 사소한 것에서부터 생존과 직접 연관된 것에 이르기까지 미국 사회에서는 인종의 중요성을 항시 느끼게 된다.

처음에 이런 미국 사회를 접하면 누구나 심리적 혼란을 경험한다. 미국 사회가 한편에서는 풍요와 희망과 민주주의를 상징하면서 다른 한편에서는 인종차별이라는 비인도적인 모습을 유지하고 있음을 쉽게 받아들이기는 어렵다. 미국인이 항상 강조하며 자랑스럽게 여기는 자유, 평등, 인권, 민주주의 등의 가치와 인종차별, 극심한 불평등이 어떻게 그렇게 태연스럽게 함께할 수 있을까? 세계 권력의 중심부인 워싱턴 DC에서 백악관 남쪽으로 조금만 내려가면 낮에도 걸어다니기 위험한 흑인 빈민가를 만나는 것이 어떻게 가능한가? 세계에서 가장 풍요롭고, 달나라에 사람을 보내고, 세계 곳곳에 민주주의를 전파하고, 전 세계에 미군을 진주시키고, 세계 구석구석에서 성공과 자유를 찾아 사람들이 모여들고, 세계의 모든 새로운 아이디어와 발명의 산실인 나라가 그렇게 어두운 면을 가지고 있다는 사실은 참으로 믿기 어렵다. 유럽에서도 유색인은 흔히 발견할 수 있고 그들의 사회·경제적 지위는 백인보다 낮지만, 미국처럼 그렇게 인종차별이 일상생활의 모든 측면에 깊숙이 침투해 있으면서 사회생활을 지배할 정도는 아니다.

미국인은 자신이 어떤 인종에 속하는가에 따라 소득, 교육 수준, 수명과 건강상태, 직업, 정치적 의견, 거주 지역은 물론 좋아하는 음악과 즐겨 입는 옷과 선호하는 여가 활동에 이르기까지, 요컨대 개인의 삶의 기회와 질을 구성하는 요소들이 크게 좌우된다. 학자들은 미국의 사회·문화를 결정하는 주요 요인의 하나로 인종 문제를 꼽는 데 주저하지 않는다. 산업화·도시화와 함께 선진 산업국에서 공통적으로 나타나는 사회문제의 경우, 미국은 유럽 국가들과는 달리 모든 것이 인종 문제와 밀접하게 얽혀 있어 문제의 해결을 복잡하게 만든다. 현대 미국 사회에서 인종 문제는 과거 노예제 시대 못지않게 중요하다.

그러나 과거 백인이 주도하던 인종과 관련된 아이디어는 20세기 후반 들어 흑인을 비롯한 소수자들의 거센 저항에 직면했다. 그들은 더 이상 자신이 열등한 존재라는 주장을 당연한 사실로 받아들이지 않고, 정치·경제적으로는 물론 문화적으로도 백인의 헤게모니에 저항하고 있다. 다음에서는 "왜 미국 사회·문화에서는 인종 문제가 그렇게 중요한가?" 하는 의문점을 본격적으로 검토한다.

1. 인종은 사회·문화적 구성물이다

일견 자명해 보이는 것이 인종 구분이지만 미국 사회에서 통용되는 관습을 조금만 깊이 들여다보면 인종이란 매우 복잡한 성격의 사회·문화적 구성물이라는 사실을 발견한다. 일반적으로 '인종(race)'이란 '사회 구성원들이 사회적으로 중요하다고 생각하는 생물학적 특질을 공유하는 사람들로 구성된 범주'로 정의된다.[1] 사람들은 피부색, 얼굴 형상, 모발 특성, 기타 얼굴과 몸에서 보이는 특성으로 인종을 구분한다. 여기서 주의할 점은 인종을 구분하는 기준이, 세대 간에 유전되는 생물학적 특질과 사회적으로 중요하다고 규정하는 특질의 양쪽에 걸쳐있다는 사실이다.

한 인간이 보이는 수많은 생물학적 특징 중 어떤 것을 사회에서 인종 구분의 기준으로 인정하느냐 하는 것은 매우 자의적이다. 예컨대 외면적으로 뚜렷한 생물학적 특징인 신장이나 체중의 많고 적음은 인종을 구분하는 기준으로 채택되지 않는다. 반면 실제로 유전적 차이는 거의 없는 경우에도 서로 다른 인종 범주로 구분하기도 한다. 과거 노예제도가 존재하던 시절 오랜 혼혈의 결과 외면적으로는 거의 백인에 흡사하나 사회적으로 흑인으로 규정된 경우도 있다. 역사적으로 악명 높은 인종 구분의 예로 유대인을 들 수 있다. 미국에 살고 있는 유대인은 대부분

19세기 말 20세기 초에 러시아의 압제나 히틀러의 억압을 피해서 대서양을 건너왔다. 이들을 신체적인 특징만으로 러시아인이나 독일인과 엄격히 구분하기는 어렵다. 독일의 히틀러는 학자들에게 게르만 민족과 유대 민족을 인종적으로 구분하는 유전적 특징을 연구하게 했으며, 미국에서도 유대 민족이 생물학적으로 열등함을 한동안 거론했으나 이는 과학적 근거가 없는 것으로 밝혀졌다. 제2차 세계대전 전까지만 해도 미국에서 유대인은 백인, 흑인, 인디언과 구분되는 별도의 인종 범주로 인구조사 설문지에 등장했다. 서유럽 민족과 유대 민족을 인종적으로 구분할 수 있다는 주장은 마치 한국인과 일본인을 생물학적인 특성으로 구분할 수 있다는 주장과 유사하다. 요컨대 인종 범주란 부분적으로 유전적 특질에 근거하고 있기는 하지만 매우 자의적이며 불확실한 범주 구분이다. 이는 사실 인종 구분이 역사적인 경험에 의해 형성된 사회·문화적인 구성물이기 때문이다.

정치학자 시드니 버바(Sydney Verba)는 인간 사회에서 차별을 발생시키는 가장 큰 요인으로 외면상 구별이 뚜렷한 정도를 들고 있다.[2)] 외면상으로 구별이 뚜렷할수록 한 무리의 사람들이 다른 사람들을 구분하고 차별할 가능성이 높아진다. 흑인과 백인 간의 차별이 두드러지며 오래 지속되는 이유는 흑인과 백인 간의 외형상 구별이 비교적 뚜렷하고 손쉽기 때문이다. 반면 조상이 독일에서 이민 온 사람과 영국에서 이민 온 사람을 구별하기는 쉽지 않기 때문에 백인 중 일부 집단에 대해 별도의 범주를 만들어 사회적으로 차별하기는 용이하지 않다. 영어를 잘 구사하지 못하는 1세대 독일 이민자는 그래도 어느 정도 구분이 가능하나, 미국에 동화한 2세대 이후부터는 별도의 범주를 적용하여 차별하기 어렵다.[3)] 독일에서 성장한 뒤 이민 온 캘리포니아의 주지사 아놀드 슈워제네거는 미국에 와서 처음에 영어를 잘 못해 주위 사람들에게 차별 대우를 받았던 경험을 이야기하곤 한다.

인종과 유사한 개념으로 '민족(ethnicity)'은 사회·문화적 특성에 따른 구분이다. '민족이란 공통된 기원과 관심을 의식하며 어느 정도 통합되고 응집력을 가진 사람들의 집단'으로 정의된다.[4] 이탈리아계 미국인과 아일랜드계 미국인은 별도의 민족에 속하나 백인이라는 인종 범주에서는 동일하다. 한 민족의 구성원들은 조상, 신화, 언어, 종교 등에서 뚜렷한 공통점을 가지며, 역사적으로 중요한 사건에 대한 기억을 공유하며, 이러한 공통된 유산을 사회화 과정을 통해 세대 간에 전승하고자 적극적으로 노력한다. 또한 자신이 속한 민족 집단 밖의 사람들과 집단 안에 소속된 사람들을 구분시키는 물질적·상징적 체계를 구축한다. 민족이란 '우리는 다른 집단과 다르다'고 생각하는 자신들만의 공통된 정체성을 가지는 한에서만 존재하는 '상상의 공동체(imagined community)'라고 할 수 있다. 유전적 특질에 부분적으로 의존하는 인종 개념과는 달리, 민족은 순전히 사회·문화적 범주 구분이므로 다른 집단과 다른 사회·문화적 특징을 상실한다면 하나의 민족으로서의 정체성은 사라진다. 민족이란 새로 만들어지기도 하고 없어지기도 하면서 항상 변화한다.

인종 개념은 생물학적 특징과 사회·문화적 특징이 복합된 것인데 생물학적 특징에 따른 구분 기준은 매우 자의적이므로 인종과 민족을 엄격히 구분하기는 어렵다. "한국인과 일본인은 유전적으로 다른 것인가, 문화적으로만 다른 것인가?" 하는 질문은 사실상 무의미하다. 유전적인 특질에 따른 외관상의 구분이 뚜렷할수록 인종 범주를 적용하는 것이 용이하다. 반면 외관상 유전적인 특질의 구분이 뚜렷하지는 않지만 사회·문화적 특징의 구분이 뚜렷할 경우에는 민족 범주를 사용한다. 즉 그림 5-1과 같이 인종과 민족의 범주는 외관상의 구분 정도와 사회·문화적 구분 정도라는 두 가지의 차원으로 결합된 평면상에 위치한 상대적인 개념임을 확인할 수 있다. 이러한 엄밀한 구분 방식과는 별도로, 일반적으로 미국 사람들은 민족(ethnic group)이라고 하면 이민 출발지

그림 5-1 인종과 민족의 구분 기준

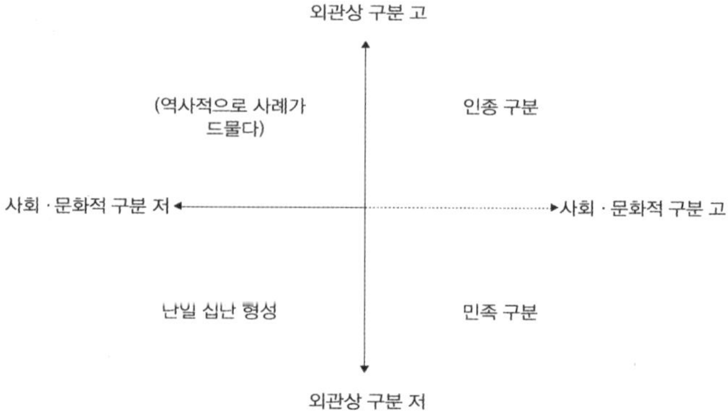

에 따른 백인들 내에서의 구분을 가리키며, 인종(race)이라고 하면 백인과 유색인 간의 구별을 떠올린다.

인종과 민족의 범주 구분이 일치하는 경우도 있지만 서로 어긋나는 경우도 많다. 예컨대 미국의 백인 중에서도 영국계와 남유럽·동유럽계 사람은 서로 다른 민족 정체성을 갖고 있다. 반면 미국에 있는 중남미계 사람은 스페인어를 모국어로 하며 가톨릭 교도라는 문화적 공통점을 가지나 이들 중에는 백인, 흑인, 혼혈인 등 다양한 인종이 섞여있다. 외모로만 보면 전혀 구별이 불가능한 아이티 출신 흑인과 미국 태생 흑인은 서로 다른 민족적 정체성을 갖고 있다. 미국에 건너온 유대인들은 출신 국가도 다르고 언어도 다르며 심지어는 유전적 특징도 다르나, 유대교를 믿는다는 종교적 공통점으로 민족적 정체성을 유지하는 극단적 예이다. 이스라엘에 사는 유대인 중에는 유대교를 믿는다는 점에서 모두 같은 민족이나 흑인과 백인으로 인종이 구분되어 백인 유대인이 흑인 유대인을 차별하는 관행이 지배하고 있다.

스페인어를 모국어로 하는 중남미에서 이민 온 미국인을 히스패닉

(Hispanic) 또는 라티노(Latino)라고 부른다. 중남미 사회는 소수의 유럽계 백인이 상층을 차지하며, 하층에는 인디언, 흑인, 백인 사이에 다양한 정도의 혼혈이 존재한다. 혼혈의 조합에 따라 메스티소(mestizo) 또는 물라토(mulato)라고 부른다. 미국으로 건너오는 히스패닉의 대부분은 혼혈인인데 이들은 유전적인 특징만으로 보면 순수한 백인도 흑인도 인디언도 아니다. 1959년 쿠바가 공산화될 때 플로리다의 마이애미에 집단적으로 이주해 정착한 사람 중에는 백인이 많다. 반면 멕시코에서 미국 남서부 지역으로 건너온 사람 중에는 혼혈인이 많다. 히스패닉이 점차 늘어나면서 1980년 인구조사에서부터는 인종 구분과 별도로 히스패닉 여부를 묻는 질문을 추가했다. 10년에 한 번씩 전국적으로 실시하는 인구조사(decennial census)는 미국 정부에서 공식적으로 인정하는 인종 구분을 적용하는데, 백인(White), 아프리카계 미국인(African-American), 아시아 및 태평양 섬 미국인(Asian and Pacific Islander), 미국 인디언(American Indian), 기타(Other)의 다섯 범주로 인종을 구분하며, 별도의 문항에서 히스패닉인지 여부를 묻고 있다. 따라서 백인의 경우 유럽계 백인과 히스패닉계 백인으로 구분되며, 흑인의 경우에도 아프리카계 흑인과 히스패닉계 흑인으로 구분된다. 아프리카에서 미국으로 이주하는 흑인은 드물지만, 서인도 제도에서 이주하는 사람 중에는 흑인이 다수 있다. 대체로 일상생활에서 미국 사람들은 백인, 흑인, 히스패닉을 별도의 인종으로 생각한다. 쿠바인과 멕시코인은 같은 혼혈인이라도 다른 문화에 속하지만 유색인들에 대해서는 민족(ethnic)이라는 용어를 쓰지 않는 것이 일반 미국인의 관행이다.

중동 및 남아시아 출신의 사람은 미국에서 어떤 인종에 속할까? 미국 정부의 공식적인 인종 분류에 따르면 아시아계 미국인에 속하나, 유전적 특징으로 보면 동아시아 사람보다는 유럽 사람에 더 가깝다. 1970년대 초반에 소수자 우대 정책의 혜택 여부를 둘러싸고 인도인은 아시아인이 아니라 백인에 속해야 한다며 연방 대법원에 소송이 제기된 일이 있다. 이때 인도인이 유전적인 특질이나 언어적 특징으로 보면 유럽계에 가깝지만 역사적으로 보면 아시아에 속하는 것으로 취급되어 왔으므로, 인도인은 아시아 인종으로 보는 것이 타당하다는 판결이 내려졌다. 이렇게 인종 분류가 자의적인 기준에 따른 것이라면 누구를 어떤 인종으로 분류할 것인가 하는 문제는 쉬운 일이 아니다.

인종 구분이 명확하거나 엄격하지 않다면 인종차별은 쉽지 않을 것이나. 백인과 유색인 사이의 혼혈은 인종차별 관행의 함몰을 알리는 조종과 같다. 과거 인종차별이 심했던 시절에 혼혈은 사회적으로 엄격히 금지되었다. 20세기 중반까지 미국의 남부 지역에서는 '피 한방울 규칙(One-Drop Rule)'이라고 하여 5대조 조상 중에 한 사람이라도 흑인이 포함되어 있으면 그 자손 모두가 흑인으로 분류된다는 법규가 광범위하게 적용되었다. 과거 노예제 시대에 백인 농장주가 흑인 여성 노예를 성적으로 폭행하는 것이 빈번했으므로 백인과 흑인 간의 혼혈은 일반적인 현상이었다. 흑인으로 규정된 사람 중에도 얼굴색이 진한 정도는 매우 다양하며, 혼혈이 계속되면서 외양으로만 보면 백인에 근사한 얼굴을 가진 사람이 흑인으로 분류되는 경우도 흔했다. 또한 유럽인의 식민지 정착 초기인 1650년경 버지니아에서는 인디언과 백인의 결혼을 금지하며 이를 위반하는 사람에게는 엄중한 처벌을 내리는 법률을 만들었는데, 이후 백인과 유색인의 결혼을 금지하는 법률은 20세기 중반까지 남부 지역에서 광범위하게 통용되었다. 이러한 예에서 인종 구분이 유전적인 자연 현상에 근거한 듯이 보이지만 그 실체는 사회적으로 만들어지고 유지되는 것이라는 점을 분명히 알 수 있다.

인종과 민족은 사람들이 중요하다고 생각하는 기준에 따라 정의되기 때문에 사람들의 생각과 관습이 변하면 인종과 민족의 사회·문화적 중요도는 물론 집단 범주 자체도 변한다. 과거 노예제가 존재하던 시절에는 백인과 흑인을 구분하는 것이 중요한 사회적 의미를 지녔다. 20세기 초기까지도 백인 내에서 영국계인지 남유럽·동유럽계인지 유대인인지 하는 민족 구분은 사회적 권력의 차이를 결정하는 매우 중요한 구분이었다. 이민 초기 세대일수록 민족 정체성이 뚜렷하나 후대로 내려갈수록 다른 민족과 구별되는 민족 정체성에 대한 자의식은 약화된다. 백인들 간의 동화 과정이 진전되면서 백인 민족 간의 구분은 사회적 중요성이 낮아진 반면 백인과 유색인 사이의 구별은 계속 중요성을 지니고 있다.

인종·민족이란 사회적인 권력과 불평등의 위계 체계에서 한 집단이 다른 집단에 대해 차지하는 우월적 지위를 통해 만들어지고 유지되는 것이다. 두 집단 사이에 권력이나 불평등의 차이가 미미한 경우에는 인종 구분을 하지 않는 반면 차이가 큰 경우에는 사실을 왜곡해서라도 집단 간에 구분을 만들어낸다. 인종은 신체적인 특성을 구실로 하여 사람을 불평등하게 구분하는 것이므로 불평등이 사라진다면 인종은 사회적인 의미를 잃게 된다. 예컨대 목이 긴 사람과 목이 짧은 사람 간에 사회적으로 불평등한 차이가 형성되어 있지 않다면 목의 길이를 기준으로 사람을 구분하는 사회적 관행은 존재할 수 없다. 인종 구분은 불평등의 구조가 변하면 언제라도 달라질 수 있다. 과거 미국에서 독일계를 차별했다거나 이후에 아일랜드계나 이탈리아계를 별도의 민족 범주로 구분해서 차별했던 역사는 이제 이들의 사회적 지위가 높아지면서 구분의 의미를 상실하고 있다. 현재 미국 사회에서 독일계 미국인이 별도의 집단으로 구분되어 인식되는 경우는 거의 없다. 반면 아일랜드계와 이탈리아계의 구분은 차별이라고 말할 정도는 아니지만 여전히 미국인의 의식과 태도에 남아있다.[5] 이는 독일계에 비해 아일랜드계나 이탈리아계의 사회·경제적 지위가 평균적으로 낮기 때문에 나타나는 현상이다. 또한 유대인이 사회·경제적으로 크게 성공하면서 이들을 별도의

표 5-1 인종 구분에 따른 인구 분포(2000년)

구분		인구 수(1,000명)	점유율(%)*	1990년 점유율(%)
전체 인구 수		281,422	100.0	100.0
단일 인종 정체성		274,596	97.6	-
복수 인종 정체성		6,826	2.4	-
인종 구분	백인	211,461	75.1(81.1)	80.0(유럽계)
	흑인	34,659	12.3(12.6)	12.1(아프리카계)
	미국계 인디언	2,476	0.9	0.8
	아시아계	10,643	3.7(3.9)	2.9
	기타	15,359	5.5(0.0)	-
스페인계 구분	스페인계	35,306	12.5	9.0
	비스페인계	246,116	87.5	91.0

자료: US Bureau of Census(1993; 2003).

주: * '기타' 인종 범주에는 주로 히스패닉이 포함되는데, 이들을 어떻게 세부적으로 분류하느냐에 따라 인구조사 자료 내에서도 백인과 흑인의 비율은 차이가 있다. 괄호는 기타의 범주를 배제한 수치임.

집단으로 구분해서 차별하는 관습은 점차 사라지고 있다. 이와 함께 유대인 자신들의 집단 정체성 또한 약화되고 있다. 근래에 유대교회를 다니지 않거나 비유대인과 결혼하는 비율이 급속히 증가하고 있다. 즉 인종·민족과 사회·경제적 불평등은 동전의 양면과 같이 서로 분리될 수 없는 사회적 현상이다.

2. 미국인의 인종 분포

인종과 민족 범주는 사회적인 세력 관계를 반영하므로 미국인을 인종·민족으로 구분하는 것은 쉽지 않다. 미국의 인구조사는 인종과 민족의 개념을 혼합해서 적용하고 있는데, 순전히 응답자의 주관적 판단에 따라 자신이 속한다고 생각하는 인종 범주를 기입하도록 한다. 인구조사에서 적용하는 인종 범주는 시대에 따라 변해왔는데 이는 인종에 대한 미국 사람들의 생각을 반영한다. 제2차 세계대전 이전에는 유대인이 별도의 인종으로 구분되었으며, 1980년에는 중남미계가 별도의 문항으로 조사되었다. 1990년부터는 두 인종 이상의 복합적인 정체성을 갖는 사람을 별도로 파악하기 시작했다.

2000년 인구조사에 따르면 히스패닉이 주로 포함된 기타 범주의 구분 방식에 따라 백인은 전 인구의 75.1~81.1%를 차지하며 다음으로 흑인이 12.3~12.6%, 아시아계가 3.7~3.9%, 미국 원주민이 0.9%를 차지하는 것으로 나타났다. 한편 중남미계 사람들은 전 인구의 12.5%를 차지하는데, 이들의 인종적 특성은 백인, 흑인, 기타 인종의 범주를 골고루 포괄하고 있다. 1990년의 인구조사와 범주 구분이 일치하지 않으므로 정확한 비교는 곤란하나, 중남미계 사람의 경우 지난 10년 동안 3.5%나 증가했으며, 흑인보다 더 많은 수를 차지한다. 인구조사는 거주자의 법적 지위를 판별하지 않고 현재 거주 사실만을 기준으로 한 조사이므로, 불법 이민자를 다수 포함한 숫자이다. 이 점을 감안할 때 미국에서 현재 백인 다음으로 많은 수를 차지하는 인구 집단은 중남미계임이 분명하다.

중남미계 다음으로 빠르게 증가하는 인종은 아시아계로 1990년의 2.9%에서 2000년에는 3.7%로 급속한 신장을 보인다. 아시아인의 경우 1970년대와 1980년대 20년 동안 급속히 증가했음에 비해 1990년대에

표 5-2 각 인종 집단의 증가율 비교(1960~1999년)

	1960~1969년	1970~1979년	1980~1989년	1990~1999년
백인	12%	6%	6%	6%
흑인	20%	17%	13%	16%
인디언	40%	86%	38%	26%
아시아인	52%	158%	108%	46%
히스패닉		61%	53%	58%
전체 인구	13%	12%	10%	13%

자료: Sam Roberts(2004: 199).

들어서는 증가 속도가 현저히 둔화되었다. 흑인은 지난 10년 동안 12.1%에서 12.3%로 미미한 증가를 보였다. 2000년 인구조사 결과 과거에 예상했던 것보다 백인의 점유율이 더 빠르게 감소하는 것으로 드러났다. 이런 추세라면 2050년경에는 백인이 50% 이하의 점유율을 보일 것으로 예상된다. 한편 인디언은 1970년대에 집단 정체성 회복운동 결과 인구조사에서 자신을 인디언으로 밝히는 인구가 비약적으로 증가했으나 이후 시간이 갈수록 그 증가율이 줄어들고 있다.

근래에 보이는 특징적인 현상 중 하나는 자신이 어느 단일 인종에 속하지 않는다고 생각하는 사람이 증가한다는 점이다. 2000년 인구조사에서 자신이 하나 이상의 인종에 속한다고 응답한 사람은 전체 인구의 2.4%로 나타나는데, 또 다른 미국 통계청 조사에 따르면 두 인종 이상의 부모 사이에서 출생한 자녀들이 1990년에 이미 4%를 넘어선 것으로 보고되었다. 복수 인종 정체성의 대표적인 예로 골프선수 타이거 우즈는 공개석상에서 자신에게 백인, 흑인, 인디언, 아시아인의 피가 모두 섞였기 때문에 자신이 어느 단일 인종에 속한다고 생각하지 않는다고 밝히면서, 미국 사회의 인종차별을 조롱하는 의미로 4개 인종의 앞 글자를

표 5-3 복수 인종 정체성의 분포(2000년)

혼합 유형	점유율(%)
백인과 인디언	21.0
백인과 아시아인	19.7
백인과 흑인	15.1
백인과 기타 인종*	15.9
흑인과 인디언	3.6
흑인과 기타 인종	8.3
기타 두 인종 간의 혼인	8.9
세 인종 이상 간의 혼인	7.5
복수 인종 합계	100.0

자료: US Bureau of Census(2003).
주: * '기타 인종'의 상당수는 히스패닉으로 추정됨.

조합하여 'Cabrinasian'이라는 신조어를 만들기도 했다. 미국으로 이민 온 이후 세대가 계속되면서 인종 간 혼인의 사례가 증가함에 따라 미국 사회가 혼혈로 이루어진 다인종 사회로 바뀌리라는 성급한 주장도 나오고 있다.

앞으로 인종 간 혼인 특히 백인과 유색인 간의 혼인이 얼마나 확산될지는 확실히 예상하기 어렵다. 현재의 인구 추이를 가지고 예측한 한 연구에 따르면 아시아계와 히스패닉계는 세대를 거듭하면서 자신이 속한 인종·민족 밖의 배우자와 결혼하는 비율이 증가하며, 이민 3세대에 이르러서는 전체의 거의 절반 이상이 다른 인종·민족과 결혼하는 것으로 분석되었다. 반면 흑인의 경우 현재로부터 4세대 이상이 지나도 다른 인종과 결혼하는 비율은 10%에 불과해, 흑인의 인종적 정체성은 앞으로도 상당 기간 매우 강하게 지속될 것으로 예상된다. 한편 백인 내에서 이민족 간의 혼인으로 인해 민족 정체성이 약화되는 경향은 이미 상당히 진전되었다. 남유럽·동유럽계 백인과 서유럽계 백인 사이의 혼인은 크게 증가했으며 유대인과 비유대 백인 간의 결혼도 급속히 늘어나면서 이미 후세대의 민족 정체성은 크게 약화된 상태이다. 이들은 자신의 조상이 어디에서 왔는지를 어렴풋이 알기는 하지만 대부분 자신의 조상이 속한 민족 문화를 외래의 것으로 인식한다.[6)]

백인과 유색인 사이의 결혼은 인디언과의 혼혈이 가장 많으며 다음이 아시아인과의 혼혈이다. 반면 백인과 흑인 간의 결혼은 백인과 유색인 사이의 결혼 중 가장 낮은 비율을 차지한다. 전체 미국인 중에서 인디언이나 아시아인의 인구가 흑인에 비해 현저히 작은 비율을 차지한다는 것을 고려하면 이는 매우 특이한 현상이다. 이는 두 가지 이유가 복합되어 나타난 결과인데, 한편으로는 백인과 흑인 간의 사회·경제적 격차가 다른 어느 인종과의 차이보다 크기 때문이며, 다른 한편으로는 백인의 인종적 편견이 흑인에 대해 가장 강력하기 때문이다. 반면 백인과 아시아인의 결혼은 급속히 증가하고 있다. 아시아인은 흑인과 반대의 이유로 인종 간 혼인이 증가하는데, 이는 아시아인의 사회·경제적 지위가 다른 어느 유색 인종보다 백인에 근접하며, 아시아인에 대한 백인의 인종적 편견이 다른 어느 유색 인종보다 낮기 때문이다. 백인과 유색인이 결혼할 경우, 백인 남성과 유색인 여성이 결혼하는 비율이 반대의 경우보다 압도적으로 많다. 이는 남녀 간 사회적 권력의 차이와 인종 간 권력의 차이가 중첩되어 발생하는 현상이다. 백인 여성과 유색인 남성이 교제할 경우 반대의 경우보다 백인 사회의 지탄의 대상이 되며 심한 경우 유색인 남성이 백인 남성들로부터 폭력을 당하기도 한다.

여러 인종 간 혼인에 의해 특정 인종의 정체성을 갖지 않는 사람이 증가한다는 사실은 앞으로 미국인의 인종 개념에 큰 변화가 올 수 있음을 시사한다. 비록 이들의 숫자가 아직까지 많지는 않지만, 이들은 과거 백인과 유색인의 이분법으로 자신을 구분하고 상대를 인식하던 방식에

도전한다. 과거라면 이들은 유색인으로 취급되었을 것이며 현재도 어느 정도 그러하다. 그러나 이들 중 사회적으로 성공한 사람이 자신의 새로운 정체성을 주장하면서 인종 구분에 따라 불평등을 만들어내던 과거의 질서에 균열이 발생할 것은 분명하다.

3. 인종주의와 인종 유지의 사회적 기제

인종 구분에 따라 만들어진 한 집단이 다른 집단을 열등하게 취급하는 집단적인 체계를 '인종주의(racism)'라고 한다. 우월한 집단은 열등한 집단보다 정치, 경제, 사회, 문화의 모든 영역에서 우월한 권력과 불평등한 보상 체계를 구조화시키고 있다. 인종주의가 없다면 신체적 특징에 따른 집단 구분은 사회적으로 무의미하다. 예컨대 목의 길이는 외관상 비교적 쉽게 구별할 수 있지만 목이 긴 사람들이 목이 짧은 사람들과는 다른 집단을 만들거나 권력과 보상의 불평등 구조를 만들지 않기 때문에 목이 짧은 사람들이 열등하다거나 하는 주장은 제기되지 않는다.

인종주의는 개인적으로는 물론 사회구조적으로나 문화적으로 다양한 수준에서 발현되며 유지된다. 개인적인 수준에서는 편견, 싫어하는 감정, 편파적인 행동 등으로 나타난다. 흑인은 모두 무식하고 게으르며 신뢰할 수 없다고 생각한다거나, 직장에서 함께 일하는 흑인을 근거 없이 의심한다거나, 함께 있으면 왠지 싫은 느낌이 든다거나, 모든 일에서 백인을 우선적으로 선호한다거나 하는 행위는 미국 사회에서 흔히 발견된다. 물론 인종주의적 태도는 개인에 따라 정도에 차이가 있다. 어떤 사람은 강한 인종적 편견을 가지고 있으며 드러내 놓고 인종주의적 태도와 행위를 하기도 하지만, 요즘 미국 사회에서 이러한 경우는 흔하지 않다. 대상자가 눈치 채지 못하도록 은밀히 또는 행위자 자신도

의식하지 못하는 사이에 인종주의적인 방식으로 행위를 하는 경우가 대부분이다. 예컨대 흑백 차별은 도덕적으로 나쁜 것이라고 이야기하면서 자신의 자녀를 흑인이 많은 학교에 보내지 않으며, 가급적 흑인 가까이에 서지 않으려 하며, 지하철에서 서서 갈지언정 흑인 곁에는 절대 앉지 않으며, 흑인이 쓰고 나온 화장실은 들어가지 않는 예를 들 수 있다. 이들은 그들이 인종주의적으로 행위를 한 이유를 인종이 아니라 다른 합리적인 이유에서 찾고 정당화시키며, 자신은 인종주의자가 아니라고 생각한다. 이 경우 그가 인종주의적으로 행동했는지 여부는 본인은 물론 다른 사람도 판별하기 어렵다. 예컨대 어떤 금융회사에서 안내인을 채용하면서 같은 학력의 응모자 중에서 흑인보다 백인 여성을 주로 선발했다고 하자. 이 경우 그 회사의 고객이 대부분 백인이어서 이들에게 편안한 용모와 말씨와 태도를 갖춘 사원이 필요하기 때문에 같은 조건을 갖춘 사람 중에서도 고객에게 좀 더 편안해 보이는 사람을 선발했다고 한다면 이는 회사의 업무 성격으로 볼 때 매우 합리적인 결정이다. 그러나 왜 백인이 편안하게 보이는가를 생각해 보면 선발자를 포함해 고객의 인종주의적 태도 때문에 그렇게 판단한 것이다. 주위 사람들이 모두 어느 정도 인종주의적 태도를 가지고 있다면 본인만 인종을 무시하고 살아가기란 어렵다. 여기에서 인종주의는 개인의 차원을 넘어서서 사회구조적인 수준에서 작용하는 것임을 확인한다.

인종주의는 사회구조적으로 체계화된 불평등 속에서 유지된다. 인종의 경계를 따라서 우월한 지위에 있는 집단과 열등하게 취급되는 집단 간에는 명확히 단절되어 넘기 어려운 불평등 구조가 가로놓여 있다. 사회·경제적인 격차, 사회·경제적 이동의 어려움, 사회 활동의 모든 영역의 체계적 차별, 서로 간에 접촉이 매우 제한적으로만 이루어지도록 한 지리적·사회적 격리, 집단 간 교류를 억제하는 사회적 규범 등이 불평등 구조를 형성한다. 과거 흑인은 백인과는 명확히 구분되는 직업과 지위에만 종사했고, 삶의 모든 영역에서 서로 분리된 지역에서 살고 활동했으며, 재산을 소유할 수 없었고, 교육을 받을 수 없었다. 결과 백인과 흑인 간에 교육, 소득, 사회적 지위의 격차는 엄청났다. 흑인은 백인 최하층보다도 더 열악한 상태에서 살아야 했으며, 사회적으로도 그렇게 취급되었다. 20세기 초반까지도 남부의 흑인은 법정에서 백인에게 불리한 증언을 할 수 없었으며, 백인에게 해를 가했을 경우 백인이 그랬을 때보다 훨씬 가혹한 처벌을 받아야 했다. 1950년대 중반 민권운동이 발생할 때까지 미국 남부에서 흑인은 백인이 출입하는 곳은 갈 수 없었으며, 버스에서 흑인과 백인의 좌석이 구분되어 있었으며, 심지어는 공중 화장실이나 공원에서 음료용 수도꼭지조차도 흑인과 백인의 것을 구분하여 두 집단 간에 접촉이 발생하는 것을 극도로 제한했다. 노예제도 폐지 이후에도 소작인(share-cropper) 제도가 흑인이 백인의 지위로 이동하는 것을 근본적으로 가로막았다.

흑백 간의 인종적인 불평등 체계에 심각한 혼란이 생길 수 있는 경우는 크게 두 가지이다. 첫째는 두 인종 사이에 혼인을 통해서 흑인과 백인의 구분이 흐려지는 것이다. 미국 남부 지역에서는 1960년대까지 흑백 간에 혼인을 금하고, 설사 결혼을 한다고 해도 법적으로 인정하지 않았다. 과거 미국 사회에서 백인이 유색인과 결혼해서는 안 된다는 규범은 사회적으로 매우 엄격히 지켜진 금기였다. 이를 어겼을 경우 사회적으로 극단적인 제재가 가해졌다. 식민지 초기 시절에 인디언과 결혼한 백인을 백인 사회에서 추방하고, 이들이 인디언 마을에서 살게 되었을 때 이들을 추적하여 살해한 사례가 다수 있다. 심지어 인디언에게 인질로 잡혀가 그들과 살게 된 백인 여성을 살해하기도 했다. 영화 <미션(Mission)>이나, <늑대와 함께 춤을(Dances with Wolves)>에서 백인들이 인디언 동조자를 격렬하게 배척하고 살해하는 이야기 설정은 이러한 역사적 사실에 근거한다.

인종적인 불평등 체계에 심각한 혼란이 생길 수 있는 두 번째 경우는 흑인 중에 성공한 사람이 나타나 백인 주류 사회에서 활동하게 될 때이다. 20세기 초반까지 흑인은 노예와 흡사한 소작인 농업 노동자로 억압되었으며 교육이나 토지 소유가 사회적으로 금지되었으므로 성공의 길은 처음부터 막혀 있었다. 교육과 직업 선택의 억압이 풀리고 도시 노동자로 일할 수 있게 되면서, 가난한 이민 노동자의 자식들이 그랬듯이 흑인도 노력만 하면 성공의 사다리를 탈 수 있는 길이 열린 듯이 보였다. 남부의 흑인들은 제1·2차 세계대전의 노동력 부족 시기에 농촌을 떠나 대거 도시로 향했고 남부를 탈출해 북부의 산업도시로 이동했다. 도시에서 이들은 당시 맨손으로 미국에 이주한 유럽의 이민자와 일견 흡사한 상황에 처했다. 그러나 유럽계 이민자와 흑인의 중요한 차이는 전자가 백인임에 비해 후자는 흑인으로서 인종차별이라는 불이익을 감내해야 한다는 점이다. 백인 고용주는 영어가 잘 안 통하더라도 백인 이민자를 고용하기를 선호했으며, 백인 노동자들은 흑인이 자신의 경쟁자가 되는 상황을 막기 위해 노동조합은 물론 폭력을 포함한 모든 수단을 다 동원했다. 그럼에도 산업화에 따른 일자리 구조의 변화로 20세기 초중반에 흑인들은 점차 농업 노동자에서 도시 산업 노동자의 최하층으로 이전하게 되었다. 도시 노동자의 생활환경은 농촌에서보다 사회적으로 성공할 기회를 조금이라도 더 제공하므로 흑인 중 일부가 성공하여 백인의 방식으로 그들의 기득권에 도전하게 된 것이 1950년대에 시작된 민권운동(Civil Rights Movement)이다.

현대 미국 사회에서 성공하려면 학교를 제대로 나와야 하며, 학교를 제대로 나오려면 부모의 뒷받침이 절대적으로 중요하다. 도심 빈민가에 밀집해 사는 흑인들은 가난한 부모 밑에서 학생의 95% 이상이 흑인이나 히스패닉이고 열악한 시설에 수준 낮은 교사가 가르치는 학교를 다니므로 좋은 대학을 가기는커녕 고등학교를 제대로 졸업하기도 어렵다. 백인으로부터 격리된 지역에서 따로 살며 학교에서 함께 어울릴 가능성이 적은 흑인 자녀가 백인 주류 사회에서 성공하기란 어려운 일이다. 격리된 흑인들은 주변에서 자신이 배우고 좇아갈 역할 모델을 갖지 못하며 백인 중류층의 태도와 말씨와 생활방식과 사고방식을 보고 배울 수 없다. 이러한 것은 백인 주류 사회에서 제대로 취직하는 데 필수적인 자질이므로 이들은 성장기에서부터 미래의 경쟁에 매우 불리한 환경 속에서 성장하는 것이다. 흑인과 백인의 자녀를 학교에서 섞이도록 강제로 버스 통학을 시킨 정책이나 학업 수준이 조금 떨어지더라도 흑인을 백인에 우선해 대학에 입학시키는 제도는, 바로 이러한 배경에서 나온 흑백 간 사회적 불평등 문제의 적극적 해결을 위한 발상이었다.[7)]

흑인에 대한 제도적 차별은 흑인을 계속 열등한 지위에 머물게 하여 흑인에 대한 차별을 정당화하는 근거를 제공한다. 예컨대 흑인 중에 거지나 범죄자나 고등학교도 제대로 못 나온 사람들이 많아 신뢰할 수 없기 때문에 모든 백인이 흑인을 기피하고 일을 주지 않는다면 흑인들은 그러한 상황에 계속 머물 수밖에 없다. 자신이 만나는 상대 흑인에 대해 구체적인 사정을 잘 모를 때, 상대에게 방을 빌려주지 않고 그를 고용하지 않으며 그를 가까이 하지 않는 것은 당연하다. 왜냐하면 그들은 백인보다 교육을 덜 받았으며 실업자이고 가난하며 객관적으로 범죄를 저지를 가능성이 높기 때문이다. 흑인이 가게에 들어서면 점원은 흑인을 의심의 눈초리로 주시하며, 직장에서 문제가 발생하면 흑인을 먼저 의심한다. 이것은 확률적으로 볼 때 충분히 합리적인 행동이다. 즉, 인종차별 관행은 차별을 정당화하며 고착시키는 순환구조를 형성하고 있다.

인종에 기반을 둔 사회적 불평등을 정당화하기 위해 흑인의 생물학적 저열성을 옹호하는 이데올로기가 만들어지고 과학이라는 이름으로 정당화되기도 했다. 19세기 말 사회적 다윈주의(Social Darwinism)가 미국

그림 5-2 백인의 유색인에 대한 인종주의적 편견(1994년)

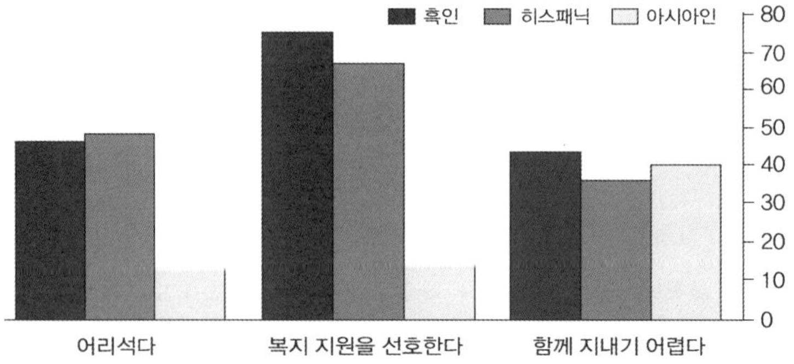

주: 수치는 각각의 소수 인종에 대해 열등하다고 생각하는 백인의 비율(%)을 나타냄.
자료: Los Angeles Survey of Urban Inequality(1994), Bobo(2001: 278)에서 재인용.

전역을 휩쓸었을 때, 흑인은 두뇌의 용적이나 안면각도 등으로 볼 때 백인과 유인원의 중간쯤 되는 존재(semi-human)라는 이론이 제기되었다. 따라서 자연계의 적자생존 원리에 따라 백인이 흑인을 지배하는 것은 진화의 자연스러운 귀결이라는 주장이 일반 사회에서는 물론 학계에서도 폭넓은 호응을 받았다. 근래에도 흑인의 지능이 백인보다 낮다는 사실이 과학적으로 증명되었다고 주장하는 사회과학 서적이 오랫동안 베스트셀러가 되고 매스컴에서 자주 언급되며 보수주의자들에 의해 선풍적인 호응을 불러일으킨 일이 있다. 보수주의 학자인 리처드 허른스타인과 찰스 머리(Richard Hernstein and Charles Murray)가 쓴 『벨 커브(The Bell Curve)』가 문제의 책으로, 이 책의 요지는 흑인 아동은 백인 아동보다 평균적으로 지능지수가 낮다는 것이다. 그러나 지능 검사의 항목이 백인 중류층의 생활과 문화에 맞추어져 있으므로 이것에 생소한 흑인 아동이 검사에서 낮은 점수를 얻은 것은 또 다른 인종주의의 결과이다. 이는 마치 학교에서 흑인 학생이 백인 학생보다 성적이 낮다고 해서 흑인은 백인보다 열등한 종족이라고 주장하는 것이나 마찬가지다.

그림 5-3 흑인분장악극(minstrel show)의 광고

자료: 미국 국회 도서관.

주: 이 광고에 그려진 어리석고 원숭이와 유사한 이미지로 희화화된 흑인의 모습에서 백인의 인종주의적 고정관념을 읽을 수 있다. 이 극에 등장하는 흑인은 모두 검게 분장한 백인 배우이다.

인종주의는 문화적인 맥락에서도 발현되며 유지된다. 은연중에 나타나며 무의식적이기까지 한 인간의 인식과 감정의 세계에서 유색인은 백인보다 열등하다는 메시지가 생산되며 전파된다. 문화적인 메시지는 인종주의를 정당화하는 역할을 한다. 문학 작품이나 대중문화에서 흑인의 이미지는 매우 부정적이다. 게으르고, 어리석고, 단순하며, 신뢰할 수 없고, 항상 바보같이 웃으며, 동물처럼 육체적으로 힘이 세고 정력이 대단하며, 물질적인 유혹에 쉽게 넘어가고, 현재의 만족만 추구하고, 어려움을 참고 극복하는 심성이 부족하며, 미래를 계획하면서 살지 않으며, 미신에 집착하는 등 인간적으로 나쁜 이미지는 모두 흑인에게 씌워져 있다. 흑인이 등장하는 대부분의 문화 산물은 이런 부정적 이미지를 직간접적으로 재생산하고 있다.

흑인에 대한 부정적인 이미지를 가장 극단적으로 표현한 예술 장르로 19세기 후반에 '흑인분장악극(minstrel show)'이라 불리는, 노래와 춤과 대사가 혼합된 종합 희가극이 전국적으로 크게 유행했다. 이 희가극에서는 백인 배우가 검은 재를 뒤집어쓰고 흑인으로 출연해 흑인의 어리석음을 소재로 하여 청중을 웃긴다. 이 악극에서는 정상적인 사회생활에서는 허용될 수 없는 외설적이거나 비속적인 내용, 사회 관습에 대한 조롱,

자유로운 감정의 분출 등을 허용했다. 백인은 흑인의 부정적인 이미지를 이용해 자신의 모순적인 현실이나 불만을 배설했다. 청중이 이 희가극에서 즐거움을 느낀 것은 단순히 내용이 재미있기 때문만이 아니라, 이것을 보면서 한편으로는 흑인에 대한 인종주의의 정당성을 재확인하고, 다른 한편으로는 자신들이 만든 인종주의라는 불합리한 체제에 대한 풍자를 통해 마음이 가벼워지는 감정적인 승화를 경험하기 때문이다. 흑인들에게 흑인의 역할을 하도록 하지 않은 이유도 백인끼리 편한 분위기에서 흑인에 대한 백인들 자신의 불안한 감정 내지는 죄책감을 마음껏 교감하기 위함이다.[8] 즉 백인들은 흑인에 대해 부정적인 문화적 이미지를 구축하고 재생산함으로써 자신의 지배를 정당화해 온 것이다. 뒤에서 언급할 다문화주의 논쟁은 근본적으로는 인종주의의 문화적 메시지에 대한 백인과 유색인 간의 힘겨루기이다. 지금까지 백인의 주류화를 정당화해 왔던, 소위 '정전(正典, canon)'의 역할을 하는 문화적인 주류에 대해, 흑인과 소수 집단이 자신의 목소리를 높이기 시작한 것이 20세기 후반에 불붙은 다문화주의 논쟁이다.

4. 인종 문제의 역사적 설명

인종은 역사적 경험을 통해 형성된 사회·문화적 구성물이다. 따라서 인종이 만들어진 역사적 연원을 검토하면 "왜 현대 미국 사회에서 인종이 그렇게 큰 중요성을 갖는가?" 하는 질문에 대해 답을 얻을 수 있다. 미국에서 20세기 중반까지 흑인에 대한 착취적 노동은 경제생활의 핵심을 차지했으며, 이러한 착취를 뒷받침하는 사회·문화적 차별과 편견은 미국인의 생활 깊숙이 침투해 있었다. 어디에 사는가에 관계없이 모든 미국인은 이러한 차별과 편견을 주변에서 항시 경험하고 의식하면서 살아가야 했다. 반면 유럽의 경우 유색인에 대한 억압과 착취는 멀리 떨어져 있는 식민지의 문제였지 일반 사람들이 생활의 일부로 경험하는 것은 아니었다. 유럽인은 식민지에서 유색인에 대한 착취적 노동의 이익을 누리고 살지만 유색인에 대한 차별은 일상의 경험과 의식의 범위 밖에 위치해 있었다. 유색인 문제가 미국인에게 일상 체험의 문제였다면 유럽인에게는 주변적이며 관념적인 문제였다. 다음에서는 유색인에 대한 미국인의 착취와 억압이 어떻게 그렇게 오랜 세월 동안 계속 유지될 수 있었는지, 유색인에 대한 차별과 편견이 미국인의 경험과 의식 속에 어떻게 투영되어 왔는지, 어떤 과정을 거치면서 유색인에 대한 인종주의가 변화하게 되었는지 등에 초점을 맞추어 검토해 본다.

1) 토지를 둘러싼 투쟁과 인디언 문제

미국 사회의 인종 문제는 17세기 초 영국인이 아메리카 대륙의 동해안에 최초로 정착한 때로 거슬러 올라간다. 영국인 정착자들은 자신의 삶의 영역을 확보하기 위해 그 지역에 뿌리를 내리고 있던 인디언을 몰아내야 했다. 토지를 둘러싼 인디언과의 공방은 초기에는 인디언의 수적 우세 덕분에 매우 치열하게 전개되었으나, 결국 영국인이 정착한 지 수십 년 만에 인디언을 몰아내고 애팔래치아 동쪽의 땅을 차지하는 것으로 끝났다. 토지를 둘러싼 투쟁에서 인디언은 배척하고 제거해야 할 존재로 규정되었다. 이후 미국에 이민 온 유럽인들이 새로운 땅을 찾아 서부로 이동하면서, 기존에 정주하던 인디언의 땅을 빼앗고 그들을 몰아내는 투쟁은 19세기 중반까지 계속되었다. 인디언들은 번번이 기존에 맺은 계약을 파기당하고 침범하는 백인의 힘에 밀려 쫓겨 가야 했으며 이 과정에서 질병과 결핍과 무력으로 무자비하게 살육당했다.

인디언에게 땅을 빼앗는 투쟁 과정에서 인디언에 대한 인종주의가 형성되었다. 인디언에 대한 사회적 차별과 격리, 극도의 사회·경제적 불평등, 인디언에 대한 부정적 이미지 등은 제한된 자원인 토지를 둘러싼 투쟁의 결과이다. 백인과 인디언 간의 접촉이 금지되었고 인디언은 멀리 떨어진 보호구역으로 쫓겨 가야 했다. 인디언 보호구역은 농경이 힘든 척박한 땅에 설치되었으므로 그들은 정부의 불안정한 구호에 의존하며 극도의 빈곤 속에서 살아가야 했다. 인디언은 20세기 초반까지 미국 영토 내에 거주하면서도 미국 시민이 아닌 것으로 취급되어 시민으로서의 모든 권리가 제외되었다. 1925년에야 비로소 인디언이 미국의 시민권을 획득하는 것이 허용되었다.

인디언에 대한 문화적 이미지는 흑인과 조금 다른 면이 있지만 부정적 의미가 지배한다는 점에서는 차이가 없다. 배반을 잘하고 신뢰할 수 없으며, 잔인하며, 야만적이며, 불결하며, 게으르며, 미래를 계획하지 않고 현재의 만족에 급급하며, 미신에 집착하며, 항시 술에 절어 살며, 아내와 자식에게 무자비하게 폭력을 행사하며, 배타적이고 의존적이며, 문명을 거부하는 등의 이미지가 그들에게 따라다닌다. 그러나 인디언의 실제 모습은 이러한 이미지와는 거리가 있다. 겉으로 드러나는 부정적인 모습을 자세히 들여다보면 그들 나름의 충분한 이유가 있다. 사실 인디언은 그들 내에서는 신뢰를 매우 중시하지만, 그들과의 약속을 번번이 어기고 땅을 빼앗은 백인에게는 신뢰를 지켜야 할 이유가 없었다. 또한 그들의 생존을 위협한 백인을 방어하기 위해서 전투를 했을 뿐 잔인하게 살육을 한 쪽은 그들이 아니라 백인 침략자들이었다. 백인 침략자들은 그들의 목을 자르고, 귀를 자르고, 머리 가죽을 벗기고, 말에 매서 끌고 다녔다. 자신의 땅으로부터 쫓겨나 땅을 일궈 먹고살기 힘든 메마른 땅으로 던져졌을 때, 부지런히 노력하면 성공할 수 있다는 백인 사회의 윤리는 그들에게 설득력을 잃었다.

그들이 미신을 믿는다고 하지만 기독교를 받아들인 인디언조차 땅을 빼앗기고 보호구역으로 쫓겨나야 했으므로, 백인이 믿는 신에게 자신을 의지해야 할 아무런 이유가 없었다. 어떤 수단으로도 백인의 침입을 막아낼 수 없고 가족과 이웃이 계속 병들고 굶어죽고 쫓겨야 하는 상황에서 합리적인 방도에 의지해 삶을 살아가는 것은 불가능하므로 초자연적인 힘에 의존하려는 욕구를 갖는 것은 지극히 당연하다. 침략자 백인이 가지고 온 서양 문명은 인디언에게 비참함만을 가져다주었으므로 그들이 서양 문명에 대해 호의적인 태도를 가지고 수용하려고 노력하기를 기대하기는 어렵다. 보호구역에 수용된 인디언들은 황무지에서 백인 정부의 구호에 의지해서 살아야 하는데, 이 구호가 변덕스러운 정책 변경과 집행관의 부정으로 인해 수시로 끊기거나 중도에 사라지는 상황에서 미래를 계획하며 현재의 만족을 포기하고 참고 열심히 일하는 생활방식은 의미가 없다. 이러한 상황에서 합리적인 계획을 세워서 가족과 주위를 돌보면서 삶을 조직해 살아가기를 기대하는 것은 무리이다. 어느 인디언 지식인은 인디언을 비판하는 백인들에게 인디언도 같은 사람이라는 것을 생각해 본 일이 있는지 반박한다.

백인의 침략은 미개한 인디언을 문명화시키고 하나님의 가르침으로 이끄는 역할로 정당화되었다. 인디언들은 자연을 그대로 내버려 둘 뿐 열심히 일해 많이 생산하고 번성하는 것에 관심이 없는데, 백인 침략자들은 이를 문명에 반하며 하나님의 영광을 이 땅에 구현해야 할 인간의 사명을 게을리 하는 부도덕한 행위라고 보았다. 백인 침략자는 자신들의 가혹한 행위를 인디언을 문명화(civilize)시키는 좋은 역할로 정당화했다. 그러나 사실은 인디언의 문화가 아니라 인디언의 존재 자체가 백인의 이익을 위해 제거되어야 할 대상으로 규정되었다. 왜냐하면 백인의 규율에 복종하고 백인의 종교와 관습에 동화된 인디언 부족조차도 그들의 땅에서 몰아냈기 때문이다. 백인에게는 '오직 죽은 인디언만이 좋은 인디언인' 것이다. 인디언은 백인에게 '문젯거리(Indian Problem)'였을 뿐이다. 인디언에 대한 인종주의는 이들을 정복하고 몰아내는 백인의 침략을 정당화하기 위해 만들어진 가장 노골적인 형태의 사회·문화적 구성물이다.

남서부 지역의 멕시코인들 또한 인디언과 유사한 방식으로 자신의 땅을 빼앗겼으며 백인 침략자에 의해 열등한 인종으로 낙인찍혔다. 유럽계 백인들은 19세기 초반 멕시코 땅이었던 남서부 지역에 조금씩 흘러들어오면서 토지를 둘러싸고 토착 멕시코인과 갈등을 벌이게 되었으며, 마침내 1948년 멕시코와 전쟁을 벌여 그들로부터 광범위한 남서부 지역을 빼앗았다. 멕시코와의 종전협정(The Treaty of Guadaloupe-Hidalgo)에 기존에 살던 멕시코인의 토지소유권을 존중한다는 조항이 명시되었음에도 이후 백인들은 과거 멕시코인 소유의 땅을 빼앗고 그들을 쫓아내었다. 여기서도 역시 멕시코인은 게으르며 타락하고 신뢰할 수 없고 토지와 자원을 방치하고 있다는 부정적 이미지로 그려지면서 백인의 침탈이 정당화되었다. 요컨대 인디언이나 멕시코인이나 선조로부터 이어져 온 토지에 대한 권리 때문에 백인으로부터 침탈되었으며 이후 열등한 인종으로 차별당하고 배척되었다.

2) 노예경제와 흑인

미국 역사에서 흑인은 백인과 함께 북미 대륙에 상륙했으나 건국 초기부터 1862년에 링컨 대통령이 노예제도를 법적으로 종식시킬 때까지 흑인 노예는 미국 사회를 왜곡시키는 가장 심각한 문제로 인식되었다. 남부에서 플랜테이션 농업은 흑인 노예를 매우 경제적 가치가 높은 자원으로 만들었으며, 노예제가 공식적으로 종식된 이후에도 흑인을 종속 상태에 두고 백인의 기득권에 접근하지 못하도록 하는 체계적인 차별이 지속되었다.

남부에 정착한 영국인은 북부의 청교도와는 달리 큰돈을 벌고자 하는 욕구에서 북미 대륙에 건너왔다. 이들은 황금을 찾아 남미에 건너온 스페인인과는 달리 농업 생산에 적합한 넓은 땅을 발견하고 이를 이용해 큰돈을 벌려고 하였다. 남부에는 온난한 기후와 풍부한 용수와 비옥한 토지가 잘 결합되어 있으므로 이들은 상품작물을 대규모로 재배하여 유럽에 수출해서 귀족과 같은 생활을 누리고자 했다. 그러나 북미 대륙에는 구대륙의 농노나 농업 노동자와 같이 저임금 노동력을 공급할 기존의 하층 집단이 존재하지 않았으므로 농장에서 일할 노동자를 어떻게 조달하는가 하는 것이 문제였다.

초기에는 유럽에서 대서양을 건너오는 이주 비용을 대신 부담하고 5~7년의 계약 기간 종료 후 약간의 보상을 주는 조건으로 하여 계약 노동자(indentured servants)를 고용했다. 그러나 이들은 계약 기간이 끝나면 농업 노동자로 남기보다 서쪽의 미개척지로 이동해 자신의 땅을 소유하려 했으므로 비용이 많이 들었다. 정복한 인디언을 노예로 사용하려고도 했으나 이들은 일하기를 거부하고 도망치거나 질병으로 사망하는 경우가 많았으며 설사 일한다고 해도 효율성이 떨어져서 쓸모가 없었다. 결국 노동자 수급은 흑인 노예를 수입해 농사에 투입하는 것으로 귀결되었다. 흑인들은 인디언에 비해 순종적으로 힘든 일을 했다. 이들은 아프리카의 중부·서해안 지역에서 포획되어 아메리카 대륙으로 건너오는 과정에서 엄청난 고통을 당하고 오랜 감금 생활을 거치면서 사기가 꺾이게 되었다. 또한 고향에서 멀리 떨어져 기존에 익숙하던 환경에서 뿌리째 뽑히는 경험을 육체적·심리적으로 거치면서 현실에 체념하고 순응하는 태도가 형성되었다. 그들은 아프리카에서 왔다고는 하지만 서로 지연이나 핏줄의 연대가 없으며 언어도 통하지 않았으므로 — 이는 노예 상인이 이들을 의도적으로 갈라놓은 결과이다 — 이들의 집단적인 반항을 덜 우려해도 되었다. 이들은 노예이므로 임금을 주거나 계약 종료로 새 사람을 구할 걱정도 없었다. 이들은 무엇보다도 주위 사람들과 피부색이 다르므로 도망칠 가능성이 적으며 설사 도망친다고 해도 추적이 용이했다. 남부 백인 사회에서 노예는 재산의 일부로 취급되어 매매는 물론 재산 상속의 중요한 항목으로 토지, 집, 가축과 함께 기록되었다.

노예노동은 장점도 있지만 매우 비싼 비용을 치러야 하는 것이다. 반항할 위험성이 항시 잠재해 있으며 매우 무책임하고 수동적이고 무기력한 노동력이다. 실제 흑인 노예들은 집단적으로 크고 작은 반란과 저항을 끊임없이 시도했다. 그들은 열심히 일을 하지 않았지만 이를 심하게 처벌하면 그들의 노동력을 망치는, 즉 백인 소유자의 재산을 갉아먹는 행위이므로 손해이다. 노예는 자신은 물론 자신의 자식까지도 일생 노예로 지내야 한다는 것을 알고 있으므로, 일의 생산성은 매우 낮으며, 소극적이며 부정적인 태도로 일을 했다. 앞날의 희망이 없는 그들에게 창조적인 요소나 계획적인 생활을 기대하기 어려우며, 단순한 일을 명령받은 방식으로 처벌받지 않는 범위 내에서만 소극적으로 할 뿐이었다. 그들은 기계나 물건을 함부로 다루거나 쉽게 고장 내고, 작물을 망치게 하고, 명령받지 않았다고 엉망으로 하거나 아예 하지 않아 일을 그르치기도 했다. 이는 그들이 사정을 모르거나 어리석어서가 아니라 개인적으로 저항하기 위해서 택한 방법이었다. 반면 그들 자신에게 허용된 조그만 채마밭의 생산성은 매우 높았으며 흑인들 내에서의 협동관계나 신뢰는 매우 두터웠다. 요컨대 노예제도와 흑인에 대한 열등한 이미지는 서로를 정당화시켰다. 흑인은 노예이기 때문에 인간의 존엄성을 상실하고 열등한 방식으로 생활했으며, 그들이 열등하게 생활했기 때문에 노예 지배자의 비인도적인 대우에 정당성을 제공했다.

남부의 영국계 이주자들은 초기에는 담배, 인디고, 쌀, 면화 등을 상품작물로 재배하다가 19세기 초부터는 대부분의 평야 지역에서 단일

작물로 면화만을 재배하는 방식으로 전환했다. 면화는 유럽의 산업혁명과 맞물려 수요가 많으며 수익이 많이 나는 작물이었다. 그러나 면화 생산은 매우 무더운 땡볕의 들판에서 오랜 시간 일해야 하고, 경작 준비, 재배, 수확, 단순 가공 등으로 1년 내내 일이 많았으므로, 임금 노동으로는 도저히 지탱해 낼 수 없는 성격의 것이었다. 따라서 면화 생산의 전 과정은 흑인 노예의 노동으로 채워질 수밖에 없었다. 유럽의 이민자들은 고되고 보상이 낮은 노동을 흑인 노예와 함께 하려 하지 않았다. 그 결과 20세기 중반까지 남부 지방은 초기의 영국인 이주민과 흑인 노예 이외에는 새로운 외부 인구의 유입이 전혀 없는 정체된 지역으로 남게 되었다. 20세기 초반까지 대부분의 남부 지방 사람은 흑백을 막론하고 자신이 나서 자라고 조상이 묻힌 그 곳에서 같은 사람들과 함께 일생을 지내며 세대를 이어 함께 살아가는, 북부 사람이 볼 때는 매우 미국적이지 않은 생활을 영위했다.

소위 '왕으로 군림하는 면화(King Cotton)'라고 하여, 남부의 경제사회는 면화 생산에 의해 지배되었으며 이를 위해 흑인 노예는 필수적이었다. 1862년 남북전쟁 중 링컨 대통령의 선포로 노예제도는 법으로 철폐되었지만, 노예제도와 흡사한 소작인(share-cropper) 제도로 대치되었을 뿐이다. 남북전쟁 후에 북군은 남부의 해방 노예들이 과거 자신이 일하던 농장을 벗어나는 것을 억제하는 법을 만들었다. 유랑하는 흑인을 감옥에 잡아 가두었으며 흑인의 토지 소유를 실질적으로 금지했다. 북부 지방의 상공인들에게 면화는 필수적이었고, 남부 백인들을 망하게 하면 그들의 장사 기반도 망하는 것이므로, 남부 경제의 기반인 면화 생산과 흑인 노예제도를 없애는 것은 그들도 원하는 바가 아니었다.

흑인은 법적으로는 자유인이 되었지만 사실상 자신이 과거에 노예로 일하던 농장을 떠나는 것이 금지되었다. 그들은 생활을 위한 어떤 것도 소유하고 있지 않았으므로 형식만 바뀌었을 뿐 백인 주인에 종속되어 착취되는 존재임에는 변함이 없었다. 그들은 과거에 살던 주인 소유의 집에서 계속 살면서 경작에 필요한 모든 것을 과거의 주인으로부터 봄에 임대하여 가을 수확 때 고리로 갚아야 하는 소작인으로서, 항상 빚에 의해 주인의 농장에 구속된 상태일 수밖에 없는 신분이었다. 이들은 소작인이기는 하지만 빚이 있는 한 주인의 땅에서 떠나는 것이 허락되지 않았고 생활에 필요한 모든 것을 주인이 운영하는 가게에서 비싼 값에 빚으로 사도록 강요되었다. 그들이 빚을 청산하는 것은 구조적으로 불가능했다. 그들이 간신히 생존할 만큼만 남기고는 백인 주인이 모두 빼앗아 가버리므로 사실상 그들은 주체적인 결정을 할 수 없는 노예의 상태였다. 이러한 불평등 계약에 서명하지 않는 흑인은 공권력을 동원해 굶기고 감금하여 결국은 굴복하도록 만들었다.[9)]

흑인은 노예해방 이후 법적으로는 자유인이었으므로 이들을 억압적 지위에 계속 붙들어 매두는 것은 쉬운 일이 아니었다. 흑인을 소작인 신분으로 면화 생산에 묶어 놓으려는 백인 사회의 끈질긴 노력은 20세기 초반까지 계속되었다. 스웨덴의 정치경제학자 군나르 뮈르달(Gunar Myrdal)은 『미국의 딜레마(American Dilemma)』라는 그의 책에서 인종 문제가 미국이 당면한 가장 큰 문제라고 규정하면서, "미국이 19세기 후반의 급속한 산업화 과정에서 대규모로 필요로 한 저임금 단순 노동력 수요를 왜 남부에 광범위하게 존재하던 해방된 흑인 노동력이 아니라 머나먼 유럽의 신규 이민자들로 채웠을까?" 하는 질문을 제기했다. 산업화가 한창이던 당시 저임금 노동력을 구하기 위해 유럽 전역에서 이민 중개업자가 활개를 쳤으며, 그 결과 엄청난 숫자의 이민자들이 동부와 중서부의 산업 도시로 몰려들었으나, 남부에서 북부 산업 도시로 유입된 흑인은 거의 없었다. 실제로 남부에서 북부로 옮겨 간 흑인 이주자가 없었던 것은 아니었지만, 이들은 직장을 구하지 못했거나 어렵게 구했다고 해도 곧 주위 백인 노동자들에게 박해를 받아 남부로 다시 돌아가야 했다.

흑인을 고용한 백인 고용주는 백인 노동자는 물론 주위의 백인 고용주의 반발에 직면하게 되어 이런 시도를 포기해야 했다. 흑인을 도시의 산업 노동에서 배제해 면화 생산에 묶어두는 것이 백인 사회 전체의 이익에 부합했기 때문에 흑인은 산업 노동으로부터 배제되어 면화 생산에만 종사하도록 강요되었다.

인권 평등을 규정한 헌법 조항이 엄연히 있음에도 1857년 대법원의 드레드 스콧(Dred Scott) 사건에서는 흑인을 미국 시민이 아니라고 판결해 이들의 종속적 지위를 정당화했다. 흑인을 해방 이후에도 노예와 유사한 신분으로 묶어놓는 것은 경제 활동 이외에 사회적으로도 노예와 흡사한 생활을 하도록 강요함으로써 가능했다. 19세기 말에는 '흑인 규범(Black Codes)'이나 '짐 크로우 규범(Jim Crow Rules)' 같이 흑인과 백인 간의 접촉을 차단하고 그들에게 열등한 처우를 강요하는 사회적 규범이 폭넓게 실행되었다. 백인들은 이러한 억압적 규정에 저항하는 흑인을 공권력을 동원하여 처벌하는 것은 물론, 사적으로 벌을 주는(lynching) 방식으로 규제를 가해, 흑인이 자유인으로 살 수 있는 기회를 사실상 차단했다. 흑인이 조금이라도 이 규정에 반하는 행위를 하는 경우에는 집단적으로 폭력을 당하고 심지어 살해되기까지 했으나 이러한 폭력을 가한 백인은 아무런 제재를 받지 않았다. 백인들은 흑인의 집에 불을 지르고, 가족이 보는 앞에서 나무에 목매달아 살해하고, 집단적으로 구타해 죽이고, 산 채로 묶어 모닥불에 태워 죽였다. 백인은 흑인을 폭행하고도 무사할 수 있었으나 흑인은 법정에서 백인에게 불리한 증언을 하지 못했다. 흑인은 항상 주변 백인들에게 당할 폭력의 두려움 속에서 살아가야 했다. 20세기 중반까지 흑인에 대한 엄격한 인종주의적인 차별과 억압과 편견과 불평등은 사실상 과거 노예제도하에서와 비교해 크게 변화된 것이 없었다.

남부 지역의 흑인에 대한 억압적 노동 체제는 이를 계속 유지하기 위한 '공포가 지배하는(reign of terror)' 폐쇄적 사회분위기를 낳았다. 흑인들은

그림 5-4 흑인에게 사형(私刑)을 가하는 백인들의 모습

자료: 미국 국회 도서관.

주: 20세기 초반에 촬영된 이 사진에서 백인들은 흑인의 혐의에 대한 확인이나 아무런 정당한 절차 없이 잔인한 사적 처벌을 자행했다. 나무에 목매달린 흑인을 보면서 기뻐하는 백인들의 모습을 보면 흑인에 대한 인종주의가 개인의 감정적 통제의 범위를 넘어서 존재했음을 확인한다.

언제 주위의 백인이 구실을 붙여 폭력을 행사하거나 가족을 떼어 놓을지 몰라 항시 두려워하며 살아야 했다. 흑인에 대해서는 물론 백인 사이에서도 배제와 억압이 이루어졌다. 드러내 놓고 자신의 의견을 개진하는 것은 삼가야 했으며, 상대를 비판하는 행위 또한 금기 사항이었다. 합리적으로 일을 따지거나 논쟁을 제기하는 것은 예의에 어긋나며, 새로운 아이디어는 환영받지 못하며, 땀 흘려 열심히 일하는 행위는 백인답지

않은 행위로 치부되었다. 빈곤이나 사회문제를 암시하는 언급은 피해야 했으며, 사회 정의나 변화를 추구하는 행위는 반사회적이며 위험한 것으로 배척되었다. 명예를 소중히 여기고 명예가 훼손되었다고 생각되면 결투를 통해 죽음으로써 명예를 되찾는 것이 남자다운 행위로 간주되었다. 가정에서 남성의 가부장적인 권위는 절대적이었으며, 부인은 물론 자녀들 또한 남성 가장의 엄격한 규율과 지시를 따라야 했다. 육체적인 노동을 하지 않는 대신 삶의 무료함을 달래기 위해, 도박, 술, 닭싸움, 사냥, 사교 시즌, 상호 간의 교환 방문 같은 남부의 독특한 백인 문화가 생겨났다.

사실 남부에 거주하는 백인 중에 대농장주는 극소수에 불과하다. 남부 백인의 대다수는 생계에 허덕이는 소규모 자영농이거나 농업 노동자였다. 조금 여유가 있다고 해도 한두 명의 흑인 노예와 함께 본인도 들에서 일하는 농사꾼이었다. 전반적으로 고용의 기회가 많지 않으며 생산력이 낮았으므로 남부 지역에서 빈곤은 백인에게도 일반적인 현상이었다. 남부에 광범위하게 존재한 가난한 백인은 백인 사회에서 사람 취급을 받지 못하면서, 백인 농장주와 흑인 사이의 애매한 지위에서 삶을 영위해야 했다.

흑인을 구속하고 있던 면화 생산 체제는 20세기에 들어와 균열하기 시작했다. 20세기 초반에 그때까지 면화에 전적으로 의존하던 남부의 경제와 사회가 변할 수밖에 없도록 하는 일련의 환경 변화가 면화 산업에 한꺼번에 몰아닥쳤다. 첫째 요인은 1920년을 전후하여 수차례 남부 전역을 휩쓴 면화 바구미 벌레로, 이 때문에 남부 면화 생산량의 1/3이 감소하는 엄청난 타격을 입었다. 이 엄청난 피해로 많은 농장이 면화 이외의 작물로 다변화하는 길을 모색했다. 두 번째 요인은 남부의 면화에 대한 세계 시장의 수요가 예전 같지 않게 된 것이다. 인도 같은 유럽 식민지에서 면화 생산량이 증가하면서 면화 생산에 있어 남부의 독보적인 지위가 위협을 받았으며 공급 초과로 수익이 감소하고 판로에 어려움을 겪는 처지에 이르게 되었다. 아시아의 식민지에서 면화를 재배함으로써 공급이 다변화된 것은 19세기 중반부터 시작되었는데, 20세기 초반에 이르러 이것이 가중되자 남부 면화 산업의 경쟁력이 심각하게 저하된 것이다. 게다가 1930년대 대공황으로 전 세계 면화의 수요가 급감하면서 남부의 면화 산업에도 불황의 그늘이 크게 드리우게 되었다. 세 번째는 20세기 초반 이래 면화 재배 기술의 발달, 화학 비료의 보급, 기계화로 생산성이 크게 증가하고 인력의 수요가 감소하면서 과거와 같이 흑인의 강제 노동에 의존해 생산할 필요성이 줄어든 것이다. 19세기 후반 산업화와 함께 전개된 농업의 기계화는 면화의 생산성을 증대시켰으며 면화 농업에서 가장 힘든 부분인 제초와 수확을 기계가 대체함으로써 면화 농업 노동에 획기적인 변화를 가져왔다. 네 번째는 19세기 말 이래 남부의 면화를 사용하는 면직업이 남부의 북쪽 지방을 중심으로 조금씩 아래로 확대되면서 남부의 농업이 제조업으로 이어지는 일관 생산 체제가 자리 잡게 된 것으로, 이에 따라 남부의 사회·경제에 다양성이 높아졌다.

요약하면, 미국 사회에서 흑인에 대한 인종주의는 기본적으로 노예노동의 역사에 뿌리를 내리고 있다. 흑인의 노예노동은 남부의 면화 생산이라는 경제적인 필요에 의해 유지되고 강요되었다. 흑인에 대한 차별, 억압, 편견, 부정적인 이미지는 모두 이러한 체제를 유지하기 위해 만들어지고 지속된 것이다. 흑인은 20세기에 들어와 면화 생산 체제가 변화하면서 비로소 새로운 사회적 역할에 뛰어드는 것이 허락되었으며, 이와 함께 흑인의 사회적 지위에 변화의 조짐이 나타나기 시작했다.

3) 민권운동과 흑인 지위의 변화

20세기 들어 흑인을 둘러싼 사회·경제적 환경은 지속적으로 변화했다. 앞에서 서술한 면화 농업 체제의 변화는 시간이 갈수록 가속화되면서 더 많은 흑인을 농업 소작인에서 도시 노동자로 바꾸어 놓았다. 제2차 세계대전 이후 남부 지역에서 면화 외에 다양한 작물의 재배가 확대되었으며 면화 재배의 기계화가 급속도로 진행되면서 과거와 같이 대농장에서 1년 내내 대량의 노동력을 필요로 하는 경우는 사라졌다. 그리고 남부의 산물을 재료로 하는 섬유업과 기타 경공업을 중심으로 남부에도 산업 도시가 성장하기 시작했다.

북부의 공업 도시에서 필요로 하는 노동자는 20세기 초반까지 주로 유럽에서 유입되었으나, 제1차 세계대전 이후 유럽에서 들어오는 이민자의 이동이 급속히 감소했다. 세계대전 중에는 이민자가 급감했으며, 전쟁 이후에는 남부 유럽의 전 지역에서 산업화가 성숙 단계에 도달하면서 소득 수준이 높아져, 생소한 환경, 이방인에 대한 차별, 불확실한 미래를 무릅쓰고 미국으로 이민 오려는 사람은 줄어들 수밖에 없었다. 또한 인종주의에 바탕을 둔 1920년대의 이민법과 아시아인 이민 금지법은 남부 유럽과 아시아로부터의 이주를 엄격히 제한함으로써 이민자의 유입을 급속히 감소시켰다. 두 차례의 세계대전으로 미국 공업 생산의 수요가 폭증한 반면 유럽으로부터 신규 노동력의 유입이 중단되면서 산업 노동자의 부족 현상이 높아지자 마침내 남부의 흑인들이 대규모로 북부의 도시로 이동해 산업 노동자로 일하는 새로운 현상이 나타났다. 과거 유럽 이민자들이 채웠던 도시 비숙련 노동자의 수요를 20세기에 들어와서는 북부 산업도시로 이주한 남부의 흑인들이 채우게 되었다. 이 과정에서 초기에는 흑인의 진출에 대한 백인 노동자의 저항과 테러가 빈번했으나, 과거와는 달리 고용주들은 백인 노동자의 노동 투쟁을 무력화시키고 임금 수준을 낮게 유지하도록 하는 수단으로 흑인 노동자를 적극 활용했다. 흑인 노동자들은 점차 백인 노동자의 하층에서 도시 생활에 정착하게 되었다.

흑인은 백인 이민자가 상승 이동하면서 남기고 간 열악한 환경의 도심 지역에 집단적으로 거주하는 방식으로 정착했다. 백인들로부터 격리되어 존재하는 집단 주거 지역의 흑인 사회는, 비록 숫자는 얼마 안 되었지만 흑인 중류층을 낳는 기반이 되었다. 흑인 주거 지역에서 흑인을 대상으로 한 경제활동으로 자본을 축적한 흑인 기업가가 탄생했으며, 흑인을 진료하는 흑인 의사가 나타나고, 지역 흑인을 조직하는 지도자가 출현하고, 흑인을 대상으로 한 교회와 언론 매체가 생겨나 흑인의 의식을 성장시키는 데 큰 역할을 했다. 중류층 흑인의 자녀들은 대학 교육을 받아 지도력을 확대 재생산하는 선순환 구조를 만들었다. 1909년에 흑인 인권운동의 구심점인 '유색인 권리 향상협회(NAACP: National Association for the Advancement of Colored People)'가 조직된 것이나, '할렘 르네상스(Harlem Renaissance)'라 하여 1920년대 뉴욕의 흑인 지역에서 흑인 지식인의 주도로 활발한 문화 활동이 이루어진 것이나, 흑인 지역에서 활동하는 목사, 교사, 의사, 변호사 등 흑인 지식인이 민권운동의 지도자로 나선 것은 모두 도시 거주 흑인의 변화된 환경이 만들어낸 산물이다. 이는 과거 농촌에 흩어져 살던 흑인이 백인 주류 사회에 대항할 만한 조직력을 만들어내지 못했던 것과 뚜렷이 대비된다.

20세기 두 차례의 전쟁은 흑인의 지위를 변화시키는 데 큰 영향을 미쳤다. 양차 세계대전 모두 미국 국내에서 엄청난 노동력 부족을 불러와, 제1차 세계대전 중에 흑인이 도시 노동자로 진출할 수 있었으며, 제2차 세계대전 중에는 과거에 흑인에게는 허용되지 않았던 다양한 중류 계층의 직업에 진출할 수 있게 되었다. 전쟁 이후 백인과 유사한 경제활동에 참여하는 흑인 중류층이 성장하면서, 과거 노예제도가 지배하던 시절과 같이 엄격한 인종주의를 지속하는 것은 어려워질 수밖에 없었다. 두 차례의 전쟁은 경제적인 면 이외에도 흑인의 지위에 큰 변화를 가져오는 계기가 되었다. 흑인들은 양차 세계대전에 적극적으로 참전했다. 제1차 세계대전에서는 흑인을 백인과 분리해서 별도의 연대로 조직하여 싸우도록 했는데, 이들은 우수한 전과를 올리며 개선했다. 이들을 인종주의 원칙에 따라 백인 참전 군인과 차별하여 취급하는 것은 용이하지 않았다. 제2차 세계대전에서는 훨씬 더 많은 미국인이 참전해야 했는데, 처음에는 백인과 흑인을 분리하려고 했으나 전장에서 이런 조직이 매우 비효율적인 것으로 드러나 백인과 흑인을 통합한 군대로 싸우게 되었다. 적과 대치하여 생명을 경각에 둔 상황에서 백인과 흑인이 함께 싸운 경험을 거친 사람들에게 이후 민간인이 되었다고 해서 인종주의적 차별을 감내하도록 하는 것은 어려운 일이었다. 제2차 세계대전 이후에 대규모로 시행된 참전 용사에 대한 정부 지원에서 흑인이 백인과 동등하게 취급되면서 인종주의의 기반은 결정적으로 흔들리게 되었다. 특히 제2차 세계대전에 참전한 예비군을 대상으로 정부에서 대학 교육을 무상으로 시켜주는 정책(GI Bill)의 결과 흑인 지식인이 대규모로 배출되었다. 이들은 이후 민권운동에서 주도적인 역할을 하게 된다.

1945년 제2차 세계대전 종전 이후 미국은 소련과 격렬한 체제 경쟁을 벌이게 되었다. 제2차 세계대전 이후 식민지 통치로부터 해방된 세계 곳곳에서 미국의 자본주의와 소련의 공산주의 간에 패권을 둘러싸고 힘겨루기가 벌어졌는데, 이는 특히 미국의 주도로 미국의 안방에 만들어진 유엔에서 극적으로 연출되었다. 미국은 제3세계를 대상으로 한 소련과의 체제 경쟁에서 결정적인 약점을 가지고 있었다. 미국 사회에서 보편적으로 발견되는 흑인에 대한 비인도적 인종주의와 흑인의 비참한 생활상이 그것이었다. 소련은 미국의 이러한 약점을 적극적으로 선전에 이용했다. 과거 식민지 지역은 거의 대부분 유색인이 사는 지역이므로 미국인의 인종주의가 미국의 외교력에 가하는 손상은 치명적인 것이었다. 아프리카의 외교관이 미국 남부를 여행하면서 기차의 흑인석에 앉도록 강요당하거나 백인 전용의 호텔과 레스토랑에 출입이 제지되어 미국 정부에 항의하는 기사를 읽으면서, 미국의 지식인 사이에서 미국 사회의 비인도적 인종주의가 변화해야 한다는 사회적 공감대가 넓어졌다.

이런 다양한 요인들이 중첩되어 마침내 1950년대에 본격적인 민권운동(Civil Rights Movement)으로 폭발했다. 1954년 대법원은 브라운 사건(Brown v. Board of Education at Topeka)에서 흑백이 분리된 학교 교육은 헌법의 평등권 조항에 어긋난다는 판결을 내렸다. 이는 1896년 대법원이 플래시 사건(Plessy v. Ferguson)에서 유사한 쟁점에 대해 흑백은 '분리되었지만 평등하다(separate but equal)'고 한 판결을 뒤집은 것이다. 이 판결 이후 백인만 다니던 학교에 흑인 자녀가 입학하는 것을 둘러싼 주민 충돌이 전국에서 벌어졌으며, 심지어 연방정부가 이 판결의 집행을 거부하는 아칸소 주 정부의 도전을 군대를 동원해 물리치기도 했다. TV를 통해 이를 지켜본 미국인들은 흑인에 대한 인종주의가 과거와 같이 행사되기는 어렵다는 것을 깨달았다.

1955년에는 앨라배마 주의 몽고메리 시에서 흑백이 분리된 버스 이용을 거부하는 투쟁(Bus boycott)이 만 1년을 지속한 끝에 결국 백인의 굴복으로 종결되었다. 이는 흑인 사회에 흑인이 단결하면 백인의 억압을 물리칠 수 있다는 자신감을 불어넣어 준 중요한 계기가 되었다. 이 사건 이후 전국에서 흑백 인종차별에 저항하는 평화적 투쟁이 봇물처럼 터졌다. 식당에서의 연좌 농성(Lunch-counter sit-in), 버스를 타고 남부 도시를 돌며 터미널의 인종 분리를 반대하는 운동(Freedom Rider), 유권자 등록을 위한 집단 행진(Freedom March), 의식화 교육(Freedom Summer) 등이 이 시기의 대표적인 비폭력 저항운동이다. 흑인의 평화적 저항을 폭력으로 억압하는 백인 경찰과의 충돌 장면이 전국에 TV로 반복 방영되면서,

민권운동에 동조하는 백인들도 다수 생겨났다. 이러한 평화 투쟁은 1962년 미국의 역사를 상징하는 워싱턴 광장에 200만 명의 인파가 모여서 들었던 흑인 지도자 마틴 루터 킹 목사(Martin Luther King Jr.)의 감동적인 연설을 정점으로 하여, 1964년 마침내 흑인에게 동등한 참정권을 부여하는 민권법(Civil Rights Acts)을 통과시켰다.[10)]

민권운동은 흑인에게 법적으로 백인과 동등한 권리를 보장하는 데에서 최고점에 달했다. 그러나 예전에 노예해방이 그들에게 경작할 땅을 가져다주지 않았듯이 흑인에게 주어진 참정권이 그늘을 당장 경제적으로 비참한 상태에서 벗어나게 해주지는 못했다. 민권운동 과정에서 상승된 흑인의 기대는 현실적인 생활 향상과 연결되지 않음으로써 그들에게 큰 좌절을 가져다주었다. 이러한 좌절은 1964년 민권법이 통과된 다음 해부터 1968년 마틴 루터 킹 목사와 로버트 케네디 대통령 후보가 암살되기까지 전국적인 폭동으로 이어지는 불안한 상황을 초래했다. 흑인들 내에서도 민권운동을 주도하던 통합주의자는 쇠퇴하고 폭력과 분리를 주장하는 강경노선이 득세하게 되었다.

평화적인 저항 운동이 폭력적인 투쟁으로 변질된 것은 긍정과 부정의 양면적인 효과를 가져왔다. 폭동으로 야기된 혼란은 정부에 사회·경제적 개혁의 압박을 높여 그렇지 않았다면 가능하지 않았을 많은 사회개혁 조치가 의회를 통과하고 예산이 배정될 수 있도록 했다. 존슨 대통령이 '빈곤과의 전쟁(War on Poverty)'이라는 구호 아래 의회의 반발을 극복하고 통과시킨 수많은 개혁 법안은 사실상 흑인의 과열된 기대와 폭동을 잠재우기 위한 것이었다. 미혼모에게 보조금을 지급하는 제도(AFDC: Aid to the Family with Dependent Child), 빈곤층의 식료품 구입을 지원하는 제도(Food Stamp), 빈곤층의 의료보조 제도(Medicade), 빈곤층의 소득보조 제도(Supplementary Income) 등 빈곤층을 대상으로 한 공적부조 제도의 많은 부분은 그 때에 만들어지거나 구체화되었다. 특히 흑인에게 우선적인 혜택을 주는 '적극적 차별 개선 프로그램(Affirmative Action Program)'과, 흑인과 백인의 자녀를 학교 버스로 통학시키면서 인종 간 거주 지역의 차이를 극복하고 인종 통합 교실을 만드는 정책(Busing Program), 흑인이 자치적으로 지역사회개발을 하도록 지원하는 프로그램 등 이후 백인의 집중적인 공격 대상이 된 흑인 우대 사회 프로그램들은 이러한 폭력적인 저항을 배경으로 만들어졌다.

반면 흑인의 폭력적인 투쟁은 민권운동에 우호적이던 중류층 백인을 떨어져 나가게 했으며, 흑인 지도층 내부의 분열을 가져오고, 비폭력 투쟁이 가진 호소력을 상실하게 했다. 흑인 사회의 폭력적인 투쟁은 진보적인 사회운동에 대한 미국인의 회의와 위기감을 고조시킴으로써 이후 미국 사회가 보수화되는 데 한 역할을 담당했다.[11] 미국 정치에서 대공황 이래 워싱턴을 지배해 왔던 민주당의 아성이 무너지고, 1960년대 후반부터 공화당의 지배가 시작된 데에는 이러한 불안한 상황이 한몫한다. 전국의 도시에서 벌어진 폭동은 백인들에게 흑인과 함께하는 것은 역시 위험하다는 인종주의적인 사고를 정당화시키면서 인종주의가 좀더 은밀한 방식으로 백인의 의식과 행위 속에 잠복하도록 만들었다.

1960년대 민권운동 이래 흑인의 사회·경제적 지위 상승은 지속적으로 이루어졌으며 특히 정치적인 참여는 다른 어느 소수 민족보다도 두드러진다. 과거의 차별로 인한 격차를 개선하기 위해 소수자에게 교육과 고용에서 우월한 혜택을 주는 적극적 차별 개선 프로그램은 1990년대에 들어와 백인의 반발에 부딪쳐 중단되기는 했으나 많은 흑인에게 고등교육과 중산층 직업을 가질 수 있는 기회를 제공했다. 민권운동 이후 많은 흑인들이 대학 교육을 받고 정치인이나 전문 관리직으로 진출했다. 그 결과 20세기 후반 들어 전체 흑인 중 1/3 가량은 중류층 대열에 합류하게 되었다. 여전히 흑인에 대한 사회·경제적 차별이나 문화적 편견이 강한 것은 사실이지만, 1960년대 이전과 비교해 보면 크게 발전했다.

요약하면, 1950~1960년대의 민권운동은 인종주의의 한 축인 법적 불평등을 종식시켰다는 데 큰 의의가 있다. 1964년에 제정된 민권법은 공적인 영역에서 백인과 유색인을 차별하는 모든 행위를 불법화함으로써 법적인 평등을 달성했다. 흑인과 백인 간에 법적 평등이 사회·경제적 평등을 보장하는 것은 물론 아니다. 그러나 이제 더 이상 공식적으로 흑인을 백인과 달리 취급하는 것은 어렵게 되었다. 아울러 남부에서는 그동안 남부 지역 사회를 억눌렀던 '공포의 지배'라는 질곡에서 해방되어 새로운 변화를 불러오는 계기가 되었다. 1960년대 이후 남부 지역에 외지인의 유입이 늘어나고 산업 투자가 활성화된 것은 흑인을 억압하는 체제의 붕괴가 있었기에 가능했다. 흑인의 인권을 중심으로 한 민권운동은 이후 여성운동과 인디언, 멕시코인 등 소수자의 평등한 권리를 확보하는 투쟁으로 이어졌다. 이러한 소수자 권리 회복 운동은 소비자 운동, 환경 운동 등으로 확대 재생산되면서 미국 사회에서 인권에 대한 사회적 인식 수준을 한 단계 높였다.

5. 다문화주의 논쟁

다양한 인종과 민족이 모여 살면 필연적으로 이러한 다양성을 어떻게 하나의 사회와 문화로 아우를 것인가 하는 문제가 제기된다. 사회학자 탤컷 파슨스(Talcott Parsons)는 문화란 사회 체계를 하나의 유형으로 유지시키는 기능을 하는 핵심적인 요소라고 했다. 다양한 인종·민족으로 구성된 미국 사회에서 다양성과 통합의 문제는 20세기 중반까지 거의 제기되지 않았다. 그 시기까지는 이질적인 요소를 허용하지 않는 억압적 분위기가 미국 사회를 지배했기 때문이다. 다문화주의는 1950~1960

년대 흑인 민권운동의 산물이다. 민권운동은 그 당시까지 미국 사회에서 거의 부동의 지위를 차지하며 의심의 여지 없이 받아들여졌던 영국계 백인 남성 개신교도(WASP)를 주류로 하는 사회·문화적 지배 체계에 균열을 가져왔다.

20세기 중반까지 미국 사회는 영국계 이민자를 주류로 하여 다른 인종·민족의 문화를 공식적으로 인정하지 않았다. 영국계 이외 이민자의 문화는 그들이 미국에 발을 디디면서 버려야 할 것으로 여겨졌다. 그들 고유의 언어와 사회 관습과 문화적 유형은 미국 사회에서 인정받을 수 없었다. 미국에서 살면서 주류 사회·문화 이외의 것을 유지한다는 것은 아직 미국화(Americanization) 과정이 충분히 이루어지지 않은 것이다. 과거 외국으로부터 이민자들이 쇄도했을 때 항시 토착주의(nativism) 운동이 일어나 외래적인 요소가 자리 잡는 것을 미연에 방지했다. 이민자들은 직장에서, 학교에서, 일상생활에서 미국인으로 동화되도록 강요되었다.

1960년대 민권운동의 시기까지 미국인이 숭상한 원칙은 미국 시민이 되고자 하는 모든 사람들은 '미국주의(Americanism)'라고 통칭되는 단일한 미국의 사회·문화 체계로 '미국화(Americanized)'되는 것이었다. 미국의 주화에 각인된 "다수로부터 하나로(E Pluribus Unum)"라는 문구나 '용광로(melting pot)'의 비유가 이런 이념을 반영한다. 여기서 암묵적인 가정은 여러 다양한 민족의 사회·문화적 요소를 질료로 하여 새로운 사회·문화를 만드는 것이 아니라, 식민 시대 초기에 영국계를 중심으로 하여 설정된 주류 문화에 새로운 이주민을 흡수시키는 것을 의미했다. 그 후에 들어온 이주민은 자신의 문화적 전통을 버리고 미국의 주류 문화로 흡수되도록 강요되었다. 그러나 비영국계 이주민들은 비록 주류 문화에서는 인정되지 않더라도, 자신의 고유문화의 일부를 간직한 경우가 많았다. 이민 집단의 사회·경제적 지위에 따라 각 민족의 하위문화에도 서열이 매겨져 있어 서유럽에 근접한 문화가 상위를, 흑인과 최근에 이민 온 인종·민족의 문화가 최하위를 차지했다. 그러나 이런 비주류 문화들의 위계 체계는 1960년대 민권운동 이래 흑인 문화를 필두로 한 도전 속에서 흔들리기 시작했다. 개별 인종·민족들은 자신의 문화에 대한 긍정적 재평가와 함께 고유의 민족적 정체성을 발굴하는 데 관심을 기울이면서 영국계 주류 문화에 도전했다.

1960년대의 민권운동은 미국 사회에서 역사적으로 드물게 소수자의 권리를 평화적으로 주장해서 성공을 거둔 예이다. 물론 19세기 말 20세기 초에 걸쳐 전국적으로 벌어진 여성의 참정권 획득 운동 또한 남성 중심의 주류 사회에 대해 여성의 참여 권리를 요구하여 성공한 중요한 사건이다. 그러나 1920년에 여성의 참정권을 보장하는 헌법 수정안을 통과시킴으로써 성공을 거둔 개혁적 사회운동의 동력은 1930년대의 대공황과 전쟁 속에서 묻히고 말았다. 반면 민권운동은 흑인의 참정권을 획득한 것에 그치지 않고 다양한 소수자들에게 자신의 목소리를 드러내도록 하는 계기를 만들었다. 1960년대 후반에는 여성의 권리와 사회 참여를 촉구하는 여권운동(Feminist Movement)으로 이어졌으며, 1970년대 들어서는 인디언, 히스패닉, 아시아인 등 다른 소수자의 자각을 불러일으켰다. 이러한 사회·문화운동은 한편으로는 참정권이나 차별 철폐와 같이 사회적 권리를 되찾으려는 집단적인 정치적 운동으로, 다른 한편으로는 자신이 속한 인종·민족 집단의 정체성을 찾으려는 문화적 운동으로 양면에서 진행되었다. 흑인을 선두로 하여 자신의 뿌리와 고유문화를 찾는 노력을 벌이면서, 과거 백인 주류 문화에 의해 오명이 씌워지고 무시되어 왔던 것을 새롭게 발굴하고 재평가하는 시도가 이어졌다. 미국 역사에서 흑인과 함께 가장 부정적인 이미지로 매도된 인디언 또한 사회적 권리 찾기와 문화 회복 운동에 나섰으며, 히스패닉, 아시아인 등 다른 소수 인종들도 자신의 권리와 집단 정체성을 확보하기 위해 조직적인 활동을 시작했다. 이는 심지어 아일랜드계, 이탈리아계 같은 백인 민족 집단에게까지 영향을 미쳐 그들의 문화적 정체성에 대한 자각 또한 높아졌다.

1980년대에는 문화의 모든 영역에서 주류의 정통성에 반기를 들고 소수 집단 문화의 시민권을 획득하고자 하는 다문화주의자의 노력이 봇물처럼 터졌다. 영국계 주류 문화에 반기를 든 사람들은, 과거 미국인의 정체성은 영국계 백인 신교도에서 연원한 단일 중심이라고 배웠는데, "왜 자신은 같은 미국인이면서도 자신의 뿌리와 고유한 문화 유산이 미국인의 정체성의 일부가 될 수 없는가?" 하는 도발적인 질문을 제기했다. 이들은 용광로로 표현되는 미국인화 과정에 내재된 문화적 억압을 드러내려 했으며, 미국 문화에서 소수자 집단이 자신의 고유한 문화적 특성을 인정받아야 한다고 주장하는 단계로까지 발전했다. 여성의 권리와 문화적 특성이 남성의 것에 묻혀서는 안 되며, 흑인의 권리와 문화적 특성이 백인의 것에 묻혀서는 안 된다는 식이다. 미국 구성원 모두에게 각자의 인권과 사회적 참여의 권리를 인정하는 미국의 민주주의는 미국을 구성하는 모든 개별 문화 집단에게 각자의 문화적 시민권을 부여해야 한다는 주장으로 요약된다.

이들은 그들의 주장을 다양한 문화 현장에서 실현하려고 했다. 교육과 역사는 민족의 정체성을 구성하고 재생산하는 가장 핵심적인 분야이다. 이들은 교육과 역사 분야에서 기존의 주류에 대한 도전을 집중적으로 전개했다. 이들의 노력으로 1980년대에 많은 대학교에서 소수자의 문화와 정체성에 관한 강좌와 학과가 신설되었다. 그 결과 20여 년이 지난 지금 대부분의 종합 대학에는 흑인, 여성, 기타 소수 인종·민족과 관련된 강좌나 학과들이 개설되었다. 또한 그들은 초·중·고등학교의 교과과정에서 소수 인종이나 여성이 무시되거나 비하되는 상태를 개선하려고 노력하여 상당한 성과를 거두었다. 아직 소수 인종이나 여성은 미국 초·중·고등학교 교과서에서 상대적으로 적은 비중을 차지하지만 비하적인 표현은 거의 제거되었으며 백인 남성과 소수자가 함께 제시되는 빈도 또한 늘어났다.

과거 미국의 역사는 백인 신교도 남성 중심의 역사였다. 미국의 역사 발전에서 소수자는 거의 기여하는 바가 없는 것으로 무시되거나 부정적인 모습으로 그려졌다. 초·중등학교의 역사책에서 소수 인종과 여성에 관한 기술은 거의 찾아보기 어려웠으며 있다고 해도 보조적이며 주변적인 위치의 인물로 묘사되어 피상적으로 간략히 처리되었다. 역사책에서 미국 역사의 중요한 계기인 독립전쟁, 건국, 남북전쟁에서 소수자의 존재는 거의 찾아볼 수 없었다. 이러한 과거의 역사 해석이 실제로 있는 사실조차 무시하거나 그릇되게 왜곡한 결과임을 밝히는 작업이 전개되었으며 소수자의 역사적 기여를 찾아내고 이것이 학교 교과서에 명시적으로 실리도록 하는 노력이 뒤따랐다. 예컨대 독립전쟁과 건국 과정에서 흑인과 여성의 기여가 적지 않았음을 사료를 통해 밝히고, 남북전쟁에서 흑인 자원병의 숫자가 수십만에 이르고 그들의 역할이 적지 않았음을 밝혔으며, 흑인 노예가 백인이 묘사하듯이 수동적이고 무력한 생활을 한 것이 아니라 자신들의 공동체 속에서 활발한 교류와 문화 활동을 했음을 밝혔다. 역사적으로 기록된 자료는 대체로 지배 집단의 입장을 대변하며 지배 집단의 행위에 집중되어 있으므로, 이들은 지금까지 조명되지 않은 소수자의 행적을 밝히기 위해서 구술이나 일상생활의 자료 등 새로운 사료 발굴 방법을 개발했으며 기존의 사료를 세밀히 재검토하고 재해석하는 등 엄청난 노력을 기울였다.

예술계에서도 소수자들이 자신의 집단 정체성을 주장하는 목소리가 높아졌다. 과거 미국의 문학적 정통으로 일컬어지는 소위 '정전'은 거의 영국계 백인 남성의 전유물이었다. 이러한 학계의 전통에 거역하여 흑인이나 여성 작가의 작품을 새로 발굴하고 그들의 가치를 재평가하는 작업이 이루어졌다. 노벨 문학상을 받은 흑인 시인 마야 앤젤로(Maya Angelou)는 과거 흑인의 경험을 재생하여 이들의 삶이 무가치한 것이 아님을 작품 활동으로 밝히고 동시에 활발한 강연과 사회활동을 통해 흑인 고유의 문학적 상상력과 가치를 전파했다. 인디언 계통의 작가들은 과거 인디언의 경험을 발굴하고 문학 작품으로 재생하는 한편, 독특한 소재와 표현 방식을 통해 인디언 문화의 상상력을 드러내는 데 노력을 경주하였다. 예컨대 디 브라운(Dee Brown)의 『운디드 니에 나를 묻어주(Bury My Heart at Wounded Knee)』라는 소설은 19세기 후반 노스다코타주의 인디언 거주지에서 벌어진 백인 기병대의 인디언 양민 학살사건을 극화한 것으로 전국적으로 큰 반향을 일으켰다. 미술계에서도 당시 주류의 자리를 차지했던 유럽 중심의 화풍에 대해 흑인 미술가의 인종적인 경험을 바탕으로 독특한 상상력을 발휘하는 작품이 활발하게 발표되었다. 음악계에서는 재즈와 솔 등 흑인 음악의 근원을 다시 확인하고 재평가하는 작업이 활발하게 진행되었다. 과거에는 존재하지 않았거나 잊혀졌던 인종·민족적 행사와 축일을 새로이 만들고 되살리는 시도도 있었다. 흑인의 축제인 '콴자(Kwanza)'나 아일랜드인의 축제인 '패트릭 성자의 날(St. Patrick's Day)' 같은 것이 대표적인 예이다. 콴자는 아프리카의 전통을 새롭게 되살린 예이며, 패트릭 성자의 날은 거의 잊혀진 아일랜드의 전통을 되살려 확산시킨 예이다.

다문화주의 옹호론자들은 각 민족 문화의 정체성과 고유성을 상호 인정하고 존중하며 서로 조화롭게 공존해야 한다고 주장한다. 이들은 문화의 다양성을 미국의 핵심 가치로 생각한다. 이들의 주장은 다양한 문화를 상호 존중함으로써 미국 문화의 다양성이 높아지고, 이질적인 요소 간에 상승작용을 불러일으킴으로써 발전의 원동력이 된다는 긍정론으로 요약된다. 그러나 기존의 문화적 정통에 반기를 드는 다문화주의자의 주장은 전통을 수호하려는 보수주의자의 격렬한 반발과 마주치게 되었다. 대표적인 예로 해롤드 블룸(Harold Bloom)은 『미국 정신의 종말(Closing of the American Mind)』이라는 자극적인 제목의 책에서 다문화주의자들이 주장하는 것은 다름이 아니라 그리스 로마 시대에서부터 이어져 오는 서구 문명의 문화적 유산의 가치를 무시하고 저급한 문화를 학생들에게 가르치자는 것인데, 이는 미국의 앞날을 위해 불행한 일이라고 주장했다. 그는 오랜 세월을 통해 선별된 고전적인 사상과 정신은 시간과 장소를 초월하여 귀중한 인류의 유산인데, 이를 깊이가 얕고 저급한 다른 문화적인 것들과 같은 수준으로 놓는 것은 문화적인 상대주의의 함정에 빠지는 것이며, 모든 문화에 동등한 권리를 부여해야 한다는 문화적 시민권 주장은 야만과 혼돈의 세계로 돌아가자는 터무니없는 억지라고 반박한다.

보수주의자들은 자라나는 학생들이 미국을 구성하는 다양한 인종·민족의 문화를 골고루 배우도록 한다면 그들에게 문화적인 정체성의 혼란이 올 것이므로 선별하여 귀중한 가치를 지닌 문화만을 배우도록 하는 것이 옳은 방식이라고 주장한다. 다문화주의자의 주장에 따라 모든 문화를 고루 다루는 교과과정을 학습한 학생은, 자신이 속한 인종·민족의 문화에 대한 지식과 친밀도는 높아질지 모르나 미국에 대한 정체성은 약화될 것이라고 주장한다. 각자 자신을 흑인, 인디언, 아시아인, 유대인, 이탈리아인, 아일랜드인의 문화에 동일시하면 할수록 미국 문화의 구심점은 상실될 것이다. 미국 문화의 단일한 기초를 공고히 하는 것은 미국 사회의 안정을 위해서 꼭 필요한 일이다. 모든 문화의 가치를 옹호하는 극단적인 문화적 상대주의(cultural relativism)는 가치관의 혼란을 초래하며 사회적 타락을 불러온다. 이들은 다문화주의자의 주장처럼 각자의 문화가 자신의 고유한 영역을 계속 지키며 재생산한다면, 결국 캐나다의 퀘벡 문제나 유고슬라비아, 구소련 연방의 분열과 같은 비극을 초래할 것이라고 경고한다.

이러한 비판에 대해 다문화주의자들은 "누구를 위한 미국인가?"라는 의문을 제기한다. 이들은 자신의 조상대부터 이어져 내려온 흑인의 문화를 배제하고 부정하는 미국을 흑인들이 어떻게 모국이라고 느끼고 충성을 바치며 헌신할 수 있겠는가 하고 질문한다. 이들의 주장에 따르면 미국의 실체가 문화적 다양성으로 구성되어 있는데 이를 단일한 문화로 두드려 맞추려고 하는 것은 문화적 폭압이다. 미국을 구성하는 다양한 인종·민족 중 유독 영국계 백인 신교도, 그 중에서도 남성 중심의 문화만을 정통으로 인정하고 다른 인종이나 성은 무시하고 억압한다는 것은 오히려 반발과 분열을 초래할 것이며 미국의 앞날을 위해서도 이로울 것이 없다. 문화적 다양성은 미국의 자산이므로 학생들이 이러한 다양성을 체감하게 함으로써 진정한 미국을 접하도록 하는 것이 더욱 진실한 문화적 정체성을 세우는 길이다. 이들은 자신이 속하지 않은 인종·민족의 문화에 대한 친밀도를 높임으로써 다인종·민족으로 구성된 미국 사회는 갈등의 소지를 줄이면서 훨씬 더 원활하게 돌아가게 될 것이라고 주장한다. 흑인의 문화를 이해한다면 흑인에 대한 차별이 줄어들 것이며, 여성의 문화를 이해한다면 남녀 관계가 더욱 풍부하고 원만하게 될 것이다. 다문화주의자의 입장에서, 문화적 다양성은 그 자체가 가치 있는 것인데 이를 억압하려고 하는 보수주의자의 생각은 어리석다. 다문화주의는 모든 인종·민족의 문화 요소가 다 동등하게 가치가 있다는 극단적인 문화적 상대주의를 주장하는 것이 아니라, 각자의 문화에서 가치 있는 것을 선별하여 미국의 문화적 다양성에 포용한다면 이것이 세계화 시대에 미국의 경쟁력을 높이며 미국의 장래를 위해서 더 현명한 선택이라고 주장한다. 미국인 중에 중국의 언어와 문화를 잘 이해하고, 아랍어와 아랍 문화에 친숙하고, 러시아의 언어와 문화를 이해하는 사람들이 많다면 미국은 세계화 시대의 국제경쟁에서 유리한 고지를 선점하는 것이라고 주장한다.

다문화주의 논쟁은 근본적으로 문화의 주도권을 둘러싸고 지배 집단과 소수자 집단 사이에 벌어지는 권력 투쟁이다. 다문화주의 공방은 이론적인 논쟁을 근거로 하여 실제 삶의 현장에서 다양하게 벌어졌다. 특히 영어 이외 언어의 공용화 논쟁과 다문화주의를 반영한 교육 내용의 수정을 둘러싸고 갈등이 치열하게 전개되었다. 다문화주의자들은 미국인 여섯 명 중 한 명이 집에서 영어 이외의 언어를 사용하는 상황에서, 영어 이외 언어의 공용화 논쟁은 실제로 미국 사회 내에 다문화가 병존하는 현실을 인정하고 존중하는 것에 다름이 아니라고 주장한다. 이러한 주장은 사회·문화적 응집력을 떨어뜨린다는 우려에서 백인 주류 사회로부터 전국적인 반대 운동을 촉발시켰으나 히스패닉이 많은 남서부 지역에서는 큰 호응을 얻었다. 이러한 대립은 1990년대 초반 남서부의 여러 주에서 미국 역사상 처음으로 영어만을 공용어로 인정한다는 법을 제정하는 것으로 막을 내렸다.

이중 언어 사용 금지 운동은 개인적이며 실용적인 이유로 전개되기도 했다. 이중 언어의 사용을 금지시키고자 한 사람들은 소수자에게 주류 언어와 문화를 사용하도록 강제하는 것이 그들 자신의 장래를 위해서도 유익하고 바람직한 것이라고 주장한다. 흑인들에게 흑인 고유의 말과 어법을 익히도록 하거나 히스패닉 아이들에게 스페인어를 할 수 있도록 하는 대신 영어 교육을 소홀히 한다면, 결국 그들은 성장하여 백인 주류 사회에서 불이익을 받으면서 살아가게 된다. 보수주의자는 소수자 본인의 장래를 위해서도 그들의 문화를 자녀에게 강조하는 것은 득될 것이 없다고 주장한다. 이러한 주장에 대해 다문화주의자는 소수자들이 자신이 속한 문화에 대한 인식을 높인다고 하여 미국의 주류 문화에 대한 인식이 손상되지는 않는다고 반박한다. 오히려 개별 문화의 고유한 특성에 대해 이해할 때 비교적인 시각을 통해 미국 문화 전반에 대한 이해의 폭을 넓힐 수 있다고 주장한다. 다문화주의 공방이 실제 생활의 영역에서 전개된 또 다른 예는 학교 교육을 둘러싼 공방이다. 학교에서 교과서 채택을 둘러싸고 다문화주의 입장이 반영된 것을 사용하도록 하려는 쪽과 이런 입장이 덜 포함된 것을 사용하도록 하려는 쪽 간의 갈등이 전국적으로 벌어졌다. 다문화주의 입장에서 서술된 교과서에는 과거와는 달리 여성이나 소수 인종·민족에 관한 서술이 많이 들어가고, 미국 역사에서 이들의 역할이 비중 있게 다루어지며, 다양한 견해와 문화를 존중하는 내용을 포함하고 있다.

다문화주의와 여권주의는 상호 구분할 수 없을 정도로 매우 밀접하게 연결되어 전개되었다. 여권주의자들은 여성도 인종·민족 집단과 마찬가지로 편견과 차별에 고통당하는 소수자로서 억압된 사회적 권리와 문화적 정체성을 회복해야 한다고 주장했다. 이러한 주장은 대부분 1980년대 레이건 정부 이래 사회 전반적인 보수주의 분위기 속에서 격렬한 반발을 촉발시켰다. 예컨대 1990년대 지식인들 사이에서 '정치적 올바름(political correctness or politically correct)'이라 하여, 여성·소수민족에 대한 편견과 차별에 민감하게 반응하는 입장에 대한 냉소적인 반발을 담은 용어가 크게 유행했다.

다문화주의의 주장은 전반적으로는 수용되었으나 구체적 주장의 많은 부분은 받아들여지지 않았다. 다문화주의 방향으로 학교를 개혁하자는 운동은 1980년대 이래 미국 학생의 학력 수준이 저하되고 청소년 범죄, 마약, 미혼모 문제가 크게 부각되면서 상당 부분 설득력을 잃었다. 그럼에도 다문화주의 운동을 계기로 하여 미국 사회가 여성과 소수 인종·민족의 문화의 가치에 관심을 기울이게 되었다는 점에서 적지 않은 성과를 거두었다. 흑인과 인디언의 역사적 역할과 문화적 고유성에 대한 긍정적 서술이 교육 내용에 많이 삽입된 것이나, 거꾸로 백인이 인디언에 대해 잔학 행위를 한 사실을 객관적으로 서술토록 한 것이 단적인 예이다. 흑인의 자긍심을 높인 앨릭스 헤일리(Alex Hailey)의 『뿌리

(Roots)』나 에이미 탠(Amy Tan)의 『조이 럭 클럽(Joy Luck Club)』 같이 소수자의 문화를 본격적으로 탐구하는 소설과 영상물이 엄청난 호응을 불러일으켰으며, 인디언에 관한 진솔한 영상 기록물이 연이어 제작 방영되었다. 이후 미국에서 시, 소설, 영화, 음악, 미술, 요리, 건축양식, 축제 등에 고유의 인종·민족적인 성격이 반영된 사례를 흔히 볼 수 있게 된 점은 다문화주의의 성과이다. 근래로 올수록 과거에 소홀히 여겼던 소수자 집단의 문화에 대한 재발견과 인정이 급속히 전개되며 문화계에 소수자의 진출이 점점 늘어나고 있다.

다문화주의 운동의 결과 인종·민족적 정체감이 높아졌다고는 하나 미국 같은 다민족 사회에서 개별 인종·민족 고유의 정체성이 계속 유지될 수 있을지는 확실하지 않다. 과거 유럽에서 건너온 이민자와 같이 근래에 아시아나 중남미에서 이민 온 사람의 경우에도 세대가 계속되면서 미국화의 경향이 뚜렷이 나타나기 때문이다. 이들은 영어를 모국어로 사용하고 미국적인 생활방식을 적극적으로 수용하면서 주류 사회에서 성공하려 한다. 소수민족 고유의 학교에서 교육받고 민족 고유의 언어와 관습을 유지하는 것이 앵글로색슨족을 중심으로 한 미국 주류 사회에서의 성공에 불이익이 된다는 의식이 존재하는 한 다문화적 전통은 오랫동안 유지되기 어려울 것이다.

아시아나 중남미 출신의 유색인은 과거 유럽의 이민자들과는 다른 동화의 과정을 겪을 것이라는 주장도 제기된다. 백인 민족 집단은 세대가 지나면서 단일한 백인 집단으로 수렴하는 경향을 보이나 유색인은 이러한 단일 집단에 합류하지 못하리라는 것이 이들의 주장이다. 유럽 문명 속에 뿌리 깊은 유색인에 대한 인종주의가 완전히 사라지지 않는 한 미국 사회에서 백인과 유색인의 구별은 계속될 것이다. 유색인이 아무리 백인의 주류 사회·문화에 동화된다고 해도 구별된 집단으로 인식되는 관행은 사라지지 않을 것이며, 구별이 계속되는 한 백인과 유색인 간에 사회·경제적 지위의 차이가 소멸되지는 않으리라는 것이 이들의 주장이다.

개별 인종·민족 집단이 처한 상황에 따라 주류 사회에 동화되는 속도는 큰 차이를 보일 것이다. 예컨대 일본인은 한국인이나 중국인보다 미국 주류 사회에 더 빨리 동화되는 반면, 히스패닉은 한국인보다 자신의 언어나 문화를 좀 더 오래 유지하는 경향이 있다. 문제는 기존의 WASP 중심의 사회·문화적 주도권이 앞으로도 계속 영향력을 유지할 것인가 하는 점이다. 흑인과 스페인계와 아시아계를 합친 인구가 백인보다 우위를 차지하게 될 21세기 후반에 가서는 현재 하와이에서 보는 것처럼 최소한 유색인에 대한 차별의 완화 현상을 어느 정도는 기대할 수 있다. 그러나 백인이 소수를 차지하는 하와이에서도 영국계 백인의 문화가 주류로 통하는 것을 보면, 백인이 다수의 지위를 상실한다고 해도 영국계 백인의 문화적 종주권은 오랜 기간 지속될 것이다. 다만, 앞으로 미국의 주류 문화 속에 다양한 하위문화를 더욱 많이 포용하리라는 점은 예상할 수 있다.

6. 인종 문제를 바라보는 두 가지 시각

미국의 인종 문제는 얼마나 심각한가? 미국 사회에 인종주의가 전혀 존재하지 않는다는 극단적 입장은 배제한다고 해도 현재 미국의 인종주의를 바라보는 시각에는 보수와 진보 간에 큰 간격이 있다. 한 걸음 더 나아가 인종 문제를 개선하기 위해 어떻게 해야 할 것인가 하는 점에서는 더욱 차이를 벌리고 있다. 보수적인 입장의 사람들은 현재 미국 사회에서 인종주의는 일부 사람에게 약하게만 존재한다고 주장한다. 미국 주류를 형성하는 중류층 사이에서는 인종주의를 찾아보기 어렵고, 다만 백인 중하층 속에서 돌출적으로 인종주의가 나타나나 이것이 미국 사회·문화의 주류는 아니라고 한다. 이들은 인종주의라고 지칭하는 사례를 자세히 들여다보면 대부분 합리적인 업적주의(meritocracy)의 결과라고 주장한다. 흑인이 좋은 직업과 직장을 갖지 못하는 것은 그들이 학교 교육을 성실히 받지 않았기 때문이지 비합리적인 차별의 결과는 아니며, 흑인을 고용해도 금방 직장을 그만두거나 성실치 못한 행위를 하므로 그들을 고용하기를 꺼리는 것이지 그들이 흑인이기 때문이 아니다. 흑인 여성과 아동이 빈곤한 이유는 결혼도 하지 않고 안정된 수입도 없으면서 정부의 복지 지원에 의존하여 어린 나이부터 자꾸 아이만 낳기 때문이지 그들을 차별해서가 아니며, 많은 흑인 남성이 감옥에 갇혀서 지내는 것은 그들이 마약과 폭력행위를 저지르기 때문이지 백인은 제외하고 흑인만 잡아 가두기 때문이 아니다. 흑인이 사는 곳이 더럽고 위험한 이유는 그들이 공공시설을 파손하고 서로 강도와 총질을 하기 때문에 그렇게 된 것이며, 흑인 지역 학교의 교육 시설이 형편없고 흑인 지역에 공공 서비스가 현저하게 열악한 이유는 그들이 자신의 지역 학교와 공공 서비스 비용을 부담할 능력이 없어서 그렇게 된 것이지 흑인 동네라서 특별히 차별하는 것은 아니라고 주장한다.

반면 진보적인 사람들은 미국 사회에는 인종주의가 여전히 만연해 있다고 주장한다. 여전히 대부분의 지역에서 흑인은 집을 구하는 데서 차별을 경험하며, 학교에서 흑인 학생은 선생님의 관심을 덜 받으며, 직장을 구하는 데서도 드러내지는 않지만 흑인이라는 사실을 알고는 채용을 꺼리는 사례가 흔하다는 점을 지적한다. 또한 백인 부모는 어린 시절부터 백인 아이들이 흑인 아이와 함께 노는 것을 막으며, 청소년이 되어서 흑인과 교제를 하면 적극적으로 이를 제지한다. 결과적으로 흑인과 백인은 함께 있으면 서로 불편해 하며 외부 활동에서 최소한으로만 접촉할 뿐 사적인 영역에서는 함께 어울리는 것을 꺼리게 되는데 이것이 인종주의에서 비롯된다는 것이다.

이들은 구체적인 대면 상황에서 나타나는 흑인 차별보다 더욱 고질적인 것은 구조적인 차별이라고 지적한다. 흑인은 거주 지역은 물론 어린 시절 교육 단계에서부터 체계적으로 백인과 격리되며, 빈부의 격차가 세대 간에 전승되기 때문에 차별의 결과 만들어진 불평등의 악순환에서 벗어나올 수 없는 구조에서 살고 있다. 그들이 학교 교육을 열심히 받지 않는 이유는, 아침밥을 제대로 먹지 못하고 학교에 오고, 학교나 집이 공부할 분위기가 되지 않으며, 그들에게 공부를 열심히 하도록 자극을 주고 체계적으로 뒷받침을 해주는 선생님이나 부모가 없으며, TV에서는 소비와 방종을 끊임없이 부추기는 반면 주위의 현실은 비참한 것에 좌절하며, 공부를 해도 흑인이라는 이유로 차별 받을 것을 예상하기 때문이다. 진보주의자들은, 이러한 상황에서 흑인 아이가 공부를 열심히 하지 않는다고 그들을 탓하는 것이 정당한가 하고 반문한다.

진보주의자들은 개인적으로는 인종주의자가 아니라도 구조적으로 인종 구분을 따라 사회·경제적 격차가 크게 날 경우 모두가 인종주의적으로 행동할 수밖에 없다는, 이른바 '통계적 차별(statistical discrimination)'의 심각성을 지적한다. 평균적으로 흑인이 백인보다 교육을 덜 받고, 소득이 낮고, 실업자가 많고, 범죄자가 많은 객관적인 상황에서, 상대에 대한 정보가 부족할 때 흑인보다 백인을 호의적으로 평가하는 것은 지극히 합리적이다. 고용주의 입장에서 볼 때, 입사 지원자에 대해 깊이 있는 정보가 부족하므로 잘못 판단할 위험을 줄이기 위해 지원자가 속한 인구 집단의 평균적인 특징을 고려하여 판단하는 것은 당연하다. 상대에 대해 개인적으로 알지 못할 경우 상대가 속한 일반적인 범주의 특성에 의지하여 판단하고 대응하는 것은 가장 효율적인 인식 방식이다. 이웃에 흑인이나 히스패닉이 이사 왔을 때 소란하고 문제가 발생할 확률이 더 많으므로 집값이 떨어지리라 예상하는 것은 당연하며, 이에 대한 대비로 부동산업자와 이들의 입주를 금하는 이면 계약을 맺는 것은 지극히 합리적인 행위이다. 물론 계약서상에 흑인이나 히스패닉의 입주를 금한다는 명시적인 문구는 어디에도 없으나 '소음과 문제 발생의 소지를 가진 사람의 입주를 금한다'는 문구 뒤에는 인종에 대한 암시를 담고 있다. 즉 개인적으로는 조금도 인종주의적인 생각을 가지고 있지 않다고 해도 인종주의적인 차별이 발생할 수밖에 없는 객관적인 사회구조가 존재하기 때문에 미국인은 모두 다소간 인종주의자라는 것이 진보주의자들의 주장이다.

유색 인종에 대한 인종주의가 현재 미국 사회에 어느 정도인가 하는 문제에 대한 인식의 차이는 유색 인종의 어려움을 해소하기 위해 어떻게 해야 할 것인가 하는 처방에서도 큰 차이를 가져온다. 보수주의자는 흑인을 포함한 유색인들이 사회·경제적으로 열악한 상황에 처한 것은 자신의 노력이 부족해서이기 때문에 그들 자신이 책임져야 할 문제일 뿐, 누가 그들에 대해 집단적으로 책임져야 할 사안이 아니라고 주장한다. 그들의 불량한 태도와 관습을 개혁하는 것이 문제를 해결하는 길이라는 주장이다. 지금까지 흑인에게 퍼줄 만큼 퍼준 결과 그들 중 상당수는 도움을 받는 것에 익숙해져 남의 도움에 의존하는 타성이 생겨 스스로 노력해서 성공하려는 의지를 상실하게 되었다. 따라서 그들에게 일방적으로 도움을 주기보다는 그들을 현재의 나태한 관성에서 벗어나도록 하기 위해 채찍과 당근이 적절히 결합된 정책이 필요하다. 이러한 보수주의자의 의견이 반영되어 노동과 복지를 연계하는 아이디어가 1997년 복지개혁이라는 이름으로 도입되었다. 이 개혁안의 핵심은 일하지 않는 사람에게는 도움을 주지 않겠다는 것이다.

진보주의자들은 흑인을 포함한 유색인이 인종주의에 의해 만들어진 악순환의 굴레 속에 갇혀 있으며 이러한 굴레를 만든 것은 궁극적으로 백인 자신의 이익을 위한 이기심에서 비롯된 것이라고 주장한다. 과거 노예제도가 백인의 이익을 위해 만들어진 것이었듯이, 현재 흑인이 실업과 빈곤의 질곡에 갇혀 있는 것은 백인들이 불안정한 고용과 저임금으로 그들을 착취한 결과이다. 진보주의자들은 흑인이 기본적으로 가난한 집에서 태어나서 제대로 교육을 받지 못하고 성장해 실업 또는 저임금의 임시 직업을 전전하면서 고통을 겪는 것이나, 술, 마약, 매춘, 폭력 등으로 자기 파괴적인 행동을 하는 것이 과연 스스로 선택하여 그렇게 하게 된 것이냐고 반문한다. 또한 자기 절제를 위해서는 오랜 훈련이 소요되며 주위로부터 꾸준한 인도와 격려가 필요한데, 그들은 어릴 때부터 그런 훈련을 받을 기회가 주어지지 않고, 그들을 이끌어줄 수 있는 사람이 없으며, 차별받는 세상에서 희망 없는 삶을 사는 것밖에 보이지 않는데 어떻게 자기 파괴적인 행동을 하지 않겠는가 하고 반문한다.

진보주의자들은 그들이 어려움을 극복하고 빠져나오도록 손을 내밀어 적극적으로 돕기보다는 그들을 백인의 안락한 삶으로부터 최대한 격리시키고 내버려 두는 것이 현재의 복지 제도라고 비판한다. 미국 사회는 그들이 백인 지역에 들어오는 것을 금하고, 그들의 자녀들이 백인의 돈으로 교육받는 것을 금하고, 그들이 백인의 세금으로 복지 혜택을 누리는 것을 제한한다. 따라서 그들은 더욱 고립되며 그들만의 섬에서 비참하게 살아갈 수밖에 없게 된 것이 미국의 현실이다. 이러한 악순환의 고리를 풀기 위해서 백인의 집단적인 양보가 필요하다. 흑인과 백인이 함께 일하고 함께 살 수 있도록 허용하고, 흑인의 자녀들이 백인 자녀들과 함께 교육받을 수 있도록 하고, 빈곤이 세습되지 않도록 백인의 돈으로 그들을 빈곤의 비참에서 구제하고, 과거의 질곡으로 뒤처진 흑인들이 따라잡을 수 있는 시간을 벌도록 그들을 우선적으로 고용하고 선발하는 제도를 적극적으로 실행해야 한다. 이러한 주장이 구체화된 정책이 바로 적극적 차별개선 프로그램과 흑백의 아이들이 섞이도록 버스로 통학시키는 프로그램이었다. 그런데 흑인 중에 조금 사정이 나아

표 5-4 백인에 대비한 흑인의 상대적 수준 변화(1960~2004년)

		1960	1970	1980	1990	1995	2000	2003~2004
소득	흑인의 가족 소득*	50.8	61.5	57.9	58.0	60.9	63.5	61.6
	빈곤선 이하 인구비** (단위: 배)	3.1	3.2	3.2	3.0	2.6	2.4	2.8
교육	흑인의 고졸 이상자 비율*	46.5	57.6	74.4	83.7	88.9	92.5	93.9
	흑인의 대졸 이상자 비율*	38.3	38.9	49.1	51.4	55.0	63.2	62.4
건강	출생시 기대수명*** (단위: 년)	7.0	7.6	6.3	7.0	6.9	5.7	5.2
	영아 사망률** (단위: 배)	1.9	1.8	2.0	2.4	2.4	2.5	2.5

자료: US Bureau of Census(1973; 1993; 2006)
주: * 백인=100 ** 백인 대비 흑인의 배율 *** 백인수명－흑인수명

진 사람이 나타난다고 해서 바로 이러한 개혁 프로그램을 중단하는 것은 뿌리 깊은 병을 고치려다가 증상이 완화되는 징조를 보이자 바로 치료를 중단하는 것이나 마찬가지라고 비판한다.

보수와 진보는 인종 문제의 장래 전망에서도 의견을 달리하고 있다. 보수주의자들은 인종 문제가 그간의 노력으로 상당히 개선되었으므로 이제 더 이상 인종 문제를 고려하지 않고 공정한 경쟁을 통해 우수한 사람이 성공하는 미국의 원칙을 굳건히 하는 것이 소수자에게 더 도움이 된다고 주장한다. 보수주의자는 진보주의자들이 인종 문제를 진단하면서 현실을 크게 과장해서 부정적으로 보고한다고 비판한다. 노예제도가 존재하던 때는 물론 민권운동 이전과 비교해 보더라도 현재 흑인의 지위는 많이 향상되었으며 근래에는 흑인 중류층의 부상이 사회적으로 두드러지므로, 흑인 문제가 조급하게 개선되기를 재촉하기보다는 장기적인 관점에서 인내심을 가지고 접근해야 한다고 주장한다.

진보주의자들도 흑인의 문제가 민권운동 이전 시절에 비해서는 많이 개선되었다는 점을 인정한다. 그러나 1980년 레이건 대통령 집권 이후 미국 사회 전반의 보수화 물결 속에서, 1960년대에 어렵게 도입된 많은 개혁 프로그램이 폐기되거나 예산 삭감으로 유명무실해진 것은 역사를 거꾸로 움직이려고 하는 처사라고 비난한다. 1960년대 이래 흑인의 상대적인 지위가 계속 향상되어 오던 추세가 근래에 들어 정체되고 있는 현상에 접하여, 진보주의자들은 보수주의자의 낙관적인 전망에 우려를 표시한다.

세계화와 서비스 산업의 성장 및 정보 사회화 등의 요인으로 사회가 양극화되는 경향이 지난 20년간 두드러지게 나타나고 있다. 이러한 구조적인 변화의 흐름 속에서 흑인의 상태는, 현재는 물론 앞으로도 양극화 체제의 하위에 계속 머물 가능성이 높다. 도시 빈민가에서 나타나는 극단적인 빈곤과 교육 부실은 특단의 노력이 없는 한 앞으로도 세대를 계승하면서 계속될 것이다.

현재 흑인 아동 중 세 명에 한 명 꼴로 빈곤 속에서 살아가고 있는데, 이들이 이렇게 격리되며 낙오된 생활을 계속한다면 사회적 불안요인으로 항시 폭동의 가능성을 간직한 채 미국 사회 전반에 어두운 그림자를 드리우는 존재가 될 것이다. 숫자는 많지 않다고 해도 그들의 비참한 생활이 계속되는 한 그들은 반사회적 범죄와 도덕적 타락의 원천으로서 미국 사회에 큰 짐이 될 것이다. 이러한 주장에는 미국 전체 인구의 1%가 넘는 사람들이 형무소에 갇혀 지냄으로써 소모하는 비용이나, 치안 유지에 지출하는 개인과 국가의 엄청난 경비, 두드러지게 높은 범죄와 살인율 등이 증거로 제시된다. 밤중에 거리를 걷는 것은 미국 어디에서나 매우 꺼리는 일인데, 이는 부분적으로 인종 문제로 인한 사회적 갈등이 만들어낸 간접적인 사회 비용이다.

인종 문제를 둘러싸고 대립된 시각은 매우 첨예하게 평행선을 달리고 있다. 20세기 후반 미국 사회의 양극화와 보수주의 경향에 따라 외면적으로는 보수주의자의 입장이 정책적으로 더 큰 영향력을 행사하고 있다. 그러나 흑인의 지위 상승이 정체되어 있는 상황에서, 만일 미국의 경제가 현재와 같이 잘 나가는 행로에서 이탈할 경우 언제 인종 문제의 화약고가 폭발할지 알 수 없는 일이다. 여하간 미국 사회는 앞으로도 한동안 인종 문제에 의해 점철된 사회가 될 것이 분명하다.

주

1) Macionis(1999: 214).

2) Aguirre와 Turner(2001) 또한 사람들의 외관상 판별의 정도(identifiability)가 인종 문제 발생의 중심을 차지한다고 주장한다. 한 집단의 사람들이 다른 집단의 사람들과 외관상 판이하게 구별될 수 있을 때, 두 집단의 사회·문화적 차이가 벌어지며 서로 상대방을 전혀 다른 집단으로 취급하고 교제를 기피하며 갈수록 두 집단 간에 권력의 차이와 차별이 증폭된다. 반면 외관상 판별이 어려울 정도로 흡사할 경우, 새로운 집단은 기존의 집단에 쉽게 동화되며 시간이 지나면서 서루 구별할 수 없는 하나의 집단으로 통합된다.

3) 전형적인 영국인과 전형적인 독일인의 모습이 사람들의 머릿속에 형성되어 있기는 하다. 그래서 사람들은 어떤 사람이 '영국인을 닮았다' 또는 '독일인을 닮았다'는 말을 하곤 한다. 그런데 문제는 영국인이나 독일인 중에 이 전형적인 모습에서 벗어난 사람이 매우 많다는 사실이다. 과학적인 입장에서 볼 때 인종은 객관적인 개념으로 보기 어렵다.

4) Cashmore(1996: 120).

5) 필자가 만난 중년의 전문직 이탈리아계 미국인은 성장기에 마피아라고 놀림을 당했고 직장에서도 이탈리아계라는 이유로 보이지 않게 차별되었던 기억을 가지고 있었다.

6) 전국연구위원회(National Research Council)에서 1995년의 인구 자료를 기초로 하여 2050년까지 각 인종에 속한 사람이 세대를 거치면서 다른 인종의 배우자를 맞는 비율에 대해 예측한 결과는 다음과 같다. 다음 표의 숫자는 인종별 각 세대 인구 중에서 다른 인종과 결혼하는 비율을 의미한다. 백인 사이의 민족 정체성 변화에 관해서는 Alba(1990)를 참고할 것.

인종/민족	이민 1세대	이민 2세대	이민 3세대	이민 4세대 이상
백인	0.10	0.09	0.08	0.08
흑인	0.14	0.12	0.10	0.10
아시아인	0.13	0.34	0.54	0.54
히스패닉	0.08	0.32	0.57	0.57

자료: Denton and Tolnay(2002: 59).

7) 학교에서의 인종 간 불평등 문제에 대한 체계적인 논의는 Hoschild and

Scovronick(2003) 참조.

8) Alexander Saxton(1975)에 따르면 흑인분장악극은 기본적으로 노예제에 대한 이념적 옹호를 밑바탕에 깔고 있다. 직설적으로 흑인을 비하하는 내용도 있지만, 간헐적으로 노예제 체제에 대해 풍자하는 내용을 포함하면서, 은유적으로 흑인이 백인과 동급이 될 수 없음을 암시하고 있다.

9) Steinberg(2001)는 그의 책에서 남북전쟁 이후 흑인이 계속해서 면화 생산에 얽매이게 되는 과정과 도시 산업 노동 진출이 배제된 과정에 관해 통찰력 있는 서술을 전개한다.

10) 민권법(Civil Rights Acts)을 협의로 지칭할 때에는 1963년에 제정된 인종차별을 금지하는 법을 민권법으로, 1964년에 제정된 흑인의 투표권을 보장하는 법은 투표권법(Voting Right Act)으로 구별하여 지칭한다. 여기에서는 민권법을 유색인의 기본권을 보장하는 법률을 모두 포괄하는 것으로 사용한다.

11) 물론 미국 사회의 보수화에는 여러 요인이 복합적으로 작용했다. 민권운동과 기타 소수자 권리 운동, 베트남 전쟁, 워터게이트, 경제 침체 등이 주요 원인으로 거론된다.

제6장

인종 문제의 다양성과 변화

앞 장에서 인종의 사회적 의미와 역사적 연원을 살펴보았다. 여기에서는 현재의 인종 문제에 초점을 맞추어 미국의 사회를 검토해 볼 것이다. 미국에서 인종 문제는 기본적으로 백인과 흑인 간의 대비가 중심을 차지한다. 미국 사회에서는 백인이냐 아니냐가 가장 중요하며, 흑인과 다른 유색인 간의 차이는 상대적으로 덜 중요하다. 그러나 20세기 후반 들어 히스패닉이 급속히 증가하면서 독자적인 세력을 형성하여, 미국 역사상 백인이 아닌 사람은 모두 흑인으로 간주했던 인종의 구도에 큰 변화가 일어나고 있다. 아시아인 또한 과거 백인과 흑인의 대립 구도에서 볼 때에는 특이한 존재이다. 유색인이면서도 많은 백인보다 교육이나 소득이 높은 집단이 아시아인이다. 다음에서는 인종 문제를 이런 다양성과 근래의 변화상에 초점을 맞추어 쟁점별로 검토해 본다.

1. 흑인은 왜 항시 새로운 이민자보다 뒤처지는가?

1960년대 민권운동의 결과로 흑인과 백인 간에 법적인 평등이 이루어졌지만 사회·경제적 지위의 개선은 매우 더디게 진행되었다. 특히

표 6-1 인종별 사회·경제적 지위 비교(2001~2002년)

	전체 미국인	백인	흑인	아시아인	히스패닉
가족 소득*	$42,228	$44,517	$29,470	$53,635	$33,565
대졸자 비율**	26.7%	27.2%	17.0%	47.2%	11.1%
빈곤율	11.7%	9.9%	22.7%	10.2%	21.4%
실업률	5.8%	5.1%	10.2%	-	7.5%
영아 사망률***	7.0명	5.8명	13.9명	3.0명	5.4명
살인으로 인한 남성 사망률****	6.0명	5.3명	38.6명	-	-

자료: US Bureau of Census(2003); Center for Disease Control(http://www.cdc.gov/nchs/).
주: * 중위 소득 ** 성인 25세 이상 인구 중 비율
*** 출생아 1,000명당 **** 인구 10만 명당

1980년대 레이건 대통령 이후 미국 사회의 보수화에 따라 1960년대에 도입되어 흑인의 지위 상승을 가져왔던 개혁적인 법안이나 정책이 폐지되거나 예산이 삭감되면서, 흑인의 상대적 지위는 지난 20년간 거의 정체 상태에 머물렀다. 흑인은 인디언과 함께 미국 사회에서 가장 밑바닥을 차지하고 있다. 소득, 직업, 교육 등 주요 사회·경제적 지표에서 흑인의 지위는 다른 인종과 현격한 차이를 보인다. 흑인은 평균적으로 백인 가족 소득의 65%만을 벌어들이며 빈곤율이나 실업률은 백인 대비 두 배를 넘어선다.

1980년대 이래 급증한 히스패닉이 가난한 출신 배경을 뒤로 하고 영어도 못하는 상태로 미국에 발을 디뎠음에도 흑인보다 상층에 위치하는 것은 좀처럼 납득하기 어려운 일이다. 상식적으로 생각한다면 흑인은 자신이 태어난 나라에서 친숙한 관습과 영어를 모국어로 사용하면서 노동시장에서 본국인으로서의 기득권을 향유할 수 있는 지위에 있으므

로, 교육도 거의 받지 못하고 최근에 맨손으로 이민 온 사람보다는 우월한 지위를 누려야 한다. 실제로 흑인은 사회·경제적으로는 하위에 있지만 정치력으로만 본다면 어느 유색인보다도 우월한 위치에 있다. 공공부문 하위직에서 흑인의 진출은 눈부시며, 흑인 정치인은 다른 어느 유색인보다 중앙과 지방 정부에 많이 진출해 있다. 흑인 장군, 흑인 국무장관, 흑인 대법관, 흑인 상·하원의원, 흑인 주지사, 흑인 시장 등 미국 정치의 핵심에서 흑인을 쉽게 찾을 수 있다. 그러나 경제계에서만은 흑인 최고 경영자나 대자본가를 만나기 힘든 것이 현실이다.

과거 미국에 건너온 이민자들은 일반적으로 가난하고 힘든 밑바닥 생활에서부터 시작하며 주류 사회로부터 차별을 경험하지만 피나는 노력을 통해 조금씩 상승하여 가난을 벗어나고 상위로 도약했다. 그러나 이 과정에서도 유럽계 백인은 미국에 온 첫날부터 흑인보다는 상층으로 대접받았다. 이는 물론 인종주의의 결과이다. 문제는 20세기 후반에 세계 각지로부터 흘러들어온 유색인조차 이민 온 지 얼마 안 되어 흑인보다 사회·경제적으로 상층을 차지하는 현상이 반복되고 있다는 점이다. 아시아인과 히스패닉이 그 대표적인 예이다. 따라서 흑인이 최근에 이민 온 유색인보다 사회·경제적으로 뒤처지는 것을 두고, 흑인의 문제는 인종주의의 결과가 아니라 흑인의 생활과 사고방식에 문제가 있기 때문이라는 비판이 제기된다. 왜냐하면 아시아인이나 히스패닉도 유색인으로서 인종차별을 경험하지만 이를 극복하고 빈곤에서 벗어날 수 있었기 때문이다.

물론 아시아인 이민자는 출발점에서부터 상대적으로 우수한 교육과 생활 방식 및 직업 경험을 가지고 들어온 사람들이므로 흑인과 단순 비교하는 것은 부적절하다. 반면 멕시코에서 건너온 히스패닉은 매우 빈곤하며 교육도 거의 받지 못한 배경에서 불법으로 넘어온 사람들도 많다는 점에서 흑인 책임론에 대한 반박이 쉽지 않다. 흑인이 계속해서 새로운 이민자에 뒤지는 현상에 대해서는 대체로 문화적인 요인과 사회구조적인 요인으로 설명한다.

문화적인 설명은 인류학자 오스카 루이스(Oscar Lewis)가 멕시코의 빈민을 연구하면서 그들의 빈곤을 문화적인 요인으로 돌린 데서 출발한다. 이 이론은 한동안 미국 사회의 흑인 빈곤을 설명하는 데 원용되었다. 흑인과 히스패닉 간의 비교에 이 이론을 적용하면 다음과 같이 설명할 수 있다. 히스패닉은 독실한 천주교 신자로 가족을 소중히 하는 전통이 매우 강하다. 이들은 자기를 절제하며 가족 간의 유대를 소중히 여긴다. 그들은 이민자의 공통적인 특성인 성공에 대한 열망이 강하므로 낮은 임금이나 열악한 조건에서도 악착같이 열심히 일하며 번 돈을 저축하는 등 앞날을 위해 현재의 만족을 포기하는 성향을 보인다. 반면 흑인은 자기를 절제하는 윤리가 박약하여 대다수가 결손 가정에서 살며 신뢰할 만한 근로자가 되지 못한다. 흑인은 힘들고 낮은 임금의 일자리를 기피하며, 정부의 복지 지원에 의존하려고 하며, 미래를 위해 현재의 만족을 포기하는 인내심이 없다. 그들은 자신의 비참한 처지를 비관하면서 사회에 대한 반발이나 비현실적인 성공 욕구만을 가지고 있을 뿐 노력과 인내를 통해 성공을 이루어내려는 의지가 약하다. 흑인은 아시아인이나 히스패닉과는 달리 자녀 세대의 성공을 위해 자신을 희생하면서 고생을 견디려는 동기가 약하다. 흑인이 영어를 잘 구사하며 본국인이라는 이점은 이렇게 문화적으로 열등한 특성에 의해 곧 상쇄되어 버린다. 특히 저임금의 단순 노무직에서는 유창한 영어 구사력보다는 성실과 인내를 더 필요로 하는데, 이 점에서는 새로운 이민자들이 흑인보다 훨씬 우수하다. 흑인보다 히스패닉의 고용을 선호하는 이유는 이들이 좀 더 노동윤리가 확고하고 신뢰할 수 있는 근로자이기 때문이다. 흑인이 이렇게 열등한 사고방식과 생활태도를 고치지 않는 한 새로운 이민자들에게 항시 뒤질 수밖에 없다는 것이 문화적 설명의 결론이다.

반면 사회구조적인 설명은 흑인에 대해 오래전부터 지속된 사회적인 억압이 흑인의 상승 이동을 체계적으로 가로막고 있다는 주장으로 요약된다. 그들이 빈곤한 이유는 문화적·성격적인 결함 때문이 아니라 사회구조적인 요인 때문이라는 것이다. 그들이 문화적으로 문제가 있는 듯이 보이는 것은 빈곤이 초래한 결과이지 빈곤의 원인이 아니라는 지적이다. 빈곤이 초래한 결과를 보고 그들이 빈곤할 수밖에 없다고 결론짓는 것은 마치 마차 뒤에 말을 붙들어 매고 가는 것이나 마찬가지이다.

흑인은 면화 농장에서는 물론 도시 노동자로 이전해서도 최하층에 머물도록 강요되면서 주류 사회에서 배제되었다. 백인이 흑인과 이웃으로 함께 거주하는 것을 기피하여, 흑인은 백인과 거의 섞이지 않고 흑인만의 도시 빈민 지역을 형성하며 지내왔다. 이러한 흑인만의 생활세계에서 상승 이동할 수 있는 경제적 기회나 성공 욕구를 자극하는 역할 모델은 드물었다. 흑인의 자녀는 가난한 흑인만이 다니는 매우 열악한 수준의 학교에서 제대로 된 교육을 받을 수 없었다. 이렇게 열악한 환경에서는 열심히 공부한다거나 열심히 일해 가난을 벗어나려는 강력한 동기를 형성하기 힘들다. 그들에게는 비참한 현실 속에서 서로 마약과 살상을 하는 범죄의 세계에 빠져들거나, 어린 나이에 성관계를 맺어 임신하는 악순환이 계속될 뿐이다. 흑인은 백인 사회로부터 차단되어 저임금 노동자나 실업자로 머무르며, 교육을 통해 벗어날 수 있는 기회가 차단되어 있고, 빈곤의 가장 큰 원인이자 결과인 질병에서 벗어날 수 있는 자원도 없다. 일자리가 없기 때문에 게으르게 보이는 것이며, 생존에 허덕이기 때문에 미래를 위해 현재의 만족을 포기하지 않는 것으로 보이며, 그들 주위에 노력을 촉구하는 계기나 자원이 없기 때문에 노력하지 못하는 것이다. 이렇게 탈출구가 차단된 고립된 세계에서 예외적으로 벗어난 중류층 흑인의 경우, 동료 흑인과 교류하는 생활을 지속하기보다는 교외의 백인 거주 지역으로 이동해 흑인 생활과는 단절된 백인 주류의 일원으로 변신한다. 이렇게 사회적인 억압과 배제의 악순환은 흑인을 탈출하지 못하는 굴레 속에 가두고 있다. 이런 질곡 속에서 힘들게 살아가는 흑인 빈곤층은, 이런 질곡 없이 미국에서 새롭게 삶을 시작하는 이민자보다 더 힘든 환경에 처해 있으며 메마른 미래가 기다리고 있을 뿐이다. 흑인의 비참이 인종주의에 기인한 사회적 배제에 있다는 지적은 문화적 설명보다 더 설득력이 있다.

제2차 세계대전 후부터 본격적으로 전개된 백인의 교외 이주 경향은 1950~1960년대에 도시 주변의 도로망이 급속히 확대되면서 가속화되어 대다수의 중류층 백인은 교외에 거주하고 도심에는 흑인만 남게 되었다. 백인의 교외 이주와 함께 일자리도 옮겨가 도심에는 흑인을 고용할 수 있는 일자리가 줄어들었으며, 흑인 거주 지역에는 상점도 없고 도로는 망가진 채 방치되고 낡은 건물을 보수하지 않아 점점 더 버려진 빈민촌으로 변하게 되었다. 지역 주민의 재산세에 절대적으로 의존하는 미국의 초·중등 교육은 도심 빈민촌과 교외 백인 지역 사이의 간극을 더욱 크게 벌려 놓았다. 지역 사회에서는 물론 학교에서도 흑인과 백인이 섞일 기회가 거의 없으며 교외의 백인 학교와 도심의 흑인 학교 간에 엄청난 질적 차이를 보이게 되었다. 백인과 흑인이 성장과정에서 거의 접촉하지 않고 학교에서 흑인 아이들의 성공을 위한 기회가 제공되지 않는 사회 환경은 인종 간의 격차를 고착시킬 뿐이다.

표 6-2에서 보면, 소수 인종이 학급 학생 수의 90% 이상인 학교에 전체 소수 인종 아동의 34.8%가 몰려 있다. 이와 같이 학교 교실에서 흑인과 백인이 사실상 분리된 오늘날의 상황은 민권운동의 시발이 된 1954년의 브라운 판결에서 흑백이 분리된 학교는 불평등하다고 내린 결정에 정면으로 위배되는 것이다. 이 판결이 나오기 전까지 흑백 간 분리는 법적으로 뒷받침된 것인 반면, 이 판결 이후 흑백이 분리된 학교는 사회·경제적 현실이 만들어낸 것이다. 이러한 상황을 타개하기

표 6-2 공립 초·중등 학교에서 백인과 소수 인종의 분리(2001년)

(단위: %)

학급 내 소수 인종 비율	10% 미만	10~24%	25~49%	50~74%	75~89%	90% 이상	합계
백인	42.0	26.2	20.4	8.4	2.2	0.7	100.0
유색인	2.9	8.0	17.6	20.5	16.2	34.8	100.0
흑인	2.2	7.0	18.7	20.9	13.2	38.0	100.0
히스패닉	2.2	6.4	14.6	19.9	19.1	37.7	100.0
아시아계	6.5	15.0	23.4	22.2	18.2	14.6	100.0
인디언	8.7	18.3	26.4	17.7	8.2	20.7	100.0
합계	26.4	18.9	19.3	13.3	7.8	14.3	100.0

자료: National Center for Education Statistics(2003)

위해 1970년대까지만 해도 백인 아이들과 흑인 아이들을 섞어 놓는 시도가 다양하게 전개되었다. 통학버스를 이용해 백인 아이들을 흑인 지역의 학교에, 흑인 아이들을 백인 지역의 학교에 통학시키는 프로그램이 대표적이다. 이 프로그램은 연방 정부의 감독하에 전국적으로 시행되었으며 흑인들에게 광범위한 지지를 받았다. 이 프로그램의 영향으로 백인 학교에 통학한 흑인 아이들은 학업 성적이나 상급학교 진학률 등에서 현저한 향상을 보였다. 반면 백인 학부모들은 격렬하게 반발하며, 자녀를 이웃의 가까운 학교가 아닌 멀리 떨어진 흑인 학교로 통학시키는 것을 거부하는 운동이 벌어졌다. 통학 버스에 돌을 던지거나 동네 진입을 막는 백인 학부모의 분노에 찬 모습은 1950년대의 학교 흑백통합 노력에 대한 남부 백인들의 반발을 그대로 빼닮았다. 버스 통학의 범위를 벗어나 더 멀리 떨어진 교외 지역으로 이사를 하거나 흑인이 거의 다니지 않는 사립학교에 자녀를 보내는 백인 가정이 늘어났다.

결국 이 프로그램은 1980년대 레이건 정부가 들어서면서 대부분의 지역에서 중단되었다. 이와 유사하게 일부 지역에서 도심에 사는 흑인을 교외의 백인 주거 지역으로 이사시키고 자녀를 그곳의 학교에 보내도록 하는 프로그램도 시행되었다. 이 프로그램 역시 흑인 자녀들에게는 학업 성취도 향상 등 뚜렷한 긍정적 효과를 가져왔으나 흑인이 이사 온 집 주변에 사는 백인들의 반발로 중단될 수밖에 없었다. 그 결과 흑인들은 흑인과 히스패닉이 대부분이고 백인 학생의 비율은 10%도 되지 않는 인종 분리 학교에 다니는 1950년대 이전의 상황으로 되돌아가게 되었다.

미국 사회에서 인종 문제는 복지 정책을 둘러싼 논쟁과 밀접하게 연관되어 있다. 흑인의 상당수가 빈민이기 때문에 복지 지원의 적정성과 효율성 문제는 인종주의적인 주장과 뗄 수 없는 관계이다. 미국은 서구 유럽과 비교할 때 복지 지원에 할당된 자원이 매우 적은 국가이다. 이는 미국인의 개인주의적 성향에 따라 개인이 각자의 복리를 책임져야 한다는 이념에 근거한 것이다. 흑인 중에는 실업자나 저임금 근로자가 많고 결손가정의 비율이 매우 높으며 범죄자나 범죄의 희생자가 유난히 많다. 백인은 이런 흑인들에게 복지 지원을 해주는 것에 대해 매우 비판적이다. 표면적으로는 지원의 효율성이 낮다는 점을 들고 있으나, 마음속에서는 백인의 돈이 흑인에게 쓰이는 것을 거부하는 인종주의적 색채를 띠고 있다. 사실 미국의 복지 지출 중 흑인을 대상으로 한 프로그램에 투입되는 재정의 비율은 매우 낮다. 복지 재정의 대부분은 연금과 노년층의 의료보조(Medicare)에 투입되는데 이 프로그램의 수혜자는 대부분 백인이다. 그러나 복지 개혁에서 항상 논쟁이 되는 것은 흑인에게 주로 집중되어 있는 공공부조(public assistance), 특히 미혼모의 생계를 지원하는 프로그램(AFDC: Aid to the Family with Dependent Child)이나 식품교환권(Food Stamp)같이 극빈층의 필수적인 생계와 연관된 지원이다.

미혼모는 혼전 성교와 임신이라는 도덕적으로 부정한 행위와, 이들이 복지 수혜자로 있으면서도 취업을 하려 하지 않고 아이를 더 낳아 복지 지원 금액을 늘리는 경우가 있다는 점에서 백인의 감정적 반발을 샀다. 그러나 미혼모에 관한 실증 연구에 따르면 미혼모는 열악한 가정환경에서 태어나 보호받지 못한 성장 과정에서, 사회적 좌절에 대한 발산으로서 여성에게 가하는 흑인 남성의 권위적인 압박의 피해자가 되며, 무지 속에서 임신을 하게 되고, 피임이나 중절의 비용과 지식이 부족하다. 사랑과 인정받고 싶은 욕구에 메마른 그들에게 복지 지원이 뒤따르는 아이의 출산은 자연적인 귀결이다.

이들의 자녀 출산은 학교 중퇴와 실업의 악순환으로 이어진다. 그러나 이런 결과는 그들이 원해서 선택한 것이 아니라 환경적인 요인에 떠밀려 그렇게 된 것이므로, 이들에게 성적인 절제를 하지 못했다고 비난을 하는 것은 적절치 않다. 백인 청소년의 경우에도 혼전 성행위는 보편적인데 이들은 가정의 보호 속에서 부모의 지도하에 피임과 중절을 택하는 것이 다를 뿐이다. 빈곤층 백인 청소년은 흑인과 유사한 길을 가며 백인 미혼모의 숫자는 흑인보다 훨씬 크다. 요컨대 미혼모의 문제는 흑인의 사회·문화적인 요인 때문이 아니라 빈곤이 낳은 일반적인 결과라는 지적이 더 타당하다. 미국 사회의 흑인 미혼모에 대한 비판은 결국 미혼모 지원 프로그램을 대대적으로 개편하는 결과를 가져왔다. 1997년 클린턴 정부에 의해 입법화된 복지 개혁안은 기본적으로 근로와 복지를 연계시키는 내용과 복지 지원의 한도를 제한하는 것을 골자로 하고 있다. 미혼모는 직업을 구하기 위한 적극적인 노력을 하지 않고는 지원금을 받을 수 없도록 했으며, 이를 위해 교육 훈련, 보육, 직업 알선 지원을 강화했다. 또한 이들에게 연속으로는 최장 3년만 지원을 받을 수 있게 하여, 이 기간을 넘기면 모든 복지 지원이 중단되도록 했다.[1)]

현재의 흑인 문제에는 오랜 인종주의적 차별 결과 누적된 빈곤이 만들어낸 구조적인 요인과, 여전히 상당 부분 존재하는 인종주의적 차별이 복합적으로 작용하고 있다. 인종주의가 공식적으로 금지된 이후 이것이 사적인 영역에서 은밀한 방식으로 전개되면서 인종주의를 개선하기 위한 노력은 더욱 어려워졌다. 1960년대에 왕성했던 인종차별을 해소하기 위한 공적인 노력은 추진력을 잃고 퇴보하고 있는 듯하다. 그 결과 인종주의의 가장 큰 희생자인 흑인의 지위는 지난 수십 년간 정체 상태를 보이며, 새로운 이민자에게 항상 윗자리를 내주어야만 하는 상황을 계속 연출하고 있다.

2. 적극적 차별 개선 프로그램을 둘러싼 공방[2)]

'적극적 차별 개선 프로그램(Affirmative Action Program)'은 1960년대 민권운동 결과 탄생한 정책으로 1968년에 흑인의 지위 향상을 위해 입법되었다. 일반적으로 복지 프로그램은 인종에 관계없이 일정한 사회·경제적 기준에 미달하는 사람들에게 보조를 제공하는 것임에 비해, 이 정책은 소수자의 사회적 지위를 향상시키는 목적을 추구하는 매우 이례적인 정책이다. 소수자의 열악한 지위를 개선한다는 점에서는 일반적인 빈곤 정책과 동일하지만, 수혜자가 열악한 지위인가의 여부보다는 소수자인가의 여부가 수혜의 기준이라는 점에서 일반적인 복지 정책과 구별된다.

이 정책은 주로 공립 대학교와 공공 기관에서 실시되었다. 공립 대학교에서는 신입생 선발에서 소수자에게 우선적인 혜택을 주도록 했으며, 공공 기관 및 정부와 계약을 맺는 민간 기관에게 성별·인종별 구성 비율을 매년 보고하도록 하고 소수자의 비율이 낮은 기관에 불이익을 주거나 적극적인 시정을 권고할 수 있도록 했다. 실제 이 정책은 소수자에게 가산점을 주거나 일정 비율을 할당하는 방식으로 운용되어 많은 소수자들이 입학·채용될 수 있도록 했다. 그 결과 공립 대학교와 공공기관에서 소수 인종, 특히 흑인의 비율이 증가했으며, 공공기관의 하위직에서 흑인의 증가는 매우 두드러졌다. 물론 이 정책은 소수자를 포괄적으로 규정했으므로 흑인은 물론 많은 여성들이 이 정책 덕분에 사회진출에 큰 도움을 받았다.

그러나 이 정책은 입법 당시부터 미국인의 보편적인 신조에 어긋나는 원칙을 포함하고 있다는 비판이 제기되었다. 일반적으로 미국인은 어떤 집단에게 특혜를 주는 방식은 기회의 평등이라는 원칙에 어긋난다고 생각한다. 모두에게 동등하게 적용되는 보편적인 기준에 따라 개인의 재능과 노력을 바탕으로 공정 경쟁을 통해 보상이 배분되는 것을 최상으로 여긴다. 그런데 이 정책은 소수자 집단 구성원 모두에게 개인의 능력이나 노력에 관계없이 일괄적으로 특혜를 베푸는 방식이므로 공정 경쟁의 원칙에 정면으로 위배된다. 소수자의 사회적 진출이 미약했던 도입 초기에는 반발이 크지 않았으나, 이 제도의 도움으로 혜택을 받아 백인과의 경쟁에서 우월한 지위를 획득한 사람이 속속 등장함에 따라, 1980년 레이건 대통령 정부 이후 이 제도에 백인 사회의 비판이 집중되었다. 1980년대 초반 이 제도가 위헌이라는 소송이 잇달아 제기되었으며 캘리포니아 주에서는 이 제도의 적용을 중지하는 법안이 통과되었다. 2004년 미시간 주립 대학교에서 법대 입학을 놓고 벌인 대법원 공방에서 “소수자에게 입학에서 가산점을 부여하거나 인원을 할당하는 행위는 위헌이지만 인종적인 다양성을 고려한 입학생 집단의 조정은 합헌”이라는 매우 애매한 판정이 내려지기도 한 이 문제는 인종 문제에 관한 미국인의 생각을 알려주는 시금석 역할을 한다.

이 제도에 대한 비판은 크게 세 가지 범주로 요약할 수 있다. 첫 번째는 경쟁의 공정성과 관련된 논의이며, 두 번째는 이 제도의 효과와 관련된 것이며, 세 번째는 인종 구분의 타당성과 관련되는 것이다. 다음에서는 이 세 가지 비판과 반박을 간단히 검토한다.

첫째로 경쟁의 공정성과 관련하여 이 정책이 백인을 역차별하고 있다는 주장이 가장 빈번하게 제기된다. 동일한 조건이나 입학 성적을 가지고도 흑인은 선발되지만 백인은 탈락하는 것은 명백한 잘못이라는 주장이다. 이러한 역차별 주장은 보수주의 성향의 백인에게 설득력을 더하고 있으며, 그 결과 이 정책의 적용 범위는 갈수록 좁아지고 있다. 그러나 이러한 주장은 차별의 의미를 매우 소극적·피상적으로만 한정한다는 비판을 받고 있다. 흑인이 처한 열악한 상황에서 백인과 동등한 업적을 만들어내는 사람만이 경쟁에서 승리할 수 있다는 것은 구조적인 문제를 도외시하고 개인적인 책임만을 묻는 무책임한 행위라고 반박한다. 흑인 빈민가 미혼모 가정에서 태어나 빈곤하고 열악한 학교 시설에서 성장한 아이들에게 중류층 가정에서 태어나 풍요롭게 성장하고 질 높은 학교에서 공부한 교외의 백인 아이들과 동등한 조건에서 경쟁하라는 것은 무책임하다는 주장 또한 설득력이 있다. 출발점이 다른데 동등한 조건의 경쟁만을 주장하는 것은 사실상 공정하지 못하다는 반박이다.

이러한 반박에 대해 보수주의자들은, 그렇다면 과거 선조들의 인종적 잘못의 책임을 현 세대 아이들이 부담하게 하는 것이 타당한가 하는 질문을 던진다. 보수주의적 백인은 현재 흑인이 열악한 상황에 처한 것이 과거 백인 선조의 노예제도와 그에 따른 질곡 때문이라는 점은 부분적으로 인정하지만 왜 현재를 살고 있는 우리 자녀가 과거 조상이 저지른 잘못의 책임을 덮어써야 하는가 하고 반박한다. 과거 조상의 책임을 현재의 아이들에게 묻는 것은 마치 연좌제와 같이 옳지 못한 것으로 보인다. 이런 주장에 대해 진보주의자들은, 현재 백인 자녀들이 우월한 지위를 누리는 것은 과거 선조들의 소수 인종에 대한 착취의 유산인데, 과거에 벌어진 착취의 혜택은 그대로 누리면서 그에 대한 책임만을 회피하도록 하는 것이 정당한가 하고 반박한다. 소수 인종에게 우선적인 혜택을 주는 것이 공정한가 하는 문제는 어느 입장에 서 있는가에 따라 할 말이 끊임없이 나오는 논쟁이므로 명확한 결론을 내리기 어렵다. 양쪽 주장이 각각 타당한 측면이 있으므로 이는 논리적으로 따져서 해결을 볼 수 없는 가치판단의 문제로 보인다.

반면 이 제도의 효과를 둘러싼 논쟁은 경험적인 성격을 지니므로 가치판단적인 주장보다 치명적인 공격이 될 수 있다. 이 제도는 과연 의도하는 효과를 잘 내고 있는가 하는 점을 둘러싼 논쟁이 그것이다. 이 제도의 취지는 열악한 지위의 소수자, 특히 흑인의 사회·경제적 지위를 개선하자는 데 초점이 맞추어져 있다. 보수주의자는 이 제도가 흑인에게 공정한 노력과 경쟁을 회피하고 부당한 혜택만을 넘보게 함으로써 흑인을 의존적인 상태에 붙잡아 매어놓는 나쁜 역할을 한다고 비판한다. 이는 흑인 빈곤층을 지원하는 복지 제도가 그들의 자립 의욕을 없애고 복지에 의존하게 한다는 주장과 맥을 같이한다. 보수주의자들은, 혼자 힘으로 노력하여 성공한 흑인에게 이 제도의 덕택이라는 오명을 덮어씌움으로써 그들의 능력을 의심하게 하고 자긍심을 떨어뜨리는 매우 나쁜 결과를 가져왔다고 비판한다. 이 제도의 도입 이후 흑인의 지위가 나아지기는커녕 흑인 빈민촌의 사회문제나 흑인의 사회·경제적 지위는 거의 개선되지 않았다는 점도 흑인을 겨냥한 복지 제도의 비판에서 흔히 인용되는 주장이다. 이러한 주장을 하는 사람들은 대부분 보수주의적 백인이지만 성공한 흑인들 중에서도 소수 발견된다. 1991년 아버지 부시 대통령의 재임 시절에 미국 사회를 떠들썩하게 했던 보수주의 흑인 대법관인 클래런스 토머스(Clarence Thomas)의 임용을 둘러싼 진보주의자의 반대운동이나, 미국에서 가장 성공했다고 지목되는 여성 최고경영자 칼리 피오리나의 발언에 대한 여권주의자의 비판이 그것이다. 이들은 흑인이나 여성에게 우선권을 주는 제도는 능력 있는 소수자의 성취동기를 갉아먹고 성공한 사람의 자긍심을 떨어뜨리기 때문에 실제로는 그들에게 도움이 되는 제도가 아니라고 주장하여 사회적으로 큰 파장을 일으켰다.

진보주의자는 이 제도의 효과에 관한 보수주의자의 주장의 타당성에 의문을 제기한다. 진보주의자는, 이 제도의 도입 이후 많은 흑인과 여성이 혜택을 받아 사회에서 활동하고 있는데, 이 제도가 아니었다면 차별로 인한 불이익으로 그들 중 그렇게 많은 수가 사회에 진출할 수 있었겠는가 하고 반문한다. 또한 많은 미국인들이 존경하는 콜린 파월 장군이나 기타 많은 흑인 지도자들이 이 제도의 직간접적인 도움을 받았다고 언급한다. 그들은 다수의 흑인이 공공부문에 진출한 것은 이 제도의 도움이 크며, 비록 대다수가 하위직에서 일하고 있어 차별이 완전히 개선되었다고 할 수는 없지만, 이 제도 덕분에 일부는 상위직으로 진출할 수 있었음을 지적한다. 또한 1980년대 이후에 이 제도가 정부의 소극적인 태도로 축소되면서 흑인의 사회 진출이 줄어드는 경향을 보이므로, 이 정책이 더욱더 적극적으로 실시되어야 한다고 주장한다.

흑인에게 우선적인 혜택을 주는 제도로 흑인들이 상당히 성장했으므로 이제는 이런 공정하지 못한 제도를 폐지할 때가 됐다는 주장도 제기된다. 지금까지 이 제도로 도움을 받을 만한 사람은 거의 다 받아서 빈곤에서 탈출한 반면, 여전히 빈곤에서 헤매고 있는 사람에게는 앞으로도 이 제도의 효과가 없을 것이므로 이 제도를 폐지할 때가 됐다는 것이다. 반면 진보주의자들은, 비록 소수이지만 열악한 환경에 있는 흑인이 여전히 이 제도의 혜택으로 대학교에 입학하고 공공부문에 취업하고 있다는 사실을 들어 그들의 주장을 반박한다. 그리고 흑인 중 1/3에 달하는 인구는 중류층으로 올라선 반면 나머지 사람들은 대부분 여전히 가난에서 허덕이고 있는 현실을 부각시킨다.

이 제도가 실시된 지 상당한 시간이 흘렀음에도 도심에 거주하는 흑인의 열악한 사정이 크게 개선되지 않았으므로 더 효과적인 제도로 바꾸어야 한다는 비판 또한 제기되었다. 진보주의자는 보수주의자가 개혁안으로 제시하는 정책은 한결같이 개인의 책임과 개인의 변화를 강조하는 것인데, 흑인이 어려움에 처한 것은 개인이 선택하여 그렇게 된 것이 아니므로 개인의 노력과 의지만을 강조하는 개인적인 접근만으로는 흑인의 빈곤 문제를 풀 수 없다고 반박한다. 그들은 사회구조적인 요인과 연결된 흑인 문제의 대응을 회피하는 미국 사회를 비판한다. 미국의 권력자들은 개인적인 접근만을 강조할 뿐 흑인이 집단적으로 처해있는 구조적 제약에는 눈을 감고 있다. 적극적 차별 개선 프로그램은 소수자가 처한 사회구조적인 문제에 대응하는 매우 드문 정책이다. 진보주의자는 이 제도가 효과가 없는 것은 이 정책을 보다 적극적으로 확대하여 실시하지 않기 때문이며, 많은 성공 사례가 보고됨에도 제도의 효율성을 의심하는 것은 진실을 왜곡한 그릇된 매도라고 주장한다.

이 제도의 효과에 대한 또 다른 비판은, 이 제도의 혜택이 실제 이 제도를 필요로 하는 열악한 조건의 소수자보다는 이 제도의 도움이 필요 없는 중류층 흑인에게 주로 가고 있다는 지적이다. 교외로 진출한 중류층 흑인 가정의 자녀가 같은 환경에서 자라나는 백인 자녀와 경쟁하는 데서 흑인이라는 이유만으로 혜택을 받는 것은 명백히 옳지 않다고 주장한다. 이 주장은 주로 대학 입학과 관련하여 제기되며, 보수적인 백인의 분개를 낳는 가장 중요한 사유이다. 사실 도심 빈민가에서 성장한 흑인은 대학 진학률이 낮은 반면 중류층 흑인 자녀는 백인 중류층과 마찬가지로 대학 입학을 당연한 길로 생각하므로 진학률이 높다. 이러한 상황에서 유사한 조건의 흑인과 백인이 경쟁하면서 흑인 학생에게만 혜택이 주어지는 데 대해 비판이 제기되는 것은 당연하다. 이런 비판에 대해 진보주의자들은, 중류층 흑인 자녀가 혜택을 받고 있다고 해서 열악한 처지에 있는 흑인이 혜택을 받을 가능성을 완전히 차단하는 것이 적절한가 하고 질문한다. 그러나 사실 이런 반박은 실제 중류층 흑인 자녀들의 혜택이 눈에 띄게 두드러지므로 설득력이 약하다.

이런 문제점에 대응하여 일부 진보주의자들은 인종에 근거한 혜택을 주기보다 계급, 즉 생활수준에 근거한 혜택으로 바꾸자고 제안한다. 흑인에게 우선적인 혜택을 주는 것은 그들이 흑인이기 때문이 아니라 열악한 조건에 있기 때문에 어려움에서 탈출하도록 도와주려는 것이다. 흑인에게 혜택을 주는 것이 문제라면 흑인인가 여부를 떠나 가난한 사람에게 우선적인 혜택을 주는 방식으로 변경하면 될 것이 아닌가 하는 제안은 타당해 보인다. 사실 흑인 중에 많은 수가 빈곤자이므로 어느 방식을 적용해도 이들은 백인보다 이 제도의 혜택을 더 많이 받을 것이다. 차이가 있다면 중류층 흑인은 계급을 기준으로 한 우대조치에서는 제외되는 반면, 빈곤층 백인은 계급을 기준으로 한 우대조치를 적용할 경우 혜택을 받는 대상자로 새롭게 포함된다는 것이다. 이 주장은 논리적으로는 매우 타당하지만 미국인이 계급에 따른 집단적 대응을 매우 기피하므로 실효성 있는 정책으로 받아들여질 가능성은 크지 않다. 이 정책을 밀어붙이려면 빈곤자의 이익을 옹호하는 정치적 이익 집단이 있어야 하나, 흑인과는 달리 빈곤자는 정치적으로 조직되어 있지 않다.

이 정책에 대한 세 번째 비판은 인종 구분의 타당성과 연관된 것이다. 보수주의자는 진보주의자가 인종주의가 없는 사회를 만들자고 하면서 거꾸로 인종 구분을 엄격하게 고착시키는 정책을 옹호하는 것은 자가당착이라고 비판한다. 백인에 우선하여 소수자에게 혜택을 부여하려면 누가 백인이고 누가 소수자인지를 명확히 구분해야 한다. 그러나 이는 쉬운 문제가 아니다. 현재 미국 사회에서 인종 구분은 자신의 자발적인 표명, 즉 자신이 어느 인종에 속한다고 밝히는가 하는 주관적인 판단에 의존하고 있다. 과거와 같이 5대조 조상 중에 흑인이 있을 경우 흑인이라는 식의 객관적인 기준에 따른 법적 구분은 폐지되었다. 오랜 기간 노예제도가 이어져 오면서 백인 주인과 흑인 노예 간에 혼혈이 많이 이루어졌다. 백인으로 보이는 사람도 조상을 거슬러 올라가다 보면 흑인이나 — 서부 지역의 경우 — 인디언을 만날 가능성이 적지 않다. 미국인은 조상에 대한 관념이 희박하므로 본격적으로 이런 가능성을 확인해 보려는 사람은 많지 않다. 그러나 근래에 자신의 혈통에 흑인의 피가 섞여 있으므로 적극적 차별 개선 프로그램의 혜택을 받아야 한다고 주장하여 대법원에 제소한 백인이 있었다. 지금까지 주위에서 이 사람을 백인으로 생각했는데 먼 조상 중에 어느 한 명이 흑인이라고 하여 이 혜택을 주장한다면 이 정책의 타당성은 현저히 감소할 것이다. 그 사건은 결국 사회 관습상 일반적으로 백인으로 취급되는 상황에서 이 정책의 이익을 노려 새삼 흑인으로 주장하는 것은 타당하지 않다는 판결로 종결되었다. 인종 자체가 매우 인위적인 구분인데 모호하고 자의적인 기준을 적용하여 흑인과 백인 사이에 명확히 선을 가르는 것은 타당하지 않다는 비판은 설득력이 있다.

이러한 공방은 미국 사회에서 인종주의의 현 상황을 둘러싼 보수와 진보 간의 논의와 잇닿아 있다. 보수주의자들은 미국 사회에서 인종주의는 미약하거나 피상적인 수준에 불과하다고 주장한다. 이들은 실제 인종주의로 비판되는 것을 자세히 들여다보면 인종보다는 업적의 차이로 인한 것이므로 인종 구분은 중요하지 않다고 주장한다. 이들은 공적인 영역에서 인종적 구분을 완전히 폐지하자고 제안한다. 또한 인구조사에서 인종에 대한 질문을 하지 말고, 현재 취업 서류에서 연령이나 결혼 여부를 묻지 않는 것처럼 모든 공적인 서류에서 인종을 묻는 것을 금해야 한다고 주장한다. 인종에 대한 의식을 없애기 위해서는 이와 연관된 어떤 구별이나 논의도 차단하는 것이 지름길이라는 주장이다.

반면 진보주의자들은 현실적으로 인종주의가 만연한데 이를 존재하지 않는 것으로 취급하여 논의에서 배제한다면, 이는 바로 인종주의를 계속 유지시키는 데 기여하는 행위라고 주장한다. 인종주의는 명시적으로 인종을 구별하지 않는다고(color-blind) 해서 없어지는 것이 아니라, 인종 집단 간에 체계적으로 존재하는 사회적 불평등을 개선해야만 제거될 수 있다는 것이다. 왜냐하면 인종이란 유전적인 특징을 구실로 한 집단 간의 불평등 기제이기 때문이다. 진보주의자들은, 사적으로는 물론 공적인 영역에서도 은밀한 방식으로 인종주의적 편견과 차별이 행사되고 있는데 인종의 개념을 배제한다면 이 문제를 어떻게 접근하고 개선을 위해 유효한 조치를 취할 수 있겠는가 하고 반문한다. 미국 사회에서 관습적으로 백인과 흑인·기타 유색인의 구분이 엄연히 존재하며, 설사 경계선에 있는 애매한 사람들이 있다고 해도 이들은 매우 소수이므로 사회적으로 주요한 인종 구분을 무너뜨릴 정도는 아니다. 실제 백인과 흑인의 인종 간 혼인 비율이 매우 낮은 사실이 이런 주장을 뒷받침한다. 이들은 백인과 유색인 간의 사회적 장벽이 높은 한 인종 구분은 계속될 것이므로, 인종 구분에 따른 차별과 불평등에 적극적으로 대응하기 위해 인종 구분을 계속해야 한다고 주장한다.

사실 인종 구분 그 자체가 나쁜 것이 아니라 인종 구분과 권력·보상의 차이가 결합되어 있는 것이 나쁜 것이다. 인종과 권력·사회적 보상이 서로 전혀 연관되어 있지 않다면, 지금처럼 인종을 구분할 이유도 없으며 사람들이 인종에 크게 관심을 갖지도 않을 것이다. 진보주의자들은 인종 구분이 중요한 이유는 인종 구분에 따라 편견과 차별과 착취가 체계적으로 이루어지기 때문이므로, 인종차별이 없는 사회는 인종을 무시함으로써 이루어지는 것이 아니라 인종 간의 체계적인 불평등을 적극적인 노력으로 없앰으로써 이루어질 수 있다고 주장한다.

적극적 차별 개선 프로그램에 대한 소수자의 태도는 사회·경제적 위치에 따라 차이가 있다. 이 조치의 필요성을 가장 강력히 주장하는 집단은 흑인이다. 이들은 자신의 인구 규모에 비해 사회 진출이 미약하므로 이 조치로 가장 많은 혜택을 받을 수 있는 집단이다. 반면 소수 인종 중에서도 아시아인은 이 조치를 반대하는 집단이며, 히스패닉은 경우에 따라 다르게 반응한다. 아시아인은 자신의 인구 규모에 비해 대학 진학률이 높으므로 이 조치에 따른 역차별을 우려해 반대하는 의견이 지배적이다. 히스패닉의 경우 남서부 지역에 집중하여 거주하고 있으므로 이 지역에서 히스패닉의 인구 비율은 높은 반면, 미국 전체 인구에서 차지하는 비율은 그보다 훨씬 낮으므로, 지역에 따라 이 조치의 수혜를 입기 어려운 경우가 발생할 수 있다. 히스패닉은 사회 진출이 그들의 인구 규모에 비해 전반적으로 낮은 편이므로 현재까지는 대체로 이 정책에 긍정적인 입장을 표명하고 있다. 여성의 경우 백인이라면 이 정책으로 큰 덕을 보기는 어려우나, 소수 인종 여성의 경우 이중의 차별을 당하고 있으므로 이 조치의 가장 큰 수혜자가 된다. 흑인 여성의 사회 진출이 두드러진 것은 물론 흑인 사회에서 여성의 역할이 매우 크기 때문이나, 부분적으로는 흑인 여성이 이 제도의 집중적인 수혜자가 될 수 있었기 때문이다.

이 제도의 존폐를 둘러싼 논쟁은 미국 전역에서 여전히 치열하게 전개되고 있다. 그러나 이 제도의 타당성이나 효율성을 둘러싼 공방의 결말은 논의의 설득력보다는 미국 사회의 전반적인 보수화 흐름에 의해 지배되고 있는 듯하다. 공방의 어느 쪽이 객관적으로 더 타당한가 여부는 이 제도의 실시를 결정하는 데 큰 영향을 미치지 못하고 있다. 공화당이 세력을 얻고 있는 주나 특히 남부 지역에서 이 제도는 거의 유명무실한 수준으로 사멸된 반면, 북동부나 중서부의 덜 보수적인 지역에서는 이 제도가 과거보다는 약하더라도 여전히 실시되고 있다.

3. 히스패닉의 부상은 미국의 주류 문화를 위협하는가?

중남미계 미국인은 19세기 초 인구조사에서 겨우 50만 명에 불과했으며, 20세기 중반까지만 해도 남서부 지역을 제외하고는 거의 존재하지 않았던 인종·민족 집단이다. 그러나 현재 히스패닉은 미국 사회에서 가장 빠르게 성장하는 집단으로 미국 어디에서나 볼 수 있으며 유럽계 백인 다음으로 인구 수가 많다. 2000년 현재 히스패닉 인구는 4,000만을 넘어서며 전체 인구의 12.5%에 달하고 있다. 1980~2000년 미국 인구 증가분의 40%를 히스패닉 인구가 차지했다. 미국 인구조사국에 따르면 2030년에는 미국 인구 중 5명에 1명은 히스패닉이며, 2050년에는 4명에 1명꼴로 늘어날 것으로 예상된다. 그러나 이들은 스페인어를 쓴다는 공통점을 제외하고는 미국에 적응하는 방식이나 사회·경제적 특징이 출신 지역에 따라 매우 상이하다. 이들의 인종적 특징 또한 백인, 흑인, 아메리카 원주민, 혼혈에 이르기까지 매우 다양하다. 이들 중에는 1848년 미국과 멕시코 전쟁 이전부터 남서부 지역에 거주했던 사람도 있지만, 대부분은 제2차 세계대전 이후 특히 1980년대부터 집중적으로 이주한 사람들이다.

미국인과 중남미 사람들이 접촉한 역사는 상당히 오래되었다. 미국과 중남미인 간의 주요 역사적 계기를 요약하면 다음과 같다. 스페인 정복자는 16세기 초반에 멕시코를 거쳐 남서부 지역을 탐험했으며 이후 곳곳에 요새를 건설했다. 스페인인은 미션(mission)이라 불리는 요새를 중심으로 신부를 앞세워 인디언을 기독교인으로 교화시키는 데 힘을 기울이면서 그들을 복속시켰다. 미국인은 19세기 초반 남서부 지역으로 조금씩 이주하면서 그곳에 거주하던 멕시코인과 이익 다툼을 벌이기 시작하였다. 급기야는 1848년 멕시코와 전쟁을 벌여 텍사스에서 캘리포니아 중부와 유타에 이르는 남서부의 광대한 지역을 빼앗아 미국

그림 6-1 히스패닉의 지역 분포(2000년)

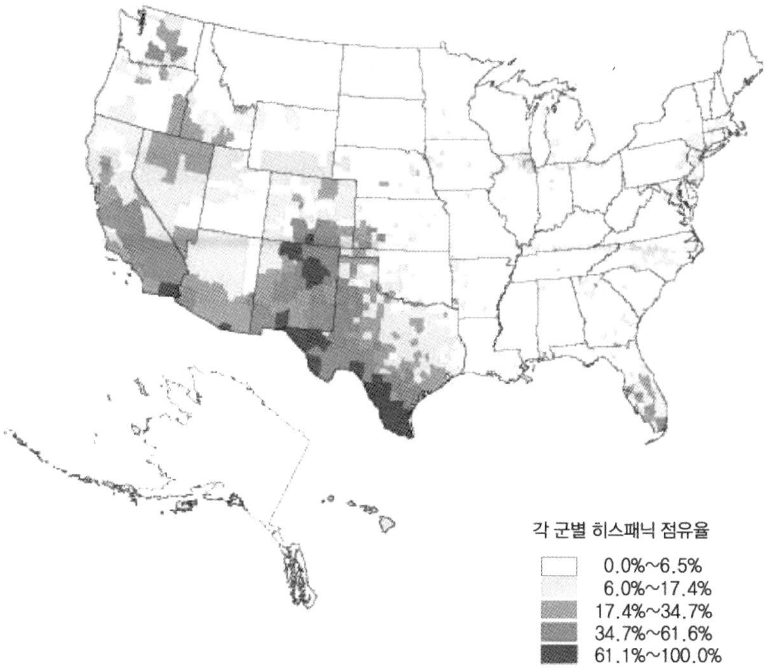

자료: US Bureau of Census.

영토로 복속했다. 1898년에는 미국과 스페인 간에 스페인 식민지를 빼앗기 위한 전쟁이 벌어져, 미국이 푸에르토리코, 필리핀, 쿠바, 괌 등을 스페인의 지배로부터 빼앗아 미국 영토로 복속시키거나 사실상 지배했다. 1959년에 쿠바가 공산화되면서 쿠바 중상류층이 대거 미국 플로리다 주의 마이애미로 이주했으며, 1942년에서 1964년 사이에는 미국과 멕시코가 정부 간 협정을 맺고 멕시코인을 대규모로 일정 기간 수입하여 남서부의 농업 노동자로 일하도록 했다. 이 기간에 입국한 멕시코인들은 대부분 계약 종료 후 미국에 잔류했다. 1965년 이민법 개정 이후 멕시코인 이민자가 증가하기 시작하여 1980년대에는 엄청난 규모로 늘어났으며, 1990년대 후반에 들어서는 매년 70~100만 명

표 6-3 인종·민족별 출산율 비교(2000년)

인종	여성 1인이 일생 낳는 자녀 수
히스패닉	2.73명
흑인	2.17명
아시아계	1.89명
유럽계 백인	1.86명
인디언	1.77명
미국인 전체	2.05명

자료: Center for Disease Control(http://www.cdc.gov/nchs/).

가까운 인구가 합법·불법적으로 미국 땅을 밟고 있다. 1994년 멕시코와 미국 간 자유무역협정(NAFTA)을 계기로 두 나라 사이에 상품과 자본의 이동이 급격히 확대되었으며, 멕시코와 미국의 접경도시들은 두 나라의 성격이 혼합된 모습을 보이고 있다.

미국 내에서 히스패닉은 급속히 인구를 늘려가고 있다. 매년 합법·불법 이민자들이 대규모로 들어오는 것과 함께 이들의 출산율이 매우 높다는 점 또한 인구 점유율을 높이는 데 기여한다. 이들은 가톨릭을 독실하게 믿으므로 피임을 적극적으로 실천하지 않으며 자녀 출산에 대해 긍정적인 가치관을 가지고 있다. 그 결과 놀랍게도 2000년 인구조사에서 히스패닉은 흑인을 누르고 미국 사회 제1의 소수민족 자리를 차지했다. 이는 히스패닉의 증가세가 2010년에 가서야 흑인의 점유율을 초과하리라던 1990년대 중반의 예상을 불과 10년도 안 돼 깬 것이다. 이런 속도로 히스패닉이 계속 증가한다면, 21세기 중반에는 이들이 미국 전체 인구의 1/4에 육박하리라는 예상이 나온다.

히스패닉은 출신 지역과 이민의 역사적 계기에서 내적으로 매우 다양

표 6-4 히스패닉 이민의 추이(1940~2000년)

(단위: 1,000명, %)

	1941~1950년	1951~1960년	1961~1970년	1971~1980년	1981~1990년	1991~2000년
히스패닉	183	619	1,303	1,813	3,458	4,295
멕시코인	60	299	453	640	1,655	2,249
중남미 이민자*	17.6	24.6	39.2	40.3	47.1	47.2

자료: US Department of Homeland Security(2004).
주: * 해당 기간 미국 전체 이민자 중에서 중남미 이민자가 차지하는 비율

하다. 2000년 인구조사에 따르면 히스패닉의 출신 지역 분포는 '치카노(Chicano)'라고 불리는 멕시코계가 64%로 가장 많고, 다음으로 푸에르토리코 출신이 11%, 쿠바 출신이 4%, 멕시코를 제외한 중남미 출신이 14%, 기타가 17%로 나타난다. 근래로 올수록 다른 어느 집단보다 멕시코 출신 이민자의 증가세가 두드러진다. 이들은 과거 스페인(또는 포르투갈)의 식민지 통치를 받았으며 스페인어(포르투갈어)를 모국어로 한다는 점에서는 공통점이 있으나, 사회·경제·문화적으로 매우 상이한 특징을 보인다. 이들은 대부분 도시에서 제한된 지역에 집단적으로 거주한다.

히스패닉의 사회·경제적 수준은 흑인보다는 위이지만 백인이나 아시아계와는 큰 격차를 보이며 하위에 머무르고 있다. 그러나 미국 사회에서 히스패닉의 빈곤 문제는 흑인만큼 사회적 우려를 낳지는 않는다. 히스패닉은 대부분 비교적 최근에 이민 온 사람들이거니와, 흑인과 달리 과거에 미국에 건너온 이민자와 마찬가지로 미국인의 꿈(American Dream)을 좇아서 저임금에도 아랑곳하지 않고 열심히 일하는 모습을 보이기 때문이다. 그들은 가톨릭을 독실하게 믿으며 가족적인 유대가 강하므로 일반적으로 흑인에게 적용하는 인종주의적 비난이 덜 적용된다. 히스패

닉과 백인 간의 결혼이나 히스패닉과 다른 인종 간의 결혼이 서로 다른 인종·민족 간의 결혼 중에서 가장 빈도수가 높다는 점은 이러한 태도의 차이를 반영한다.[3] 히스패닉은 전반적으로 비숙련 저임금 노동에 종사하기 때문에 소득 수준이 낮고 빈곤율이 높은 편이나 흑인보다는 상대적으로 양호한 모습을 보인다. 남서부의 경제가 이들의 저임금 노동력에 크게 의존하기 때문에, 이들에 대한 사회적 차별에도 불구하고 합법·불법 이주민의 유입은 계속 용인되고 있다.

푸에르토리코인 또한 멕시코인과 마찬가지로 1970년대 이후부터 미국에 본격적으로 이주하기 시작했다. 이들은 다른 이주민과는 달리 미국 내 거주의 법적 지위에 불안이 없으므로 미국 본토에 이주한 후에도 적응에 어려움을 겪으면 본국으로 복귀했다가 다시 이주를 반복하는 유형을 보인다. 푸에르토리코 이주민의 90% 이상은 뉴욕 시의 집단 주거지에 정착해 살며 멕시코인보다 더 열악한 사회·경제적 수준에 머물러 있다. 푸에르토리코인은 영어를 사용하고 교육을 받고 직장에 취업하는 적응 과정에서 매우 느린 진전을 보인다. 이들은 뉴욕 시의 가난한 흑인과 유사하게 실업, 범죄, 마약, 미혼모 문제 등으로 어려움을 겪고 있다.

쿠바계 미국인은 여타 히스패닉과는 다른 특성을 지니고 있다. 쿠바계 미국인들은 대부분 1959년 쿠바의 공산화를 계기로 정치적 동기에서 쿠바를 탈출한 사람들로서 교육이나 사회·경제적 수준에서 쿠바 사회의 상위를 차지하던 사람들이다. 다른 히스패닉과는 달리 이들 중에는 백인이 상당수 포함되어 있다. 이들은 미국에 이주해서도 마이애미에 집단 정착촌을 건설하고 스페인어를 계속 사용하며 민족적 정체성을 매우 강하게 유지하고 있다. 그러나 미국 백인 사회로부터의 차별 때문에 주류 사회에 진출하는 데는 어려움을 겪어, 미국인 전체와 비교해 볼 때 여전히 낮은 소득, 높은 실업률과 빈곤율을 기록한다.

히스패닉의 급격한 증가는 백인 주류 사회의 우려를 낳았다. 가장 큰 원인은 짧은 시기 동안 이민의 규모가 엄청나며, 일부 지역에 집단적으로 정착해 살면서 자신의 특징을 두드러지게 나타내는 점이다. 멕시코인은 남서부 지역의 텍사스, 남부 캘리포니아, 뉴멕시코, 애리조나 주에서 도시 인구의 과반수를 넘어서는 점유율을 보이며, 자신의 문화를 미국에 와서도 계속 유지하고 있다. 이들은 그들의 집단 주거 지역에서 스페인어를 거의 공용어처럼 사용하며, 자신의 방송국과 신문을 가지고 있으며, 자신의 지역 경제권을 형성하며, 점차 정치적인 힘을 축석하고 있다. 히스패닉 고객이 증가하면서 관공서와 상점에서는 히스패닉을 고용하며 기타 인종의 종업원들이 스페인어를 배우도록 권장하고 있다. 뉴스 채널인 CNN이 스페인어 방송을 별도로 제작하며 근래에 부시 대통령이 스페인어로 연설한 사건은 미국 사회에서 이들의 중요성을 단적으로 보여준다. 근래 미국 선거에서 히스패닉 국회의원의 진출이 활발하며, 로스앤젤레스 시장에 히스패닉이 당선되며, 대통령 선거에서 민주당과 공화당 모두 히스패닉 표를 의식하여 그들에게 구애하는 전략을 구사한다.

미국의 역사에서 영국계 백인과는 전통을 달리하는 인종·민족의 이주가 증가할 때 미국인은 새로운 이주민과 그들의 문화를 배척하는 운동에 열을 올렸다. 18세기 독일인에 대해 배척운동이 있었으며, 19세기 초반 아일랜드인에 대한 배척운동은 매우 격렬하여 이들을 반대하는 새로운 정당을 결성하기까지 했다. 19세기 후반 중국인에 대한 배척운동은 1882년 미국 역사상 최초로 중국인 이민 금지법을 통과시켰으며, 이어서 남유럽·동유럽인에 대한 배척 운동은 1924년 북서유럽 사람 이외의 이민을 사실상 금지하는 법률을 통과시켰다. 20세기 후반 히스패닉에 대한 문화적 배척 움직임은 이와 같이 오래된 이민자 배척 운동의 연장선에서 해석할 수 있다. 캘리포니아 주 의회는 히스패닉을 겨냥하여

1990년대 초반 공립학교에서 영어 이외의 언어를 사용하지 못하도록 하는 법률을 통과시켰으며, 이어서 국민발의를 통해 불법 이민자의 자녀에게 교육과 복지 혜택을 차단하는 법률을 제정했다. 미국인은 히스패닉이 미국에 이민 온 후 영어와 미국의 관습을 수용하려는 노력을 하기보다 스페인어와 자신의 문화를 계속 고집함으로써 미국화(Americanization)에 반기를 들고 있다고 비판한다. 이렇게 미국화되지 않는 히스패닉이 증가할 경우 미국 사회·문화의 동질성은 파괴될 것이며, 이는 결국 이웃 캐나다와 같이 별도의 언어와 관습을 갖는 사람들이 섬의 형태로 존재하는 미국 내 퀘벡을 만들게 될 것이라고 우려한다. 히스패닉은 또 하나의 퀘벡이 될 것인가, 아니면 과거 유럽계 이민자가 걸어왔던 동화의 과정을 밟을 것인가?

히스패닉은 유럽계 이민자와는 다른 환경에 처해 있으므로 과거에 이민자가 걸어온 길을 가지 않을 것이라는 주장이 제기되었다. 이들의 주장은 다음과 같다. 과거 이민자들은 이민의 길에 접어들 때 물리적·심리적으로 모국과 단절되는 경험을 겪는다. 먼 거리를 이동해야 하는 경험은 그들에게 심리적으로 과거와 단절하고 새로운 정착지에 헌신하는 태도를 만들었다. 그들은 일단 미국에 발을 들이면 빠른 시간 내에 미국에 동화되려 최선을 다했다. 모국에 대한 관심과 모국의 문화는 심리적으로 주변으로 밀려나게 된다. 반면 히스패닉은 이민 후에도 모국과 가까운 거리에 정착하여 모국과 계속 밀접한 관계를 유지하며 과거에 사용하던 언어와 습관과 사람들 사이에서 살면서 모국과 사회적·심리적으로 계속 연결되어 있다. 이런 환경에서는 미국의 주류 언어와 관습에 동화해야 할 사회적 압력이 작기 때문에 그들의 고유한 문화적 정체성을 유지한 채 미국 주류 사람과 제한적으로만 접촉하면서 살아가게 된다.

그러나 그들의 수가 증가하고 사회·경제적 세력이 커지면 미국 주류 사회를 향해 자신의 문화적 정체성을 인정해 달라고 요구할 위험성이 높다. 이중 언어 공용화 주장은 바로 그런 움직임의 시작으로 볼 수 있다. 결국 히스패닉은 현재 퀘벡 사람들이 캐나다에서 사는 것과 같은 방식으로 미국에 자리를 잡을 가능성이 있으며, 퀘벡 사람들이 분리 독립을 주장하듯이 이들이 미래에 미국을 분열시키는 주요 세력이 될 수 있다. 특히 남서부 지역은 원래 멕시코 영토를 미국이 빼앗은 것이므로, 앞으로 히스패닉의 숫자가 많아지면서 민족주의적 감정이 높아져 이 땅의 권리 회복을 주장할 위험을 고려하지 않을 수 없다. 따라서 이들이 미국화되도록 좀 더 적극적인 노력을 기울여야 한다. 영어 공용화를 법제화하는 것은 그런 목적을 향한 최소한의 조치이다. 또한 히스패닉이 급속하게 증가하여 세력화되는 것을 막기 위해 그들의 이민을 제한해야 한다.

이러한 보수주의자들의 주장은 히스패닉의 객관적인 현실과는 거리가 멀다. 히스패닉은 미국의 주류 사회에 진입하기 위해 미국화에 적극적으로 노력하고 있다. 그들은 자녀를 미국인 학교에 보내고 스페인어보다는 영어를 사용하도록 권장한다. 히스패닉 2세들은 영어를 모국어로 사용하는 비율이 높다. 이들은 자기 민족 집단 내에서 제한된 성공을 꿈꾸기보다는, 교육을 많이 받아 미국의 주류 사회에서 성공하는 것을 목표로 한다. 히스패닉이 유럽 이주민과 같이 완전히 미국 주류 문화에 흡수될 것인가 하는 점은 아직 답하기 어렵다. 그러나 이들이 이민 후 상당한 시간이 흘러도 고유의 언어와 독립된 문화를 계속 유지하리라고 예상하는 사람은 많지 않다.

히스패닉은 숫자에 비해 민족 정체성이나 정치적인 영향력이 약하다는 지적을 들어왔다. 흑인의 민권운동에 자극을 받아, 1970년대에는 세사르 차베스(Cesar Chavez)의 지도로 남서부의 히스패닉 농업 노동자를 조직화하는 시도가 일시적으로 성공을 거두기도 했다. 그러나 대다수의 히스패닉은 비교적 최근에 이민을 온 사람이며 지금도 많은 수가 합법·불법으로 계속 건너오고 있다. 이민 온 기간에 따라 미국 사회에 동화되는 정도나 사회·경제적 지위에 차이가 있으므로 이들이 히스패닉이라는 사실만으로 하나의 결집된 조직과 집단 정체성을 갖는 것은 쉽지 않다. 미국에 정착한 지 비교적 오래되어 미국 사회에 자리를 잡은 사람은 최근에 이주한 빈곤한 사람과 동일시되는 것을 좋아하지 않는다. 그러나 2000년대 들어 곳곳에서 히스패닉의 결집된 목소리가 형성되고 있다. 히스패닉 사이에 경제적인 거래망이 풍부해지면서 자본을 축적한 사람들이 나타나고, 선거를 계기로 정치적 조직을 만들고 집단 이익을 대표하는 지도자가 출현하며, 지방은 물론 중앙 정치에 진출하는 히스패닉이 증가하고 있다. 히스패닉은 지난 아들 부시의 대통령 선거에서부터 당락을 좌우하는 중요한 위치, 즉 '캐스팅 보트(casting vote)'로 부상했다. 앞으로 히스패닉의 정치적·경제적 영향력은 갈수록 높아질 것이다.

4. 아시아계 미국인은 '모범적인 소수자'인가?

아시아 사람이 미국 본토로 건너간 것은 1849년 캘리포니아에 금광붐이 일면서 소수의 중국인이 횡재를 찾아 몰려든 데에서 출발한다. 이후 1869년에 완성된 동서 대륙횡단 철도의 서쪽 부분 건설에 소요된 노동자의 90% 이상이 중국인으로 충당되었으며, 이들은 철도 완성 이후에도 샌프란시스코를 중심으로 한 서해안 연안 도시에 머물렀다. 20세기 초에는 남서부 지역에서 쌀 경작을 시도하면서 일본에서 농업 노동자를 수입했다. 아시아계 이민은 1928년 아시아계의 이민을 금지하는 법이 통과될 때까지 서해안 지역을 중심으로 조금씩 증가했다. 본격적으로 아시아인의 이민이 전개된 것은 1965년 이민법 개정으로 인종차별적인 국가별 할당 규정이 제거되면서부터이다. 이후 한동안 미국에 들어오는 이민자의 다수가 아시아 지역에 집중되어 짧은 기간에 엄청나게 많은 수의 아시아 이민자들이 미국 땅을 밟게 되었다. 아시아계 이민자는 모국의 발전 정도에 따라 출신 지역별 이민 시기와 규모에 변화가 있다. 급속한 경제 발전을 이룬 동아시아 국가의 경우 일본을 선두로 하여 한국과 대만으로부터 이민자가 일찍이 증가했다가 근래로 오면서 급속히 감소한 반면, 중국 본토, 인도, 동남아 국가의 이민자는 20세기 후반 들어 꾸준히 증가하고 있다.

아시아계 미국인의 출신 지역별 분포는 표 6-5와 같다. 지역별로는 동남아시아의 이민자들이 가장 많으며 다음으로 동아시아, 남아시아, 서아시아 순이다. 국가별로는 중국계가 가장 많고 다음으로 필리핀계, 인도계, 베트남계, 한국계, 일본계 순이다. 아시아인은 히스패닉보다 인종 내 다양성이 훨씬 더 높다. 한국계와 인도계 간의 문화적 차이는 매우 크다. 따라서 아시아계로서 단일한 인종적 정체감을 형성하거나 단일 집단으로서 정치력을 결집하는 것은 매우 더디게 진행되고 있다. 아시아계는 20세기 후반 들어 빠르게 성장하는 이주민 집단으로 부상하고 있기는 하지만, 최근에 들어서야 범아시아인의 정체성(pan-Asian identity)을 구축하기 위한 의식적 노력이 시작될 만큼, 개별 민족의 정체성을 넘어선 전체 아시아계 미국인으로서의 정체성은 아직 존재하지 않는다.

아시아인은 미국 사회의 주류를 형성하는 유럽계 미국인으로부터 엄청난 편견과 차별에 시달려야 했다. 이는 아시아인이 유전적, 사회·문화적으로 유럽인과는 매우 다르다는 사실과 더불어, 이민 후 짧은 기간 내에 경제적 기반을 착실히 확보해 나가면서 백인 사회의 경쟁자로 부상하는 것에 대한 경계와 시기가 더해진 결과이다. 캘리포니아의 중국인은 19세기 후반에 기승을 부린 외국인 배척운동의 주요 희생자가

표 6-5 외국에서 출생한 아시아계 미국인의 출신 지역별 분포(2000년)

출신 지역 및 국가		인구 비율(%)
동아시아(33.3%)	중국	18.6
	한국	10.6
	일본	4.2
남아시아(21.1%)	인도	12.5
동남아시아(37.1%)	필리핀	16.7
	베트남	12.1
서남아시아		7.9
기타 아시아		0.3
아시아 합계		100.0

자료: US Bureau of Census(2003).

주: 표에 제시한 개별 국가는 각 지역에서 미국으로 이민자가 많은 순으로 대표적인 국가를 선별하여 예시한 것임.

되어 강제 추방되고 이민을 금지당했다. 20세기 중반까지도 아시아계 미국인에게는 시민권을 부여하지 않았으며, 아시아인이 많이 거주한 서부 지역에서는 백인과의 혼인을 금하거나 가옥과 토지의 소유를 법적으로 금지하는 등 체계적으로 아시아인을 차별했다. 제2차 세계대전 중에는 서부 지역에 살던 일본인을 모두 잡아들여 네바다 주의 사막에 강제 수용했다. 그 당시 감금당했던 일본인 중에는 일본에서 태어난 2세도 적지 않았으며, 이들이 피땀 흘려 일군 재산은 모두 포기하도록 강요되었다. 이는 그 당시 미국의 적국이던 독일이나 이탈리아 사람에게는 강제 조치를 취하지 않았던 것과 대비되어 유색인에 대한 차별을 극명히 보여준다. 아시아계 미국인이 대도시의 일부 지역에 모여 살면서 자신들만의 공동체를 계속 유지한 것은 한편으로 미국 사회에 적응하기 위한 자발적 선택의 측면도 있지만, 그보다는 체계적 차별로 인해 강요된 거주와 사회·경제적 기회의 제한이 낳은 결과이다.

아시아인은 일반적으로 청교도 가치관과 흡사한 윤리를 내면화하고 있다. 이들은 근면하며, 절제가 생활화되어 있고, 자녀 교육을 중시하며, 미래를 위해 현재의 만족을 포기하는 성향이 강하다. 이민 1세대는 사회·경제적 지위 상승의 계단을 올라가는 속도가 느려 장시간 노동과 험한 직업 환경의 자영업에서 벗어나지 못하는 경우가 많다. 그러나 다음 세대에서는 교육을 지렛대로 주류 사회에 진출하는 사람이 많다. 이를 두고 '모범적인 소수자(Model Minority)'라는 명칭을 사용해 간접적으로 흑인의 정체된 상태를 비판하는 데 사용하기도 한다. 그러나 '모범적인 소수자'라는 명칭에는 아시아계에 대한 백인 사회의 차별과 억압을 호도하는 측면이 담겨 있다는 비판도 적지 않다. 아시아계는 가족 전체가 희생하여 장시간 저임금 노동을 이겨내야 하며, 상대적으로 높은 교육 수준과 직업 경험에도 불구하고 인종차별 때문에 미국 주류 사회에서 배제되는 억압을 참고 견뎌야 한다. 아시아계가 자영업에 종사하는 비율이 높은 것은, 특별히 기업가 정신이 많아서가 아니라 제도권 직장으로 진출이 막혀있는 결과이다. 컴퓨터와 같이 수요가 높은 기술을 가진 경우에도 미국에서 제도권 직장에 정착하는 경우가 흔치 않은 것은 이들에 대한 미국 사회의 차별을 단적으로 말해준다.

아시아인에 대한 미국 사회의 문화적 이미지는 이중적이다. 한편으로는 '모범적인 소수자'로서 긍정적인 이미지를 가지고 있지만, 다른 한편으로는 유색인으로서 부정적인 이미지를 동시에 가진다. 부지런하고, 절약하고, 성실하다는 청교도적 이미지와 함께 예의 바르고, 온순하고, 말수가 적다는 이미지 또한 일반적이다. 문학이나 영화에서 흔히 묘사되는 부정적 이미지로는 일만 하며 놀 줄을 모르고, 돈만 밝히고 구두쇠이며, 소극적이고 기회주의자이며, 불결하고 위생 관념이 희박하며, 교양이 없고 세련되지 못하며, 가부장적이고, 잔인하며, 솔직하지 못하고, 교활하다는 이미지가 있다. 근래에 들어서는 동아시아의 경제 발전에 따라 아시아계의 이미지도 변화하는 양상을 보인다. 근래의 대중문화에서 아시아계를 성취 지향적이며, 경쟁적이고, 세련된 모습으로 묘사하는 것을 간혹 볼 수 있다.

아시아계 이민자와 흑인을 비교하여, 흑인에게 성공에 대한 의지가 없다고 지적하는 것은 불합리한 비난이다. 아시아계와 흑인은 미국 사회의 높은 인종주의로 인해 고통받는다는 점에서는 공통된다. 그러나 아시아계가 이런 억압을 딛고 성공을 하는데 흑인은 성공하지 못하는 이유는 무엇보다 두 집단의 출발점이 다르다는 데에 있다. 아시아계는 이민 오기 전부터 상대적으로 교육 수준이 높고 직업 경험이 풍부한 반면, 흑인은 미국 사회의 인종주의적 질곡 속에서 낮은 수준의 교육과 열악한 경험에 머무르기 때문이다. 흑인 중에도 인종주의 차별의 어려움을 극복한 사람은 교육을 많이 받고 중류층 직업에 종사하며 교외의 백인 주거지에서 생활한다. 반면 아시아계 중에도 이민 오기 전부터 사회·경제적 지위가 낮았던 사람은 미국에 와서도 성공의 사다리를 올라가지 못하고 빈곤층에 머물게 된다. 그 결과 아시아계 내에서 빈부 격차는 다른 어느 인종 집단보다 높다. 아시아계이면서 가난한 사람들은 이중의 질곡 속에서 사회적으로 단절된 비참한 생활을 한다. 미국의 주류 사회에서 볼 때 이들은 유색인이면서 모범적 소수자라는 아시아계의 전형에서 벗어났으므로 배제되며, 또한 동료 아시아계로부터도 실패자이며 빈곤층으로 기피의 대상이 된다. 이들은 미국의 주류 사회와 자신의 민족 집단 모두에서 배제되어 외롭고 비참한 처지에 있다. 아시아계 이민자 중 빈곤층의 자녀는 교육 수준도 낮고 사회생활에 제대로 적응하지 못하는 일반적인 빈곤자의 유형을 반복하고 있다.

아시아계 이민자의 사회적 성공은 흑인들의 분노의 표적이 되었다. 근래에 이민 와서 영어도 잘 못하는 유색인이면서 흑인보다 앞선 사회적 성공을 거둔다는 사실은, 미국 사회에 조상 대대로 뿌리를 내리고 있는 흑인에게는 모욕이자 질시의 대상이다. 아시아계 이민자 중 특히 한국인의 경우, 흑인 주거 지역에서 흑인을 대상으로 장사를 하여 이익을 거두면서 흑인 사회에 기여하는 것이 없다는 불만이 1990년에 뉴욕시에서 대규모로 벌어졌던 한국인 상점 거부운동이나 1992년 로스앤젤레스 폭동으로 분출되었다. 이는 아시아계가 백인 주류 계층과 흑인 빈곤층 사이에서 궂은일을 도맡아 하며 착취 관계의 거간꾼(middleman) 역할을 하기 때문이라는 지적을 하기도 한다.[4] 흑인이 주류 사회의 억압에 분노를 터뜨리는 계기가 발생할 때 그들에게 가장 가까이 있으며 착취의 고리에서 이들이 접근하기 가장 쉬운 한국인이 공격의 주요 대상이 되었다. 1992년 로스앤젤레스 폭동은 백인 경찰이 고속도로에서 로드니 킹(Rodney King)이라는 이름의 흑인을 무자비하게 폭행하는 비디오가 TV에 공개됨으로써 촉발되었다. 흑인 지역에서 장사를 하던 한국인이 흑인의 주요 폭행 대상이 되어 결국 백인 인종주의의 희생양이 되었다. 로스앤젤레스 폭동이 발생했을 때, 백인 경찰은 폭동이 일어난 흑인 지구를 봉쇄하고 이틀 동안이나 진입하지 않으면서 주변 백인 지역으로 확산되는 것을 막았을 뿐 한인 상점의 피해에 대해서는 방관하는 태도를 취해 이 역시 인종주의적 차별 행위라는 비난을 받았다.

아시아계의 사회적 성공이나 미국 사회의 동화에도 불구하고 이들에 대한 인종적 편견과 차별은 여전히 적지 않다. 수년 전에 일본인 학생이 남부 지역을 여행하다가 길을 물으러 접근한 백인 집 주인의 총에 맞아 사망한 사건은 많은 아시아계 사람들에게 인종차별의 현실을 일깨워 주었다. 더 놀라운 일은 여행자를 살해한 백인이 무죄로 방면되었다는 사실이다. 인종주의적 이유에서 발생한 범죄(hate crime)에 대한 통계에

표 6-6 인종주의 범죄(hate crime) 피해자 분포(2001년)

피해 인종	피해자 수
백인 반대	1,092명
흑인 반대	3,775명
인디언 반대	102명
아시아계 반대	365명
다인종인 반대	317명
히스패닉 반대*	822명
전체 인종주의 범죄	5,651명

자료: US Bureau of Census(2003: 206).
주: * 히스패닉은 인종 범주와는 별도로 집계됨.

따르면 여전히 흑인이나 히스패닉 못지않게 아시아계가 인종주의의 표적이 되고 있음을 알 수 있다. 아시아계에 대한 인종주의적 차별은 주로 백인 중하층과 흑인에 의해 자행된다. 그들이 처한 어려움이 빚어낸 상대적 박탈감과 소외에 대한 분풀이 대상을 유색 인종인 아시아계에게서 찾는 것이다.

아시아계는 1965년 이민법 개정 이후 건너온 이주민의 자손이 근래에 성인 연령에 접어들면서 미국 사회로의 동화가 큰 폭으로 진전되었다. 아시아계 2세들은 대부분 영어를 모국어로 하며 교육 수준이 높고 인종 집단 내에서보다는 미국의 주류 사회에서 직업을 잡고 성공하는 것을 목표로 삼는다. 여전히 많은 아시아계 미국인이 서부 해안 지역에 몰려 살고 있지만, 집단적으로 밀집된 지역에 사는 아시아계 인구의 비중은 점차 줄어들고 있다. 근래로 올수록 이들이 전국적으로 퍼지는 지역적 확산 현상을 관찰할 수 있다. 이제 전국의 어느 도시에서나 아시아인을 거리에서 만날 수 있다.

아시아계 미국인은 이주 시기나 출신 지역에 따라 미국 사회에 정착하는 유형이나 동화 속도에서 차이가 크며 아시아인 내에서도 사회·경제적 차이가 매우 크다. 이주 시기에 따른 차이를 보면, 1965년 이민법 개정 이전에 들어온 이민자는 대부분 돈도 기술도 없이 성공의 기회를 찾아서 대도시에 정착한 과거 유럽 이민자들과 흡사하다. 반면 이민법 개정 이후에 새로 문호가 열리면서 들어온 이민자는 상대적으로 교육 수준이 높고 출신 국가에서도 세련된 도시 생활인으로 중류의 소득과 직업을 영위하던 사람들이 주종을 이룬다. 그러나 이들도 미국에 들어오면 언어 장벽과 차별로 인해 백인 주류 사회에 흡수되기는 어려우며, 과거의 이민자들과 마찬가지로 저임금의 최하위 직업이나 장시간 노동의 자영업에 종사한다. 그러나 이들이 과거의 이민자나 다른 소수 인종·민족과 다른 점은, 자녀 교육을 매우 중시하기 때문에 이민 2세대가 되면 많은 사람이 높은 교육을 배경으로 중상위의 직업에 진출한다는 점이다. 이들은 미국에 거주한 기간이 길수록 사회·경제적 지위가 상승해 이민 온 지 얼마 안 된 사람들과 격차를 벌리게 된다.

아시아계 이주민의 출신 지역에 따른 편차 또한 매우 크다. 영어를 모국어로 구사하는 필리핀인이나 인도인은 자신들만의 집단적 거주지를 형성하지 않는다. 이들은 전문직에서 단순 노무직에 이르는 광범위한 직업 분포를 보이며, 대체로 임금 근로자로서 미국 생활에 정착하고 있다. 반면 중국계, 한국계, 베트남계는 대부분 도시의 특정 지역에 밀집해 살며, 임금 근로자로 고용되기보다는 자영업자로서 소규모 사업을 벌이는 경우가 많다. 이들에게는 언어 장벽이 직장에서 일자리를 구하는 데 큰 장애가 된다. 이들이 자영업을 주로 하는 것은 출신 사회에서 축적한 인적 자본에 걸맞는 일자리를 구하지 못하는 데 따른 적응 방법이다.

중국계는 미국에 이민 온 역사가 오래되기 때문에 세대를 거듭하면서

표 6-7 아시아계 미국인의 사회·경제적 지위 비교(1990년)

	가족 소득($)	빈곤율(%)	4년제 대학 졸업자 비율(%)*
미국 전체 평균	35,225	13.1	20.3
백인	37,152	7.0	22.0
흑인	22,429	26.3	11.3
히스패닉	25,064	22.3	-
아시아계	41,251	11.6	37.5
중국계	41,316	14.0	40.7
일본계	51,550	7.0	34.5
한국계	33,909	13.7	34.5
필리핀계	46,698	6.4	39.3
인도계	49,309	7.2	-
베트남계	30,550	23.8	-

자료: US Bureau of Census(1990). Min(1995: 28)에서 재인용.
주: * 25세 이상 성인의 비율임.

중국인들 사이에서도 큰 내적 다양성을 보인다. 전체 중국계 미국인 중 1/5은 대도시의 중국인 집단 주거 지역에서 살고 있는데, 이들 중 일부는 여전히 중국어를 제1언어로 쓰고 중국 문화에 좀 더 익숙하며 사회·경제적으로 비교적 낮은 수준의 생활을 영위하고 있다. 반면 중국인 집단촌 밖에서 거주하는 대다수 중국인들은 미국 사회에 동화되었다. 많은 중국계가 레스토랑 등의 자영업을 경영하기는 하지만, 전문직에 종사하고 교외에 거주하며 백인 중류층과 유사한 생활을 하는 중국계도 많다. 중국계 미국인 전체를 놓고 볼 때, 평균적으로 소득이나 교육 수준은 미국인보다 높지만 빈곤율 또한 전국 평균보다 높다. 이는 중국인들 내에서도 부자와 가난한 사람 간의 격차가 상당함을 뜻한다.

일본계 미국인은 중국계와는 매우 다른 적응 양태를 보인다. 그들은 20세기 초 미국 본토에 정착하는 단계에서부터 다른 아시아계와는 달리 남서부 농촌 지역에 농업 노동자로 정착했다. 이후 세대를 거듭하면서 대부분 도시로 이주했으나, 다른 아시아계 이민자들과 비교할 때, 도시에 집단 거주 지역을 형성하고 자신의 민족 집단을 상대로 한 경제활동이나 자신의 문화적 전통을 계속 유지하려는 경향은 미약하다. 일본계는 다른 아시아계보다 백인과 혼인하는 비율이 월등히 높으며, 세대를 거듭하면서 빠른 속도로 미국 주류 사회에 동화되고 있다. 일본계 미국인은 소득 수준에서 다른 아시아계나 미국 전체 평균보다 월등히 높으며 빈곤율도 매우 낮다. 일본계 미국인의 소득이 높은 것은 본국으로부터 새로운 이민자의 유입이 적은 반면 일본 기업의 미국 진출이 활발한 데에 부분적인 원인이 있다. 일본계 미국인 중 상당수는 일본과 상거래가 빈번한 기업에서 일하고 있다. 하와이의 경우 아시아계 미국인이 인구의 과반수를 차지하며, 그 중에서도 다수를 차지하는 일본계 미국인이 하와이 주의 정치와 경제에 지배적인 영향력을 행사하고 있다.

1903년 하와이의 사탕수수 노동자로 미국 땅에 최초로 진출한 한국인들은 제2차 세계대전 이후에 입양아나 주한 미군의 배우자로 일부 미국에 건너갔으나, 본격적인 이주는 1965년 이민법 개정 이후에 시작되었다. 이들은 대부분 중국인들과 유사하게 대도시에 집단 거주지를 형성하면서 자기 민족 집단을 상대로 한 경제활동과 자신의 사회·문화적 전통을 계속 유지하는 경향을 보였다. 이들은 출신 국가에서는 상대적으로 우월한 사회·경제적 배경을 갖고 있으나, 이민 1세대에는 잡화점, 청과물상, 세탁업, 미용실 등 자영업에 주로 종사하며, 이민 2세대에 이르러 높은 교육 수준을 배경으로 백인 주류 사회에 진출했다. 한국계는 중국계나 일본계보다 사회·경제적 수준이 많이 뒤처진다. 이들의 소득은 아직 미국인의 전국 평균치에 미치지 못하며 빈곤율도 전국 평균치보다 높다. 성인 중 대학 졸업자 비율은 전국 평균치보다는 높으나 다른 아시아계 미국인에 비해서는 낮은 편이다.

요약하면, 아시아계 미국인이 근검, 절약, 성실의 청교도적 윤리를 내면화하여 열심히 노력함으로써 미국 사회에서 성공을 거둔 '모범적 소수자'임은 분명하다. 그러나 이는 외양만을 보고 말하는 것이다. 실상은 인종차별로 본국에서 축적한 우수한 인적 자본을 제대로 활용하지 못하고 열악한 환경에서 장시간 노동하면서 살아가야 한다. 아시아계의 사회·경제적 지위가 미국 전체 평균을 넘어선다고 하지만, 아시아계 중에 빈곤에 허덕이며 절망 속에서 살아가는 사람들의 비율이 미국인 평균보다 높은 것이 현실이다. '모범적 소수자'라는 칭호는 한편으로는 아시아계가 처한 혹독한 현실을 호도하며, 다른 한편으로는 흑인을 그릇되게 비난하는 데 사용된다는 점에서, 사용자가 의도하지는 않을지라도 인종주의적 암시가 내포된 용어이다.

5. 인디언의 집단 정체성은 지속될 것인가?

인디언은 흑인과 함께 미국인 중 가장 예외적인 집단이다. 대부분의 미국인이 북미 대륙 밖에서 미국으로 건너왔음에 비해 인디언은 북미 대륙에서 조상 대대로 살아온 유일한 사람들이다. 유럽인의 도래 이전 인디언은 북미 대륙에만 대체로 200만~1,000만 정도의 인구가 살고 있었던 것으로 추정되며 내적으로도 매우 다양한 수백 개의 부족이 있었다. 이들은 농경민족에서부터 유목, 수렵 및 채취 민족에 이르기까지 매우 다양한 방식으로 생활하고 있었다. 1970년대 아메리카 인디언의 정체성을 찾으려는 의식적인 노력이 이루어지기 전까지 인디언은 개별 부족의 범위를 넘어서는 조직이 없었다. 단지 백인의 인디언 정책의 대상으로서 포괄적으로 분류된 집단으로만 존재했다. 유럽인은 인디언을 정복하는 과정에서 인디언 부족들 간에 형성된 적대 관계를 효과적으로 이용했다. 그들은 공격하고자 하는 부족에 적대적인 다른 부족의 도움을 이용해 해당 부족을 격파하는 전략을 구사했다. 유럽인은 이들의 땅을 빼앗고 19세기 후반 경에는 미국 전 지역에서 이들을 완전히 정복해 서부 지역에 산재한 인디언 보호구역에 수용했다. 인디언의 정복 과정은 백인에 의한 인디언의 무자비한 살육과, 우연적 접촉이나 고의로 퍼트린 전염병으로 인한 부족의 몰살 등으로 점철되어 있다. 인디언에게 허용된 보호구역이 농경이 어려운 척박한 자연환경이었던 탓에 그들은 극심한 빈곤과 절망 속에서 정부의 지원에 의존하여 생활할 수밖에 없었다. 결과 1592년 콜럼버스 도래 시의 200만~1,000만 명의 추정 인구가 200년 후인 건국 초기에는 50만 명 남짓으로 줄어들더니 20세기 초에는 23만 명까지 감소하여 한때 인디언은 '사라져가는 미국인(Vanishing Americans)'으로 불리기도 했다. 인디언은 미국 영토에 거주하면서도 미국 시민이 아닌 애매한 법적 존재로서 20세기 초반까지 시민권이 부여되지 않았다.

오랜 질곡의 영향으로 인디언은 다른 민족과 혼혈의 비율이 매우 높다. 60% 이상의 인디언이 인디언 이외의 사람과 결혼하고 있으며, 전체의 1/4 이하만이 인디언 언어를 조금이라도 알고 있는 것으로 조사되었다. 인디언의 정체성에 대한 위기는 어디까지를 인디언으로 규정할 것인가를 놓고 고민해야 하는 수준에 이르렀다. 현재 인디언 부족들은 2대조 조상까지 인디언 혈통이 한 사람이라도 있을 경우 인디언으로 규정하고 있다. 이러한 규정에 따라 인디언 부족으로 등록한 숫자는 전체 인디언의 약 60%로 총 317개 인디언 부족이 등록되어 있다. 인디언 보호구역에 집단적으로 거주하는 인디언은 전체의 1/4에 불과하며 대부분은 보호구역에 인접한 서부 지역이나 대도시에서 흩어져 생활한다. 유럽인이 과거 동부 지역에서 살던 인디언을 모두 미시시피 강 서쪽으로 몰아낸 탓에 인디언 인구는 대부분이 서부 지역에 거주하고 있다. 인디언은 오클라호마, 캘리포니아 남부, 애리조나, 뉴멕시코에 집단적으로 또는 산재하여 거주하고 있으며, 여타 서부 주들에도 집단 거주 지역이 흩어져 있다.

인디언에 대한 미국 정부의 정책은 일관성이 없는 대표적 사례이다. 인디언은 연방 정부의 정책에 따라 삶의 터전을 강제로 옮겨야 했으며, 부족을 해체해야 했으며, 아이들은 부모와 생이별해야 했다. 영국인은 정착 초기부터 강제적인 분리 정책을 취해 그들이 살고 싶어 하는 지역에서 가급적 멀리 떨어진 곳으로 인디언을 쫓아내 격리시키는 정책을 취했다. 땅을 둘러싸고 백인과 인디언 간의 불공평한 협정과 뒤이은 백인의 일방적인 협정 위반, 잇따른 인디언의 저항과 굴복, 또다시 새로운 협정과 일방적인 위반, 저항과 굴복이 반복되면서, 인디언은 19세기 후반까지 생존수단이 열악한 한계 지역으로 내몰리고 다시 더 열악한 지역으로 내몰리는 과정을 반복했다. 1887년 시행된 법률(Dowes Act)은 인디언의 전통적인 공동 토지 소유 관행을 부정하고 각 개인에게 제한된 넓이의 땅을 사유하도록 하는 조치를 취함으로써, 토지 공동 소유에 바탕을 둔 인디언 공동체의 붕괴를 가져왔다. 19세기 후반에는 인디언 자녀들을 부모와 멀리 떨어진 곳에 세운 기숙학교에 강제로 집단 수용하여 인디언 언어의 사용을 금지하고 백인의 문화를 습득하도록 했다. 1930년대에 루스벨트 대통령은 과거의 인디언 문화 말살 정책을 포기하고 인디언의 부족국가와 고유문화를 인정하는 정책으로 선회했으나, 다시 1950년대 초반 트루먼 대통령은 부족의 법적 권리를 박탈하는 정책으로 바꾸었다. 1960년대에는 인디언의 동화를 돕고 실업 문제를 해결한다는 취지에서 정부 주도하에 인디언을 도시 지역으로 강제 이주시키는 정책을 시행하기도 했다. 이러한 일련의 정책은 대부분 인디언의 열악한 생활수준을 향상시키는 데 실패했다. 인디언의 지위가 본격적으로 인정을 받게 된 것은 민권운동의 영향으로 소수자의 권리에 대한 인식이 높아지고 소수자들 스스로 권리 투쟁에 나서게 된 1970년대에 들어서이다. 1976년에 미국 정부는 인디언 부족의 권리를 인정하는 정책으로 다시 선회하여 오늘에 이르고 있다.

미국 사회에서 인디언의 사회·경제적 지위는 흑인보다도 낮은 최하위를 차지한다. 이들은 교육, 소득, 직업의 모든 측면에서 가장 바닥을 달리고 있으며, 빈곤율이 유난히 높다. 다른 인종 집단과 달리 인디언은 도시 거주 비율이 상대적으로 낮아 약 절반 수준에 머무르고 있는데, 이는 그들의 교육 수준과 사회·경제적 수준을 낮추는 하나의 요인이다. 인디언이 집단적으로 거주하는 곳에는 학교가 없으며, 일자리를 제공하는 산업 시설이 없는 경우가 많다. 인디언 보호구역에서 실업률은 50%를 상회하고, 빈곤율은 전국 평균의 세 배 이상이며, 대학 졸업자 비율은 전국 평균의 1/3에도 미치지 못한다. 인디언은 대부분 도시 문명으로부터 격리된 비참한 생활을 하고 있다. 그들은 도로 포장이 전혀 되어 있지 않고, 전기나 수돗물조차 공급되지 않으며, 거주지 가까이에 학교나 병원이나 상점이 전혀 없는 지역에서 살고 있다. 인디언이 이렇게 격리된 생활을 하는 데에는 이들에 대한 인종주의적 억압을 피하려는 의도도 작용하고 있다. 1960년대 초에 이들을 격리된 지역으로부터 도시로 이주시키려는 정부의 강제적인 노력이 있었으나 이들이 외부 세계의 인종차별과 도시의 생활 방식에 적응하지 못해 실패로 돌아갔다. 20세기 후반 들어 미국 사회에서 인종주의적 분위기가 감소하면서 점차 자녀의 교육과 적응을 위해 격리된 생활을 벗어나는 인디언의 수가 증가하고 있다.

그림 6-2 인디언의 인구 규모 변화(1800~2000년)

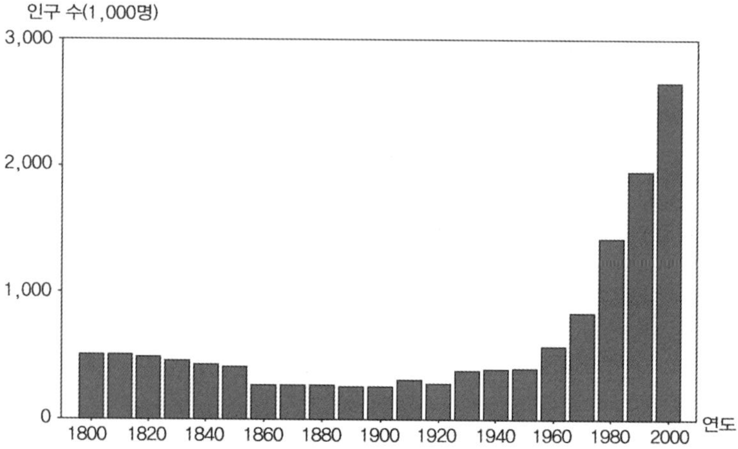

자료: Historical Statistics of the United States of America(1975: 14), US Bureau of Census(2003: 15).

인디언이 미국 사회의 최하위에서 열악한 삶을 영위하는 원인은 여러 가지이다. 가장 큰 원인은 지속적인 핍박의 결과 소득을 얻을 수 있는 자원으로부터 원천적으로 배제된 환경 속에서 빈곤을 세대 간 전승하고 있다는 점이다. 인디언 보호구역은 대부분 경작에 적당하지 못한 척박한 토지이며 그들은 도시에서 취업에 필요한 기술이나 교육을 받을 기회로부터 배제되어 왔다. 일부 인디언들은 주류 사회의 차별을 피해 자신들의 보호구역에서 외부 세계로 나오지 않으려고 하는 경향을 보인다. 두 번째로 지적되는 원인은 인디언 문화 특유의 비경쟁적 세계관 및 백인의 교육에 대한 거부감이다. 인디언 문화는 자연과 인간, 인간과 인간 간의 조화라는 기본 가치를 보유하고 있는데, 이는 백인 사회에서 성공하기 위해 요구되는 경쟁적이고 이기적인 인간관과는 맞지 않는다. 수단과 방법을 가리지 않고 상대를 이기는 게임의 원칙은 인디언이 쉽게 익숙해지기 어려운 방식이다. 세 번째 원인은 부정적인 자기 정체성이다. 백인의 핍박으로 처절하게 패배한 조상에 대한 기억과 이에 대한 후손들의 무기력은 절망적이며 부정적인 자아상을 낳았다. 많은 인디언들은 알코올 중독에 빠져 있으며 장래에 대한 계획이나 희망을 상실한 상태이다. 이러한 부정적인 집단 기억을 극복하고 미래 지향적이며 긍정적인 자아상을 갖는다는 것은 개인의 노력만으로는 쉽지 않은 일이다.

인디언에 대한 인종주의적 편견과 차별은 뿌리가 깊다. 민권운동의 결과 제도적·노골적 차별은 줄었지만 이들은 여전히 사회생활의 모든 영역에서 차별받고 있다. 과거에는 자신이 인디언이라는 사실을 가급적 드러내지 않으려 했으므로 1960년대까지 인구조사에서 인디언 인구는 실제보다 낮은 숫자를 기록하였다. 1976년 과거 감옥으로 악명이 높았던 샌프란시스코 앞바다의 알카트라즈 섬을 일단의 인디언들이 점령하고 장기간 항의 시위를 벌인 사건이나, 인디언 집단을 대표하는 전국 조직을 결성하고, 과거 백인이 저지른 불합리한 계약 위반에 대해 법률 투쟁을 벌여나간 운동 등은 실제 성공 사례는 많지 않지만 미국 사회에서 인디언 집단의 자긍심을 새롭게 구축하는 계기가 되었다. 이어 대학에 인디언 연구 분야가 개설되고 인디언의 문화와 역사를 새롭게 조명하는 작업이 활발하게 전개되었다. 1980년의 인구조사에서는 본인이 인디언이라고 밝힌 인구가 이전에 비해 크게 증가하는 현상을 가져왔다. 그림 6-2에서 인디언 인구는 1970년대부터 급속히 증가하고 있는데 이는 과거에 인디언임을 밝히지 않고 살았던 사람들이 새삼 자신을 인디언으로 표명하면서 나타난 현상이다.

인디언에 대한 백인의 문화적 이미지는 이중적이다. 인디언은 미국 역사에서 처음부터 부정적인 이미지로 각인되어 있다. '고상한 야만인(noble savage)'이라는 지칭에서 드러나듯이, 인디언은 자연과 근접한 존재로서 미신과 신비가 결합된, 문명의 반대편에 있는, 사라져가는 운명을 지닌 퇴행적인 모습으로 흔히 묘사된다. 이러한 이미지는 1960년대 반문화 운동(Counterculture movement)에서 이용되어 뉴에이지 운동(New Age Movements)과 인디언이 직접적으로 연관된 듯한 착각을 불러일으켰다. 그러나 반문화 운동이나 뉴에이지 운동은 백인이 만들어낸 인디언의 이미지를 차용했을 뿐 실제의 인디언과는 직접적 연관성이 없다. 마치 에드워드 사이드(Edward Said)가 지적하듯 서구인이 그들의 식민지 지배를 정당화하기 위해 실제 모습을 왜곡하여 '동양(Oriental)'의 이미지를 만들어낸 것과 같은 방식이다. 인디언의 이러한 반문명적 이미지는 백인의 지배를 정당화하기 위해 만들어낸 것으로서, 인디언 자신들은 이런 조작된 이미지로 인해 이중의 고통을 당하고 있다고 항의한다. 그들이 신비하게 보이는 것은 다른 문화에 대한 피상적인 관찰일 뿐이다. 인디언이 자연과 근접하게 보이는 것은 실은 빈곤 때문이며, 아플 때 전통적인 방법에 의존하는 것은 주변에 근대적인 병원이 없고 돈이 없기 때문이며, 자녀들에게 근대적인 교육을 못 시키는 것이지 안 시키는 것이 아니며, 그들이 취업을 하지 않는 것이 아니라 교육을 못 받고 기술이 없기 때문에 취업이 어려운 것이며, 그들이 활동적이지 않게 보이는 것은 돈이 없고 이용할 수 있는 자동차나 대중교통 수단이 없기 때문이다. 인디언은 야만적이지도 신비하지도 않다. 단지 가난하고 핍박받을 뿐이다. 근래로 오면서 인디언 보호구역에 석유와 우라늄 등의 광산자원이 풍부하게 매장된 것으로 밝혀지고, 그들이 운영하는 카지노 사업이 성공하면서 인디언의 경제생활은 조금씩 향상되고 있다. 근래에 인구조사에서 자신을 인디언으로 밝히는 인구가 증가하는 것은 인디언의 경제생활이 향상되는 것과 밀접히 연관된다.

학자들은 인종차별이 지속되는 한 인디언이 집단적 정체성을 얼마나 유지할 수 있을지에 대해 유보적 견해를 표출한다. 인디언의 정체성이 위태롭다는 진단은 대체로 두 가지 요인에 근거한다. 하나는 인디언이 차별을 피하는 한 방식으로 오랫동안 인디언 이외의 인종과 혼혈을 계속해 왔다는 점이다. 인디언은 소수 인종 중 가장 혼혈이 많이 진행된 집단으로 현재 순수한 인디언의 혈통을 가진 사람은 그렇게 많지 않다. 다른 하나는 인디언에게 집단 정체성의 구심점이 없다는 점이다. 외국으로부터 이민 온 인종·민족의 경우 시간이 경과하면서 미국 사회에 동화가 진행된다고 해도 모국과의 연관성 속에서 조직 활동과 민족적 정체성을 유지한다. 대표적인 예가 이스라엘과 미국 유대인의 관계일 것이다. 반면 인디언은 강력한 영향력을 행사할 수 있는 조직의 구심점이 없다. 인디언 보호구역은 지금까지 부정적이며 낙후된 이미지로서 인디언의 구심점 역할을 하지 못했다. 인디언 보호구역에서 경제적·사회적으로 발전을 위한 노력이 진행되고는 있으나, 보호구역 밖에 거주하는 인디언의 후손들이 자신을 인디언 집단의 일원으로 생각하고 이를 주위에 적극적으로 표명하면서 인디언 조직 활동에 참가하는 경우는 많지 않다. 인디언의 집단 정체성을 되찾는 일은 이제 시작 단계에 불과한데, 근래에 인구조사에서 인디언 인구가 지속적으로 증가하는 것은 고무적인 현상이다.

6. 백인 민족 집단은 백인이라는 단일 정체성으로 통합될 것인가?

19세기까지의 이민사는 유럽으로부터의 이주가 주를 이룬다. 최초에 잉글랜드인에 뒤이어 스코틀랜드계 아일랜드인, 독일인, 북유럽인, 아일랜드인, 남유럽인, 동유럽인과 유대인의 순으로 진행된 이민의 물결은 미국으로 이주한 시기가 근래에 가까울수록 앵글로색슨 기독교도를 중심으로 한 사회·문화의 주류로부터 멀어진다. 20세기 들어 유럽으로부터 새로운 이민이 급격히 줄어들고 과거에 건너온 이민자의 세대가 이어지면서 백인 사회 내의 민족 간 이질성이 점차 사라지는 것을 볼 수 있다. 백인 사회·문화의 동질화 과정에는 동질적인 교육과 혼인을 통한 상호 교류가 큰 몫을 차지했다. 미국은 초·중등 교육에서 공립학교가 전체의 95% 이상을 차지하므로 이민자의 출신 국가에 관계없이 대부분의 백인 이민 자녀들은 같은 학교에서 교육을 받았다. 동질적인 교육은 백인 이민자의 자녀를 미국의 주류 사회에 진입시키는 주요 통로였다. 아일랜드인과 남유럽인은 20세기 중후반 케네디 대통령과 듀카키스 대통령 후보의 사례가 보여주듯이 마침내 주류 정치권에 진입하게 되었다. 동유럽인과 유대인도 정도의 차이는 있으나 초기 이민자로부터 세대가 계속되면서 동화의 과정이 상당히 진전되었다. 백인 중에서도 뒤에 이민 온 집단일수록 미국 사회 내에서 사회·경제적 지위가 낮다. 그러나 20세기 후반 아시아계와 히스패닉이 대규모로 들어오면서 백인은 전반적으로 이들보다는 상위로 밀어 올려졌다. 유럽인 이민자는 20세기 후반에 이민 온 사람들과 사회·경제적 수준에서도 구별되지만, 그보다 더 두드러진 차이는 전자는 모두가 백인인 반면, 후자는 대부분이 유색인이라는 점이다. 전자는 인종주의적인 차별과 편견의 직접적인 대상이 되지 않으나, 후자는 미국 사회의 뿌리 깊은 인종주의의 직접적인 표적이다.

그렇다면 백인은 유색인과 구별되는 단일 집단 정체성을 가지고 있을까? 이에 대한 대답은 아직 애매한 단계에 있다. 유색인과 대비될 때 백인이라는 인종적인 정체성을 가지고 있기는 하나, 백인 내에서만 본다면 동질적인 집단 정체성이 보이지는 않는다. 앵글로색슨계 사람이 아닌 경우 상당 부분 고유의 민족 정체성을 가지고 있다. 백인 민족 집단

중 단일 규모로는 가장 큰 독일계나 북유럽계 사람은 일부 지역을 제외하고는 거의 완전히 미국 문화에 동화된 것으로 보인다. 이들은 자신을 특별히 독일계나 북유럽계로 인식하고 있지 않으며, 가치관이나 생활방식에서나 완전히 미국인의 주류에 흡수되었다. 스코틀랜드계 아일랜드인과 스코틀랜드인 또한 앵글로색슨계와 크게 구별되지 않는다. 그들은 자신들만의 조직을 구축하거나 문화적 행사를 벌이고 있지 않다.

가톨릭을 믿으며 짧은 시기에 대규모로 이주한 아일랜드인은 최근까지 민족적 정체성을 부분적으로 유지하고 있다. 그들은 자신들의 조직을 가지고 있으며 문화적 행사를 벌이고 있기는 하나 민족적 응집력은 그리 크지 않다. 반면 남유럽계나 동유럽계 사람들은 앵글로색슨계 주류 문화와의 이질성으로 인해 상당한 편견과 차별에 시달렸다. 이들은 여전히 사회·경제적인 면에서 서유럽계 민족에 비해 상대적으로 낮은 지위를 차지하고 있다. 그들의 생활방식은 거의 동화되었으며 두드러진 차별은 사라졌으나 여전히 미국 백인 사회 내에서 자신의 민족 정체성을 의식하면서 살아간다. 자신의 집단을 대표하는 조직을 가지고 있으며, 민족적인 성격의 문화 행사를 벌이며, 밀집하여 거주하는 지역에서는 민족 신문과 방송 프로그램을 운영하고 있다. 이들의 민족적 정체성은 혼인 시에 자신에게는 물론 상대에게도 뚜렷이 의식된다.

1960년대 흑인 민권운동과 흑인 문화 회복운동에 영향을 받아 백인 민족 집단들도 자신의 문화적 고유성에 대한 자각이 높아졌다. 대학과 문화계를 중심으로 민족 고유의 문화를 발굴하고 활성화하려는 노력이 흑인, 히스패닉, 아시아계는 물론 백인 민족 집단, 특히 남유럽과 동유럽계 민족 집단들에서 활발하게 전개되었다. 그러나 이들도 민족 고유의 언어를 사용하는 경우는 거의 없으며, 젊은 세대일수록 완전히 미국화된 생활방식을 수용하고 있다. 한편 이들과 비슷한 시기에 미국에 건너온 유대인은 여전히 매우 강한 집단 정체성을 지니고 있다. 이들은 자신들

표 6-8 유럽계 미국인 조상의 출신 국가별 분포(2000년)

민족 구분	점유율(%)
독일	15.2
아일랜드	10.8
잉글랜드	8.7
이탈리아	5.6
폴란드	3.2
프랑스	3.0
네덜란드	1.6
스코틀랜드	1.7
스코틀랜드계 아일랜드	1.5
노르웨이	1.6
스웨덴	1.4
러시아	0.9
프랑스계 캐나다	0.8
웨일즈	0.6
덴마크	0.5
헝가리	0.5
백인 전체*	75.1

자료: US Bureau of Census(2003).
주: * 히스패닉 백인을 포함한 숫자임.

의 이익을 옹호하고 조직 활동에 적극적으로 참여하며 집단적인 행사와 인적 교류를 통해 강력한 집단 정체성을 유지한다. 이들은 제2차 세계대전 이전까지 미국 사회에서 심한 차별과 박해를 견뎌야 했다. 단적인 예로 제2차 세계대전 시기까지 인구조사 항목에 백인과는 별도로 유대인이라는 범주가 엄연히 존재했다. 그러나 유대인 이민자의 자녀들이 높은 교육 수준을 발판으로 미국 주류 사회에 진출하면서 다른 유럽계 민족과 유사하게 20세기 후반 들어 미국화가 빠른 속도로 진전되고 있다. 비유대계 사람과 혼인을 하고, 유대인 집단 거주지에서 살지 않으며, 유대인 교회에 다니지 않고, 유대인의 전통과 관습을 고집하지 않는 개혁파 세력이 증대하고 있다. 유대계 후손이 미국의 주류 사회에서 큰 성공을 거두면서 그들에 대한 사회적인 편견과 차별은 상당히 사라졌으나 대신 민족적 정체성은 매우 약화되었다.

주류 사회의 일원이 된다는 것은 별도로 구별되는 집단으로서의 정체성이 소멸됨을 의미한다. 거꾸로, 별도로 구별되어 지칭되는 집단이 사람들의 머릿속에 존재한다는 것은, 문화적으로건 사회·경제적으로건 다른 사람과 차이를 나타내는 특성을 지니고 있음을 의미한다. 일부 학자들은 위계적인 평가, 즉 상하와 좋고 나쁨의 구별이 수반되지 않은 집단 간 차이가 인간 사회에서 존재할 수 있는가에 대해 의문을 제기한다. 왜냐하면 사람들이 타인 특히 자신이 속하지 않은 다른 집단에 대해 차이를 인식할 때는 항시 위계적인 평가와 권력의 상하 관계를 함께 고려하기 때문이다.[5] 만일 이 주장이 옳다면 미국의 주류 사회에서 성공한다는 것은 개별 민족 고유의 집단 정체성을 포기함을 의미할 수밖에 없다. 예컨대 유대인으로서 어릴 때 차별의 경험을 생생히 기억하는 영화 감독 스티븐 스필버그가 성장하여 유대인의 정체성을 옹호하는 활동에 열정을 기울이고 있지만, 그러한 차별을 거의 경험하지 않은 그의 자녀들이 자신이 유대인이라는 사실에 대해 그렇게 헌신적인 감정을 가지고 있으리라 기대하기는 어렵다.

비유럽계 이민자가 늘어나면서 유럽계 백인의 내적인 동질성은 상대적으로 더욱 높아질 것이 분명하다. 인종주의의 핵심은 백인과 유색인을 구분하는 선에 있으므로, 백인 이민자의 새로운 공급이 크게 증가하지 않는 한 백인 내의 동질성은 시간이 흐를수록 강화될 것이다. 반면 유색인의 사회·경제적 지위가 높아질수록 백인과 유색인을 구분하는 선의 사회적 중요성은 줄어들 것이다. 그런 과정은 동시에 백인 민족 집단들 내의 구분을 허무는 역할도 한다. 그러나 최근 동유럽의 공산주의 체제가 무너진 이래 이들 나라로부터 가난한 백인의 이민이 급속히 늘어나면서, 백인 민족 집단들 내의 동질성이 계속 높아질 것이라는 예상은 빗나가게 되었다. 과거에 미국에 건너와 정착한 서유럽, 북유럽, 남유럽 백인 간의 집단 동질성은 높아질 것이나, 이들과 근래에 이주한 공산권 출신 동유럽 백인 간의 사회적·문화적 간격은 상당한 시간이 흘러야 사라질 것으로 보인다.

7. 인종과 계급의 관계: 인종의 중요성은 사라지고 있는가?

20세기 중반까지 미국 사회에서는 인종이 삶의 기회를 결정적으로 좌우하는 요소였다. 그가 흑인이라면 교육 기회, 직업, 생활수준 등 삶에서 중요한 모든 면에서 백인보다 열등한 지위를 차지할 수밖에 없었다. 노예제 사회가 그 극단적인 형태이며 이후 유사한 형태의 착취 관계가 인종을 기준으로 하여 1960년대 민권운동 시기까지 계속되었다. 사회학자 윌리엄 줄리어스 윌슨(William Julius Wilson)은 1978년 『감소하는 인종의 중요성(Declining Significance of Race)』이라는 책을 출간했는데, 지금까지도 그의 주장은 미국 학계에서 논쟁을 불러일으키고 있다. 그의 분석에 따르면 미국 사회에서 인종의 중요성은 상대적으로 줄어드는 반면 계급의 중요성이 이를 점차 대치하고 있다.

그는 제2차 세계대전 이후부터 1970년대 중반까지 흑인과 백인의 사회·경제적 수준을 비교해 본 결과 근래로 올수록 흑인과 백인이 사회·경제적으로 명확하게 구분된 선을 유지하는 정도가 흐려지고 있다고

그림 6-3 인종과 사회·경제적 지위의 상호관계

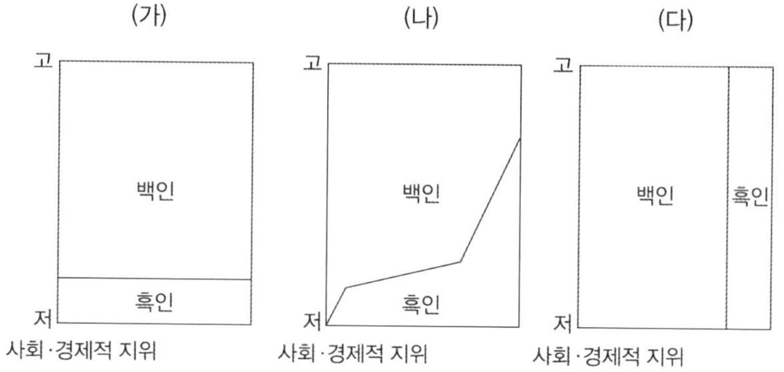

지적한다. 그림 6-3의 (가)와 같이 어느 인종에 속하는가가 그의 사회·경제적 지위와 삶의 기회를 전적으로 좌우하는 경우와 (다)와 같이 인종 구분과 사회·경제적 지위가 상호 연관이 전혀 없는 가상적인 형태를 생각할 때, 미국 사회는 과거 노예제 시절에는 (가)의 형태에 있다가 점차 (다)의 방향으로 진행하면서 현재는 중간 단계인 (나)의 단계에 머물고 있다. 이 단계에서 백인은 대체로 흑인보다는 상층에 위치하지만 그들 중에도 가난한 사람이 있는 반면, 흑인은 대체로 중하층이지만 그들 중에도 중상류층에 속한 사람이 혼재한다. 만일 (다)의 사회가 된다면 인종은 사람들의 삶의 기회에 전혀 영향을 주지 못한다. 반면 (가)의 사회에서는 어느 사람의 인종을 알면 그 사람의 사회·경제적 지위를 쉽게 짐작할 수 있으며, 거꾸로 어느 사람의 사회·경제적 지위를 알면 그 사람의 인종을 거의 정확하게 추측할 수 있다.

미국 사회는 민권운동 이래 인종에 근거한 법적 불평등이 제거되면서 과거에 인종적인 특성에 기인하는 것으로 비난되었던 것들이 점차 빈곤의 문제로 이전하는 경향을 보인다. 도심 빈민가의 고질적인 범죄, 마약, 미혼모, 학업 중단, 실업 등의 문제는 흑인이기 때문에 발생한 문제이기보다는 빈곤에 수반된 문제이다. 물론 그들을 이러한 처지에 몰아넣은 것은 오랜 세월 동안 누적된 인종차별과 착취의 결과이지만, 현재 그들이 당면한 문제는 흑인이기 때문이 아니라 빈곤하기 때문에 겪는 문제이다. 빈곤한 흑인이 겪는 문제는 빈곤한 백인이 겪는 문제와 크게 다르지 않다. 빈곤한 백인도 위에 열거한 문제 속에서 헤어나지 못하고 있다.

현재 흑인 중 1/3은 중류층 생활을 영위하고 있다. 이들은 소위 '흑인의 문제'를 거의 나타내지 않으며 같은 계층의 백인과 유사한 생활 방식과 사회의식을 지니고 있다. 그들은 자녀 교육을 중시하며, 성취 지향적이며, 근면하며, 미래를 위해 현재의 만족을 연기하는 태도를 보이며, 백인과 유사한 직업에 종사하며, 교외 백인의 주거 지역에서 살면서 백인 자녀들과 함께 공부하며 생활한다. 물론 중류층 흑인도 일상에서 항상 인종적인 편견과 차별을 의식하면서 살아간다. 그러나 윌슨의 분석에 따르면 백인이냐 흑인이냐가 성취에 미치는 영향은 근래로 오면서 상대적으로 줄어들었다. 대신 부모의 사회·경제적 지위와 자신의 교육 수준이 자신의 사회·경제적 성취에 미치는 영향력이 더 큰 부분을 차지한다. 다시 말하면 흑인의 출발점은 전반적으로 백인보다 낮지만, 각 출발점에서 성취를 좌우하는 요소는 부모의 직업이나 소득·교육과 같이 계급적인 요소가 지배한다는 주장이다. 즉 동일한 계급 지위의 백인과 흑인은 동일한 성취 요인의 영향을 받게 되었다. 흑인이라도 좋은 부모 밑에서 태어나 교육을 잘 받으면 성공할 수 있는 사회로 바뀌었다는 주장이다. 인종차별이 미국 사회에 엄연히 존재하는데 인종의 중요성이 감소한다는 윌슨의 주장은 거센 비판을 받았다. 그러나 윌슨은 계급의 중요성이 증가하는 데 비해 인종의 중요성은 상대적으로 감소하고 있다는 것을 주장할 뿐, 인종차별이 완전히 사라져 흑인과 백인이 동등한 기회를 갖게 되었음을 의미하는 것은 아니라고 반박한다.

과거 인종차별이 공식적으로 존재하던 시절에는 백인 하층 계급도 흑인보다는 우월적인 지위를 누렸으며 흑인을 차별하고 억압하는 것으로부터 이익을 취했다. 짐 크로우(Jim Crow Rules)라고 불리는 인종주의적인 흑백 분리 관행 덕분에 백인 하층은 노동시장에서 흑인과의 경쟁을 피할 수 있었다. 흑인은 노예나 예속적 지위의 농업 노동자로서 험한 삶을 살아가는 것 이외에는 모든 삶의 기회로부터 차단당했다. 그러나 20세기 들어 이들에게 도시의 산업 노동자가 될 수 있는 길이 열리고 조금씩 흑인 중류층이 성장하여 마침내 법적인 평등을 보장받게 되었다. 흑백의 노동시장을 구분하던 제도적 장벽은 허물어졌으며 흑인도 백인과 마찬가지로 교육을 통한 지위 상승의 기회를 추구할 수 있게 되었다. 비록 은밀한 방식으로 인종차별이 이루어지고 있기는 하나 백인이라고 해서 공식적으로 흑인보다 우월한 특권이 부여되는 관행은 제거되었다. 이는 물론 인종차별이 제거된 것은 아니나 계급적인 관계가 흑인에게도 적용될 가능성이 열렸음을 의미한다.

사실 인종의 개념은 사회적인 불평등 체계의 일부이므로 인종과 계급을 엄격히 구분하는 것은 무리이다. 인종은 불평등 체계의 한 차원으로서 다른 차원과 체계적으로 연결되어 있을 경우에만 의미를 갖는다. 인종이 다른 불평등 체계와 가지는 연관이 약해진다면 인종 개념은 사라진다. 예컨대 유대인이 사회·경제적 지위나 정치적 권력에서 영국계 백인에 근접함에 따라 유대인이라는 인종 범주는 점차 사라질 위기에 놓이게 되었다. 인종에 따른 계급 구분이 사라진다면 인종 구분은 자연히 사라지게 된다. 윌슨은 이러한 맥락에서 계급의 중요성이 인종을 대치해 가고 있다고 한 것이다.

그러나 미국 사회에서 유색인은 여전히 은밀한 방식으로 이루어지는 인종차별을 경험하고 있으므로 인종 문제가 순전히 계급의 문제 이상도 이하도 아니라는 주장은 옳지 않다. 같은 하버드 대학 졸업자라도 흑인보다 백인이 더 좋은 직장을 구할 가능성이 높은 것이 현실이다. 그러나 거꾸로 흑인의 문제를 인종의 문제로만 접근하는 것도 타당하지 않다.

예컨대 순전히 인종에만 초점을 맞춘 적극적 차별 개선 프로그램과 같은 조치는 한계를 가질 수밖에 없다. 중류층 흑인에게 중류층 백인보다 대학 입학이나 공공부문 고용에서 우선적인 혜택을 주는 조치는 인종적 접근이 만들어낸 한계에 대해 백인 사회의 거센 저항을 불러일으킬 뿐이다.

흑인이 인종차별의 결과로 백인보다 전반적으로 낮은 수준의 삶의 기회를 갖는 것은 사실이다. 그러나 흑인 중에도 장군과 정치인과 의사와 변호사가 다수 나온다면 그들이 어떻게 이러한 지위를 획득하게 되었는가 하는 것은 인종 문제만 이해해서는 풀리지 않는 수수께끼로 남는다. 이는 거꾸로 흑인 빈곤층이 왜 그렇게 가난에 빠져있는가 하는 문제에 대한 설명에서도 흑인이라는 사실, 또는 인종차별만으로는 설명이 어려움을 의미한다.

그러나 미국 사회에서는 사회문제를 계급보다는 인종의 관점에서 접근하는 것을 선호한다. 미혼모에 대한 복지 지원 정책을 개혁해야 한다는 주장은 암묵적으로 흑인의 의존성에 대한 인종주의적 비난을 담고 있으며, 흑인 자녀들이 주로 다니는 학교의 열악한 상황을 개선하기 위해서 흑인과 백인 자녀를 섞어 놓는 정책은 흑인에 대한 백인의 인종주의적 기피 감정 때문에 벽에 부딪치며, 남동부 지역을 강타한 카트리나 폭풍의 피해로 수재민이 발생했을 때 흑인의 고통에 대한 백인들의 방관이 문제의 원인이라고 몰아세우는 등, 미국 사회에서는 여전히 수없이 많은 사례에서 인종주의적 감정의 자취가 드러난다.

인종과 계급의 문제가 뒤얽힌 경우 미국인은 왜 인종 문제로 설명하는 것을 선호할까? 이는 부분적으로 인종주의가 제도적으로 뒷받침되던 1960년대 이전과 시기적으로 매우 근접하여 아직까지 과거의 사고방식이 남아있기 때문일 것이다. 그러나 다른 이유도 있다. 인종 문제로 설명하는 것은 진보적 백인만이 아니라 흑인도 선호하는 접근이다. 어떤 문제가 발생할 때 흑인들도 이것은 백인의 인종주의적 편견과 차별의 결과라고 진단하는 경향이 있다. 가난한 흑인들의 낮은 성취동기와 노력에 따른 책임을 회피하기 위해 흑인 자신이 인종에 의존하는 설명을 선호하는 것이다. 흑인에 비해 출발점이 조금도 나을 것이 없는 히스패닉이 미국에 들어온 지 얼마 지나지 않아 흑인보다 사회·경제적으로 올라서게 되는 것을 흑인에 대한 가혹한 인종주의만으로 설명하기는 어렵다. 그러나 흑인들은 자신의 낮은 성취를 인종주의의 탓으로 돌림으로써 자신의 문제점을 외면하고 자기합리화를 하려고 한다. 백인들 또한 사회문제를 뿌리 깊은 인종주의의 탓으로 돌림으로써 사회 개혁을 회피하는 구실을 얻게 된다.

인종적 접근(racial approach)과 계급적 접근(class approach)을 대비해 보자. 흑인의 빈곤을 흑인에 대한 백인의 차별 때문이라고 진단한다면 이는 인종적 접근이다. 반면 흑인의 빈곤은 교육의 결핍, 취업 기회의 제한, 결손 가정, 질병·상해·노령 등 위험에 대한 대비 부족, 빈곤의 세습 등이 원인이라고 진단한다면 이는 계급적 접근이다. 이런 문제들은 흑인이냐 백인이냐에 관계없이 빈곤의 일반적인 원인인데, 흑인은 이러한 위험에 더 노출되어 있는 것이다. 흑인이 백인보다 이러한 위험에 더 노출되어 있는 가장 큰 이유는 물론 오랫동안 인종차별과 억압을 당한 결과 흑인이 백인보다 더 낮은 사회·경제적 수준에 놓이게 되었기 때문이다. 그러나 현재의 빈곤한 흑인을 어떻게 구제할 것인가 하는 문제에서 과거의 억압을 문제 해결의 실마리로 계속 붙잡고 있다면 막상 빈곤이 초래하는 문제에 적절히 대응하기 어렵다.

유사한 수준의 흑인과 백인을 비교해 보았을 때 백인보다 흑인의 성공 가능성이 더 낮다면 현재에도 인종차별과 억압이 지속되고 있다고 할 수 있다. 그러나 윌슨의 연구 결과에 따르면 흑인이 백인과 같은 조건에서 출발한 경우에 성공의 가능성이 백인보다 크게 낮지는 않다.

중산층 흑인의 자녀가 중산층 백인의 자녀보다 성공의 가능성이 크게 낮지 않다면, 과거에 위력을 발휘했던 인종차별과 억압은 현재 크게 힘을 발휘하지 못한다고 결론지을 수 있다. 현재 미국 사회에서는 중류층 부모를 만나는가 여부가 백인 부모를 만나는가 여부보다 인생의 기회를 결정짓는 데서 더 중요한 요인으로 작용하고 있다. 그렇다고 해서 인종이 삶의 기회에 전혀 영향을 미치지 않는 것은 아니다. 같은 조건에서도 백인이 흑인보다 취업 면접에서 유리한 점수를 받을 가능성이 높으며, 가벼운 잘못으로 경찰에 붙잡혔을 때 방면될 가능성이 더 크며, 어떤 상황에서나 상대로부터 호의적인 반응을 얻을 가능성이 더 높기 때문에 인종은 여전히 삶의 기회를 결정하는 중요한 요인이다. 인종보다 계급의 중요성이 높아졌다는 것은, 교육을 받은 흑인이 교육을 받지 못한 백인보다 노동시장에서 더 유리하게 평가되며, 미혼모가 될 확률은 백인 빈곤층이 흑인 중류층보다 높으며, 흑인 중류층 자녀의 교육 수준이 백인 빈곤층 자녀의 교육 수준보다 높아졌음을 의미한다.

흑인 빈곤층의 문제가 흑인이기 때문이 아니라 빈곤 때문이라면 인종주의적 접근으로는 문제를 해결할 수 없다. 교육을 받지 못하는 것이 흑인의 나쁜 습성 때문이 아니라 빈곤한 가정환경 때문이라면, 흑인에 초점을 맞춘 정책이 아니라 빈곤에 초점을 맞춘 정책을 적용해야 한다. 적극적 차별 개선 프로그램이 흑인의 빈곤 개선에 목표를 둔 정책이라면 인종이 아니라 빈곤이 우선적인 선별의 조건이 되어야 한다. 인종 구분에 의존한 정책보다는 계급 구분에 의존한 정책이 더 타당하다는 주장이 사회과학자들 사이에서 지속적으로 제기되고 있다. 문제는 미국 사회가 빈곤이나 불평등 개선을 위한 행동에는 매우 소극적이라는 점이다. 흑인은 자신의 이익을 조직화하여 정치 세력으로 표출할 수 있지만, 빈곤자들은 그들의 이익을 조직화하지 못하므로 이들을 위한 정책이 만들어지기는 어렵다. 흑인의 집단 정체성은 매우 강하지만, 빈곤자의 집단 정체성은 거의 존재하지 않는다. 요약하면, 미국 사회에서 인종의 중요성은 점차 계급의 중요성으로 대체되고 있으나, 미국 사회의 특성상 사람들이 이를 받아들이려고 하지 않는 것이 현재의 상황이다.

주

1) TANF라 불리는 개혁 프로그램은 현재 실시된 지 얼마 안 되었기 때문에 그 효과에 대한 연구가 진행 중이다. 잠정적인 결과에 따르면 새로운 프로그램이 운영에 드는 비용은 과거보다 높아졌으나, 미혼모의 학교 졸업 비율이나 취업 비율이 높아졌다는 긍정적인 결과가 보고되고 있다. 그러나 개혁 이전과 다름없이 3년 이상 수혜를 받는 경우 — 긴급 구호의 형태로 지원을 연장하는 방식으로 — 도 많은 것으로 나타나 이 개혁 프로그램의 효과를 대단하게 평가하지 않는 견해도 적지 않다.

2) 적극적 차별 개선 프로그램을 둘러싼 논쟁에 관해서는 주로 Skrentny(1996)와 Steinberg(2000)를 참조함.

3) 반면 같은 빈곤층이라도 흑인과 다른 인종 사이의 결혼은 매우 드물다. 흑인이 타 인종에 대해 배타적이든 다른 인종이 흑인에 대해 배타적이든 간에, 흑인은 히스패닉보다 인종에 관한 한 더 공고한 집단 정체성을 가지고 있다.

4) 이런 역할은 과거에 유대인이 담당했으며 이는 그들에 대한 사회적 비난의 소재를 제공했다. 돈만 알고 더러운 일에 종사하는 유대인이라는 비난은 바로 이런 상황에서 만들어진 것이다.

5) 문화적인 차이에 대한 인식은 항상 수직적인 평가가 동반되므로 여러 문화가 수평적으로 동등한 영향력을 행사하는 관계는 성립하기 어렵다는 주장은, 다문화주의가 근본적으로 문화 집단 간 권력 갈등을 내포하고 있음을 시사한다. 각 문화의 고유한 정체성을 유지하면서 서로 조화롭게 융합되기란 어렵다. 이러한 견해에 대해서는 Deloria(1994) 참조.

제7장

개인주의와 미국인의 꿈

미국은 어느 나라보다 개인주의적인 가치관과 '미국인의 꿈(American Dream)'이라 불리는 성공 신화의 이데올로기가 사람들의 머릿속에 깊이 박혀 있다. 개인주의와 성공 신화는 미국을 강력하고 매력적인 나라로 만든 요인으로 꼽히기도 하지만, 반대로 미국을 심각한 사회문제로 물들게 하고 미국을 혐오하게 만들기도 한다. 개인주의와 성공 신화를 좇아서 각자가 최선을 다해 열심히 노력하지만 기대를 만족시키지 못할 때 좌절하거나 사회 일반에 대해 반항과 복수의 앙심을 품을 수 있다. 개인주의와 성공 신화는 미국 사회를 움직이는 힘의 원천인 동시에 미국 사회의 아킬레스건인 셈이다.

개인주의 가치관은 미국인에 한정된 특성이라기보다는 현대 사회와 전통 사회를 구분 짓는 중요한 잣대이다. 교육 수준이 높아지고 도시화·산업화됨에 따라 정도에 차이는 있으나 선진 산업국 사람들은 모두 개인주의 가치관을 품게 되었다. 미국인은 그들의 독특한 역사와 사회 환경으로 인해 개인주의 및 이와 연관된 가치관을 더욱더 적극적으로 수용하고 있다. 여기에서는 개인주의와 미국 사회·문화의 연관성을 집중적으로 검토하며, 개인주의의 파생물로서 성공 신화의 이데올로기가 함께 논의된다.

1. 개인주의의 의미와 구성요소

1) 개인주의의 의미와 연원

개인주의(individualism)는 흔히 쓰는 용어이지만, 민주주의와 마찬가지로 명확하게 정의하지 않고 사용한다. 사용하는 사람에 따라 개인주의의 의미는 각양각색이다. 본 절에서는 개인주의의 연원에서부터 최근의 활용까지 개략적으로 검토한다. 먼저 백과사전의 정의를 살펴보자.

> 개인의 자유에 높은 가치를 두는 정치·사회철학. 대체로 자발적, 독립적이며 구속받지 않는 개인 또는 자아를 강조한다. 프랑스 정치학자 알렉시스 드 토크빌(Alexis de Tocqueville)이 극단적이지 않은 이기심, 곧 인간이 자기 가족과 친구 등 좁은 영역에만 관심을 갖는 속성을 가리키는 용어로 처음 만들어 썼다. 개인주의는 하나의 철학으로서 가치 체계, 인간본성론, 일반적인 태도나 기질, 특정한 정치·경제·사회·종교 제도에 대한 신념을 포함한다(브리태니커 백과사전).

개인주의는 철학적 사상이면서 정치, 경제, 사회, 종교 등 인간 사회의 모든 영역에 걸쳐 적용되는 매우 포괄적인 개념이다. 개인주의라는 개념은 18세기 프랑스 혁명과 함께 기존의 권위에 대한 저항으로서 개인의 자유와 권리를 강조하는 데에서 출발했으며 토크빌의 저작인 『미국의 민주주의(Democracy in America)』에서 본격적으로 사용되기 시작했다. 이 개념은 20세기 초반까지 철학의 영역에 머물러 있었으며 20세기 중반 이후에야 사회과학의 개념으로 도입되었다.[1] 현재에도 이 개념이 내포하는 의미는 사용하는 사람에 따라 매우 다양하게 해석되는데, 스티븐 룩스(Steven Lukes)에 따르면 개인주의란 대체로 인간의 존엄성(the Dignity of man), 자율성(Autonomy), 사생활 인정(Privacy), 자기 개발(Self-development) 등의 내용을 포괄한다. 개인주의는 사용되는 맥락에 따라 정치적 개인주의, 경제적 개인주의, 종교적 개인주의, 도덕적 개인주의, 인식론적 개인주의, 방법론적 개인주의 등, 동일한 의미를 지칭하지 않으면서도 같은 용어로 사용된다. 이러한 개념의 공통점은 개인을 사회와 삶의 중심에 둔다는 점이다. 개인주의는 개인의 추구를 모든 것에 우선하며 개인을 궁극적 목적으로 한다. 역사적으로 집단이나 신을 개인보다 우선했던 과거의 신념 체계와 대비해 보면 좀 더 명확하게 그 차이를 알 수 있다.

서구 문화에서 개인주의의 뿌리는 그리스 시대 철학자의 논의에서도 찾아볼 수 있을 정도로 매우 깊다. 근대 사회의 개인주의의 연원은 대체로 르네상스와 계몽주의 시대에 나타난 인간성의 발견에서 찾는다. 르네상스는 중세의 신 중심적인 세계관을 부정하고 인간을 세계의 중심으로 옮겨 놓았다. 신이 아니라 인간이 삶의 중심이며 인간의 이성이 모든 인식의 근원이 되어야 한다는 태도는 과거 집단에 매몰되었던 개인에게 새로운 중요성을 부여하는 시발점이 되었다. 인간 중심의 세계관은 종교의 영역에서 마르틴 루터가 신에 대한 매개자로서 성직자의 존재를 부정하고 신과 인간 사이에 직접적인 소통을 강조하면서 확고히 자리 잡게 되었다.

서구의 합리주의나 낭만주의 모두 공통적으로 인간 개인의 인식과 감성 능력을 존재와 삶의 핵심으로 보았다. 한 걸음 더 나아가 실존주의는 인간의 존재 상황 자체를 어디에도 의지할 곳 없이 각 개체가 홀로 책임져야 할 문제로 파악했다. 칸트의 철학에서 인간은 인식과 가치의 중심으로 등장한다. 그는 세계를 인식하는 데에서 인간의 주체적인 인식 틀을 중요시했으며, 인간을 행위의 수단이 아니라 궁극적인 목적으로 두는 윤리 명제를 제시했다. 루소와 로크는 인간의 존엄성을 정치의 토대로 상정했다. 사회는 개인의 자발적인 계약에 의해서 만들어진 것이라는 생각이나, 어떤 상황에서도 부정할 수 없는 인간의 기본적인 권리가 있다는 생각의 바탕에는 개인을 세계의 중심에 두는 개인주의적 세계관이 깔려있다. 과학에서 개인의 경험을 중심으로 하는 경험주의가 지배하게 된 것도 유사한 맥락에서 해석할 수 있다. 경험 과학의 철학적 기초를 제공한 데이비드 흄은 개인으로서 인간의 경험을 모든 인식의 기초로 보았다.

개인주의적 사고가 일반 사람들에게 광범위하게 뿌리를 내린 것은 철학이나 정치사상보다는 종교나 사회·경제 활동에서 발생한 엄청난 변화를 통해서였다. 16세기의 종교개혁은 보통 사람들의 신앙생활에 근본적인 변화를 가져왔다. 신을 중심으로 한 중세의 사회질서는 신에 접근하는 수단을 독점한 교회 조직에 바탕을 두고 있었다. 이런 질서에서 개인의 영적 구원은 교회의 권위에 종속되어 있었다. 종교개혁은 종교 활동과 교리에 근본적인 변화를 가져오면서 개인을 종교 활동의 중심으로 세웠다. 특권층만 해독할 수 있던 라틴어 대신 보통 사람들이 쉽게 읽을 수 있는 지역 언어로 성서가 번역되고 이것이 인쇄기술의 발달로 광범위하게 보급되면서 개인은 교회 조직의 도움 없이도 종교적인 메시지를 쉽게 접할 수 있게 되었다.

종교개혁의 결과 나타난 신교의 교리는 신앙생활의 중심을 교회가 아닌 개인에게 두었다. 과거에 신과 인간 사이를 중개하던 교회가 부차적인 존재로 밀려나는 대신 개인이 신과 직접적으로 소통하게 되었다. 신교 교리에서 기도는 지극히 개인적인 신앙 행위이며 구원은 가족조차도 함께할 수 없는 개인의 일이 되었다. 신교에서 신앙생활의 핵심은 성경의 메시지를 읽는 것과 기도하는 것인데 이 두 가지는 모두 지극히 개인적인 행위이다. 그 결과 종교 생활에서도 개인의 체험과 자주적 결정이 삶의 중심으로 부상하게 되었다. 성직자가 개인의 신앙생활에 보조적으로 도움을 줄 수는 있으나 궁극적으로는 개인이 자신의 신앙에 대해 책임지게 된 것이다.

철학적 세계관에서 인간의 개별성이 부상한 것과 유사하게 인간의 사회적인 존재 상황도 개인이 소속한 집단에서부터 개별 가족 내지는 단독 개인으로 분화되는 경향을 보였다. 산업 혁명 이전의 전통사회는 집단이 중심이 된 사회였다. 개인의 존재는 친족 집단이나 지역 공동체에 매몰되어 있어 독립적인 사회적 의미를 지니고 있지 않았다. 중요한 결정이나 행위는 집단을 단위로 하여 이루어졌으며, 복리 문제나 삶의 의미 또한 개인의 책임이기보다는 개인이 속한 집단의 과제였다. 집단에 의해 규정된 역할이 그의 사회적 존재를 지배했다. 이러한 사회는 개인에게 책임을 묻지 않고 자신의 삶의 의미를 개인적으로 탐구할 필요가 없다는 점에서 매우 편안한 사회일 수도 있다. 그러나 전통사회는 집단의 질서에 의해 개인의 삶이 결정되고 개인이 자신의 능력으로 어떻게 해볼 수 없는 매우 억압적인 사회였다. 서구 사회에서는 집단의 질서와 신의 질서가 하나로 결합해 있었다. 개인을 부정하고 신에게 귀의하는 신앙은 개인을 부정하고 집단에 귀속하는 사회의 규범과 많은 부분 일치한다. 많은 사회학자들은 이를 전통사회와 근대사회의 대비구도 속에서 파악했다. 퇴니스가 게마인샤프트에서 게젤샤프트로 이전한다고 한 것이나, 메인이 신분사회에서 계약사회로 이전한다고 본 것이나, 수많은 사회학자들이 근대사회로의 변화 과정을 전통사회와 대비하여 분석한 연구에서, 우리는 인간의 사회적 정체성이 집단에서부터 개별 가족 내지는 단독 개인으로 이전되는 변화를 읽을 수 있다.

막스 베버(Max Weber)가 『프로테스탄트 윤리와 자본주의 정신(Protestant Ethics and the Spirit of Capitalism)』에서 지적한 신교 윤리와 자본주의 정신 사이의 정합성에 관한 논의는 신교 교리의 지극히 개인적인 구원 신앙을 근간으로 한다. 그의 분석에 따르면 구원의 문제를 순수하게 개인에 대한 신의 결정 영역으로 규정짓는 칼뱅주의 교리(Calvinism)는 개인에게 구원에 대한 엄청난 심리적 압박을 부과했다. 개인은 자신의 구원에 대한 현세적 징표를 찾으려고 필사적으로 노력하는데, 그들은 자신의 능력을 다하면서 절제된 생활로 정직하게 축적한 부에서 구원의 징표를 찾으려고 하였다. 즉 신교의 종교적 열성이 자본주의의 핵심인 청교도적 노동윤리와 부에 대한 긍정적인 태도를 낳았다. 막스 베버의 주장에 따르면 종교적으로 지극히 개인주의적인 태도가 바로 자본주의를 발전시킨 정신적 토대이다.

종교와 함께 개인주의를 일반에 확산시킨 또 다른 요소는, 산업화와 함께 전개된 자본주의적인 경제활동이다. 자본주의 경제는 시장 기구와 사적인 소유를 핵심으로 한다. 자본주의 시장 특히 노동시장에서는 개인을 단위로 고용과 보상이 이루어진다. 과거 농업을 위주로 한 전통사회에서 생산과 소비는 가족 성원을 모두 포함하는 집단을 단위로 한 활동이었다. 가족 또는 지역 공동체가 함께 일하여 생산하고 생산물을 함께 소비하는 공동 활동을 영위했다. 산업화의 초기 단계에는 남성 가장과 그의 식솔을 한 묶음으로 고용하면서 가족 임금의 형태로 보상을 준 경우도 있었다. 그러나 산업화가 전개되면서 가족과 공장은 지리적으로나 생활의 영역에서나 완전히 분리되었다. 가족노동의 형태는 사라지고 노동자들은 개인 단위로 고용되고 보상되는 방식으로 굳어졌다. 자본주의 경제에서 가족이나 집단 공동 소유의 형태는 후퇴하는 대신, 개인 소유의 형태가 원칙으로 자리 잡았다. 물론 현재에도 소규모 자영업에서는 집단적인 형태의 가족노동이 보편적이며 실질적인 집단 소유 형태가 존재하지만 이것은 자본주의 경제에서 어디까지나 주변적인 위치를 차지할 뿐이다.

산업화는 자본주의와 결합함으로써 경제 활동에서 개인주의를 촉진했을 뿐만 아니라, 도시화와 함께 사회 구성원 사이의 관계에서도 개인주의를 초래했다. 사람들은 집합주의적인 사회관계가 지배하는 농촌 공동체에서 익명의 개인 간 관계가 지배하는 도시 생활로 이전했다. 도시의 생활방식은 개인의 전인적(全人的)인 속성이나 그가 속한 가족이나 집단에 대한 고려보다는, 구체적인 목적으로 제한된 상황에서 개개인의 역할로 구분된다. 도시 생활에서는 직장에서의 '나'와 가족 생활에서의 '나'와 친목 활동에서의 '나'와 자원 활동에서의 '나'가 오직 분절된 개인을 매개로 해서만 연결될 뿐 서로 중첩되지 않고 구분된 세계 속에서 존재한다. 도시 산업사회에서 모든 활동은 개인과 그가 속한 핵가족을 단위로 이루어진다.

집단이 삶의 전 영역을 관장하던 시대에는 인간의 정치 활동, 경제생활, 종교 활동, 사회 활동, 정신적 활동 등 삶의 모든 측면이 개별 인간의 결정 영역 밖에 존재하는, 과거로부터 전승된 집단 규범과 권위에 의해 지배되었다. 이런 사회에서 개별 인간에게 주어진 선택의 범위는 매우 좁았다. 인간의 삶의 대부분은 자신이 속한 집단 속에서 기존의 질서에 따라 생활하는 것으로 채워졌다. 개개인의 선택과 결정의 자율성이나, 개인 고유의 삶의 영역을 의미하는 사생활, 개인 고유의 존재 의미를 확인하는 과정인 자아 개발, 자아 실현, 개인의 복리 등은 개별 가족 내지는 단독 개인의 사회적 정체성이 형성되기 이전에는 존재하지 않았던 개념이다. 민주적 정치 참여 또한 개별 결정자의 존재를 전제로 할 때 가능한 제도이다. 개인의 권리를 존중하고 대표자를 통해서 개인의 의사를 수렴하고 개인에게 책임지는 민주주의 제도는 집단이 아닌 개인에게 결정권이 있을 때에만 작동할 수 있다. 전통 사회에서 개인은 집단을 떠나 단독으로 존재하는 것이 허락되지 않았으며, 그들에게 개인의 선택이 지금과 같이 확대된 시대를 상상한다는 것은 불가능했을 것이다.

사회과학계에서 개인주의에 관한 논의가 본격화된 것은 전통사회와 근대사회의 대비에서 개인주의를 근대 서구 사회의 보편적 가치관과 행위양식의 이념형으로 설정한 데서 출발한다. 사회학자 인켈스(Alex Inkeles)는 전통사회가 도시화·산업화되면서 물질적인 풍요만이 아니라 사고방식이나 행위 유형에서도 '근대인(Modern man)'의 특성을 공유하게 된다는 명제를 내놓았다. 그가 서술하는 근대인은 막스 베버가 제시한 도구적 합리주의 가치관과 세속적 세계관을 가지며 개인주의적 특성을 공유하는 이념형적 인간형이다. 이러한 전통사회와 근대사회 간에 상이한 인간형의 대비는 이후 다양한 방식으로 이루어졌다.

개인주의의 확대를 설명하는 이론으로 기존의 시각을 대표하는 근대화론(modernization theory)과 근래에 제기된 근대성(modernity)에 관한 논의는 강조점에서 약간의 차이를 보인다. 근대화론에서는 개인주의의 확대를 산업화·도시화에 따라 전통사회의 집단 규범이 약화되는 현상으로 설명한다. 한편 비교적 근래에 논의되고 있는 근대성에 관한 논의는 개인주의의 확대를 두 가지 맥락에서 파악한다. 하나는 개인주의의 확대를 막스 베버의 논의에서 비롯한 개념인 합리성(rationality)이 개인 외적 존재에서 개인에게 이전되는 현상으로 본다. 앤서니 기든스(Anthony Giddens)에 따르면 근대사회로 오면서 개인은 자신의 합리적인 결정에서 자신의 정체성을 찾게 되었다. 또 다른 근대성에 관한 논의는 칼 마르크스의 자본주의에 관한 논의에서 비롯하는데 자본주의는 원자화된 개인을 필요로 한다는 주장이다. 자본주의의 기본 원리인 사적 소유와 시장 기제는 개인을 기본 단위로 해서만 움직이며 생산과 소비의 전 영역에서 개인과 연결된 모든 구속을 약화시키는 작용을 한다. 따라서 자본주의가 확대되어 온 근대사회는 개인주의의 확대를 수반하지 않을 수 없다. 근대화 이론이나 근대성 논의는 강조점에서 차이를 보이나 공통적으로 서구 사회·문화에서 개인주의의 확대를 거스를 수 없는 거대한 변화의 흐름으로 보고 있다.

종교사회학자인 로버트 벨라(Robert Bellah)와 그의 동료들은 많은 사람들을 심층 인터뷰한 결과 미국인의 개인주의적 지향은 다양한 양태를 띠는데, 특히 '공리주의적 개인주의(Utilitarian individualism)'와 '표출적 개인주의(Expressive individualism)'가 가장 많이 관찰되는 형태라고 한다. 여기서 공리주의적 개인주의란 개인의 자발성과 책임을 강조하고, 개인의 성공을 우선시하며, 노력과 성과에 대해 계산적인 접근을 하는 사고방식이다. 이는 개인주의적이라고 할 때 가장 보편적으로 지칭하는 유형으로서, 합리적인 경제인(economic man)의 모델에 가깝다. 한편 표출적 개인주의는 이러한 공리주의적 개인주의에 대한 반발로 나타난 가치 지향이다. 성취의 목표가 개인의 물질적 성공이나 출세에 있는 것이 아니라, 진한 인생 경험을 통한 개인의 성장과 자아실현을 목표로 한다. 즉 체험을 통해 자신의 존재 가치를 확인하는 것을 삶의 목표로 삼는 가치관이다. 이는 1960년대에 반문화 운동이나 뉴에이지 운동 등에서 보이는 것처럼 열심히 노력하여 성공한다는 모델에 대한 저항을 담고 있으나, 기본 성향은 역시 개개인의 경험과 성취를 지향한다. 물질적 결핍에서 해방된 중상류층 전문직 종사자 중에 이런 지향을 갖는 사람이 적지 않다. 이들은 자신 이외의 세계에는 관심이 없고 자신의 체험 영역 속에서 자기만족적인 생활을 영위한다. 이들은 고도의 개인중심주의적 소비생활을 영위하는 사람들이다.

한편 개인주의에 관한 국제적인 비교 연구도 활발히 이루어졌다. 사회학자 호프스테드(Geert Hofstede)는 전 세계 53개국의 IBM 직원을 표본으로 한 태도 분석을 통해 국가 간 개인주의 정도를 비교했으며, 사회심리학자 트라이언더스(Harry Triandis)는 심리인류학적 접근을 통해 집단주의에 대비되는 개념으로 개인주의에 대한 경험적 연구를 활성화시켰다. 이들은 개인주의 개념을 조작적으로 정의함으로써 개인주의 태도와 가치관에 대한 계량적 측정을 가능하게 했으며, 개인주의와 기타 사회적·심리적 현상의 관계를 경험적으로 검증하는 초석을 놓았다. 이들의 연구와 유사한 맥락에서, 1980년대 초반 미국 경제의 부진과 대조적으로 일본 기업이 부상한 것에 대한 설명 모델로, 국민성과 기업문화의 동서양 대비가 다수 이루어졌다. 이 설명 모델에서는 미국인·미국 기업의 극단적 개인 지향성과 일본인·일본 기업의 집단 지향성의 차이가 주로 지적되었다. 그들은 개인주의를 집단의 이익과 결정을 개인에 우선시하는 집단주의(Collectivism)에 대한 반대의 개념으로 사용하면서, 개인의 이익과 결정에 최우선의 가치를 두는 태도와 관행이 미국 기업의 문제점이라고 지적했다. 미국 사회에 비판적인 많은 지식인들은 개인주의를 1980년대 이래 미국의 점증하는 사회문제에 대한 원인으로 흔히 지적했다. 그러나 1990년대 중반 이후 일본 경제가 침체하고 미국 기업이 활기를 되찾게 되면서 거꾸로 개인주의가 미국 경제와 기업의 경쟁력을 높이는 요소로 다시 언급되고 있다.

2) 개인주의 가치관의 구성 요소

앞에서 개인주의는 철학, 종교, 정치, 경제, 사회 등 인간의 모든 면에 걸쳐 적용되는 매우 포괄적인 개념임을 확인했다. 그러면 범위를 좁혀, 사회적 태도 또는 가치관으로서 개인주의는 어떤 개념을 포함하고 있을까? 다음에서는 개인주의 가치관을 구성하는 핵심적인 요소를 정리한다.[2)]

인간의 존엄성과 절대적 권리

개인주의 가치관의 가장 기본적인 개념은 개인으로서 인간의 존엄성을 존중하며 인간에게 궁극적인 가치를 두는 것이다. 개인으로서 인간의 존엄성은 종교적인 신념에서부터 사회적인 이념에 이르기까지 개인주의 가치관의 근간을 이룬다.

종교적인 이념으로서 기독교의 인간관을 간단히 살펴보자. 기독교 교리에 따르면 신은 지구상의 모든 것을 만들면서 인간에게 특수한 지위를 주었다. 기독교에서 말하는 인간은 자연의 일부가 아니라, 신에 의해 특별히 선택되어 인간을 제외한 지구상의 모든 것 위에 군림하는 존재이다. 인간은 신의 명령을 받아 창조된 특별한 존재이므로, 인간은 신을 제외한다면 어떤 것과도 비교할 수 없는 절대적인 가치를 지닌다. 신교의 교리에서 신과 인간 간에는 개인으로서 일대일의 소통 관계만이 가능하므로, 개인의 양심과 의지는 누구도 침범할 수 없는 절대적인 가치를 지니며, 이러한 개인의 의지를 포함하는 인간의 존엄성은 절대적인 의미를 지닌다. 따라서 신이 부여한 개인의 생명과 삶은 어느 누구도 침해할 수 없는 절대적 가치를 지니는 것이 된다.

개인 우선

개인주의 가치관에서는 개인의 창의와 관심과 행위를 최우선으로 한다. 어떤 일에 대해서든 개인이 어떤 생각을 하며 무엇을 하는지를 중시한다. 개인을 떠난 집단의 의지나 집단의 행위를 인정하지 않는다. 일을 추진하는 주체는 개인이고 개인의 창의와 행위에 의해서만 일이 추진된다. 모든 일은 개인에 의해 추진되는 것이므로, 개인에 대한 간섭은 보조적으로 도움이 되거나 아니면 나쁜 것이다. 개인의 창의가 가장 잘 발휘될 때 일이 가장 효율적으로 수행된다.

개인으로서 인간의 가치를 절대시하는 개인주의적 태도는 집단 속에 개인이 매몰되어 있으며 집단을 위해 개인이 희생되는 집단주의적 태도와 대비된다. 집단주의가 지배하는 사회에서는 개인보다 집단의 이익을 우선시하므로, 집단에 이익이 되는 것이라면 구성원 개인의 이익은 희생되는 것을 당연시한다. 개인의 존엄성보다는 집단 전체의 명예가 우선적인 위치에 있다. 또, 구성원 개인이 어떻게 생각하는가보다는 집단의 결정이 중요하다. 집단주의 사회의 인간은 소속 집단에 종속된 존재이므로, 집단의 생존과 번영이 최우선적인 고려 사항이며, 개인으로서 인간의 고유한 가치라는 개념은 존재하지 않는다. 개인의 생명과 삶이 절대적인 목적이며 최고로 존중되어야 한다는 생각은 집단주의 사회에서는 존재할 수 없다. 반면 집단은 그 집단에 속한 개인을 외부 환경으로부터 보호하며 물질은 물론 사회적·정서적 욕구를 충족하는 데 필요한 수단을 집단 구성원 내에서 공동으로 조달하고 충족시킨다.

자유와 독립성

개인의 자유와 독립성은 개인주의 가치관의 주요 구성 요소이다. 개인은 선택과 행동의 자유를 지니며 자신에 관한 것은 타인의 간섭 없이 독자적으로 결정하는 것을 원칙으로 한다. 자신 외의 것에 의해 타율적으로 조정되거나 결정되는 상황에서 개인의 존재는 무의미하다. 개인 각자는 자신의 독자적인 판단에 의해 독립적으로 결정하는 것을 원칙으로 한다. 여기서 자유와 독립성은 서로를 필요로 한다. 자유롭지 않으면 독립적일 수 없으며, 거꾸로 독립적이지 않으면 자유로울 수 없다. 물론 개인은 자신이 속한 사회 규범의 구속을 받기는 하지만, 규범이 허락하는 범위 내에서, 또는 경우에 따라 규범의 허용 범위를 넘어서서 자유롭게 선택할 수 있다. 개인은 본인이 옳다고 생각하면 사회의 규율에 반하여 행동하며 기존 질서의 문제를 지적하고 이를 개혁할 자유까지 가지고 있다. 자유롭게 행동하지 못하며 독립적이지 못한 사람은 개인이라고 말할 수 없다. 그런 사람은 집단의 부속물일 뿐이다.

개인의 자유라는 개념은 근대 서구의 종교와 정치사상의 밑바탕을 이룬다. 신교의 교리는 신이 인간에게 부여한 자유 의지를 지시하고 있다. 오로지 신에게만 개인으로서의 인간이 책임을 지며 양심이 지시하는 바에 따라 행하라는 칼뱅의 가르침은 개인의 자유를 분명히 한다.

스피노자나 칸트와 같은 근대 철학자들도 양심에 따른 인간의 자율적인 결정을 도덕률의 가장 중요한 원칙으로 삼는다. 선택의 자유가 없으면 도덕적인 책임도 없으며 인간의 존엄성 또한 의미를 상실한다. 민주주의 정치 제도 역시 개인의 자유 선택을 전제조건으로 한다.

개인의 자유는 자본주의 경제 원리의 기초이기도 하다. 시장에서 개인의 자유로운 선택과 결정은 자유시장 원칙의 필요조건이다. 소비자로서는 물론 생산자로서 개인의 자유는 시장이 원활하게 작동하기 위해 필수적이다. 신고전주의 경제학에 따르면 생산자로서 개인은 노동시장에서 자신의 고용에 대해 자유로운 선택을 하며 소비자로서 개인은 시장에서 자신의 판단에 따라 최적의 선택을 한다. 개인은 정부나 공동체에 의한 간섭과 규제 없이 자신의 주도로 경제적인 선택과 활동을 한다. 개인의 경제활동의 결과를 개인이 배타적으로 누리는 사유재산제도는 경제적인 자유의 핵심이다. 개인에게 선택의 자유가 없는 경제는 사회주의의 계획경제이거나 근대화 이전 전통사회의 경제활동이다. 물론 현실에서 이러한 자유시장의 원리가 완벽하게 작동하는 것은 아니지만, 자본주의 경제에 참여하는 모든 사람들은 이러한 이념형을 지침으로 삼아 행동한다.

자조와 자기 책임

개인의 독립성과 연관된 가치관으로 자조와 자기 책임 또한 개인주의의 중요한 구성 요소이다. 개인 각자는 자신의 독자적인 판단으로 결정을 내리며, 자신의 능력에 따라 일을 추진하고 처리하며, 일의 결과는 궁극적으로 자신이 책임져야 한다. 개인주의 가치관에 따르면 인간은 모두 스스로의 능력과 노력으로 살아가야 한다. 자신의 능력과 노력으로 살지 못한다면 그는 '개인'이 의미하는 바 독립적인 개체라고 인정할 수 없다. 자신의 인생은 자신이 책임지며, 다른 어느 누구에게도 잘못을 탓할 수 없다. 자신의 능력과 노력으로 큰 업적을 이루었다면 그것을 향유하는 것은 그 사람의 정당한 권리이며, 반대로 자신의 무능력과 게으름으로 어려움에 처하게 되었다고 해도 당연히 그 사람이 감수해야 한다. 이를 '업적주의(meritocracy)'라고 한다. 업적주의 원칙은 개인주의의 한 부분이다.

자조와 자기 책임의 원칙은 개인의 능력과 노력에 따른 성공을 전형으로 한다. 일을 집단적으로 추진하는 것이나, 개인의 능력과 노력에 비례하지 않는 성과 배분이나, 일의 결과에 대한 책임을 환경이나 구조적인 요인에 돌리는 것을 인정하지 않는다. 전형적인 개인주의적 일 추진 방식은 개인의 창의와 주도에 의해 일을 하는 것이며, 일의 성과 또한 업적에 비례하여 개개인에게 분배하는 것을 원칙으로 한다. 개인주의 가치관에 따를 때, 공평함이란 개인의 업적에 따른 보상을 의미할 뿐 결과의 평등을 의미하지는 않는다. 개인주의 원칙은 개인의 성과를 강조하는 경쟁적인 조직 방식에 더 잘 맞는 반면, 집단의 성과를 강조하는 협동적인 조직 방식에는 잘 맞지 않는다.

사생활과 사적인 자유

사생활(privacy)이란 개인이 물리적으로 또는 사회적으로 다른 사람으로부터 떨어져 혼자 있으며, 다른 사람의 간섭을 받지 않고, 자신이 선택한 어떤 것이든 혼자 생각하고 자신의 방식대로 자유롭게 해볼 수 있는 상태를 의미한다. 사생활은 지극히 근대적인 개념이다. 공동체적인 생활양식과 집단주의적 가치관이 지배하던 전통사회에서 개인이 자신의 사생활을 확보하려는 욕구는 희박했으며 설사 원한다고 해도 사회적으로 인정되지 않았다. 전통사회에서 자아는 집단과 함께하는 일부였으므로 어떤 사람이든 항시 집단의 다른 구성원과 생각과 행동을 함께해야 했다. 사람들은 집단 구성원의 생각과 일과 공간에 수시로 참견하고 간섭했다. 집단주의 가치가 지배하는 사회에서 다른 사람으로부터 독립하여 자신만의 생각이나 사회관계를 원한다는 것은 병적인 현상으로 치부되어, 주변에서 개입하여 치유시킬 필요가 있음을 의미한다.

개인주의 가치관이 지배하는 사회에서 자신의 독자적인 생각과 활동 공간은 삶의 필수적인 요소이다. 남과 함께하는 공적인 활동과 공적인 공간에서 물러나 자신만의 생각과 활동 공간을 가진다는 것은 자유와 독립성의 전제조건이다. 타인에게 피해를 입히지 않는 한 타인으로부터 간섭을 받지 않고 자신만의 생각과 행위를 전개할 수 있는 자유는 개체로서 개인의 기본적인 권리이다. 이는 자본주의 경제에서 사적 소유와 유사한 의미를 지닌다. 재화에 대한 배타적인 사용 권리를 의미하는 사적 소유권은 경제활동에서 개인의 자유와 사생활권이 발휘되는 기본적인 형태이다. 타인으로부터 간섭받지 않고 자신의 의사에 따라, 자신이 원하는 방식으로만 재화를 이용하는 사적 소유권과 유사하게, 사생활권은 타인의 간섭으로부터 독립하여 자신의 의지에 따라 자신의 시간과 의식을 사용할 권리를 의미한다. 사생활이 보장되지 않는, 즉 사적인 사고와 행위의 자유가 보장되지 않는 사회는 개인의 자유와 독립성을 제한하는 사회이다.

개인의 성취

개인주의 가치관이 제시하는 삶의 궁극적인 목표는 개인의 성취이다. 각 개인은 자신의 개인적인 성취를 향해 노력을 경주하며 때로는 서로 경쟁한다. 개인의 성취는 상대적인 것일 수도 있고 절대적인 것일 수도 있다. 상대적인 성취란 타인과 비교해서 물질적으로 더 많이 획득하거나 사회적으로 높은 지위에 도달하는 것을 의미한다. 이 경우 개인의 성공은 남과 비교한 상대적인 위치로 측정된다. 상대적인 성취의 개념으로 볼 때 자신이 아무리 많은 재화를 획득했다고 해도 다른 사람이 그보다 더 많은 재화를 보유하고 있다면 그 사람의 성취는 크지 않다.

한편 자신의 잠재적인 능력을 최대한 발휘하거나 감정적으로 충일한 경험을 많이 함으로써 자아가 성숙해지는 것 또한 개인주의적인 삶의 목표이다. 이러한 성취는 남과 비교해서 자신이 얼마나 더 많이 획득했는지, 또는 남보다 사회적으로 얼마나 더 높은 지위에 도달했는지 하는 비교의 개념을 포함하지 않는다. 절대적 의미에서 나의 능력을 얼마나 발휘했는지, 얼마나 가능한 완벽함에 다가갔는지, 얼마나 감동적인 경험을 했는지, 얼마나 성숙한 인격을 완성시켰는지 등이 성취의 관건이다. 남들이 아무리 인정해 주지 않는다고 해도 자신에게 의미가 있는 한 어떠한 행위나 경험도 성취의 범주에 포함될 수 있다.

이 두 가지 형태의 공통점은 행위의 목표가 순전히 개인의 성취에 초점을 맞추고 있다는 점이다. 많은 재화를 획득하든, 자신의 능력을 최고도로 개발하든, 감동적인 경험을 통해 인격적으로 성숙하든, 집단보다는 개인의 일과 삶에 초점을 맞춘다는 점에서 둘은 일치한다.

2. 미국 사회와 개인주의 가치관

1) 미국 역사와 개인주의 가치관

개인주의 가치관은 근대 서구 사회에서 보편적으로 나타나는 가치 규범이다. 그러나 서구 사회에서도 사회에 따라 개인주의 가치관의 추종 정도에서 차이를 발견한다. 북유럽·서유럽 사람은 남유럽이나 동유럽 사람보다 더 개인주의적이며, 미국인은 한 걸음 더 나아가 북유럽이나 서유럽 나라 사람들보다 더 개인주의적이다. 미국을 여행한 유럽인 대다수는 미국 사회의 가장 큰 특징으로 개인주의를 지적하는 데 주저하지 않는다. 19세기 초에 미국을 여행한 토크빌에서부터 근래에 여러 권의 베스트셀러를 쓴 여행기 작가 빌 브라이슨(Bill Bryson)에 이르기까지 미국인의 개인주의는 유럽인의 눈에도 매우 특징적으로 비쳤다.

사회학자 호프스테드(Richard Hofstede)는 전 세계에 퍼져있는 IBM 회사의 경영자들을 대상으로 조사한 결과, 서구 사회는 다른 지역보다 전반적으로 개인주의 지향 정도가 높으며, 미국은 서구 산업사회 중에서도 가장 개인주의적인 사회임을 발견했다.[3] 서구 국가 중에서도 영미문화권 사람이 개인주의적 성향이 강한 반면, 아시아나 개발도상국 사람의 개인주의 성향은 약한 것으로 나타난다. 한국은 그가 조사한 전 세계 53개 국가 중에서 개인주의적인 성향이 가장 약한 나라에 속한다.[4]

많은 학자들은 미국인의 가장 두드러진 특징으로 개인주의를 지적한다. 종교 사회학자인 로버트 벨라(Robert Bellah)의 『미국인의 사고방식(Habits of Hearts)』이나 영문학자인 크리스토퍼 래시(Christopher Lasch)의 『자기도취의 문화(Culture of Narcissism)』 등의 저작은 미국인의 개인주의적 특성을 분석하여 큰 반향을 일으켰다. 이들에 따르면 미국에는 사고방식에서부터 생활양식에 이르기까지 철저한 개인주의가 지배하고 있다. 이는 공공의 이익을 고려한 사회적 행위를 제한함으로써 미국의 다양한 사회악의 근본적인 원인이 된다. 그들은 미국인이 의식하지 못하지만 개인주의의 감옥에서 매우 힘들어한다고 진단한다.

미국 사람이 개인주의 가치관을 강렬하게 추종하는 것은 어떤 이유일까? 미국인의 개인주의 성향을 설명하는 연구는 한결같이 일차적으로 미국의 역사적 특수성에서 그 이유를 찾는다. 역사적으로 볼 때 미국은 사회적으로는 물론 개인적으로도 특이한 경험을 통해서 형성되었다. 미국인의 역사적 경험은 개인주의를 특별히 강화하는 방향으로 작용했으며, 개인주의적 성향은 역사적 경험을 통해 미국 사회·문화의 모든 영역에 깊숙이 퍼지게 되었다. 우선 사회적인 설명을 간략히 살펴보자.

표 7-1 세계 주요국의 개인주의적 가치 지향(1980년 기준)

순위	국가	개인주의 점수*
1	미국	91
2	호주	90
3	영국	89
4/5	캐나다, 네덜란드	80
6	뉴질랜드	79
7	이탈리아	76
8	벨기에	75
9	덴마크	74
10/11	스웨덴, 프랑스	71
15	독일(서독)	67
21	인도	48
22	일본	46
26	아랍 지역 국가들	38
39/41	서아프리카, 싱가포르, 태국	20
43	한국	18
44	타이완	17

자료: Hofstede(1997: 53).

주: * 여기에서 제시하는 개인주의 점수는 여러 문항을 요인분석 방법을 사용해 종합한 값으로서 이론적 의미만을 갖는다.

미국 사회는 유럽의 봉건 체제를 거부하는 반역의 경험을 거쳐서 만들어진 나라이다. 미국은 인류 역사상 최초로 국민의 상당수가 정치에 참여하는 공화정(Republic)이 도입된 근대 국가이다. 미국은 미국 혁명(American Revolution)이라 지칭하는 건국 과정을 통해서, 왕과 귀족 등의 신분제도를 근간으로 하는 유럽의 구체제를 거부하고, 모두가 동등한 신분으로 정치에 참여하는 민주적인 정치 체제를 만들었다. 유럽의 왕과 국가 권력에 대한 두려움과 혐오를 밑바탕에 깔고 있는 미국식 민주주의 체제는 기본적으로 개인의 권리를 최고로 보장하는 정치적인 개인주의를 구현하고 있다. 미국인들은 식민지 정착의 초기부터 마을 회의(Town meeting)에서 자신과 자신이 속한 지역에 관계된 사항을 직접 참여하여 결정하는 전통을 발전시켰다. 미국 사회에서 현재까지 광범위하게 이어져 내려오는 전통인 직접 나서서 행동하고 관여하는 자원주의(voluntarism)와 스스로 결정하는 자치적 성향에는 정치적인 개인주의가 강력히 투영되어 있다.

로버트 벨라는 미국의 정치적 환경과 함께 개인주의의 확대에 기여한 또 다른 사회적 요인으로 개신교 전통을 든다. 초기에서부터 현재까지 미국으로 이주한 사람은 대부분 경제적인 이익을 찾아서 왔으나, 청교도 전통에서 유래한 개신교의 믿음을 새로운 땅에 실현한다는 신념은 미국 문화의 정신적인 토대를 이루고 있다. 미국 역사에서 대각성운동(The Great Awakenings)이라고 지칭하는 일련의 사건을 통해 미국인은 중요한 사회적 변화의 계기마다 전국을 휩쓰는 종교적인 열정으로 신앙적인 토대를 재확인해 왔다. 미국인 대다수가 신봉하는 개신교 교리는 성경과 기도를 통한 신과의 직접적 대면과 개인의 구원을 강조하는 매우 개인주의적인 믿음이다. 또한 미국의 종교는 국가 권력이나 집단적인 조직에 의존하기보다는 개인의 신앙적인 체험을 통해 신자에게 다가가는 매우 분파주의적이며 개인적인 접근을 특징으로 한다. 이러한 미국 사회의 종교적 전통은 현재까지도 계속되어, 서구 사회 전반의 세속화 경향이 뚜렷함에도 미국 사회에서는 여전히 국민의 90% 이상이 신을 믿고 있다. 개인을 중시하는 개신교의 믿음이 널리 퍼져있는 이상 개인주의가 강력한 힘을 발휘하는 것은 당연한 일이다.

이민자로서 개인적인 경험 또한 개인주의를 형성하는 데 중요한 기여를 했다. 미국인은 흑인과 인디언을 제외하고는 모두 자발적인 이민자의 후손이다. 이민은 지극히 개인적인 경험이다. 이민을 계획하는 단계에서부터 준비 과정을 거쳐 실행에 옮기기까지 개인적인 의지와 결단을 필요로 한다. 이민자는 지금까지 자신이 속한 집단으로부터 떨어져 나오는 경험을 한다. 미국의 이민자들은 정치적·종교적인 박해를 피해서 온 경우도 있지만, 대부분은 경제적 동기에서 이민을 결행했다. 이민으로 새롭게 접한 환경에서 개인은 자신의 능력과 노력에 따른 생존과 성취에 의존할 수밖에 없었다. 이민자들은 기존의 전통에 의지하기보다 개인적인 성취와 성공을 최우선의 목표로 설정하며 새로운 환경에서 삶을 개척했다. 이민자는 성격적으로 개인주의적인 사람이 선택적으로 선발된 것이며, 새로운 환경에서 이런 개인주의적 성향은 더욱 강화되었다.

미국 역사에서 서부로의 영토 확장과 이주 과정은 이민 경험의 연장선이었다. 역사학자 프레더릭 터너에 따르면 미국인의 심성과 제도는 서부 정착의 과정 속에서 형성되었다. 새로운 땅에서 새로운 방식의 삶을 시작하는 서부 진출 과정은, 자신이 속한 집단이나 전통과 권위에 의존하지 않고 자신의 주체적인 결단과 창의성에 의존하여 살아가도록 하는 개인주의 가치관을 뿌리내리게 했다. 신개척지에서는 모두가 사회적으로 평등하며, 자신의 능력과 노력만이 유일한 의지가 되며, 자연 속에서 외로이 삶을 개척해 가며, 개인의 자유와 독립이 최대 한도로 보장되는 삶이었다. 역사학자 에드워드 그랩(Edward Grabb)에 따르면, 미국의 초기 사회에서는 집단주의적 규범이 지배했으나 19세기 이래 서부 개척 시대에 새로운 거주 지역에서 나타난 정치적 진공 상태, 이민자로서의 특성, 잦은 이동 등의 자연적·사회적 환경이 개인주의적 가치관을 낳았다고 한다. 이러한 신개척지의 상황이 낳은 개인주의적 가치 지향은 캐나다나 오스트레일리아에서도 유사하게 관찰된다.

미국인의 극단적 개인주의의 원인을 미국의 자본주의 시장 경제에서 찾는 시각도 있다. 19세기 후반 이래 미국은 세계적으로 가장 진전된 자본주의 시장 경제 체제를 유지하고 있다. 자본주의 경제 체제는 미국 특유의 성공 신화(American Dream)와 결합하여 개인주의적 가치 지향을 강화하는 요인으로 작용했다. 개인의 이익 극대화를 추구하는 치열한 경쟁이 사람들을 개인주의적으로 생각하고 행동하도록 만들었다. 19세기 후반 미국 자본주의 확장 절정기의 대표적 대자본가인 록펠러나 카네기는 미국의 전설적인 영웅으로 숭상되고 있는데, 이들은 지독한 경쟁 속에서 자수성가한 기업가, 즉 개인주의적 성공 신화를 실현한 인물로서 존경받는다. 이러한 태도는 유럽 국가에서 19세기 후반 이래 발전한 복지국가 이념에 대해 미국인이 매우 소극적인 반응을 보이는 이유가 된다. 자본주의적 시장 경제의 영향이 강해지면서 집단주의 지향은 약화되고 개인주의적 가치관이 더욱 지배하게 되었다.

인문지리학자들은 미국의 자연환경이 개인주의를 강화시켰다고 주장한다. 인구밀도가 낮으며 자연적인 거리의 힘이 지배하는 미국의 자연환경은 사람들 간에 조밀한 소통을 어렵게 만들었는데 이는 개인주의 가치관의 발달과 밀접한 연관이 있다.[5] 많은 사람들이 좁은 공간에 밀집해 살아야 하는 환경에서는 자신만을 삶과 세계의 중심으로 생각하는 개인주의가 발달하기 어렵다. 인구밀도가 높은 지역은 상호 배려를 해야 하고 집단의 압력이 작용하기 쉬운 인간 환경을 만든다. 인구가 밀집된 환경에서 개인의 이익만을 우선시하고 개인의 의지에 따라 독립적으로 행동하는 태도는 집단 전체에게 해로운 결과를 가져올 수 있으므로 강력히 억제된다. 반면 인구밀도가 낮고 이동이 활발한 경우 서로를 의식할 필요가 적으며 집단 압력이 형성되기 어렵다.

요컨대 미국의 자연환경을 포함해 정치, 경제, 사회적 환경은 초기부터 지금까지 지속적으로 미국인의 개인주의적 성향을 강화하는 방향으로 작용했다. 현재에도 새로운 이민자의 유입, 새로운 기술과 발명, 새로운 시장을 향한 확장에서 이러한 역사적 경향이 계속 이어지고 있다.

2) 사적인 생활과 개인주의

미국인은 개인의 행복 추구를 삶의 가장 중요한 목표로 둔다. 미국인의 가치관에 따를 때 개인이 행복하기 위해 하는 행위는 항상 옳은 것이며, 개인의 행복이 아닌 다른 것을 추구하는 행위는 옳지 않거나 비정상적인 것이다. 개인의 행복을 희생하면서까지 남이나 전체를 위해 무엇을 추구한다는 것은 미국인의 눈으로 볼 때 진의가 의심스러운 행위이며 쉽게 정당화되기 어렵다. 미국인의 개인주의적 가치관에 따를 때 사회구성원 모두가 각자 자신의 행복을 적극적으로 도모하면 사회 전체는 최고의 선에 도달할 수 있다.

개인의 행복 추구의 주체는 궁극적으로 개별 자연인이지만 사회생활의 최소 단위는 개별 자연인이기보다는 가족이다. 과거 집단주의적 생활 방식이 지배하던 시절에 가족의 범위는 매우 넓었으나 현재 미국 사회에서 가족의 외연은 부부와 그들의 자식으로 구성된 핵가족으로 좁혀졌다. 대부분의 미국인은 이러한 핵가족을 개인적인 삶의 최소 단위로 생각한다. 미국인이 개인을 지칭할 때 상황에 따라 개체로서 자연인을 지칭하기도 하지만 많은 경우 자신이 속한 핵가족을 포함한다. 미국인은 핵가족의 범주 안에서 구성원과 물질적·정신적인 생활을 공동으로 영위한다. 핵가족을 '개인'의 확장된 단위로 생각하여 개인주의 가치관을 구성하는 자유, 독립성, 개인 우선, 자조와 자기 책임성, 사생활과 사적인 자유, 개인의 성취 등의 개념을 적용하는 경우가 많다. 여론조사에서 미국인은 삶의 가장 중요한 영역으로 '가족생활'을 항시 지적하는데,

이는 핵가족이 개인주의적 가치관의 주체인 개인과 밀접히 연관되기 때문이다. 핵가족은 개인의 연장(延長)이기 때문에, 자신을 중심에 두는 개인주의적 가치관에서 가족을 삶의 가장 중요한 부분으로 생각하는 것은 당연한 일이다. 개인주의라는 개념을 처음으로 사용한 토크빌은 미국인의 지나친 개인주의적 성향의 문제점을 지적하면서 그의 저작 곳곳에서 "미국인은 자신과 자신의 가족에만 관심을 기울인다"라고 지적한다.

산업화와 자본주의 시장 경제의 발달은 전통사회에서 미분화된 상태에 있던 일상생활을 사적인 영역과 공적인 영역으로 분화시켰다. 사적인 영역은 핵가족을 중심으로 하는데, 이는 물질적·심리적으로 타자와 구분되는 개인의 근거가 되었다. 이런 환경에서 개인과 가족은 사회적으로 뚜렷이 분리된 존재로 인식되지 않는다. 개인의 독립은 개인이 속한 핵가족이 타인이나 다른 핵가족으로부터 독립하는 것을 의미하며, 개인의 선택은 개인이 속한 핵가족의 집단적 선택을 의미하는 경우가 많으며, 개인의 사생활은 타인의 간섭으로부터 보호된 나의 핵가족의 사생활을 의미하며, 개인의 복리는 내가 속한 핵가족의 복리를 의미한다. 즉 미국인의 개인주의에서 개인은 상당 부분 핵가족에 매몰되어 있다.

미국인의 개인주의는 가부장 제도를 기반으로 가족 제도의 안정성을 유지해 왔다. 가부장 제도하에서 개인주의 가치관을 추구하는 정도에 있어 남자와 여자는 동등하지 않다. 남성은 자신의 자유와 독립성, 결정권, 자아 성취 정도에서 여성보다 훨씬 우월한 몫을 차지했다. 남성이 가족생활에서 자아를 관철한다면 여성은 자신을 희생하고 자아를 버리는 것이 요구되었다. 개인주의적 가치관에 따라 자아와 자신의 삶을 주장하기보다는 개인주의에 반대되는 가치관, 즉 자아를 포기하고 집단에 귀속된 부인과 어머니로서의 역할이 여성의 미덕으로 강조되었다. 미국에서도 과거에 바람직한 여성상이란 자신을 버리고 남편과 자녀에게 헌신하는 모습이었다. 미국의 남성에게는 개인주의 가치관이 보편적이고 바람직한 것으로서 권장되었지만, 미국의 여성에게는 어릴 때부터 집단주의적 가치관을 내면화하도록 했다.

문제는 여성이 남성과 동등하게 개인주의적 가치관을 수용하고, 가족 구성원에 대해 자신의 자아와 개인으로서의 권리를 주장하기 시작하면서 발생했다. 여성의 독립적인 사회적 지위가 논의의 장에 오르게 된 것은 물론 1960년대 후반에 불붙은 여성운동(Feminist Movement) 때문만은 아니다. 19세기 후반 이래 여성의 교육과 경제활동 참여가 확대되었으며 여성에게 참정권이 확대되면서 여성의 사회적 존재가 조금씩 부상했다. 과거 여성이 가족에 매몰되어 부담해야 했던 의무들, 예컨대 자녀의 출산과 양육, 노약자의 보호, 일상적인 가사활동 등이 별도의 제도에 의해 분화되거나 경감되면서 여성은 자신의 사회적 존재에 눈뜨게 되었다. 제2차 세계대전은 중류층 여성의 경제활동 참여를 극적으로 증가시켰으며, 이후 여성의 지속적인 사회 참여와 교육 수준의 향상은 남성에 대해 독립적인 여성의 자의식을 계속 증대시켰다.

핵가족은 기본적으로 두 사람 이상의 자연인으로 구성되므로, 개인주의 가치관이 핵가족의 껍질을 뚫고 침투하여 가족을 구성하는 개체 각각이 독립된 자아를 주장할 경우 문제가 발생한다. 가족은 남자와 여자 두 사람의 결합에 대한 헌신을 기반으로 안정된 관계를 유지한다. 각각의 독립된 개인이 함께 생활할 경우 두 사람 모두가 독립된 개체로서 개인주의 가치관을 동등하게 추구하면서 지속적으로 안정된 결속을 유지한다는 것은 매우 어렵다. 어떻게 두 사람이 모두 각자의 자유와 독립성, 개인 우선, 자조와 자기 책임, 사생활과 사적인 자유, 개인의 성취를 모두 확보하면서 동시에 죽을 때까지 함께 결합하여 살아갈 수 있겠는가?

여성이 남성과 동등한 수준의 개인주의 가치관을 추종하고 남성과 유사한 방식으로 자신의 삶에 이런 태도를 적용하려고 한다면 가족 관계는 필연적으로 어느 정도 불안정해진다. 가족 관계의 불안정이란 독립된 두 개체가 삶의 상당 부분을 공유하려고 할 때 발생하는 근본적인 딜레마이다. 각자가 자유 결정권을 계속 유지하면서 관계의 필요성 또는 만족이 계속되는 한에서만 적극적으로 관계를 계속할 경우, 평생 함께 결혼생활을 지속한다는 것은 매우 힘든 일이 된다. 사회적으로 독립된 두 개체가 함께 생활을 이어갈 때는 모든 일에서 둘 사이에 항시 조정을 해야 한다는 문제가 발생한다. 경제적 자원의 생산과 배분, 모든 의사결정, 두 사람 공동의 부분과 개인의 부분 간에 시간과 자원과 에너지가 투입되는 양과 그 비율을 놓고 조정해야 한다. 상호 관계 자체, 즉 상호간 관심과 감정의 교환에 이르러서는 조정의 문제가 더욱 복잡해진다. 이것이 둘만이 아니라 자녀까지 포함하는 관계에 접어들면 조정의 문제는 한층 더 어려워질 수밖에 없다. 상호 조정의 문제가 어려워진다는 것은 가족 관계를 설정하고 유지하는 것이 어려운 과업이 됨을 의미한다.[6)]

개인주의 가치관을 남녀 모두에게 동일하게 채용할 경우, 개인의 가장 사적인 삶인 가족생활 속에서 관계를 계속 유지하면서 개인의 행복을 추구하는 일은 어려워진다는 모순에 빠진다. 이런 문제에 대해 미국인은 지극히 개인주의적으로 생활하는 방식이나 지극히 집단주의적으로 생활하는 방식의 두 극단 가운데 다양한 중간 방식으로 대응하고 있다. 지극히 개인주의적으로 생활하는 방식에 가까운 유형은 자신의 만족을 찾아서 이혼과 결혼을 반복하거나, 결혼을 해서도 부부가 최소한의 부분만을 공유하거나, 동거를 하는 등이다. 이 방식은 개인주의를 개인의 범위를 넘어서 가족에게까지 확장하던 과거의 관행을 탈피하고 순수하게 개체로서의 개인에 한정하는 태도이다.

1970년대 이래 급증하고 있는 동거 관계는 기존의 가족 규범을 거부하는 대신, 관계의 존립 여부에서부터 관계의 범위와 깊이에 이르기까지 관계와 관련된 모든 것이 순전히 당사자 개인의 선택에 맡겨져 있다. 상호 관계에 헌신하는 정도에 따라, 일시적이고 얕은 관계에서부터 혼인의 대안으로서 비교적 영속적이고 깊은 관계에 이르기까지 동거 관계의 양태는 매우 다양하다. 미국인의 이혼율이 세계적으로 가장 높은 수준에 속한다는 것은 가족생활에서 개인주의적 태도와 행위 방식이 보편화되어 있음을 보여주는 징표이다. 미국인은 불행을 가져다주는 집단생활 즉 결혼 생활을 계속 유지하기보다는 이러한 관계를 끝내고 자신에게 행복을 가져다줄 새로운 상대를 찾아서 새로운 관계를 맺는 것을 더 긍정적으로 생각한다. 가족 관계란 개인의 행복에 기여하고 개인에게 만족이 계속되는 한에서만 계속할 가치가 있다는 것이 이들의 생각이다. 물론 새로운 관계가 과거의 관계보다 실제로 더 큰 만족이나 행복을 가져다주는가 하는 것은 별개의 문제이다. 그럼에도 행복하지 않은 관계를 참고 계속한다는 것은 개인주의 가치관에서 볼 때 바람직한 선택이 아니다.

미국 사회에서 가족 문제에 대응하는 집단주의적 생활 방식에 가까운 유형은 주로 기독교 근본주의자(Christian Fundamentalists)들에게서 발견된다. 그들은 가정의 숭고함은 개인의 만족이나 자유를 넘어서는 것이라고 보며, 가정의 안정에 종교적인 의미를 부가한다. 여성이 가정을 돌보지 않고 취업하거나, 이혼을 선택하거나, 자녀의 출산을 자신의 편의에 따라 임의로 조절하려고 하는 행위는 신의 질서에 어긋나는 일이라고 주장한다. 또한 자신의 만족만을 찾아 가족을 저버리는 행위는 매우 이기적인 행위라고 비난한다. 이들은 자아를 버리고 가정이라는 집단에 귀의하는 것을, 개인주의적인 자아를 포기하고 신의 명령을 따르는 것의 일부로 간주한다. 개인주의적인 가치관을 추종하지 않고 기독교적 집단주의 가치관을 따라 사는 미국인이 실제 얼마나 있는가 하는 점은 확실치 않다. 왜냐하면 말로는 기독교적 가족 윤리를 주장하는 사람도 실제의 생활은 다른 사람과 크게 다르지 않다는 것이 경험적인 연구 결과이기 때문이다. 그들은 남성에게는 개인주의적 가치관을 추종하는 것을 허용하는 반면 여성에게는 개인주의적 가치관을 따르는 것을 거부하는 이중적인 기준을 적용하는 경향이 있다.

교육과 소득 수준이 높고 도시에 거주하는 사람일수록 개인주의적 가치관을 추종한다. 특히 여성의 경우 취업이 일반화되면서 자아를 포기하고 가정에 자신을 몰입한다는 것은 생각하기 힘든 대안이 되었다. 미국인은 남녀 모두 개인주의적 가치관에 따라 생활하면서 개인의 행복 추구에 몰두하고 있으나, 가족 관계의 불안정이라는 비싼 대가를 치르고 있다. 자신의 삶의 방식에 대한 통제를 남에게 맡기지 않고 자신의 손안에 가지고 있는 대신에 구속적이면서 안정된 관계의 편안함을 포기해야 했다. '상대를 사랑하기 때문에 상대에게 자신을 포기하는 것은 자신을 상대에 종속시키기 때문에 위험하고 바람직하지 않다'는 심리상담자의 조언은 미국인의 개인주의 가치관이 당면한 현실을 웅변적으로 말해준다.

극단적인 개인주의 가치관에 따를 때 각각의 관계는 개인의 선택과 자발성이 허용하는 한에서만 유지되며 개인이 관계의 효용성을 더 이상 느끼지 않으면 언제라도 종료될 수 있는 관계이다. 저명한 중국계 미국인 인류학자 프랜시스 수(Francis Hsu)는 미국인의 개인주의가 낳은 피상적인 사회관계의 문제를 꼬집으면서 다음의 예를 제시한다.

> 어느 산부인과 병실에 미국인 여성과 중국인 여성이 나란히 산후 조리를 하고 있는데, 남편이 부인을 찾아왔다. 미국인 여성은 남편이 온다는 소식을 듣고 침대에서 일어나 화장을 하고 옷을 갈아입고 거울에 비친 자신의 얼굴을 보면서 "이런 모습을 남편에게 보이면 안 되는데(I can't let him

see me like this)"라고 말하면서 초조해 했다. 한편 옆에 누워있던 중국인 여성은 남편이 찾아오는데 아무런 치장도 없이 남편을 맞이했다. 왜냐하면 찾아오는 사람은 다름 아닌 그녀의 남편이기 때문이다(Hsu, 1981).

개인주의적인 사회관계는 개인의 선택의 폭을 넓히는 측면이 있기는 하나 관계의 불안정을 내포하고 있다. 가장 공고해야 할 가족 구성원 간의 관계에 이르기까지 각자 개인의 인생을 독립적으로 책임지고 매 순간 선택해야 하는 삶의 방식은 엄청난 스트레스와 외로움을 동반한다. 집단에 의지할 수 없고 항상 자발적인 선택과 경쟁을 강요당하는 삶의 방식은 자발성과 능력이 많은 사람이거나 그러한 인생의 시기에 있을 때는 어느 정도 감당할 수 있으나, 그렇지 않은 경우 삶이 힘겹고 의미 없게 느껴질 수 있다. 미국 사회에서 두드러진 이혼과 미혼모의 증가, 마약 복용 등은 이러한 개인주의적 지향의 결과이다. 개인주의자들은 정신적 압박과 외로움을 위무받기 위해 심리치료에 의존하는 경향이 높아지고 있다. 과거의 안정된 가족 관계가 가져다준 심리적 안정과 정서적 만족을 심리치료사의 상담이 대신하는 것이다.

3) 개인주의와 이타적 행위

미국인이 매우 개인주의적이라고 주장할 때 미국인의 두드러진 이타적 행위 관습을 어떻게 설명할 것인가 하는 문제가 대두된다. 미국에서는 금전이나 시간을 들여 남을 돕는 이타적 행위가 사회적으로 일반화되어 있다. 미국의 어디를 가나 기부금을 모집하는 광고와 자원봉사자를 발견할 수 있으며, 중류층 생활을 하는 사람들은 기부나 자원봉사를 사회생활의 일부로 받아들이고 있는 듯이 보인다. 자신의 이익에 충실하고 사생활을 매우 소중히 생각하는 그들이 전혀 연고가 없는 동양의 장애 아동을 입양하는 이타적 행위를 어떻게 설명할 것인가?

미국인의 이타적 행위는 주로 자원주의(voluntarism)의 일부로서 논의되었다. 미국인이 식민지 시절부터 자기 마을의 일은 자신들의 결정에 의해 처리하는 전통을 가지고 있었으며 이후에도 자발적 결사체(voluntary association)를 구성하기 좋아한다는 점은 여러 연구에서 뒷받침되고 있다. 사람들의 이타적 행위는 주변의 사회문제에 대해 정부에 의지하기보다 자신들의 직접적인 개입으로 해결을 시도하는 자원주의적 참여의 한 형태로 해석할 수 있다. 또는 이타적 행위를 겉으로 드러나지 않는 이기적인 목적을 추구하는 도구적 행위로 해석하기도 한다. 이 시각에 따를 때 이타적 행위는 명예와 자존감 고양, 사회적 지위 획득, 경험 습득, 사회적 친교와 만족 등 이기적 목적을 도모하는 매우 계산적인 행위로 비쳐진다.

한편 미국인이 다른 나라 사람보다 기부나 자원봉사를 더 많이 하는 이유를 역설적으로 미국인의 극단적인 개인주의적 가치 지향이 낳은 독특한 사회심리적 상태에서 찾을 수 있다.[7)] 미국인의 극단적 개인주의는 사회적 욕구 충족의 결핍 상황을 초래하는데, 이것이 타인에 대한 이타적 행위를 가능하게 하는 사회심리적 동인으로 작용한다. 개인주의적 가치 지향은 사람들이 타인에 의지하는 것을 금기시하므로 자연히 사람들과 정서적으로 교류할 기회를 차단하며 어렵게 만든다. 그 결과 정서적으로 외로운 개인주의자들은 이타적 행위를 통해 결핍된 사회적 교류 욕구를 충족하려 한다. 개인주의자들의 이타적 행위를 이해하기 위해서는 먼저 개인주의와 외로움 또는 정신적인 결핍 사이의 관계를 살펴볼 필요가 있다.

개인주의 가치관의 극단적인 추종으로 인한 인간관계의 불안정은 필연적으로 정신적인 외로움을 초래한다. 개인주의 가치관을 극도로 추구할 경우, 주위의 누구도 함께할 수 없는, 사막에 홀로 서있는 느낌을 가지고 사는 것을 운명으로 받아들일 수밖에 없다. 각자가 자신의 삶에 홀로 책임을 져야 한다는 생각은 서로 깊은 관계를 피하는 피상적인 인간관계를 낳는다. 사람들은 자기 자신의 일과 생존에 몰두해 있기 때문에 자신의 의식세계 속에 다른 사람의 삶에 대한 관심을 수용할 공간이 부족하다. 상대의 관심사에 깊이 개입하지 않고 나의 관심사에 상대가 제한적으로만 들어오는 것을 허용하는 미국인의 태도는 개인주의적 배타성이 낳은 결과이다.

개인주의 가치관에 따를 때 사람들 사이의 관계는 사회적 역할이 규정하는 범위에서 제한적으로만 이루어진다. 개인주의자들은 서로 간에 전인적인 접촉보다는 상호 분절된 접촉에 머무르는 경향이 있다. 각각 제한된 활동 영역을 넘어서서 전인격적으로 교류하는 경우는 거의 없다. 친척과의 관계, 직장 동료나 거래처와의 관계, 이웃과의 관계, 클럽 친구와의 관계, 사친회에서 다른 학부모와의 관계 등은 모두 각각 칸막이 지어진(compartmentalized) 관계의 틀 속에서만 존재한다. 서로가 접촉하는 의식의 공간은 제한된 목적을 수행하는 범위에 한정되며, 제한된 관계의 영역을 넘어선 상대방의 여타 삶의 영역에 관심을 기울이지 않으며, 서로의 삶에 가급적 간섭하지 않는 것을 원칙으로 한다. 다른 사람은 제한된 관계 속에서 각자 자신의 생존과 자기 개발을 위한 도구적인 존재로 비칠 뿐이다.

각자 자신의 성공을 위해 경주하는 이런 개인주의 사회에서 개개인은 자신의 결정에 따라 자신의 길을 외롭게 달려가야 한다. 자신의 삶을 누구에게 의탁한다거나 다른 누군가가 자신의 삶에 대해 전반적으로 결정을 내리고 돌보아주기를 기대할 수 없다. 이렇게 서로 경쟁하는 장에서 사람들은 외로움을 느끼며 감정적 교류에 충족되지 못하는 갈망을 갖게 된다. 사회학자 슬레이터(Philip Slater)는 미국인의 개인주의와 외로움의 관계를 다음의 문장에서 간명히 서술한다.

> 개인주의는 인간의 상호의존적 현실을 부정하려는 시도에 뿌리를 두고 있다. 미국 사회에서 기술 발전의 주요 목표 중 하나는 개인을 다른 사람들과 관계 맺고, 지배당하고, 의존하고, 통제할 필요에서부터 해방시키는 데 있다. 그러나 불행하게도 이러한 목표를 달성하는 데 성공하면 할수록, 우리들은 서로 더 단절되고, 삶이 따분해지고 결국 외로운 삶을 살게 되는 것이다(Slater, 1976: 34).

개인주의자들이 서로에 대해 감정적 교류를 시도하는 것은 용이하지 않다. 왜냐하면 개인주의자들은 자신의 행위에 대한 결정권과 주도권을 항시 자신의 손안에 쥐고 있으려고 하는데, 각자가 이런 태도를 견지하는 한 타인과의 사회적·감정적 교류가 성공적으로 진행되기 어렵기 때문이다. 극단적인 개인주의자들은 언제, 어디서, 어떤 방법으로 자신을 어느 정도 투입하여 어떤 행위를 할 것인가를 결정하는 권리를 자신이 소유하고자 한다. 그들은 자신의 행위가 타인에 의해 결정되는 것을 극도로 싫어하며, 관계의 유지를 위해 자신의 이익과 의사를 포기하거나 타협하는 것은 자신의 삶에 충실하지 못한 것으로 생각한다. 이런 태도를 갖고 있는 한 타인과 마음을 터놓고 교류하면서 서로 전인적으로 함께하는 경험을 지속한다는 것은 매우 어렵다.

극단적인 개인주의자들은 타인과의 관계에서 양면적인 태도를 보인다. 한편으로는 타인과 정서적 교류를 바라면서도, 동시에 자신을 관계 속에 몰입시키는 것을 꺼려하여 어느 정도 타인과 거리를 유지하려 한다. 이는 개인주의자들이 타인과 감정적 교류를 하고자 하는 사회적 욕구와 자신의 삶에 대한 결정권을 확보하고자 하는 욕구 사이에서 갈등하기 때문이다. 타인과의 관계를 전인적인 것이 아니라 분절적인 것으로 설정하고자 하는 경향 또한 같은 맥락에서 해석할 수 있다. 그들은 자신을 모두 몰입시켜서 남에게 자신의 모든 것을 내보이는 것을 원치 않는다. 이것은 자신이 남에게 통제당할 위험성이나 사생활이 침해될 위험성을 내포하고 있기 때문이다. 그보다는 상대와 함께하는 활동에 필요한 부분만큼만 선택적으로 자신을 참여시키며 상대와 관여하는 것을 선호한다. 미국인은 생활 영역에 따라 각각 구분된 상대와 관계하고 있으며, 다양한 생활 영역과 관계를 자신이 조직하여 통제하고 있다. 상대는 나와 접하는 활동에서 얻게 되는 나의 일면만을 알게 되는데, 나와 상대하는 사람에 따라 활동의 영역이 각각 다르므로 나의 활동 전부를 포괄하는 나의 진면목을 아는 사람은 아무도 없는 셈이다.

이러한 극단적 개인주의 가치 지향은 미국인의 생활에서 외로움을 가져오는 주요 원인이다. 극도의 자기중심주의적 태도는 상호 간에 소외를 낳으며 결국 심리적인 외로움 속에서 타인과의 관계 설정을 어렵게 생각하게 되고, 오히려 남의 의견에 순응하는 것을 규범으로 하는 타자 지향형 인간형(other-directed)을 낳는다. 알렉시스 드 토크빌에서부터 대니얼 리스먼(Daniel Riesman)에 이르기까지 미국인의 국민성에 관한 학자들의 언급에서 흔히 지적되는 것처럼, 미국인이 개인주의적 성향과 이웃에 강하게 동조하는 성향(conformism)을 동시에 보이는 역설은 모순이 아니라 개인주의의 필연적인 귀결이다.

인류학자 마거릿 미드(Margaret Mead)는 미국인의 이러한 성격 특성이 그들의 독특한 자녀 양육 방식에서 비롯된다고 분석한다. 미국인은 어린 아기 때부터 독립성을 강조하고, 특히 혼자서 잘 견디는 것을 권장하며, 이러한 행위에 대한 보상으로 부모의 사랑을 제공한다. 이러한 양육 방식에서 자라난 아이들은 부모의 사랑을 얻기 위해 혼자 있을 때 느끼는 외로움을 잘 견뎌내야 한다. 따라서 어렸을 때부터 충족되지 못한 타인의 사랑에 대한 갈증을 갖게 된다. 이렇게 양육된 결과 그들은 타인과 잘 어울리는 것에 매우 큰 강박관념을 가지면서도, 타인과의 관계에 자신을 쉽게 몰입시키지 못하는 불안정한 성격 특성을 갖게 된다. 그들의 심성

내부에 타인과 감정적으로 교류하고 싶어 하는 마음과 함께 타인과 교류하면 자신의 행위와 삶에 대한 독립성을 잃지 않을까 하는 두려움이 자리 잡는다. 그 결과 외면적으로는 많은 사람들과 얕은 관계에 머물면서 내면적으로는 외로움을 느끼는 성격이 만들어진다.[8)]

자원봉사에 참가하는 사람의 동기와 자원봉사의 결과 그들이 얻는 효용 중 가장 큰 비중을 차지하는 것은 정신적인 만족이다. 사람들과의 교류에서 오는 만족, 자신이 남들에게 도움이 되고 있다는 자긍심, 삶의 의미의 확인 등이 그들이 자원봉사로부터 얻는 정신적인 만족이다. 대체로 소득과 교육 수준이 높을수록, 다양한 조직 활동에 많이 참여할수록 자원봉사에 많이 참여하는 것으로 나타나는데, 소득과 교육 수준이 높은 사람들은 물질적 효용이나 기타 도구적 효용보다는 이런 사회적·정신적 만족을 더 중요한 참여 요인으로 꼽는다. 특이한 점은 이들이 자원봉사 활동에서 자신을 전인적으로 몰입하기보다는 제한적으로 투입하는 것을 선호한다는 점이다. 자원봉사 활동에서 도움을 준 사람과 다른 영역의 사회 활동에서 연결되는 것을 원치 않으며, 통제된 환경에서 제한된 범위의 도움을 주는 것을 선호한다. 자원봉사자는 대상자와 어느 정도의 거리가 유지되면서 자신이 부분적으로만 관여하는 환경을 선호한다. 비물질적인 동기 때문에 자원봉사활동에 참여하는 경우, 참여자 본인의 자유 결정권이 높고 자유재량의 범위가 넓은 활동에서 더 오랫동안 참여가 지속되는 경향을 보인다. 반면 물질적인 효용에 의해 유인되었거나 본인의 자유 선택·결정권이 제한된 상황에서는 참여가 오래 지속되지 않는다.

여기서 우리는 개인주의자의 성격 특성과 자원봉사의 특성 간에 놀랄 만한 유사성을 확인한다. 한편으로 타인에 대한 개인주의자의 양면적 태도, 즉 감정적으로 교류하고 싶어 하는 동시에 제한적이며 자신이 결정권을 쥐고자 하는 태도와, 다른 한편으로 자원봉사의 정신적 만족과 제한적 관계 설정·자유 결정권의 보장이라는 특성은 서로 매우 잘 맞는다.

이러한 유사성은 집단주의적 가치 지향의 사람들과 비교해 보면 더욱 분명하다. 집단주의 가치가 지배하는 사회에서는 자신이 속한 집단 구성원 간의 교류를 통해 사회적 욕구를 충분히 충족하므로 자원봉사와 같이 전혀 모르는 타인과의 관계를 통해 이러한 욕구를 충족해야 할 필요를 느끼지 않는다. 물론 명예욕 같은 이유로 이타적 행위를 할 수는 있겠으나, 개인주의자의 경우와는 상황이 다르다. 집단주의 가치가 지배하는 사회에서는 각 개인이 속한 집단(in-group)의 범위를 넘어선 타인에게 물질적, 시간적 도움을 주는 이타적 행위가 성립할 여지가 없다. 이러한 사회에서 각 개인의 삶은 자신이 속한 집단에 의해 크게 좌우되며, 집단 내에서 도움을 주고받는다. 개인이 자신이 속한 집단의 범위를 넘어선 타인에게 자발적으로 도움을 주거나 기대한다는 것은 생각하기 어렵다. 집단주의 가치가 지배하는 전통 사회에서 타인에 대한 이타적 행위가 상대적으로 드문 것은 이들이 남에게 도움을 베풀 만큼 물질적으로 풍요하지 못해서가 아니라, 자신이 속한 집단 밖의 타인과 도움을 교환하지 않으며 타인과의 정서적 교류 욕구를 느끼지 않는 집단주의 가치 지향의 속성 때문이다. 집단주의 가치가 지배하는 사회는 집단 내에서는 서로 긴밀히 돕는 대신 집단 외의 사람들에게 도움을 베푸는 데에는 상대적으로 인색한 사회이다.

선진 산업국 중에서 집단주의적 가치 지향을 상대적으로 많이 보이는 일본과 극단적 개인주의자들인 미국을 비교하면 이런 차이를 분명히 알 수 있다. 일본 사회는 개인보다 집단의 결정이 우선하는 경향이 있는데, 이런 사회에서는 개인이 자신의 행위나 삶에 대해 결정권을 확보해야 한다는 집착을 볼 수 없다. 개인은 집단의 일원으로 잘 융화되는 것을 바람직하게 여기며, 상호 관계에서도 관계의 범위를 분절적으로 제한하고 상대방의 사생활에 대한 개입을 삼가기보다는, 일과 개인의 생활 영역이 상호 침투하는 통합적인 관계를 추구한다. 일단 타인과 관계를 설정하면 자신을 몰입하여 전인적인 관계를 지향하며, 미국인과 같이 피상적이며 제한적인 관계에 머무르는 것을 선호하지 않는다. 집단주의 사회에서는 개인이 집단에 매몰되어 있기 때문에 외로움을 느낄 겨를이 없다. 서로의 삶에 개입하고 감정적으로 의존하는 것을 당연하게 여긴다. 선진 산업국인 일본이 타인에 대한 기부나 자원봉사에서 서구 사회에 비해 매우 저조한 기록을 보이는 이유는, 그들이 미국인보다 더 자신의 이익을 탐하기 때문이 아니라 이 사회에 집단주의적 가치 지향이 지배하고 있기 때문이다.

미국인이 이타적인 행위에 많이 참여하는 이유로 그들의 극단적인 개인주의 가치 지향을 지목한다고 해서, 거꾸로 개인주의적 가치 특성을 더 많이 가질수록 이타적 행위에 더 많이 참가할 것이라고 추론해서는 안 된다. 개인주의적 가치 지향은 이타적 행위에 영향을 미치는 여러 요인 중에 한 가지 요인일 뿐이기 때문이다. 다만 다른 조건이 동일하다면 집단주의자보다 개인주의자가 사회적 연관 관계가 없는 타인을 대상으로 한 이타적 행위에 참여할 가능성이 더 높다.

집단주의적 가치 지향을 가진 사람이 남을 돕는 이타적 행위에 덜 참여한다는 주장은 일견 역설적으로 들리기는 하나, 이는 실제 경험적 비교에서도 쉽게 입증할 수 있다. 사회학자 로널드 잉글하트(Ronald Inglehart)가 지휘하여 1981년에서 2000년까지 네 차례에 걸쳐 전 세계 80여 개 나라에 대해 실시한 세계 가치관 조사(World Values Survey) 결과에 따르면, 자원 활동에 덜 가담하는 나라는 집단주의적 가치관이 높은 나라와 대체로 일치한다. 선진 산업국 중에서는 일본이 대표적인 예이며, 이탈리아나 스페인 같은 남유럽 국가나 멕시코나 루마니아같이 산업화가 덜 진행된 나라에서는 전통주의적 가치 지향이 높으며 자원 활동의 참여율이 상대적으로 낮다. 반면 개인주의 성향이 높은 미국이나 북유럽 국가의 사람은 자원봉사나 기부 활동의 참여율이 높다. 미국인이 이타적인 행위에 적극적으로 참여하는 것은 그들의 심성이 착하기 때문이기보다는 그들의 개인주의 가치관이 낳은 의도하지 않은 결과로 해석하는 것이 타당하다.

3. '미국인의 꿈' 이념

'미국인의 꿈(American Dream)'이라는 이념은 개인주의와 밀접히 연관되어 미국인의 사고와 생활을 지배하는 핵심적 위치를 차지하고 있다. 직장이나 일과 관계된 공적인 영역에서 추구되는 개인주의 가치관 중 미국인의 꿈이라는 이념은 가장 중요한 요소이다. 미국인의 꿈은 미국으로 이민을 왔거나 이민을 꿈꾸고 있는 사람들에게 강력한 영향력을 발휘할 뿐만 아니라, 태어나서부터 지금까지 미국을 떠나보지 않은 사람들에게도 큰 의미를 지닌다. 다음에서는 이 미국인의 꿈이라는 이념이 어떤 요소로 구성되어 있으며 미국 사람들의 마음과 생활을 어떻게 지배하고 있는지 살펴본다.

1) 성공의 의미

미국인의 꿈은 개인이 자신의 능력과 노력을 통해 궁극적으로 성공에 도달할 수 있다는 신념을 지칭한다. 먼저 성공의 의미를 간단히 살펴보자. 미국인이 일반적으로 생각하는 성공은 개인이 높은 소득, 좋은 직업, 경제적인 안정을 성취하는 것이다. 그러나 엄밀히 생각할 때 성공의 의미는 미국인의 일반적인 생각보다 훨씬 다양할 수 있다. 성공은 절대적으로 또는 상대적으로 정의내릴 수 있으며 물질적, 사회적, 정신적 차원의 어떤 측면에서도 생각할 수 있다. 개인적인 성공이 있는가 하면 자신이 속한 집단의 성공이 곧 개인의 성공이라고 생각할 수도 있다. 후자의 경우 집단이 성공의 기준에 도달하지 못하면 개인이 혼자서 높은 수준에 도달했다고 해도 그것을 성공으로 정의하지 않는 개인이나 사회가 존재할 수 있다. 물론 개인주의 가치관이 지배하는 사회에서는 집단 전체의 성공 여부에 관계없이 각 개인이 성공하는가 여부를 성공의 유일한 기준으로 한다.

'절대적인 성공'이란 자신이 생각하는 절대적인 수준에 도달했을 때 성공이라고 정의하는 것이다. 예컨대 많은 부를 축적하지 않았다고 해도 고상한 생활을 할 수 있을 정도의 안락한 수입이 있으면 성공한 것이라고 생각하는 사람도 있을 수 있다. 물질적으로는 빈한하더라도 정신적으로 큰 만족을 누리고 있거나 사회적인 존경을 받을 때 성공했다고 생각하는 사람도 있을 수 있다. 반면 '상대적 성공'이란 어떤 비교 대상과 견주어서 자신이 더 나은가 여부를 성공의 척도로 삼는다. 비교의 기준은 다양할 수 있다. 자신의 과거 수준과의 비교일 수도 있으며 지역적으로나 사회적으로 인접한 집단이나 개인과의 비교일 수 있다. 가장 흔한 형태는 자신이 속한 집단이나 사회 속의 타인과 비교해 자신이 더 나은가 여부를 성공의 척도로 삼는 것이다. 이 경우 성공은 경쟁적인 형태를 띨 수밖에 없다. 성공하기 위해 각자는 타인과 제한된 자원·지위를 놓고 서로 우위를 점하려고 경쟁하게 되기 때문이다.

영어에서 '남보다 앞서다(get ahead)'라는 관용어를 일반적으로 성공의 의미로 사용하는 데에서 알 수 있듯이, 보통의 미국 사람에게 성공은 상대적이며 경쟁적인 의미를 지닌다. 미국인의 성공은 개인주의 가치관의 일부인 개인 우선의 원칙과 결합하여 매우 개인적인 의미를 함축한다. 자신이 속한 집단, 심지어 가족 구성원의 성공조차 나 자신의 성공에 포함시키지 않는다.[9] 미국인의 성공은 외적으로 판별이 가능한 돈이나 지위를 의미한다. 미국인이 일반적으로 지칭하는 성공의 범주에 정신적인 풍요는 포함되지 않는다. 상대보다 인격적으로 더 고매한 사람이 더 성공했다고 보는 것은 일반적으로 미국인의 성공 개념에 맞지 않는다. '미국인의 꿈' 이념에서 지칭하는 성공은 상대적이고, 개인주의적이며, 물질적인 성공이다. 물질적인 성공은 사회적으로 높은 지위·존경과 대체로 일치하므로, 미국인의 생각 속에서 성공은 부와 지위의 획득을 동시에 함축한다. 즉 남보다 더 잘살고 더 좋은 직업에서 더 높은 지위에 오르는 것이 미국인 대다수가 생각하는 성공이다.

2) '미국인의 꿈' 이념의 구성 요소

'미국인의 꿈'은 매우 강력한 이념이다. 사회과학에서 일반적으로 '이념(ideology)'이라고 하면, 체계적으로 조직화된 신념, 태도, 의견의 집합체로서, 현실을 왜곡하여 반영하며, 행위의 방향을 제시하고, 사회적으로 중요한 기능을 하는 것으로 정의된다.10) 미국인은 어렸을 때부터 일생토록 이런 이념을 주입받고, 설득당하며, 현실과 맞지 않는 부분에 대해 어떻게든지 합리화를 시도하며, 개인과 사회의 가치판단의 기준으로 적용한다.

다음의 클린턴 대통령의 발언은 미국인의 꿈이라는 이념을 구성하는 핵심 원칙을 잘 요약하고 있다.

> 우리 모두가 어렸을 때부터 교육받으면서 성장한 미국인의 꿈은 단순하지만 강력한 것입니다. 만일 당신이 열심히 일하고, 규칙에 따라 행한다면, 당신은 신으로부터 받은 당신의 능력이 허용하는 한도까지 뻗어나갈 기회를 가지고 있습니다.11)

사회학자 제니퍼 호시차일드(Jennifer Hochschild)는 미국인의 꿈을 몇 개의 구성 요소로 분석하고 있다. 그녀에 따르면 미국인의 꿈은 "누가 미국인의 꿈을 추구할 수 있는가?", "무엇을 추구하는가?", "어떻게 성공을 추구하는가?", "왜 성공은 진정으로 추구할 가치가 있는가?"라는 네 가지 질문과 이에 대한 답으로 구성된다. 그녀가 분석한 구성 요소 각각에 대해 미국의 상황을 검토해 보자.12)

첫째로, "누가 미국인의 꿈을 추구할 수 있는가?" 하는 질문에 대해 생각해 보자. 미국인의 꿈 이념은 모든 사람이 항시 성공을 추구할 수 있다고 말한다. 과거가 어땠든 누구나 언제든지 성공을 추구하려 한다면 달성할 수 있다. 조사에 따르면 인종이나 성, 종교, 계급 등이 성공을 추구하는 데 중요하다고 생각하는 미국인은 응답자의 1/5도 안 된다. 유럽 사람과 비교했을 때 세 배 이상 많은 미국인이 이런 꿈에 대해 긍정적으로 생각한다. 이 이념은 거의 모든 미국인에게 언제나 미래의 성공 가능성에 대해 낙관적으로 생각하도록 하는 힘을 준다.

둘째로, "무엇을 추구하는가?" 하는 질문에 대해, 미국인의 꿈은 어느 정도의 물질적 성공을 얻을 수 있다고 말한다. 대부분의 미국 사람에게 개인의 물질적인 풍요로 요약되는 성공의 목표는 헛되거나 비이성적인 꿈이 아니라 현실적인 가능성으로 존재한다. 성공이 확실히 보장되어 있는 것은 아니지만 성공을 추구하면 획득할 수 있으며 이루려고 하는 것을 이룰 수 있다. 현실이 아무리 힘들지라도 물질적인 성공을 획득할 가능성이 현실적으로 제한되어 있다고 생각하는 미국인은 극소수이다. 가난한 사람들조차도 2/3 이상은 앞으로 생활수준을 향상시킬 가능성이 충분히 있다고 생각한다. 미국인은 유럽 사람에 비해 앞날에 풍요와 성공의 가능성이 훨씬 더 높다고 생각한다.

셋째로, "어떻게 성공을 추구하는가?" 하는 질문에 대해 근면, 정직, 검약 등 청교도적인 윤리에 따라 열심히 노력하면 성공할 수 있다고

그림 7-1 미국의 전형적인 교외 주택

주: 미국의 교외 지역 어느 곳에서나 쉽게 볼 수 있는 이 주택은 미국인의 꿈의 전형적인 모습을 형상화하고 있다. 교외의 이층 단독 주택(town house)에 살면서 가족과 함께 물질적으로 풍요로운 생활을 누린다는 꿈은 이상적인 모습으로 비치기도 하나, 거꾸로 사람을 질식시키는 단조로움과 외로움과 배타적인 분위기를 풍기기도 한다.

말한다. 자신의 재능과 열성을 가지고 열심히 노력하는 만큼 성공할 수 있으며 상황의 어려움을 극복할 수 있다. 가족 배경이나 운 등 개인이 통제할 수 없는 요인은 성공을 달성하는 데 중요하지 않다. 따라서 개인의 창의와 노력을 제한하는 어떤 것도 옳지 않으며 개인의 노력에 따른 성과는 노력한 사람에게 돌아가야 한다. 가난한 사람은 충분히 노력하지 않은 사람이다. 많은 유럽 사람들이 환경이나 구조적 요인이 개인의 성취에 미치는 영향의 중요성을 인정하는 것에 비해, 미국 사람은 환경이나 구조의 영향을 작게 평가하며 대신 개인이 통제하는 요인의 중요성을 훨씬 크게 강조한다.

넷째로, "왜 성공은 진정으로 추구할 가치가 있는가?" 하는 질문에 대해, 성공은 도덕적으로 옳고 바람직한 것이기 때문에 중요하다고 생각한다. 거꾸로, 성공하지 못한 것이나 빈곤은 도덕적으로 정당화될 수 없다. 가난한 사람이 정직하고 책임 있는 시민으로서 도덕적으로 올바르게 살아가기는 어렵다. 물질적인 성공은 하나님의 축복과 구원의 징표이다. 부정한 방법으로 번 돈은 존경을 받을 수 없지만 정직과 근면으로 번 돈은 도덕적인 모범이 된다. 부자가 하늘나라에 들어가기 어렵다거나 가난한 사람은 복이 있다는 말은 미국인의 꿈의 이념에서 볼 때 타당하지 않은 말이다.

이러한 네 가지 요소를 요약하면, 미국인의 꿈이라는 이념에 따라 모든 사람은 언제나 열심히 노력만 한다면 어느 정도의 물질적 풍요와 지위를 성취할 수 있으며 정당하게 획득한 성공은 도덕적으로 바람직한 것이다. 이러한 이념은 미국이 아니라고 해도 근대화된 사회에서는 대부분 어느 정도 신봉하고 있지만, 미국인은 다른 어느 사회보다 이 이념에 더욱 심하게 경도되어 있다. 세계 가치관 조사에 따르면 미국인은 다른 어느 나라 사람보다 자신의 성취 가능성에 대해 훨씬 더 높게 평가하고 미래를 낙관하는 것으로 나타난다. 미국인은 어릴 때부터 이러한 이념을 끊임없이 주입받으며 성인이 되어서도 대부분의 사회 현상에 이러한 이념을 적용하여 해석하고 행동하는 경향이 있다. 미국 어린이들이 어릴 때 흔히 부르는 동요인, "별에 소원을 빌 때, 네가 누구이건 중요치 않아. 너의 꿈은 이루어질 거야(When you wish upon a star, there is no difference who you are. Your dreams will come true)"라는 가사는 이 이념의 일부를 포함하고 있다.

3) 미국인의 꿈 이념과 현실의 대비

미국인의 꿈 이념이 제시하는 것은 물론 현실과는 큰 차이를 보인다. 이것은 신념 체계이므로 현실의 정확한 반영이 목적이 아니다. 이념은 현실을 의도적으로 왜곡하여 반영하며 행위의 방향을 제시하는 것을 목적으로 한다. 중요한 것은 미국인의 꿈이 제시하는 것이 사실이냐 여부보다는 이것이 사람들에게 얼마나 설득력을 가지는가, 즉 사람들이 이 이념이 지향하는 바에 얼마나 동조하고 자신의 삶을 이에 맞추는가 하는 점이다. 사람들이 더 이상 미국인의 꿈 이념을 따라 생각하고 움직이지 않는다면 이는 이념으로서 제 역할을 하지 못하는 것이다. 반면 미국인의 꿈 이념이 현실과는 상당한 거리가 있더라도 사람들이 이 이념에 따라서 생각하고 꿈꾸고 행동한다면 이것은 매우 강력한 힘을 발휘한다. 미국인의 꿈 이념을 구성하는 요소 각각에 대해 이것이 현실과 어떤 관계를 맺고 있으며 사람들이 어떻게 동조 또는 거부하고 있는지 살펴보자.

첫째, '어느 누구라도 성공할 수 있다'는 신념에 대해, 현실의 성공 가능성은 각자의 사회적 배경에 따라 큰 차이를 보이고 있다. 현실에서는 흑인보다 백인이, 여성보다 남성이, 가난한 집안 출신보다 부자 출신이 성공할 가능성이 높다. 미국은 어느 선진 산업사회보다 인종적인 편견이 강하며 빈부의 격차가 큰 나라이다. 따라서 성공을 원하는 누구에게나 기회가 공평히 열려있다는 신념은 다른 어느 사회보다 미국에서 현실적 타당성이 낮다.

그럼에도 미국인은 자신의 나라가 세계 어느 나라보다 더 성공의 기회가 열려있다고 굳게 믿고 있다. 실제 다른 유럽 사회보다 기회가 평등하지 않음에도 미국인이 기회 평등의 신화를 굳게 믿는 이유는 무엇일까? 이는 무엇보다 미국인의 독특한 역사적 경험에서 연유한다.

미국으로 건너온 이민자는 과거에 출발 국가에서 자신이 누리던 물질적 생활수준과 비교해 볼 때 미국으로 건너와서 전반적으로 상승을 경험한다. 대체로 그들은 출발 국가에서 중하층에 속하던 사람들이었으며 그 사회 현실에 만족하지 못해서 또는 새로운 기회를 찾아서 기존의 익숙한 사회를 뒤로하고 이주를 결행했다. 그들이 남기고 온 사회와 비교해 보았을 때, 평균적으로 더 잘사는 미국에서 이주 전보다 조금이라도 더 낫게 살 가능성이 높다. 미국의 거지도 방글라데시의 중하층보다는 절대적인 의미에서 더 낫게 살기 때문이다. 미국이 세계에서 물질적으로 가장 풍요한 나라라는 사실이 미국에서 성공의 가능성에 대해 낙관적인 생각을 만들어내는 데 기여한 가장 큰 요인이다.

그러나 상대적인 지위로 본다면, 이민자들이 과거 출신국에서 차지하던 지위와 비교해서 미국으로 건너와 더 상층으로 상승한 경우는 흔치 않다. 이민자들이 미국으로 건너오면서 상대적인 지위가 상승할 가능성이 높지 않은 것은 당연하다. 왜냐하면 이민자들이 미국에 와서 가장 낮은 지위를 차지하는 것이 일반적인 적응 방식이기 때문이다. 미국에서 지위의 상승 가능성이 높지 않다는 점을 심각하게 생각하는 사람은 아예 오지 않거나, 오더라도 다시 되돌아가거나, 미국에 남아있더라도 주류의 담론에 반영되기 어렵다. 한국에서 대기업 사원으로 일하다가 미국으로 이민 가서 세탁소 자영업을 한다면 사회적 지위에서 하강 이동이다. 그러나 이런 점을 꺼리는 사람이라면 처음부터 이민을 선택하지 않았을 것이다. 자식의 성공을 위해서 이민을 결행한 사람이라도 미국의 주류 사회 속에서 자식이 과거 부모가 한국에서 차지하던 사회적 위치에 근접하기가 쉽지 않은 것이 현실이다.[13]

이민자 배출국의 경제 수준이 미국에 근접해질 때 미국으로의 이민이 급감하는 것도 같은 이유로 설명할 수 있다. 미국에 와서 과거보다 더 잘살 가능성이 상대적으로 높지 않은 고소득 국가의 사람들은 미국인의 꿈이라는 이념에 현혹되지 않으며, 미국으로 이민을 떠나는 선택을 하지 않는다. 우리나라의 경우 1990년대에 미국 이민의 숫자가 급감하고 이민 갔다가 회귀하는 사람들이 늘어났다는 사실은 우리나라의 변화된 상황을 반영한다. 유럽인의 경우 미국에 이주했다 되돌아가는 사람의 비율이 낮지 않다. 미국 사회에서 성공의 기회가 적고 구조적으로 기회가 불평등하게 제공된다고 생각하는 사람들은 미국인의 꿈에 대한 사회적 담론에서 아예 배제되어 버린다. 미국인의 꿈 이념을 추종하고 설득당한 사람들만 미국에 이주하여 정착하므로 미국인 사이에서 이 이념의 설득력은 높을 수밖에 없다.

둘째로, 미국으로 이민 오거나 서부로 이주한 사람들은 과거의 구대륙에서 속했던 지위의 구속으로부터 상대적으로 자유롭게 되므로 새로운 기회의 자유를 누릴 수 있다. 미국에서는 유럽과 같은 귀족이나 봉건적인 지위가 인정되지 않았으며, 서부로 이주한 사람들은 과거에 동부에서 어떤 사람이었는지를 묻지 않았다. 저개발국에서 이민 오는 사람들은 자국의 후진적인 제도 속에서 느끼는 불합리한 구속을 미국에 와서는 느끼지 않는다. 물론 그들은 미국에 와서 새로운 형태의 구속을 느낀다. 유색인이며 외국 출신으로서 차별을 감내해야 한다. 그러나 과거의 지위에 대한 구속에서 자유롭다는 것은 사람들에게 큰 해방감을 부여한다. 일이 잘 풀리지 않을 때 모든 것을 다 버리고 새로운 곳으로 이주를 결행한다는 것은 모든 사람의 꿈이기 때문이다. 이렇게 자신이 속하는 집단과 사회의 기존 질서가 부과하는 지위나 규칙에서 벗어나 새로 시작할 수 있다는 것은 선진 산업국의 젊은이에게도 큰 매력일 수 있다. 미국으로 건너와 언어 장벽이나 인종차별을 경험할 위험이 없는 영어권 국가, 즉 캐나다, 영국, 아일랜드, 호주, 뉴질랜드의 백인 젊은이들은 미국으로의 이주를 좀 더 쉽게 결행한다. 이들이 미국으로 이주하는 것은 미국인의 꿈 이념에 완전히 경도되어서라기보다 단지 새로운 환경을 찾아서 이동하는 것에 불과할 수 있다. 마치 동부 지역에서 대학을 졸업한 학생들이 서부에서 직장을 잡으려는 것과 유사하다. 여하간 익숙하지 않은 새로운 곳으로 이주를 결행하는 사람에게는 결과 여부는 차치하고 그 자체로서 꿈의 의미를 내포하고 있다.

이러한 이민자로서의 특성은 자신의 과거에 관계없이 기회는 모두에게 열려있다는 의식을 낳았다. 외부로부터의 인구 유입이나 국내 인구 이동이 상대적으로 적은 안정된 사회에서는 부나 우월한 지위가 세대 간에 계승되면서 기회의 불평등 구조가 확고하게 자리 잡는다. 반면 외부로부터의 이동과 국내 이동이 빈번한 미국과 같은 사회는 항상 새롭게 출발할 수 있다는 환상을 가지기 쉬운 환경을 조성한다. 비록 자신은 이민 온 조상과 거리가 멀다고 해도, 조상의 이야기를 전해 듣거나 주변에서 근래에 이민 온 사람들이 열심히 일하고 과거보다 나은 생활에 감사하는 것을 보고 들을 때, '우리나라는 꿈이 살아있는 나라다' 하는 생각을 유지하게 된다. 외부에서 이민이 계속되는 한 미국인은 자신의 나라가 기회의 땅이라는 인식을 버릴 수 없다.

셋째로, 새로운 기회의 자유와 함께 이민자의 자기 합리화 욕구 또한 미국인의 꿈 이념이 그들에게 강한 설득력을 가지는 이유이다. 이민자들은 미국에 이민 온 선택이 옳았다는 사실을 끊임없이 자신에게 설득하고 싶어 한다. 과거 이민자들이 본국의 친지에게 보낸 편지나 서부로 이주한 사람이 동부의 친지에게 보낸 편지에서, 그들은 새로운 땅에서 누리는 기회의 자유를 끊임없이 언급하고 있으며 남겨두고 온 친지들에게 이 새로운 기회에 함께 동참할 것을 강력히 권했다. 그러나 실제 그들의 현실은 매우 험난했다. 객관적으로 볼 때 그들이 이주 후에 물질적으로나 사회적으로 상승 이동을 하기보다는 오히려 더 열악해진 경우가 많았다. 물론 장기적으로 현재의 고난을 잘 이겨내면 자신의 땅에서 농사를 지으며 풍요롭게 살아갈 것이라는 꿈이나 자식이 좋은 학교에 입학하여 훌륭한 지위를 획득할 것이라는 꿈이 일부에게는 실현되었다. 여하간 이들은 새로운 위험을 회피하고 익숙한 환경에서 제한된 기회에 안주하기(risk-averse)보다는, 새로운 환경에서 위험을 감수하며 불확실한 기회를 선호하는 사람들(risk-taker)이다. 새로운 땅에 성공의 기회가 열려 있다는 믿음은 그들의 어려운 현실을 이기는 데 심리적인 지지로 작용했다. 누구나 노력하면 성공할 수 있다는 믿음은 어려운 현실을 이기기 위한 유일한 의지처이므로, 현실이 이를 부정하면 할수록 더욱더 이러한 믿음에 매달릴 수밖에 없다. 이는 "왜 미국 사람들이 객관적으로 불평등하고 빈곤이 만연한 현실을 일상적으로 경험하면서도 '세상에서 가장 살기 좋은 나라'라는 신념을 저버릴 수 없는가" 하는 의문에 대한 이유의 일부를 제공한다.

넷째로, 새로운 이민자들이 계속 들어오면서 앞서 이민 온 이민자는 자신의 낮은 지위를 새로운 이민자에게 물려주고 자신은 사회적으로 한 단계 상승하는 경험을 하는데, 이는 미국인의 꿈 이념을 키우는 현실적 자양분이 된다. 새로 이민 온 사람은 앞서 이민 온 사람이 한 단계씩 사회적 지위가 올라가는 것을 보면서 자신에게도 앞으로 이러한 기회가 열려있다고 생각하게 된다. 이들은 미국을 '시간이 지나면 노력하는 모든 사람에게 기회가 열리는 공평한 사회'라고 생각한다. 이들의 생각이 맞다면 이민이 활발한 미국 사회는 상승 이동의 가능성이 다른 사회보다 더 높아야 한다. 그러나 객관적으로 볼 때 미국 사회가 다른 선진 산업사회보다 상승 이동의 가능성이 더 높거나 기회가 공평하게 배분된 사회는 아니다.

사회학자의 연구에 의하면 미국 사회가 유럽 사회에 비해 계층 간 이동이 더 활발하지는 않다.[14] 미국, 영국, 스웨덴의 부모와 자식 간 소득 수준을 비교한 결과 미국은 영국이나 북구 국가보다 세대 간 계층 이동의 가능성이 더 적은 것으로 나타났다. 어느 나라에서나 부모의

표 7-2 선진 산업사회의 사회이동 비교

국가	세대 내 사회이동 비율*
스웨덴	22%
미국	20%
영국	16%
프랑스	15%
아일랜드	8%

자료: Erikson and Goldthorpe(1993), Beeghley(2000: 50)에서 재인용.
주: * 생산직으로 직업 생활을 시작한 사람 중 전문직, 관리직, 기술직으로 이동한 사람의 비율

소득은 자식이 성장하여 누리는 소득에 큰 영향을 미친다. 이러한 부모의 영향은 중류층보다는 부자와 가난한 사람에게서 특히 강력하게 작용한다. 미국은 다른 나라보다 가난한 집의 자녀가 가난한 생활을 물려받을 가능성이 훨씬 높은 반면 부잣집 자녀가 가난한 생활로 추락할 확률은 가장 낮은 것으로 나타났다. 아버지와 아들 간에 직업 계승 현상을 연구한 결과도 비슷한 결론을 내리고 있다. 유럽과 마찬가지로 미국 사회에서도 사무직에서 일하는 아버지의 아들은 사무직에 종사하며 생산직에서 일하는 아버지의 아들은 생산직에 종사할 가능성이 높다. 아버지에 비해 아들의 직업 지위가 높은 경우에도 이동 거리는 비교적 짧으며, 어려운 집안에서 태어나 크게 성공하는 경우는 극히 드물다. 요컨대 미국인의 꿈에서 가장 모범으로 꼽는 '어려움을 극복하고 성공할' 가능성은 미국이 다른 서구 국가들보다 더 낮다.

미국 사회의 불평등 정도는 다른 서구 사회와 비교하여 두드러지게 높으므로, 일반적으로 대다수 미국인이 물질적 성공을 획득할 가능성이 다른 나라보다 더 높다고 말하기는 어렵다. 물질적으로 크게 성공한 사람이 많은 것 못지않게 미국에는 물질적으로 결핍한 사람도 많다.

미국은 다른 나라보다 더 철저하게 부유한 사람은 부를 대물림하고 가난한 사람은 가난을 대물림한다. 미국에서 새로운 이민자들로 인한 상승 이동의 부분을 제외한다면, 기존에 있는 사람들 사이에서 개인의 노력으로 지위를 바꿀 수 있는 가능성은 다른 선진 산업사회보다 낮을 것이다. 성공을 상대적인 비교 속에서 자신의 위치로 정의내릴 경우, 사회적 불평등 정도가 높기 때문에 미국인 중 상당수 특히 중하층에 속하는 사람의 상당수는 성공의 사다리를 올라가지 못한 범주에 들어갈 것이다. 이민자들이 계속 유입되지 않을 경우 미국 사회는 높은 불평등과 낮은 사회이동 가능성으로 인해 사회문제가 발생할 가능성이 높다.

그럼에도 미국인의 꿈 이념, 즉 성공 신화가 다른 어느 사회보다도 더 깊고 철저하게 미국인의 심성에 박혀있다는 것은 주목할 만한 일이다. 이 신념을 믿으면 믿을수록 현실과 어긋나는 모순을 마음속에서 해결하는 것이 쉽지 않을 것이다. 미국인들은 이런 모순에 어떻게 적응하며 살아가고 있을까? 미국인의 꿈을 구성하는 네 가지 구성 요소에 대해 현실과 대비한 미국인의 생각을 살펴보자.

첫째, 미국인은 불합리한 현실에서 '어느 누구라도 하려고만 하면 성공할 수 있다'는 메시지에 대해 어떻게 적응할까? 상대적으로 유리한 성공의 기회를 향유하는 주류 집단, 즉 영국계 백인 남성 중류층의 경우 이 신념을 의심 없이 강력하게 옹호하는 것이 당연하다. 그러나 성공의 기회가 구조적으로 제한된 주변적인 집단의 경우 이 이념을 신봉하면서 모순적인 현실을 받아들이기는 매우 어렵다. 이 이념을 신봉하는 한, 유색인, 여성, 빈곤층은 미국인의 꿈이라는 일반적 유형에서 비정상적이거나 주변적인 범주로 전락할 수밖에 없다. 그들은 미국인의 꿈 이념이 제시하는 '어느 누구라도'에 맞지 않는다는 모순을 안고 살아갈 수밖에 없다. 그들은 무언가 잘못된, '미국적이지 않은(un-American)' 미국인인 것이다.

물론 이 이념은 '언제라도 다시 시작하면 된다'는 메시지를 담고 있으므로, 그들도 이 이념에 완전히 환멸을 느끼는 것은 근본적으로 불가능하다. 앞으로의 가능성이 아무리 비현실적이라고 해도 모든 사람이 죽을 때까지 놓고 싶어 하지 않기 때문이다. 주류에 속하는 사람은 이 이념에 따라 노력하여 성공하지 않는 사람은 기회가 주어졌음에도 추구하지 않은 사람이므로 비난받아 마땅하다고 생각한다. 주변적인 집단의 경우에도 이 이념을 깊이 신봉하면 할수록 자신이 성공하지 못하는 책임과 비난을 자신에게 돌릴 것이다. 왜냐하면 이 이념을 믿는 한, 기회가 주어졌는데 자신의 잘못으로 성공을 획득하지 못했다고 생각할 수밖에 없기 때문이다.

둘째, '추구하기만 하면 어느 정도 물질적 성공을 이루는 것이 충분히 가능하다'는 신념에 대해, 만일 많은 사람들이 성공을 추구한다면 그들에게 모두 물질적인 풍요를 제공하는 것이 현실적으로 가능한가 하는 의문을 제기할 수 있다. 자원의 제약이나 불평등한 배분 등으로 인해 구성원들 모두에게 물질적인 풍요가 주어지지 않는다면, 일부 사람들에게 성공은 아무리 열심히 추구해도 이루지 못하는 꿈이 된다. 성공을 이루지 못하는 사람들이 많아진다면 성공의 가능성에 대한 환상은 식어버릴 것이다. 물론 어느 정도의 물질적인 획득 또는 사회적 지위를 성공이라고 보는가에 따라 성공의 가능성에 대한 주관적 인식은 달라질 수 있다.

미국에서 물질적인 성공이 현실적으로 가능하다고 하는 신념은 미국의 풍요로운 자연조건에 뿌리를 두고 있다. 유럽인들은 16세기 북미 대륙을 탐험할 때부터 미국을 풍요와 기회의 땅으로 인식했다. 유럽인들은 북미 대륙을 전설에 나오는 풍요로운 문명의 대륙인 아틀란티스의 이미지로 그리면서 현실의 고통과 결핍에서 해방된 환상적인 풍요를 기대했다. 미국은 구대륙에 비해 땅이 엄청나게 넓으므로, 19세기 중반까지 대부분 농사에 종사했던 유럽 이주민의 눈에는, 미국에서 자신의 땅을 획득하여 자영농으로 성공하는 것이 현실적으로 가능해 보였다. 미국이 자원과 영토에서 세계의 다른 어느 나라와도 비교할 수 없을 정도로 엄청나게 풍요롭다는 사실이 이러한 신념을 지지하는 굳건한 토대이다. 미국의 땅은 대부분 온화한 기후이며 거주와 경작에 적당하다. 또한 미국의 영토 내에는 다양한 자연환경이 펼쳐지며 자원 또한 엄청나다. 인구에 비해 개발되지 않고 사람이 밀집하지 않은 공간이 풍부하게 펼쳐져 있다. 이러한 풍요는 미국인에게 추구하기만 하면 현실적으로 물질적인 풍요가 가능하다는 신념을 자연스럽게 갖게 한다. 만일 미국이 인구가 조밀하고 자연의 혜택이 보잘 것 없으며 물질적인 생활수준이 그렇게 높지 않다면, '사람들이 추구하기만 하면 물질적으로 성공할 가능성이 충분히 있다'는 신념을 가지기 어려우며 설사 가지게 되었다고 해도 계속 유지하기는 더욱 어려울 것이다.

자연환경이 아무리 풍요롭더라도 자원의 제한은 항상 발생한다. 전반적으로 풍요롭다는 사실과 그것이 내 것이 될 가능성이 얼마나 있느냐 하는 문제는 별개이다. 주위가 풍요롭지만 나에게 풍요가 허용될 가능성이 낮은 사회가 있는가 하면, 거꾸로 전반적으로는 풍요롭지 않지만 나에게 허용되는 부분이 다른 사람들에 비해 작지 않은 사회도 생각할 수 있다. 미국 사회는 매우 불평등한 사회이므로 후자보다는 전자에 가깝다. 미국 사회에서 가진 것이 없는 사람에게 허용된 부분은 상대적으로 매우 작은 반면, 가진 것이 많은 사람에게 허용된 부분과 나아가 이를 확대할 수 있는 가능성은 다른 어느 사회보다 크다.

소유의 분배가 균등하게 이루어지지 않고 경쟁이 치열한 자본주의 사회에서는 실패한 사람이 다수 발생한다. '어느 정도의 성공은 노력만 하면 당연히 획득할 수 있다'는 신념이 강할수록 실패한 사람에게 가해지는 정신적 압박과 폐해는 엄청나다. 실패했을 때 경험할 스트레스에서 벗어나기 위해 사람들은 수단과 방법을 가리지 않고 반드시 성공을 획득하려고 한다. 실패한 사람은 비정상적인 사람으로 치부되며, 무언가 그들에게 문제가 있기 때문에 주위에 널려 있는 성공의 가능성을 자신의 것으로 만들지 못한 것으로 여겨진다. 실패한 사람도 성공한 사람과 크게 다르지 않으며, 자신의 잘못도 있지만 상황이 여의치 않고 일이 꼬이면서 그렇게 되었을 수도 있다는 생각은 미국인의 꿈 이념 속에서 자리를 차지할 수 없다. 이러한 상황에서 사람들이 실패자의 어려움에 대해 책임을 공감하고 부담을 함께 나눈다는 것은 생각하기 힘들다.

셋째, '근면, 성실, 검소하게 열심히 노력하면 성공할 수 있다'는 신념에 대해, 자신이 열심히 노력한다고 해도 성공하지 못할 수도 있지 않은가 하는 의문을 제기할 수 있다. 세상의 일은 자신이 통제할 수 있는 요인에 의해 좌우되는 부분도 있지만, 그보다 더 많은 부분이 자신의 통제 영역 밖의 요인에 의해 좌우된다. 열심히 노력해야만 성공할 수 있다고 해서 열심히 노력하면 다 성공하는 것은 아니다. 열심히 노력해도 자신이 통제할 수 없는 예상치 못한 요인에 의해 성공할 수도 실패할 수도 있는 것이 현실이다.

자연의 제약도 엄청나지만 그보다 더 우리의 사회생활에 영향을 미치는 것은 사회구조적인 제약이다. 자신이 통제할 수 없는 요인 중에서 가장 치명적인 것은 자신을 낳아준 부모의 사회·경제적 지위이다. 부자나 지위가 높은 사람의 집에서 태어날 경우 성공할 가능성이 높은 반면 가난한 집에서 태어날 경우 학교에도 제대로 다니지 못하고 부모에게 물려받은 것도 없어 성공의 가능성은 매우 낮다. 미국인은 건국의 아버지 중 한 사람인 벤저민 프랭클린이나 철강왕 카네기나 링컨 대통령과 같이 자수성가한 사람을 존경한다. 그들은 자신의 능력으로 어려운 환경을 딛고 열심히 노력하여 큰 성공을 거둔 사람들이다. 그러나 실제 이렇게 어려운 환경에서 출발하여 성공한 기업가나 정치인은 매우 드물다.

19세기 후반 미국에서는 어려운 가정에서 태어나 성공하는(from rags to riches) 이야기를 담은 소설이 크게 유행했었다. 작가의 이름을 따서 허레이쇼 앨거 이야기(Horatio Alger stories)라고 불리는 싸구려 대중 소설이 그것이다. 이 소설의 줄거리는 어려운 가정에서 태어난 소년이 주어진 일을 열심히 하다가 우연히 부유한 사람의 눈에 발탁되어 성공의 사다리를 타게 되고 마침내 그의 딸과 결혼하는 식으로 부유한 사람의 재산과 사업을 물려받아 크게 성공한다는 도식적인 내용으로 되어있다. 그런데 이 이야기를 보면 중요한 인생의 전환점에는 항상 우연이 개입하며, 주인공이 성공하는 데에는 항상 부와 권력을 가진 사람의 도움이 결정적인 계기가 된다. 사람들은 왜 이러한 이야기에 그렇게 열광적으로 빠져들었을까? 아마도 현실 세계에서는 이루어질 수 없는 꿈을 그리고 있기 때문이다. 독자들은 보통 사람으로는 아무리 열심히 일해도 성공의 길이 열리지 않는다는 것을 체험을 통해 잘 알고 있기 때문에 소설 속에서 대리만족을 찾는 것이다. 중하층이 종사하는 일 중 상당수는 올라갈 수 있는 기회가 막혀있는 일(dead-end job)인 경우가 많다. 예컨대 공장에서 부품을 조립하는 노동자나, 노동착취적인(sweatshop) 봉제공장에서 재봉틀을 밟는 여공이나, 사무실에서 복사를 담당하는 여사원이나, 백화점 매장에서 물건을 파는 판매원이나, 거리에서 쓰레기를 줍는 청소부의 경우 열심히 일한다고 해서 성공할 가능성은 매우 희박하다. 그들은 인생에서 자신이 통제할 수 없는 부분이 많이 있다는 것을 알고 있으며, 성공을 하려면 운이 필요하며, 힘 있고 돈 있는 사람과 어떤 방식으로든 — 부모 자식 관계가 되든 우연한 만남이 되든 — 연결되는 것이 중요하다는 사실을 잘 알고 있다. 물론 이는 그들이 열심히 일해도 성공할 가능성이 전혀 없다고 생각한다는 말은 아니다. 그들은 현실적으로 그 가능성이 그렇게 크지 않다고 판단하고 있을 뿐이다.

근면, 성실, 검약하여 꾸준히 노력하면 성공할 수 있다는 신념은 청교도 신앙에서 비롯되었다. 청교도들은 절제된 생활과 노력을 통해 세속적인 성공을 거두는 것을 신의 축복과 구원의 징표로 보았기 때문에 청교도적으로 생활하면 성공한다는 것을 신의 약속으로 여겼다. 절제된 생활을 하고 열심히 노력했음에도 성공을 거두지 못한다면 절제와 노력이 부족했기 때문이라고 생각할 수밖에 없었다. 이런 신념은 종교적인 의미를 지니고 있으므로 그것을 세속적인 실패의 예로서 반증한다는 것은 불가능하다. 신이 약속을 저버렸다고 생각하는 것은 이 세상에서 사는 한 생각하기 힘든, 아니 생각하기 싫은 것이다. 이러한 믿음에서 볼 때 실패한 사람은 게으르며, 낭비하고, 인내심이 없으며, 충분히 열심히 살지 못한 사람들로서 신의 약속을 저버린 사람으로 낙인찍힐 수밖에 없다.

여기서 문제는 근면, 성실, 검약하는 생활 방식은 개인이 통제할 수 있는 것 같지만, 실은 상당 부분 부모로부터 물려받는 것이라는 점이다. 중류층 부모는 어릴 때부터 자녀에게 이런 가치관과 생활 방식을 물려주기 위해 엄청나게 노력을 기울인다. 반면 가난한 부모의 경우 본인 자신이 이런 가치관과 생활 방식을 가지고 있지 않기 때문에 자식에게 이런 것을 물려줄 수가 없다. 이러한 중류층의 생활방식은 미국 사회에서 성공하는 데 꼭 필요한 자질이다. 이런 자질을 물려받지 못하면 학교에서 공부를 잘할 수도, 제대로 졸업을 할 수도, 방종한 성경험을 통해 임신하는 것을 막을 수도, 앞날을 계획하며 살아갈 수도, 취업을 제대로 할 수도 없다. 중류층 자녀가 공부를 열심히 하는 것은 처음부터 자신이 하고 싶어서 하는 것이 아니라 부모의 꾸준한 관심과 격려 때문에 그렇게 하는 것이다. 즉 '열심히 노력한다면'이라는 요구 자체가 개인의 의지를 요하는 도덕적인 부분이 아니라 사회구조적인 불평등의 일부이다. 가난한 사람들은 열심히 하지 못하는 자신의 행위를 사회의 탓으로 돌리기보다는 개인의 잘못으로 돌린다. 열심히 할 수 있음에도 열심히 하지 않는 것은 개인의 잘못이라고 생각할 수밖에 없다. 노력하지 않은 것은 개인의 도덕적인 잘못이기 때문이다. 그러나 이러한 생각은 옳지 않다. 참고 열심히 노력하는 청교도적 생활방식은 재산 못지않게 부모에게서 물려받는 것이기 때문이다. 가난한 사람들은 노력을 안 하는 것이 아니라 못 하는 것이다.

유럽과 비교할 때 미국 사회는 전통적인 귀족 가문과 같은 세습적 지위가 사회적으로 인정되지 않는다는 면에서, 열심히 노력하면 잘 살 수 있다는 신화를 믿기에 좀 더 쉬운 사회이다. 그러나 미국 역사의 어느 시점에서도 사회적인 신분의 구별은 인정되지 않았지만 인종적인 구별은 매우 강하게 유지되었다. 따라서 유색인은 열심히 일하면 잘 살 수 있다는 믿음에 쉽게 경도되지 않을 가능성이 높다. 유색인에 대한 사회적 차별이 존재하는 한, 열심히 노력해도 극복할 수 없는 현실에 부딪치기 때문이다. 미국 사회에서 유색인은 미국인의 꿈에 환멸을 느낄 가능성이 누구보다도 높은 위험한 존재이다.

넷째, '성공은 도덕적으로 올바른 것이다'라는 신념을 생각할 때, 그렇다면 실패한 사람은 도덕적으로 나쁜 것인가 하는 의문과 함께 성공은 항시 도덕적으로 올바른 것인가 하는 의문이 제기된다. 미국인은 항시 실패를 도덕적인 죄악과 동일시했다. 미국인에게는 청빈의 도덕이나 '물러서는 것이 이기는 것이다' 같은 가치관은 존재하지 않는다. 이러한 견해는 성공한 사람은 물론 실패한 사람도 공유하는 신념이다. 가난한 사람은 자신을 포함해 주위의 가난한 사람들을 부정적으로 바라본다. 미국인은 어떠한 수단을 쓰든 성공하면 대체로 도덕적으로 존경할 가치가 있는 것으로 인정한다. 19세기 말 미국에서는 사회진화론(Social Darwinism)이 크게 성행했다. 허버트 스펜서(Hubert Spencer)나 그레이엄 섬너(Graham Sumner)와 같은 사회진화론의 옹호자들은 자연세계의 적자생존의 원리를 인간 사회에 적용하여, 성공한 사람은 인간으로서 가장 훌륭한 사람인 반면 실패한 사람은 이 사회에서 도태되어야 할 부류라고 주장했다. 이러한 주장에서 성공에 이르는 과정이 얼마나 공정하고 도덕적인가 하는 것은 경시된 반면에 결과로서의 성공이 강조되었다. 19세기 말에 거대한 부를 축적한 부호들이 동원했던 부정과 폭력은 곧 잊혀졌으며 궁극적으로 성공한 사람에게 존경의 화살이 집중되었다. 이 신념에 따를 때 성공만이 모든 것을 합리화시킬 수 있다.

이러한 이념을 추종하는 한 실패한 사람은 자신이 도덕적으로 문제가 있다는 비난을 피할 수 없다. 성공하지 못한 사람은 재능이 부족하며 할 수 있는 기회가 주어졌음에도 충분히 노력하지 않은 사람으로 간주된다. 실패한 사람은 사회적으로 낙오자일 뿐만 아니라 도덕적으로도 경멸할 사람으로 치부된다. 의미 있는 실패나 후퇴란 있을 수 없으므로 미국 사회에서 자존감을 지키면서 실패를 감내한다는 것은 매우 힘든 노릇이다. 그들이 인간적인 삶을 살도록 사회가 도와주는 것은 악덕이다. 그들을 이 사회에서 완전히 제거할 수는 없지만 인간적으로 굴욕적인 삶을 살도록 하여 패배의 책임을 통감하도록 하는 것이 미덕이다. 원인이야 어쨌든 실패한 것은 자신에게 문제가 있다. 이러한 문제는 실패한 사람을 인간으로서의 자긍심과 자기 정체성을 부정하는 단계로 몰고 갈 수도 있다. 이 이념에 따를 때 모든 사람은 성공을 위해 전전긍긍하는 심리 상태에 처할 수밖에 없다. 실패할 경우의 두려움에 대한 압박감 속에서 무슨 수를 써서라도 경쟁에서 승리하고 성공해야 한다는 생각을 하게 된다. 이 이념은 실패한 사람에게 용기를 내서 다시 도전해봐야 한다는 결심을 굳히도록 할 수도 있지만, 그보다는 자신이 실패자임을 받아들이고 도덕을 갖춘 인간이기를 포기하도록 할 위험성이 높다. 도덕을 갖춘 인간이기를 포기한 사람은 사회에 해를 끼칠 가능성이 높은 위험한 존재이다. 실패한 사람은 미국인의 꿈에서 볼 때 존재할 가치가 없거나 존재해서는 안 되는 사람이 된다.

4) '미국인의 꿈' 이념의 사회적 효과

미국인은 대부분 미국인의 꿈 이념을 강하게 내면화하고 있다. 미국 사회의 주류 집단인 중상층의 백인 남성은 물론이고 흑인이나 여성 또는 빈곤층의 경우에도 미국인의 꿈에 대한 추종 정도가 매우 높다. 미국인은 어릴 때부터 가정, 학교, 매스컴에서 끊임없이 이 이념을 주입받는다. 이 이념이 현실과 상당한 괴리를 보이는 '이념'일 뿐이라는 사실을 객관적으로 지적하면 정신적으로 불완전한 사람 취급을 받는다. 만일 그런 사람이 있다면 경쟁에 뛰어들 용기가 없다거나, 실패를 미리 예감하는 패배주의자나 자신의 통제 능력을 불신하는 운명론자나 사회적인 일탈자 등으로 취급되면서 사회생활에서 배척된다. 미국 사회의 계층구조를 객관적으로 분석하는 학문 분야가 미국에서 인기 없는 이유의 일부는 이것이 미국 사회의 환상을 깨는 내용을 다루기 때문이다.

미국인의 꿈 이념의 가장 큰 사회적 효과는 이것이 미국인에게 강력한 성취동기를 부여하며, 결과적으로 엄청난 생산성을 발휘할 수 있도록 한다는 점이다. 이 이념의 강점은 무엇보다 각 개인에게 자신의 재능과 열성을 다해 최선의 경주를 하도록 동기화하는 힘이다. 각자는 자신의 성공을 위해 마지막 한 방울의 피까지 짜내서 최선을 다하므로, 이 이념은 사회 구성원의 잠재적인 능력을 가장 효과적으로 이끌어 낼 수 있는 강점을 지닌다. 남과의 경쟁 속에서 개인의 창의력을 동원해 승리한 사람에게 물질적 성공이라는 보상이 돌아간다는 미국의 모델은 인간의 능력을 이끌어내는 매우 강력한 유인 장치이다. 특히 새로운 기술 개발과 같이 개인의 창의와 엄청난 집중을 요하는 분야에서 이러한 모델은 크게 빛을 발한다. 자신의 과거에 관계없이 출발 단계의 어려움을 극복하고 성공을 쟁취한다는 신화는 사회적 편견이나 환경의 구속에서 인간의 능력을 해방시켜 자유롭게 발휘하도록 부추기는 매우 강력한 구동장치이다. 이 믿음을 계속 견지하는 한, 현실에서 아무리 험난한 장애에 부딪쳐도 노력으로 극복할 수 있다고 생각하므로 계속 최선을 다할 것이다. 현실이 아무리 불평등할지라도 성공의 가능성이 모든 사람에게 열려있다는 믿음이 있는 한, 불평등은 노력과 창의에 대한 과실로 여겨지며 오히려 사람들을 더 열심히 매진하도록 만드는 바람직한 자극제가 될 수 있다. 미국인들이 모두가 평등한 사회를 건설한다는 사회주의 이념을 경멸하는 가장 큰 이유는 사회주의 사회에서는 성공을 향해 노력할 동기가 부족하다는 점이다. 미국인은 올라갈 계단이 없는 평평한 상태보다는 계단이 높더라도 도전의 기회가 있는 사회가 더 바람직하다고 생각할지도 모른다. 미국인에게 미국인의 꿈 이념과 불평등은 동전의 양면처럼 매우 자연스러운 조합으로 보인다.

미국에서는 노력하면 반드시 그만큼 성공을 거둔다는 믿음과, 매스컴에서 비추는 엄청난 부자들의 화려한 이미지는 모든 이민자의 가슴 속에 단단히 각인되어 있다. 세계 구석구석에서 능력 있는 젊은이들은 모두 미국인의 꿈을 좇아서 미국으로 미국으로 모여든다. 실리콘 밸리의 아시아 사람이나 동유럽 출신의 과학자들이 그 두드러진 예이다. 도전 정신을 지닌 우수한 인재가 끊임없이 미국으로 유입됨으로써 현재의 미국이 만들어졌다. 만일 미국인의 꿈 이념이 강력히 전파되지 않았다면 그들이 미국으로 올 리는 만무하다. 유색인에 대한 차별과 사회적 불평등이 심하고 성공의 가능성이 크지 않다고 생각하는 사회에 어느 능력 있는 사람이 자발적으로 오겠는가? 미국 역사를 통틀어 노예를 제외하고는 아프리카 사람이 미국으로 거의 이민 오지 않은 이유를 생각해 보면 그 대답은 자명하다. 그들은 미국 땅에서 미국인의 꿈으로부터 제외된 사람이라는 것을 잘 알고 있기 때문이다.

미국인의 꿈 이념은 화려한 만큼 어두운 그늘도 짙게 드리우고 있다. 미국인의 꿈은 이 이념에 내재한 논리적·현실적 문제로 인해 취약한 면을 지닌다. 첫째, 이 이념은 개인의 재능과 노력에 따른 성공을 제시할 뿐 집단적인 노력이나 집단적인 보상의 획득에 대해서는 언급하지 않는다. 미국인의 꿈 이념은 개인 간의 경쟁에 초점을 맞추는 반면 협력 관계는 간과한다. 미국인의 꿈을 철저하게 좇을 경우 사람들 간의 관계는 자신의 이익을 위해 상대를 이용하는 도구적인 관계만이 설정되며 서로 간에 죽고 죽이는 경쟁만이 존재한다. 이 이념은 기본적으로 협력적인 관계를 배제하며 사람들의 진심이 담긴 인간관계나 진정한 협력을 이끌어내지 못하도록 만든다.

현실 사회에서 자신의 재능이나 성과는 많은 경우 타인의 것과 함께 엮여 있다. 나의 능력 자체가 나의 노력만으로 된 것이 아니라, 부모를 포함한 주위 사람의 도움과, 나에게는 다가왔지만 남에게는 오지 않은 제한된 기회가 모두 합쳐져 만들어진 것이다. 내가 이루어낸 일은 내가 혼자 한 듯이 보이지만 동시대 및 과거 많은 사람들의 크고 작은 기여가 합하여 이루어진 것이다. 이러한 일에서는 서로의 기여도를 분명히 구분할 수 없으며 상호 협력을 통해서 이루어진다. 나의 개인적인 노력의 성과라고 생각하는 것이, 실제는 남이 기여한 것을 보지 못하는 매우 협소한 관점일 수 있다. 예컨대 기업의 경영자의 성과는 그의 회사 직원의 협력을 통해 이룬 것이며, 스타플레이어의 빛나는 업적은 그가 속한 팀원의 협력이 없었다면 이루어질 수 없는 것이며, 세일즈맨의 높은 실적은 여러 지원부서의 팀원이 협조한 결과이다. 미국인의 꿈 이념은 남과 함께 배분해야 할 몫을 개인의 독점적인 성과로 가로채고 이를 정당화할 위험성을 내포하고 있다. 이 이념에서 볼 때 모두가 함께 잘사는 방법을 생각하는 것은 악덕이 된다. 각자의 능력에 따라서, 성공한 사람은 자신이 좋아하는 방식으로 보상을 누리고, 실패한 사람은 실패의 책임을 혼자서 부담해야 한다는 것이 이 이념이 암묵적으로 제시하는 바이다.

둘째, 미국인의 꿈 이념은 현실을 과도하게 단순화하여 그릇된 환상을 갖도록 하며 적절한 대응책의 제시를 어렵게 만든다. 미국인의 꿈 이념은 세상의 일이 전적으로 자신이 통제할 수 있는 요소에 의해 좌우된다는 신념을 제시한다. 이 신념은 개인을 무모하지만 열심히 일하도록 할 수 있다. 그러나 기본적으로 세상의 일의 운행에 대한 객관적인 인식을 차단함으로써 균형 잡힌 시각을 가지고 일에 접근하는 것을 어렵게 만든다. 세상일의 배후에 있는 구조적인 측면을 보지 못하도록 한다. 사회구조는, 사람들이 만든 것이기는 하지만 개인의 통제 범위를 넘어서 개인의 행위를 조건 짓는 외적인 틀로 작용한다. 미국인의 꿈 이념에 충실할 경우 모든 세상의 문제를 개인적으로 접근함으로써 집단적·구조적인 문제의 대응에 소홀해진다. 세상일에는 개인의 의지에 따른 개입이 의도하지 않은 결과를 초래하는 경우가 많다. 무엇이든지 '하면 된다(can do)' 또는 '무조건 해봐라(just do it)'라는 조언은 상황에 따라서는 무책임한 것일 수도 있다. "안 될수록 더 열심히 해보라"라는 것은 상황에 따라서는 적절한 지침이 아닐 수도 있다. 개인으로 접근해서는 해도 되지 않는 상황이 있으며, 하지 않는 것이 더 좋은 경우도 있는 데, 이 이념은 그런 선택을 나쁜 것으로 매도하며, 실패의 가능성에 대한 생각 자체를 겁쟁이나 패배주의자의 자기 정당화로 치부한다.

자본주의 시장에서는 실패하는 기업이나 실패하는 사람이 항상 존재하며, 제한된 자리를 두고 경쟁하는 선거에서는 한 명을 제외한 후보자는 모두 낙선할 수밖에 없다. 부모의 사회·경제적 지위는 자녀의 교육·직업에 절대적인 영향을 미치므로 도심의 극빈층 흑인 미혼모에게서 태어난 아이는 자신의 재능 여부에 관계없이 비참한 인생경로를 살아갈 가능성이 매우 높다. 사회학자의 연구에 따르면 지극히 개인적인 결정으로 여겨지는 자살 행위조차 사회구조적인 속성에 의해 조건 지어진 행위이다. 범죄자는 그 사람 자신의 잘못도 있지만 범죄자를 만드는 빈곤, 실업, 차별 등 사회적 배제 구조에 근본적인 원인이 있다. 그러나 미국인의 꿈 이념에서 볼 때 사회적인 실패는 개인 행위의 귀결이다. 이러한 생각을 따라가면 잘못을 한 개인을 엄격히 처벌하는 것이 최선의 문제 해결책일 수밖에 없다.

미국인의 꿈 이념은 집단적인 노력이나 구조적인 문제에 대응하기 어렵게 만든다. 미국인의 꿈에 따를 때, 모든 문제는 개인의 창의와 노력으로 접근 가능하므로, 구조적인 문제나 집단적인 노력을 언급하는 사람은 개인의 창의와 노력이 발휘될 기회를 차단하는 사람으로 치부된다. 개인이 열심히 노력해서 고난을 극복한 것은 칭송을 받지만, 구조적인 문제가 해결됨으로써 사람들이 어려움에서 벗어나는 것은 칭송은 고사하고 오해를 살 가능성이 크다. 예컨대 국가가 가난한 사람을 도와준다면, 개인적인 노력으로 가난을 극복할 가능성을 억누르는 것이며 개인이 나서서 가난한 사람에게 도움을 제공할 가능성을 질식시키는 것으로 매도된다. 집단적인 의료보험은 몸이 아플 때 개인의 능력에 따라서 자신이 선택한 의사에게 자신이 원하는 방식으로 치료받는 것을 제한하기 때문에 바람직하지 않은 것으로 치부된다. 그런데 문제는 선택할 수 있는 능력을 갖지 못한 사람에게는 선택할 수 있는 권리가 무용지물이라는 점이다.

미국인의 꿈 이념에 따를 때, 실패한 사람을 구제하는 길은 그들 개인의 생활 태도를 고치는 데 있다. 보수주의자들 대다수가 빈곤층을 비도덕적인 사람으로 간주하고, 그들을 빈곤에서 벗어나게 하기 위해서는 그들의 부도덕한 생활과 태도를 바로잡아야 한다고 주장하는 것은 바로 이러한 생각을 반영한다. 최근 아들 부시 대통령이, 현재 미국에 만연한 미혼모와 낙태 문제를 해결하기 위해 순결을 강조하는 도덕 교육을 강화해야 한다고 주장하는 것이 대표적인 사례이다. 사회의 구조적인 문제 때문에 실패하는 것이라는 생각이 희박하므로, 사회의 구조적인 문제를 개혁하는 것이 실패한 사람에 대한 효과적인 대응 방안이라는 아이디어는 미국인의 지지를 얻기 어렵다. 구조적인 문제를 집단적으로 접근하여 해결함으로써 개인의 창의를 더욱 활발히 발휘할 환경을 만들 수 있는 경우에도 이러한 접근이 채택될 가능성은 희박하다. 요컨대 미국인의 꿈 이념은 사회 불평등의 구조를 개선하는 데 노력을 기울이기보다는, 개인이 어떻게 상층에 올라설 것인가를 찾는 데 치중하도록 만든다. 이는 마치 계단의 경사가 가파르고 높이가 높은 문제를 보지 못하고, 어떻게 하면 계단을 남보다 더 잘 오를 것인가 하는 것에 시선을 집중하는 것과 같다. 빈곤은 이기적인 본성을 가진 인간이 모인 사회의 불완전함을 의미하는 것일 뿐 근본적인 해결은 불가능하다는 것이 이 이념의 암묵적인 가정이다. 이기적인 인간들 사이의 경쟁에서는 항시 실패자가 나오기 마련이기 때문이다. 미국인의 꿈 이념에서 볼 때 빈곤은 사회악이지만 불평등 자체는 바람직한 것일 수 있다. 각자는 능력에 따라 이러한 문제에 최선을 다해 대응하여 궁극적으로 승리자가 되라는 것이 이 이념의 지시 사항이다.

셋째, 이 이념은 성공을 쟁취한 사람을 제외한 모든 사람들에게 부정적인 낙인을 찍는다. 실패한 사람은 사회적으로 낙오자일 뿐만 아니라 도덕적으로도 경멸할 사람으로 치부된다. 그러나 문제는 그런 사람들이 잠자코 숨만 쉬면서 엎드려 있지 않는다는 사실이다. 아무리 억압하고 격리해도, 그 사람들의 일부는 반항하며, 비도덕적인 것을 가리지 않고 저지르는 심리적 상태를 만든다. 사회가 그들을 감싸지 않는데 그들이 사회의 규칙을 소중히 여기고 타인의 권리를 존중해야 할 이유가 없다. 사회는 많은 비용을 들여서 그들을 격리하고 사회에 대한 접근의 기회를 가능한 한 막지만, 그들에게 사회에서의 삶을 허락하는 한, 그들이 만들어내는 문제를 막는 데에는 한계가 있다.[15] 심하게 반항하는 숫자는 많지 않다고 해도 소수의 사람들이 문제를 발생시키는 것만으로도 위험하고 불안정한 사회가 되는 데 충분하다. 단적인 예로 일전에 오클라호마 주의 연방정부 건물을 폭파하여 수백 명을 살상한 사건은 교육도 제대로 받지 못하고 인생에서 낙오한 백인 청년의 단독 범행으로 밝혀졌다.

미국인의 꿈 이념에 경도하는 정도에 따라 사람들은 사회적으로 불완전한 현실에 대해 대립적인 해석과 태도를 취한다. 주류 집단의 경우 현실이 불완전하기는 하지만 개인이 극복가능한 정도로 모든 사람에게 성공의 기회가 주어졌다고 생각한다. 주변 집단의 대다수도 주류 집단과 생각을 같이한다. 반면 이 이념에 충분히 경도되지 않은 주변 집단의 일부는 미국 사회의 현실에 대해 달리 생각하고 행동한다. 이들은 미국 사회에서 꿈을 이루기 위한 기회는 매우 불평등한데, 이는 개인의 능력과 노력으로 극복하기에는 너무 엄청난 것이라고 생각한다. 이들은 이러한 문제에 대해 개인을 넘어선 집단적 접근 방법이 필요하다고 막연하게 생각하나, 이를 정치적으로 세력화시키기에는 능력도 수단도 갖추고 있지 않으므로 개인적인 방식으로 이런 생각을 행동에 반영한다. 사회학자 로버트 머튼(Robert Merton)이 분석한 일탈자의 유형은 이들의 행위를 설명하는 데 적합한 모델이다. 조직범죄와 같이 사회에서 공식적으로 인정하지 않는 대안적인 방법으로 물질적인 성공을 추구하는 유형이 있는가 하면, 미국인의 꿈을 추구하는 것을 포기하고 사회 전면에서 물러나서 낙오해 버리는 은둔형이 있으며, 미국인의 꿈에 대해 환멸을 느끼고 복수심에 불타서 사회에 대해 폭력적으로 반항하는 범죄자 유형도 있다.[16] 기회 평등 이념에 대한 현실의 불완전성은 주변적인 집단의 사회적인 범죄를 낳는 주요 요인이다. 미국 사회에서 때때로 집단적인 폭동이 일어나며, 잔인한 행위를 저지르는 강력 범죄의 비율이 다른 선진 산업사회에 비해 두드러지게 높고, 사회에서 격리된 수감자가 놀랄 만큼 많은 것은 바로 이러한 이유에서이다.

넷째, 미국인의 꿈은 성공을 상대적인 경쟁으로 제한함으로써 자신의 철학을 가지고 절대적인 가치와 기준에 따라서 사는 방식을 배척하고 있다. 인생에서 성공을 반드시 물질적인 취득이나 높은 지위에 한정할 필요는 없다. 정신적인 성숙, 품위 있게 사는 수준의 물질적인 안락, 지적인 풍요, 마음의 여유, 아름다움의 향유, 사회적 존경 등 성공적인 인생에 관해 다양한 철학과 기준을 생각할 수 있다. 그러나 미국인의 꿈은 물질적인 성공이나 사회적인 지위 경쟁을 유일한 삶의 방식으로 제시하는 반면 그에 따르지 않는 사람을 사회적·정신적으로 비정상적인 사람으로 치부한다. 미국인의 꿈 이념은 사람들에게 삶의 다양성을 받아들이지 못하도록 한다.

미국적인 성공이란 내적이며 절대적인 기준보다는 외적으로 확인할 수 있는 증거를 통해 타인과 비교하여 상대적으로 우월할 경우에만 인정을 받는 것이다. 협동보다는 경쟁에서 이기는 것을 강조하는 환경에서 개인은 타인과의 비교에 항시 신경을 쓰게 된다. 따라서 외적으로 입증할 수 있는 물질적 기준에 의거한 타인과의 비교에 집착하는 경향을 보이며, 이는 타인이 하는 것이면 나도 반드시 해야 한다는 강박적인 동조 현상을 낳는다. 미국인의 집단 동조성의 뒤에는 미국인의 꿈이라는 이념이 작용하고 있다.

다섯째, 성공에 대한 도덕적인 긍정은 개인의 차원을 떠나서 집단적으로 기존의 체제와 그 속에서 기득 이권을 차지하고 있는 집단을 정당화하는 역할을 한다. 미국인의 꿈 이념에 따를 때 사회적으로 높은 지위에 있는 사람은 그 자체로 성공한 사람이며 도덕적으로 칭송받아야 할 사람이다. 미국인의 꿈 이념은 보수적인 함의를 지니므로 기존의 체제에 대한 의심이나 개혁을 어렵게 한다. 성공한 개인만 도덕적인 것이 아니라, 성공한 개인이 속한 집단 또한 실패한 사람이 속한 집단보다 도덕적으로 우월한 것으로 여겨진다. 인종적 억압이나 성적인 억압이 단적인 예이다. 성공한 위치에 있는 백인 남성은 실패한 위치에 있는 흑인과 여성을 도덕적으로 악하며 인간적인 능력이 결핍된 열등한 사람으로 취급함으로써 자신들의 우월한 지위와 권력의 행사를 정당화했다. 흑인은 아둔하고 게으르며 미래를 위해 현재의 만족을 포기할 줄 모르는 사람이라는 이미지는 인종차별에 대한 정당화의 기제로 만들어졌는데 이는 바로 미국인의 꿈 이념이 제공하는 메시지이다. 미국인의 꿈 이념에 따르면 도덕적으로 우월한 성공한 사람이 도덕적으로 열등한 실패한 사람을 지배하는 것은 정당한 것이다.

결론적으로, 미국인의 꿈의 이념은 강력한 유인력과 함께 사회적으로 취약한 면을 동시에 가지고 있다. 이 이념은 미국과 같이 자연환경이 풍부하고, 이민자의 유입이 계속되고, 경제가 계속 성장하는 사회에서 만들어질 수 있었다. 이 이념은 그런 배경 요인이 지속되는 한 사람들에게 설득력을 얻을 수 있다. 만일 인구밀도가 높아져 자연환경이 협소하고 경쟁이 치열해지는 단계에 접어들고, 이민자의 유입이 감소하여 새로운 하층 계급의 공급을 통한 기존 이민자의 자동적인 신분 상승의 기제가 중단되고, 경제가 정체하여 실업과 빈곤이 늘어나면서 불평등 구조가 사람들에게 노골적으로 인식되는 경우에는 이러한 이념의 약점이 치명적인 힘을 발휘할 것이다. 왜냐하면 이 이념은 성공 사례가 많지 않을 경우 실패 사례에게 가해지는 엄청난 희생 때문에 안에서부터 허물어질 위험이 크기 때문이다. 경쟁에 실패하여 이 이념에 환멸을 느끼고 복수를 기도하는 사람이 늘어날 경우, 상대적으로 소수의 성공한 사람에 의해 정당화되는 이념은 오래 버티기 어렵다. 거시적으로 볼 때, 이러한 실패자들이 사회에 피해를 입히지 못하도록 하는 데 과도하게 비용을 지출함으로써 그렇지 않은 다른 사회에 비해 경쟁력이 떨어져 몰락하는 상황을 생각할 수도 있다.

그러나 현재로서는 이렇게 비극적인 시나리오를 크게 우려할 필요는 없다. 모든 사람에게 자신의 능력껏 최선을 다해 도전하고 경쟁해 보도록 동기화하는 힘 때문에 미국인의 꿈 이념은 지구상 어느 다른 체제보다 훨씬 더 매력적이고 강력한 미국을 만들었다. 세계의 모든 재능 있는 사람이 미국으로 몰려들고, 세계의 새로운 발명의 절반 이상이 미국에서 이루어지고, 세계에서 가장 경쟁력이 있는 기업과 대학이 미국에 있고, 무엇보다 지구상 가장 풍요로운 나라가 미국이라는 사실은 미국인의 꿈의 이념이 여전히 건재함을 증명해 보여준다. 특히 산업이 고도화되면서 인간의 지적인 능력이 경제 성장의 가장 큰 기여 요인으로 부상하면서 사람들의 능력 발휘를 강력하게 부추기는 미국인의 꿈 이념은 과거 어느 때보다 더 큰 위력을 발휘하고 있다. 전 세계 지식 산업이 점점 더 미국으로 집중하는 현상이 이를 입증한다.

미국은 승리자의 천국이다. 인류 역사가 승리자의 기록이고 그들의 행위를 정당화하는 내용으로 가득 차 있듯이, 미국인의 꿈 이념은 승리자를 칭송하고 정당화하는 내용을 기본 구도로 한다. 미국인의 꿈에 패배자의 자리는 없다. 패배자의 복수를 어떻게 해서라도 제한할 수 있다면 경쟁력이 있는 사람에게 미국이라는 나라는 천국으로 비칠 수 있다. 반면 어떤 사유에서건 인생의 시작부터 경쟁력이 부실하거나 살아가면서 어떤 계기로 경쟁력이 떨어진 사람에게는 이 이념이 매우 비정하고 냉혹하게 보일 것이다. 패배자에게는 매우 잔인한 이념이지만 승리자에게는 매우 화려한 보상을 가져다주는 미국 사회는 바로 개인주의 가치관과 미국인의 꿈 이념이 결합된 토대 위에 서 있다. 비록 상당수의 미국인이 미국인의 꿈을 실현하지 못할지라도, 이 이념을 추종하는 한 어려운 현실을 감내하며 숨이 넘어가는 마지막 날까지 계속 긍정적인 자세로 살아갈 수 있다. 왜냐하면 미국인의 꿈은 언제나 다시 시작할 수 있다는 희망을 제시하기 때문이다. 이 이념이 현실적으로 많은 문제를 안고 있음에도 계속 지지될 수 있는 이유는, 아마도 언제든 하려고 하면 성공할 수 있다는 실낱같은 희망을 가지고 싶어 하는 인간의 본원적인 욕구를 잘 포용하고 있기 때문이다. 비록 미국이 다른 어느 나라보다 더 불평등하고, 차별이 심하고, 성공의 가능성이 높지 않고, 이질적인 요소를 포함하고 있을지라도 미국인의 꿈 이념이 사람들의 마음속에 굳게 자리하고 있는 한 미국 사회의 통일성은 과거에도 그랬듯이 앞으로도 계속 유지될 것이다. '미국은 이념으로 뭉친 예외적인 나라'라는 사회학자 립셋의 주장은 — 그가 사용한 것과는 다른 맥락에서 — 매우 적절한 지적이다.[17)]

■■■ 주

1) 개인주의라는 용어는 유명한 1968년 판 Macmillan사의 사회과학 백과사전에 표제어로도 실려 있지 않다가, 1980년대 후반 이래 출간된 사회과학 백과사전들에서야 비로소 표제어로 모습을 드러내었다. 2005년 Elsevier사에서 출판한 *International Encyclopedia of Social and Behavior Sciences*에서는 개인주의와 관련된 다양한 주제에 관해 상세히 서술하고 있다.

2) 개인주의 가치관의 주요 구성 요소에 대해서는 학자에 따라 기준이 제각각인데, 여기에서는 Lukes(1973), Williams(1970), Bellah, et al.(1983)의 논의를 주로 참고했다.

3) 햄든-터너와 트롬페나스(Hampden-Turner and Trtompenaars)는 호프스테드와 유사한 관심에서 세계 각국의 조직 문화를 연구하였다. 그들은 1990년대 초 세계 각지의 경영자 1,500명을 조사한 결과 호프스테드와 유사한 사실을 확인할 수 있었다. 예컨대 새로운 직원을 채용할 때, '그가 속한 조직이나 팀에서 잘 융합하는 것'과 '자신의 업무를 잘 수행할 수 있는 능력' 중 어느 것을 더 중요시할 것인가 하는 질문에 대해 개인주의를 선호하는 국가는 후자에 더 큰 비중을 두며 특히 미국의 경우에 이 경향이 두드러짐을 발견했다. 위의 질문에 대해 개인의 능력을 중시한다고 대답한 각국 경영자의 비율은 다음과 같다(Hampden-Turner and Trompenaars, 1993: 56).

미국	캐나다	호주	네덜란드	독일	영국	벨기에	이탈리아	프랑스	스웨덴	영국	싱가포르
92%	91%	91%	88%	87%	71%	69%	62%	57%	53%	49%	39%

4) 한국은 이 조사가 시행된 1980년대 초 이후 고도의 경제성장과 교육 수준의 향상을 경험했으므로 현 시점에서 측정한다면 호프스테드가 조사했을 당시보다는 개인주의적 성향이 훨씬 강하게 나타날 것이다.

5) 인구밀도가 낮은 환경이 사람들 사이의 조밀한 소통을 어렵게 만든다는 주장은 제한적으로 해석되어야 한다. 문화지리학자 젤린스키(Wilber Zelinsky)는 미국인의 거주 형태가 개인의 독립성을 확보하는 방식으로 서로 떨어져 있는 것은 자연조건의 영향만은 아니라고 지적한다. 유럽의 농촌에서는 인구가 중심지에 모여 있고 방사상의 형태로 주위에 밭을 배치하는 유형이 일반적이나, 미국의 농촌에서는 자신의 밭의 중심에 자신의 집을 지어 이웃 간에 큰 거리를 띄어 놓는 방식으로 공간을 활용하는데, 이는 미국인의 개인주의 가치관을 반영한 것이다. 미국의 도시

지역에서 옆집, 뒷집과 거리를 띄우며 자신의 대지 한가운데 집을 배치하는 방식 역시 개인주의 가치관이 반영된 행태이다(Zelinsky, 1992: 47~49).

6) 사회학자 울리히 벡(Ulich Beck)과 그의 부인 벡-게른샤임(Beck-Gernsheim)은 가족 관계에서 개인이 행위와 결정의 최우선적인 주체가 되는 현상을 서구 산업사회에서 전반적으로 진행되는 개인화(Individuation)의 핵으로 본다(Beck and Beck-Gernsheim, 2001).

7) 미국인의 이타적 행위가 개인주의에 뿌리를 내리고 있다는 주장은 과거 연구에서는 거의 논의되지 않은 주제이다. 필자가 조사해 본 바로는 미국의 종교사회학자인 로버트 우스나우(Robert Wuthnow)가 이 점에 대해 간단히 의문을 제기한 것과 네덜란드의 한 사회학자가 이타적 행위와 개인주의적 태도 간의 상관도를 시험적으로 검증한 것이 전부이다. 여기서 제시하는 논의는 대부분이 필자의 해석임을 밝힌다(Wuthnow, 1991; Eltern, 1996; 이현송, 2003).

8) 미국인의 친구관계(friendship)는 얕고 넓게 인간관계를 맺는 미국인의 속성을 가장 잘 반영한다. 그들은 조금이라도 지면(知面)이 있는 상대는 모두 '친구'라고 생각한다. 미국인에게 친구는 서로 비교의 상대가 되며 실용적인 쓰임새를 갖는 매우 편리하고 가벼운 존재이다. 엡스타인(Epstein, 2006)은 미국인의 친구관계에 대해 날카롭게 묘사하고 있다.

9) 가족에 관해 미국인의 개인주의적 태도는 한국인과 뚜렷이 구별된다. 집단주의 가치관을 가진 한국 여성은 자식이나 남편의 성공에서 자신의 인생의 의미를 찾을 수 있으나 미국 여성은 자식의 성공이 자신의 성공에서 차지하는 의미가 훨씬 덜하다. 미국인에게 자식의 성공은 자식의 것이지 기본적으로 나의 것이 아니다. 따라서 자식의 성공을 위해 부모가 희생하는 데에 미국인은 한국인에 비해 덜 적극적일 수밖에 없다.

10) Marshall(1994: 234~235).

11) 빌 클린턴이 1993년 민주당 지도자 협의회에서 발표한 연설문[Hochschild(1995: 18)에서 재인용].

12) Jennifer Hochschild(1995: Ch.1, Ch.2) 참조.

13) 물론 한국의 중류층과 미국의 중류층을 각 사회에서 차지하는 상대적인 지위만으로 수평 비교하는 것은 문제가 있다. 그러나 사람들은 자신의 사회적 지위를 자신이 속한 사회의 사람들과 비교하고 행동하는 성향이 있다. 미국인이 한국인보다 평균적으로 두 배 더 잘산다고 해서 미국인의 사회적 지위가 한국인의 사회적 지위보다 두 배나 더 상위에 있지는 않다. 한국인은 주위의 한국인들과 견주어 자신의 지위를

가늠하며, 미국인 또한 자신의 사회 속에서 상대적인 지위를 평가한다. 미국의 거지가 아무리 방글라데시의 중류층보다 잘산다고 해도 역시 거지의 사회적 지위가 부여된다. 세계화가 진행되면서 사회적 지위가 국제적으로 비교되고 이전 가능해지는 경향이 커지고 있으나, 아직 대부분의 사람은 자신이 속한 사회 속에서 비교하고 행동한다.

14) 미국의 세대 간 계층이동에 대한 논의는 Jantti et al.(2006) 및 Beeghley(2000: 44~51)를 참조함.

15) 아무리 비용이 들더라도 실패한 사람을 사회에서 완전히 격리시키는 것을 선호한 결과, 미국 전체 인구의 1%에 달하는 사람이 감옥에 갇혀서 지내고 있다. 클린턴 대통령 시절에 세 번 범죄를 저질렀을 경우 사면의 가능성이 없이 영구히 감옥에서 여생을 지내게 한다는 법률이 제정되었다. 이후 시간이 지나면서 감옥에서 보내는 인구가 급속히 증가하고 있다. 그런데 문제는 한 사람을 감옥에서 유지시키는 데 미국인 1인 평균 소득보다 훨씬 더 많은 비용이 소요된다는 점이다.

16) 로버트 머튼은 일탈적인 적응자의 유형을 네 가지로 분류한다. 두 가지는 본문에 제시한 조직범죄형과 은둔형이며, 나머지 두 가지는 다음과 같다. 하나는 성공의 목표는 거부하지만 수단적인 방법을 맹목적으로 수행하는 융통성이 없는 관료형이며, 다른 하나는 대안적인 목표와 기준을 제시하면서 기존의 체제를 적극적으로 부정하는 혁명가형이다. 미국의 경우 뉴에이지 운동과 같이 물질적 성공이 아닌 다른 목표와 기준을 실현하려고 하는 사람이 이러한 유형에 속한다. 본문에서 제시한 '범죄자 유형'은 사회에서 존속할 수 없으므로 머튼이 분석한 일탈적 적응자의 범주에 포함되지 않는다.

17) 립셋은 미국의 탄생에서 미국이 예외적인 이유를 찾는다(Lipset, 1996). 즉 미국은 지연이나 혈연으로 뭉친 나라가 아니라 미국의 신조(American Creed)라는 이념을 중심으로 탄생한 나라라는 주장이다. 본 책의 1장에서 논의했듯이 이러한 주장은 절반만이 진실이다. 미국도 다른 나라들과 마찬가지로 지배 집단의 헤게모니(hegemony)하에 건설되었으며 그들은 여전히 지배력을 행사한다. 한편 여기서 필자가 '미국은 예외적인 나라'라고 지적하는 이유는, 미국이 표방하는 이념의 힘이 매우 강력하여 현실의 모순을 압도하고 있는 상황이 다른 나라와 비교해 볼 때 매우 '예외적'이라고 생각하기 때문이다. 미국의 이념은 미국인뿐만 아니라 전 세계의 사람들에게 설득력을 발휘하고 있다. 이는 '예외적'이라고 부르기에 충분한 상황이다.

참고문헌

김덕호, 김연진 엮음. 2001. 『미국의 사회운동』. 비봉출판사.

김봉중. 2001. 『미국은 과연 특별한 나라인가?』. 소나무.

김형인 외. 2003. 『미국학』. 살림.

로웬, 제임스(James R. Loewen). 2001. 『선생님이 가르쳐 준 거짓말』. 이현주 옮김. 평민사.

리메릭, 패트리샤 넬슨(Patricia Nelson Limerick). 1998. 『정복의 유산: 서부개척으로 본 미국의 역사』. 김봉중 옮김. 전남대학교 출판부.

매덕스, 루시(Lucy Maddox). 2006. 『미국학의 이론과 실제』. 김성곤, 정연선 외 옮김. 서울대학교 출판부.

미국학연구소 엮음. 1998. 『미국 사회의 지적 흐름: 정치, 경제, 사회, 문화』. 서울대학교출판부.

_____ 엮음. 2002. 『21세기 미국의 역사적 전망 II: 문화, 경제』. 서울대학교 출판부.

바이스, 쥐스텡(Justin Vaisse). 2002. 『미국식 사회모델』. 김종명 옮김. 동문선.

브링클리, 앨런(Allan Brinkley). 2005. 『있는 그대로의 미국사 1, 2, 3』. 황혜성 외 옮김. 휴머니스트.

소르망, 기(Guy Sorman). 2004. 『Made in USA』. 민유기·조윤경 역. 문학세계사.

에이치, 아끼모토. 2004. 『미국경제의 역사』. 이경원 옮김. 합동국제문화센타.

이현송. 2003. 「미국인의 개인주의와 이타적 행위」. ≪국제지역연구≫, 7권 1호, 383~406쪽.

자캥, 필리프(Philippe Jacquin). 2002. 『서부개척시대 아메리카인의 일상』. 이세진 옮김. 북폴리오.

정연선 외. 2005. 『한국에서의 미국학: 이론과 실제』. 한국외국어대학교 출판부.

크런든, 로버트(Robert M. Crunden). 1996. 『미국문화의 이해』. 정상준, 황혜성, 전수용 옮김. 대한교과서.
헌팅턴, 새뮤얼(Samuel Huntington). 2004. 『새뮤얼 헌팅턴의 미국』. 형선호 옮김. 김영사.

Abercrombie, Nicholas, Stephen Hill and Bryan S. Turner. 1986. *Sovereign Individuals of Capitalism*. London: Allen & Unwin.
_____. 1994. *Dictionary of Sociology*. 3rd ed. London: Penguin Books.
Aguirre, Adalberto Jr. and Jonathan H. Turner. 2001. *American Ethnicity: The Dynamics and Consequences of Discrimination*. 3rd ed. New York: McGraw-Hill.
Alba, Richard. 1990. *Ethnic Identity: The Transformation of White America*. Yale University Press.
Almond, Gabriel and Sidney Verba. 1963. *The Civic Culture*. Princeton University Press.
Anderson, Benedict. 1991. *Imagined Communities: Reflection on the Origin and Spread of nationalism*. London: Verso(베네딕트 앤더슨. 2002. 『상상의 공동체』. 나남).
Ashbee, Edward. 2002. *American Society Today*. Manchester, UK: Manchester University Press.
Baker, Lee D(ed.). 2004. *Life in America*. Malden, MA: Blackwell Publishing.
Beck, Ulrich and Elisabeth Beck-Gernsheim. 2001. *Individualization: Institutionalized individualism and its social and political consequences*. London: Sage.
Beeghley, Leonard. 2000. *The Structure of Social Stratification in the United States*. 3rd ed. Needham Heights, MA: Allyn & Bacon Press.
Bellah, Robert. 1975. *Broken Covenant: American Civil Religion in Time of Trial*. New York: Seabury Press.
_____. 1988. "Civil Religion in America." *Daedalus*, 117(3), pp.97~118.
Bellah, Robert, R. Madsen, W. M. Sullivan, A. Swidler, and S. M. Tipton. 1985. *Habits of Heart: Individualism and Commitment in American Life*. Berkeley, CA: University of California Press(로버트 벨라 외. 2001. 『미국인의 사고와 관습: 개인주의와 책임감』. 김명숙 외 옮김. 나남).
Birdsall, Stephen S. 1992. *Outline of American Geography*. US Department of State.
Bloom, Alan. 1988. *The Closing of the American Mind*. Harmondsworth: Penguin.
Bobo, Lawrence D. 2001. "Racial Attitudes and Relations at the Close of the Twentieth Century." in Neil J. Smelser, William Julius Willson and Faith Mitchell(eds.). *America Becoming: Racial Trends and Their Consequences, Volume I*. Washington DC: National Academic Press, pp.264~301.

Boorstin, Daniel J. 1993. *The Americans: The National Experience*. New York: Vintage Books.

Bourdieu, Pierre. 1994. "Rethinking the State: genesis and structure of the bureaucratic field." *Sociological Theory*, Vol.12(1), pp.1~18.

Bradbury, Malcolm and Howard Temperley(eds). 1989. *Introduction to American Studies*. 2nd ed. New York: Longman.

Bronfenbrenner, Urie et al. 1996. *The State of Americans: this generation and the next*. New York: The Free press.

Bryson, Bill. 2000. *I'm a Stranger Here Myself: Notes on Returning to America After 20 Years Away*. Broadway.

Campbell, Angus. 1981. *The Sense of Well-being in America: Recent Patterns and Trends*. New York: McGraw-Hill.

Caplow, Theodore et al. 1991. *Recent Social Trends in the United States 1960~1990*. McGill-Queen's University Press.

Cashmore, Ellis. 1996. *Dictionary of Race and Ethnic Relations*. 4th ed. New York: Routledge.

Center for Disease Control, National Center for Health Statistics. http://www.cdc.gov/nchs/.

Chafe, William H. 1991. *The Unfinished Journey: America since World War II*. New York: Oxford University Press.

Chasin, Barbara H. 1997. *Inequality and Violence in the United States: Casualties of Capitalism*. Atlantic Highlands, NJ: Humanity Press.

Christiano, Kevin, William H. Swatos Jr., and Peter Kivisto. 2002. *Sociology of Religion: Contemporary Development*. Creek, CA: AltaMira Press.

Citrin, Jack et al. 1994. "Is American Nationalism Changing? Implications for Foreign Policy." *International Studies Quarterly* 38, pp.1~31.

Colombo, Gary, Robert Cullen, and Bonnie Lisle(eds.). 1995. *Rereading America: Cultural Contexts for Critical Thinking and Writing*. 3rd ed. Boston: St. Martin's Press.

Cookson, Peter W. Jr. and Caroline Hodges Persell. 1985. *Preparing for Power: America's Elite Boarding Schools*. Basic Books.

Cornelius, Wayne A. et al. 2004. *Controlling Immigration: A Global Perspective*. 2nd ed. Stanford University Press.

Curtis, James, E. G. Grabb, and D. E. Baer. 1992. "Voluntary Association Membership in Fifteen Countries: a comparative analysis." *American Sociological Review*, Vol 57, pp.139~152.

Grabb, Edward, Douglas Baer, and James Curtis. 1999. "The Origins of American Individualism: Reconsidering the Historical Evidence." *Canadian Journal of Sociology*, vol.24(4), pp.511~533.

Datesman, Maryanne Kearny, JoAnn Crandall, and Edward N. Kearny. 2005. *American Ways: An Introduction to American Culture*. 3rd ed. New York: Pearson Education Inc.

Deloria, Vine Jr. 1994. "Identity and Culture." in Ronald Takaki(ed.). *From Different Shores*. 2nd ed. Oxford University Press, pp.93~102.

Denton, Nancy A. and Stewart E. Tolnay(ed.). 2002. *American Diversity: A Demographic Challenge for the Twenty-first Century*. State University of New York Press.

Diener, E. et al. 1999. "Subjective Well-being: three decades of progress." *Psychological Bulletin*, 125(3), pp.276~302.

D'Innocenzo, M. and J. P. Sirefman. 1992. *Immigration and Ethnicity: American Society -'Melting Pot' or 'Salad Bowl'?* Westport: Greenwood Press.

Domhoff, William G. 2002. *Who rules America?: power and politics*. 4th ed. New York: McGraw-Hill.

Ehrenreich, Barbara. 2001. *Nickel and Dimed: On (Not) Getting by in America*. New York: Henry Holt and Company.

Elteren, Mel van. 1996. "Dissimilarities in Individualism and Communitarianism: a comparative inquiry into social provisions in the United States, Canada, and the Netherlands." in Hans Bak(ed.). *Social and Secure? Politics and Culture of the Welfare State: A Comparative Inquiry*. Amsterdam: VU University Press, pp.217~245.

Epstine, Joseph. 2006. *Friendship: an expose*. New York: Houghton Mifflin Company.

Farley, Reynolds. 1996. *The New American Reality: Who we are, How we got here, Where we are going?* New York: Russell Sage Foundation.

Feagin, Joe U. 1989. *Racial and Ethnic Relations*. 3rd ed. Englewood Cliffs, NJ: Prentice-Hall.

Fine, Sidney and Gerald S. Brown(ed.). 1976. *The American Past-Conflicting Interpretations of the Great Issues*. 4th ed. New York: Macmillan Publishing.

Florida, Richard. 2002. *The Rise of the Creative Class*. New York: Basic Books.

Foner, Eric. 1990. *The New American History*. Philadelphia: The Temple University Press.

Fost, Dan. 1991. "American Indians in the 1990s." *American Demographics*, Vol.13(12), pp.26~34.

Frey, William. 2004. "Grain Gains, Brain Drains." *American Demographics*, June. *The Economists*, 2005.7.14. 재인용.

Friedland, Roger. 2001. "Religious Nationalism and the Problem of Collective Representation." *Annual Review of Sociology*, 27, pp.125~152.

Gallagher, Sally K. and Christian Smith. 1999. "Symbolic Traditionalism and Pragmatic Egalitarianism: contemporary evangelicals, families, and gender." *Gender and Society*, 13(2), pp.211~233.

Gans, Herbert J. 1979. *Deciding What's News: A Study of CBS Evening News, NBC Nightly News, Newsweek and Time*. New York: Pantheon Books.

_____. 1988. *Middle American Individualism: the Future of Liberal Democracy*. New York: Free Press.

Getis, Arthur and Judith Getis(eds.). 1995. *The United States and Canada: the Land and the People*. Boston: Wm. C. Brown Publishers.

Giddens, Anthony. 1991. *Modernity and Self Identity: Self and Society in the Late Modern Age*. Stanford University Press.

Gidley, Mick(ed.). 1993. *Modern American Culture*. Essex, UK: Longman House.

Gilbert, Dennis and Joseph A. Kahl. 1993. *The American Class Structure; A New Synthesis*. Belmont, CA: Wadsworth Publishing.

Giroux, Henry A. 1995. "National Identity and the Politics of Multiculturalism." *College Literature*, 22(2), pp.42~58.

Hampden-Turner, Charles and Alfonso Trompenaars. 1993. *The Seven Cultures of Capitalism: Value systems for creating wealth in the United States, Japan, Germany, France, Britain, Sweden, and the Netherlands*. New York: Doubleday.

Hansson, Robert O. and Warren H. Jones. 1981. "Loneliness, Cooperation, and Conformity among American Undergraduates." *The Journal of Social Psychology*, Vol.115, pp.103~108.

Hazelberg, Lawrence. 2000. "Individualism." in Borgata, Edgar and T. Montgomary (eds.). *Encyclopedia of Sociology*. New York: MacMillan.

Herrnstein, Richard and Charles Murray. 1994. *The Bell Curve: Intelligence and Class Structure in American Life*. New York: Free Press.

Hoberman, John. 1997. *Darwin's Athletes: How Sport has Damaged Black America and Preserved the Myth of Race*. New York: Houghton Mifflin Co.

Hochschild, Jennifer L. 1995. *Facing Up to the American Dream: Race, Class, and the Soul of the Nation*. Princeton University Press.

Hochschild, Jennifer L. and Nathan Scovronick. 2003. *The American Dream and the Public Schools*. Oxford University Press.

Hofstede, Geert. 1997. *Culture and Organizations*. New York: MacGraw-Hill.

Hollinger, David. 1997. "National Solidarity at the End of the Twentieth Century: Reflections on the United States and liberal nationalism." *Journal of American History*, 84(2), pp.559~569.

Hsu, Francis L. K. 1981. *Americans and Chinese: Passage to Differences*. 3rd ed. University of Hawaii Press.

_____. 1983. "Individualism, A Two-Edged Sword." in F. Hsu. *Rugged Individualism Reconsidered: Essays in Psychological Anthropology*. University of Tennessee Press, pp.7~13.

Hughes, Richard T. 2004. *Myths America Live by*. University of Illinois Press.

Hunter, J. D. 1991. *Culture Wars: The Struggle to Define America*. New York: Basic Books.

Ibieta, Gabriella. 1996. *Inventing America: Readings in Identity and Culture*. St. Martin's Press.

Inglehart, Ronald. 1990. *Culture Shift in Advanced Industrial Society*. Princeton University Press.

Inglehart, Ronald and Christian Welzel. 2005. *Modernization, Cultural Change, and Democracy: The Human Development Sequence*. Cambridge University Press.

Inkeles, Alex. 1999. "A Model of the Modern Man." in Malcolm Waters(ed.). *Modernity Conceptual Concepts, Vol II*. London: Routledge, pp.94~109.

Jansson, Bruce S. 1988. *The Reluctant Welfare State: a history of American social welfare policies*. Belmont CA: Wadsworth Inc.

Jantti, Markus et al. 2006, January. "American Exceptionalism in a New Light: A Comparison of Intergenerational Earnings Mobility in the Nordic Countries, the United Kingdom and the United States." *IZA Discussion Paper*, No.1938.

Kamalipour, Tahya(ed.). 1995. *The U.S. Media and the Middle East: Image and Perception*. New Haven, CT: Greenwood.

Karabell, Zachary. 2001. *A Visionary Nation: Four Centuries of American Dreams and What Lies Ahead*. New York: Harper Collins.

Kerbo, Harold R. 2003. *Social Stratification and Inequality*. New York: McGraw-Hill.

Ketcham, Ralph L. 1987. *Individualism and Public Life: A Modern Dilemma*. New York: Basil Blackwell.

Keyes, Ralph. 1980. "We, The Lonely People." in Joseph Hartog, J. R. Audy and Yehudi Cohen. *The Anatomy of Loneliness*. New York: International University Press, pp.406~424.

Kunczik, Michael. 1997. *Images of Nations and International Public Relations*. Mahwah, NJ: Lawrence Erlbaum Associates Inc.

Lacorne, Denis, Jacques Rupnik, and Marie-Friance(eds.). 1990. *The Rise and Fall of Anti-Americanism: a Century of French Perception*. translated by Gerry Turner. New York: St. Martin's Press.

Lamont, Michele. 1992. *Money, Morals, and Manners: The Culture of the French and the American Upper-Middle Class*. University of Chicago Press.

Lasch, Christopher. 1979. *The Culture of Narcissism: American Life in an Age of Diminishing Expectation*. New York: Norton.

Lawson, E. J. and V. Pillai. 1999. "The Persistence of Racism in America's Cultural Diversity." in Naylor, Larry L(ed.). *Problems and Issues of Diversity in the United States*. Westport, CT: Bergin & Garvy, pp.67~86.

Lee, Yueh Ting. 2001. "Reactions of American Minority and Nonminority Students to the Persian Gulf War." *The Journal of Social Psychology*, 133(5), pp.707~713.

Levy, Frank. 1998. *The New Dollars and Dreams: American Incomes and Economic Change*. New York: The Russell Sage Foundation.

Lincoln, James R. and Arne L. Kalleberg. 1992. *Culture, Control, and Commitment: A Study of Work Organization and Work Attitudes in the United States and Japan*. Cambridge University Press.

Lindsay, James M. and Audrey Singer. 2003. "Changing Faces: Immigrants and Diversity in the Twenty-First Century." *The Brookings Institution Policy Briefs*. from http://usembassy.state.gov/ircseoul/wwwh6119.html.

Lipset, Seymour Martin. 1979. *The First New Nation: The United States in Historical and Comparative Perspective*. New York: W. W. Norton.

______. 1990. *Continental Divide*. New York: Routledge.

______. 1996. *American Exceptionalism: a Double-Edged Sword*. New York: W. W. Norton. (시모어 마틴 립셋. 2006. 『미국 예외주의』. 강정인 외 옮김. 후마니타스).

Luedtke, Luther S(ed.). 1989. *Making America: the Society and Culture of the United States*. University of North Carolina Press(루터 루드케 엮음. 1991. 『미국의 사회와 문화』. 고려대학교 영미문화연구소 옮김. 탐구당).

Lukes, Steven. 1972. *Individualism*. New York: Harper & Row.

Macionis, John J. 1999. *Society, the Basics*. New York: Prentice Hall.

Macklin, Eleanor D. 1987. "Nontraditional Family Forms." in Marvin B. Sussman and Suzanne K. Steinmetz(ed.). *Handbook of Marriage and the Family*. New York: Plenum Press, pp.317~354.

Mansfield-Richardson, Virginia. 1999. *Asian Americans and the Mass Media: A Content Analysis of Twenty U.S. Newspapers and a Survey of Asian American Journalists*. New York: Garland Publishing.

Marshall, Gordon. 1994. *The Concise Oxford Dictionary of Sociology*. New York: Oxford University Press.

Mauk, David and John Oakland. 1997. *American Civilization: An Introduction*. New York: Routledge.

McNamee, Stephen J. and Robert K. Miller Jr. 2004. *The Meritocracy Myth*. New York: Rowman & Littlefield Publishers.

Mead, Margaret. 1949. *Coming of Age in Samoa*. Mentor Books.

_____. 1980. "Loneliness, Autonomy, and Interdependence in Cultural Context." in Joseph Hartog, J. R. Audy, and Yehudi Cohen(ed.). *The Anatomy of Loneliness*. New York: International University Press, pp.394~405.

Mills, Nicolaus(ed.). 1994. *Arguing Immigration: the Debate over the changing face of America*. New York: Simon & Schuster.

Min, Pyong Gap(ed.). 1995. *Asian Americans: Contemporary Trends and Issues*. New York: Sage.

Moen, Phyllis, Domma Dempster-McClain, and Henry A. Walker(eds.). 1999. *A Nation Divided: Diversity, Inequality and Community in American Society*. Cornell University Press.

Monroe, Kristen Renwick. 1994. "A Fat Lady in a Corset: altruism and social theory." *American Journal of Political Science*, Vol.38(4), pp.861~893.

Mooney, Linda A, David Knox, and Caroline Schacht. 2002. *Understanding Social Problems*. 3rd ed. Belmont, CA: Wadsworth/Thomson Learning Inc.

Nagel, Joanne. 1994. "Constituting Ethnicity: creating and recreating ethnic identity and culture." *Social Problems*, Vol.41(1), pp.152~176.

National Center for Education Statistics. 2003. Common Core of Data, "Public Elementary/Secondary School Survey."

National Research Council(Neil J. Smelser, et al. eds). 2001. *America Becoming; Racial Trends and Their Consequences, Vol. 1*. Washington DC: National Academy Press.

Naylor, Larry L(ed.). 1999. *Problems and Issues of Diversity in the United States*. Westport, CT: Bergin & Garvy.

Padavic, Irene and Barbara Reskin. 2002. *Women and Men at Work*. 2nd ed. Thousand Oaks, CA: Pine Forge Press.

Pearce, Jone L. 1993. *Volunteers: the Organizational Behavior of Unpaid Workers*. New York: Routledge.

Pells, Richard. 1997. *Not Like Us: How Europeans have loved, hated, and transformed American culture since World War II*. New York: Harper Collins Publishers.

Putnam, Robert D. 2000. *Bowling Alone*. New York: Touchstone.

Pyle, Ralph E. 1996. *Persistence and Change in the Protestant Establishment*. Westport, CT: Preager.

Ravitch, Diane(ed.). 1990. *The American Reader: Words that Moved a Nation*. New York: Haper Collins.

Riis, Jacob A. 1996. *How the Other Half Lives*. edited by David Leviatin. New York: St. Martin's Press.

Riesman, David. 1950. *The Lonely Crowd*. Yale University Press.

Roberts, Sam. 2004. *Who We Are Now: the Changing Face of America in the 21st Century*. New York: Henry Holt and Co.

Rosenberg, Norman L. and Emily S. Rosenberg. 1995. *In Our Times: America Since World War II*. 5th ed. Englewood Cliffs: Prentice Hall.

Rudnick, Lois Po, Judith E. Smith, and Rachel Lee Rubin(eds.). 2006. *American Identities*. Malden, MA: Blackwell Publishing.

Saxton, Alexander. 1975. "Blackface Minstrelsy and Jacksonian Ideology(흑인분장악극과 잭슨의 이데올로기)." American Quarterly. in Lucy Maddox(ed.). 1999. *Locating American Studies: the Evolution of a Discipline*. Johns Hopkins University Press[루시 매덕스(Lucy Maddox). 2006. 『미국학의 이론과 실제』. 김성곤·정연선 외 옮김. 서울대학교 출판부], pp.114~142.

Schlesinger Jr., Alfred. 1992. *The Disuniting of America: Reflections on a Multicultural Society*. New York: Norton.

Schofer, Evan and Marion Fourcade-Gourinchas. 2001. "The Structural contexts of civic engagement: voluntary association membership in comparative perspective." *American Sociological Review*, Vol.66(Dec), pp.806~828.

Shafer, Byron(ed.). 1991. *Is America Different?: A New Look at American Exceptionalism*. Oxford University Press.

Shapiro, Andrew L. 1992. *We're Number One: Where America Stands and Falls in the New World Order*. New York: Random House.

Shipler, David K. 2004. *The Working Poor: Invisible in America*. New York: Vintage Books.

Sitkoff, Harvard. 2001. *Perspectives on Modern America: Making Sense of the Twentieth Century*. Oxford University Press.

Skocpol, Theda. 1995. *Social Policy in the United States: Future Possibilities in Historical Perspective*. Princeton University Press.

______. 1999. "How Americans Became Civic." in T. Skocpol and M. P. Fiorina(eds.). *Civic Engagement in American Democracy*. Washington DC: Brookings Institute Press, pp.27~80.

Skrentny, John David. 1996. *The Ironies of Affirmative Action*. University of Chicago Press.

Slater, Philip. 1976. *Pursuit of Loneliness*. Boston, MA: Beacon Press.

Smelser, Jeil J. and Jeffrey C. Alexander(eds.). 1999. *Diversity and Its Disconsents: Cultural conflict and common ground in contemporary American society*. Princeton University Press.

Spence, Janet T. 1985. "Achievement American Style: the Rewards and Costs of Individualism." *American Psychologist*, Vol.40(12), pp.1285~1295.

Stacy, Judith. 1996. *In the Name of the Family: Rethinking Family Values in the Postmodern Age*. Boston: Beacon Press.

Steinberg, Stephen. 2001. *The Ethnic Myth: Race, Ethnicity, and Class in America*. Boston, MA: Beacon Press.

Steinberg, Stephen(ed.). 2000. *Race and Ethnicity in the United States, Issues and Debates*. Malden, MA: Blackwell.

Stewart, George R. 1954. *American Ways of Life*. New York: Russell and Russell.

Susman, Waren. 1964. "History and the American Intellectual: Uses of a Usable Past (역사와 미국의 지식인: 유용한 과거의 활용)." 루시 매덕스(Lucy Maddox). 2006. 『미국학의 이론과 실제』. 김성곤·정연선 외 옮김. 서울대학교 출판부. pp.23~52.

Takaki, Ronald. 1989. *Strangers from a Different Shore: A History of Asian Americans*. Boston: Little Brown.

______(ed.). 1994. *From Different Shores*. 2nd ed. Oxford University Press.

Tilly, Charles. 1998. *Durable Inequality*. University of California Press.

Tilly, Louise A. and Joan W. Scott. 1987. *Women, Work, and Family*. New York:

Loutledge.

Toqueville, Alex de. 2002. *Democracy in America*. Harvey C. Mansfield and Delba Winthrop(ed.). University of Chicago Press(알렉시스 드 토크빌. 1997. 『미국의 민주주의』. 임효선·박지동 옮김. 한길사).

Triandis, Harry C. 1995. *Individualism and Collectivism*. Boulder, CO: Westview Press.

Turner, Jonathan H. and David Misick. 1985. *American Dilemmas*. Columbia University Press.

Tyrrell, Ian. 1991. "American Nationalism in an Age of International History." *American Historical Review*, 96(4), pp.1031~1057.

UNDP. *Human Development Report 2004*. from http://hdr.undp.org/.

US Bureau of the Census. 1970. *Historical Statistics of the United States*. Washington DC.

______. 1973, 1983, 1993, 2003, 2006. *Statistical Abstracts of the United States*, each year. Washington DC.

______. 1990, 2000. *US Census Report*, each year. from http://www.census.gov.

______. 2003. *2000 Census of Population and Housing, United States Summary 2000: Profiles of General Demographic Characteristics 2000*. Washington DC.

US Department of Justice. *Sourcebook of Criminal Justice Statistics*. Washington DC.

US Department of Homeland Security, Office of Immigration Statistics. *2004 Yearbook of Immigration Statistics*. from http://www.uscis.gov/graphics/shared/statistics/.

Weber, Max. 1905. *The Protestant Ethics and the Spirit of Capitalism*. Routledge(막스 베버. 1990. 『프로테스탄티즘의 윤리와 자본주의 정신』. 박성수 옮김. 문예출판사).

Waterman, Alan E. 1981. "Individualism and Interdependence." *American Psychologist*, Vol.36(7), pp.762~773.

Welch, Michael and J. L. Bryan. 1997. "Flag Desecration in American Culture: Offenses against civil religion and a consecrated symbol of nationalism." *Crime, Law & Social Change*, 26, pp.77~93.

Williams, Robin. 1970. *American Society, A Sociological Interpretation*. 3rd ed. New York: Alfred A. Knopf Inc.

Wilson, John. 2000. "Volunteering." *Annual Review of Sociology*, Vol.26, pp.215~240.

Winsborough, Halliman L. 1970. "The Social Consequences of High Population Density." in Thoman R. Ford and Gordon F. De Jong. *Social Demography*. New York: Prentice Hall, pp.84~89.

Wolf, Alan. 1991. *America at Century's End*. University of California Press.

World Bank. *World Development Indicator 2005*. from http://devdata.worldbank.org/

wdi2004/cover.htm

Wuthnow, Robert. 1991. *Acts of Compassion: Caring for Others and Helping Ourselves*. Princeton University Press.

______. 1998. *Loose Connections: Joining Together in America's Fragmented Communities*. Harvard University Press.

Zaretsky, Eli. 1986. *Capitalism, the Family and Personal Life*. New York: Harper Collins.

Zelinsky, Wilber. 1992. *The Cultural Geography of the United States*. New York: Prentice-Hall.

______. 2001. *The Enigma of Ethnicity, Another American Dilemma*. University of Iowa Press.

Zhou, Min. 2001. "Contemporary Immigration and the Dynamics of Race and Ethnicity." in National Research Council(Neil J. Smelser et al. eds.). *America Becoming: Racial Trends and Their Consequences*, Vol. 1. Washington DC: National Academy Press, pp.200~241.

이현송 (hslee@hufs.ac.kr)

서울대학교 사회학과 졸업

미국 오하이오 주립대학교 사회학 박사

현 한국외국어대학교 영어통번역학부 교수

현 한국외국어대학교 국제지역대학원 교수

현 한국 아메리카학회 회장

저서 및 역서

『한국에서의 미국학』(2005, 공저)

『미국학의 이론과 실제』(2006, 공역)

『뉴욕 사람들』(2012, 저서)

『혁신과 갈등, 미국의 변화』(2016, 저서)

한울아카데미 891
미국 문화의 기초

지은이 | 이현송
펴낸이 | 김종수
펴낸곳 | 한울엠플러스(주)

초판 1쇄 발행 | 2006년 10월 25일
초판 4쇄 발행 | 2020년 9월 10일

주소 | 10881 경기도 파주시 광인사길 153 한울시소빌딩 3층
전화 | 031-955-0655
팩스 | 031-955-0656
홈페이지 | www.hanulmplus.kr
등록번호 | 제406-2015-000143호

Printed in Korea.
ISBN 978-89-460-6926-8 93330

* 가격은 겉표지에 있습니다.

열두 개의 키워드로 이해하는 국제개발협력

경제적 불평등, 테러, 국지적 분쟁, 난민,
환경오염, 기후변화….
21세기 변화하는 현장에 국제개발협력은
어떻게 다가가야 하는가

기획
한국국제협력단(KOICA)

2019년 7월 31일 발행
신국판
368면

환경오염과 기후변화, 경제적 불평등, 기술 격차, 테러와 분쟁 등 21세기 들어 더욱더 심화되고 다양화하고 있는 문제로 세계 각국의 고민이 깊어지고 있다. 이런 상황에서 그 피해를 누구보다 심각하게 겪고 있는 것은 역시나 취약국의 국민들이지만, 오늘날 국지적 피해로부터 파생된 영향은 이전보다 더 광범위하고 빠르게 확산되고 있다. 이는 절대빈곤이 줄어든 오늘날 국제개발협력의 역할이 오히려 더욱더 많은 영역에서 절실히 요구되는 이유다.

이 책은 KOICA에서 국제개발협력의 최근 동향과 이슈를 분석한 뒤 이를 이해하는 데 핵심이 되는 열두 개의 주제를 선정해 각 주제의 전문가들이 집필해 엮은 것이다. 각 키워드의 정의부터 역사적 흐름, 최근 동향과 전망, 문제에 대한 새로운 접근법에 이르기까지 오늘날 국제개발협력을 이해하는 데 핵심이 되는 지식과 정보를 망라했다.

디지털 르네상스

데이터와 경제학이 보여주는 대중문화의 미래

우리는 문화적 암흑기에 살고 있는가,
아니면 디지털 르네상스에 살고 있는가?

역사는 문화의 발상지가 계속 번성하는 것이 아니라, 다양한 문화가 유입되고 교차하고 섞이는 곳에서 문화가 번성한다는 사실을 말해주고 있다. 온라인 미디어 플랫폼은 문화의 국경선을 무너뜨렸고, 그 어느 때보다도 다양한 문화를 빠르고, 저렴하게 이용할 수 있는 환경을 만들어주었다. 또, 과거였다면 시장에서 선택받지 못하고 평생 습작만 했을 수많은 사람들이 만들어내는 다양한 문화 상품이 유통의 장에 올라올 수 있는 기회가 생겼다. 저자는 이를 '디지털 르네상스'로 칭하고 있다.

이 책은 실증적 데이터에 근거하여 디지털과 온라인 커뮤니케이션이 보편화된 미디어 환경을 드러내고 있다. 이 책의 저술 작업은 저자가 특히 두 가지 측면에서 보여준 노력의 결실이다. 데이터 수집과 시대별 비교를 위한 지표화 작업이 그것이다. 저자가 서문에서 밝히고 있듯이, 데이터의 수집은 연구진의 연구 의지가 만들어낸 결실이며, 미국 미디어 산업이 지난 100년 동안 축적해 둔 데이터와 각종 평가시스템의 혜택이라고 할 수 있다. 또한 저자는 여러 데이터를 가지고 여건이 다른 시대를 비교하는 방법을 고안해 냈는데, 한국 미디어 산업을 평가해 보는 데에 시사하는 바가 크다.

지은이
조엘 월드포겔

옮긴이
임정수

2020년 2월 28일 발행
신국판
344면

넷플릭스 효과

21세기 기술과 엔터테인먼트

게임체인저 넷플릭스, 미디어 시장을 바꾸다

≪더 스타(The Star)≫가 2013년 처음으로 사용한 '넷플릭스 효과'라는 용어는 방송, 뉴미디어, 제작, 일상생활 등 다양한 곳에 영향을 미치면서 사용되고 있다. ≪포브스≫는 수많은 산업에 영향을 미치는 것으로 무명의 배우를 하루아침에 유명하게 만들고, 소비자가 콘텐츠를 보는 방법을 바꾸고, 비즈니스 모델에 새로운 인터넷 기술을 채용하며, 영화와 텔레비전 산업에 엄청난 영향을 끼치면서 이용자가 더 편리하고, "개인화된 콘텐츠로 이동하게 하는 것"이라고 '넷플릭스 효과'를 말했다. 정리하자면, "기술과 엔터테인먼트가 엄청난 속도로 융합되고, 매스미디어 비즈니스와 경제에 막대한 영향을 미치는 것"이라고 할 수 있다.

이 책은 다양한 학술적 관점과 비판적인 시각에서 넷플릭스 효과를 폭넓고 깊게 탐색하고 있으며, 멀티 스크린, 멀티 플랫폼, 네트워크된 디지털 환경의 트렌드를 통찰력 있게 조망할 수 있는 글들을 수록하고 있다. 또한 기술, 엔터테인먼트, 산업 및 사회에 미치는 넷플릭스의 영향에 대해 논의하면서 현재 미디어 연구에서 가장 시급한 주제인 넷플릭스의 기술 활용, 망중립성, 콘텐츠 제작 및 배급 혁신, 몰아 보기 등 시청 습관 변경 및 이에 따른 부작용, 디지털 경제의 이데올로기적 기반 등을 다루고 있다.

지은이
케빈 맥도널드
다니엘 스미스-로우지

옮긴이
유건식

2020년 5월 20일 발행
신국판
440면

사무라이의 역사

동아시아와 세계사 전체를 무대로
일본 무사의 역사를 진지하게 파고드는 역사서

2017년 11월, 도널드 트럼프 미국 대통령은 일본을 최초로 방문 전 FOX뉴스와의 인터뷰에서 "일본은 무사의 나라(warrior nation)이다. 나는 중국에게도 그 외에 모든 나라들에게도 말해두겠다. 북한과 이러한 사태가 지속되는 것을 방치하고 있으면 일본과 큰 문제를 안게 된다"고 말했다. 이는 핵 미사일 개발을 계속하는 북한 제재에 적극적이지 않다고 보이는 중국에 대해, 그 위협과 진지하게 맞서지 않는다면, '무사의 나라'인 일본이 관여할 가능성이 있다고 경고한 것이다.

트럼프 대통령의 이러한 발언은 일본에서 2015년 집단적 자위권 행사를 용인하는 안전보장법이 가결된 것을 전제로 한 것이며, 아시아 각국의 사람들에게 '무사의 나라'로서 일본의 인상을 협박의 소재로 이용하고 있다. 한편 일본인으로서는, 만일 미국과 북한이 전쟁 상태에 들어갔을 때 일본이 '무사의 나라'답게 참전하는 사태가 현실이 될 수 있는 시대가 도래하고 있음에 오싹한 공포를 느낀다. 일본은 이런 말을 들어서는 안 된다.

현대 일본인은 당연 무사가 아니며, 일본국 헌법은 70년 이상에 걸쳐 '무사의 나라'임을 거부해왔다. 또한 이 책에서는 역사상 '무사의 나라'였던 것은, 실질적으로 한때의 일이라고 말했다. 외람되지만 이후 일본의 진로를 생각하는 데도 이러한 역사 이해가 매우 중요하다고 다시 한 번 강조해두고 싶다.

_'지은이 후기'에서

지은이
다카하시 마사아키

옮긴이
박영철

2020년 7월 15일 발행
신국판
240면